£4

241

Arnold Hottinger
Die Araber vor ihrer Zukunft

Arnold Hottinger

Die Araber
vor ihrer Zukunft

Geschichte und Problematik
der Verwestlichung

Verlag Neue Zürcher Zeitung

© 1988, Verlag Neue Zürcher Zeitung, Zürich
Satz und Druck: NZZ Fretz AG, Zürich
Einband: Buchbinderei Schumacher AG, Schmitten
ISBN 3 85823 199 1
Printed in Switzerland

Inhaltsverzeichnis

Vorwort

Dieses Buch versucht, Chronik und Analyse zu vereinen. Die Chronik schien notwendig, weil die nahöstliche Geschichte und Politik dem europäischen Leser nicht dermassen geläufig sind, dass man sich ohne Schilderung der Abläufe und Zusammenhänge auf sie berufen könnte. Die historischen und politischen Gegebenheiten müssen mindestens in Erinnerung gerufen werden. Die Analyse, ein Versuch, die Frage zu beantworten, warum die Dinge den geschilderten Lauf nahmen, und damit auch ein Versuch, die Hauptprobleme der Zukunft hervorzuheben, ist jedoch der eigentliche Zweck dieser ausführlichen Darstellung arabischer Gegenwartsgeschichte. Sie kommt ohne den Begriff der «Verwestlichung» nicht aus. Ja sie stellt ihn in die Mitte der Betrachtung, weil dem Verfasser scheint, dass die durch die Machtverhältnisse erzwungene Übernahme von Techniken, beginnend mit solchen militärischer Art, von Verfahrensweisen, Ideen, sogar Ideologien aus dem Westen die wichtigste geistesgeschichtliche und materielle Entwicklung der letzten anderthalb Jahrhunderte nahöstlicher Geschichte darstellt; ganz unabhängig davon, ob man dies als eine überwiegend positive, überragend negative oder aus Heil und Unheil untrennbar gemischte Entwicklung einstufen will.

Über dieses zentrale Geschehen der Verwestlichung ist zu wenig nachgedacht worden. Den westlichen Händlern, Missionaren, Geschäftsleuten, Kolonialisten, Entwicklungs- und anderen Fachleuten aller Art (sie traten ungefähr in dieser Reihenfolge auf) schien die Verwestlichung lange Zeit als etwas Selbstverständliches. Sie vertraten «die Zivilisation», deren Segen sie den ihrer bisher nicht zuteil gewordenen «Wilden», später «Eingeborenen», dann «Unterentwickelten», heute «Entwicklungsvölkern», brachten. Wenn sie sich dabei auch noch bereichern konnten, galt ihnen das als ein weiterer Beweis dafür, dass sie das fraglos Richtige taten. – Auf der nahöstlichen Seite war die Aufmerksamkeit jeweils auf die bestimmte Einzelreform gerichtet, die man gerade durchzuführen gezwungen war, indem man westliche Vorbilder übernahm oder Vorschriften ausführte. Der Umstand, dass ein Schritt der Verwestlichung notgedrungen weitere Schritte erzwang und noch immer erzwingt, wurde geraume Zeit nicht wahrgenommen und ist wohl auch heute noch vielen undeutlich geblieben. Gerade weil Verwestlichungsschritte fast immer unter dem Druck militärischer, politischer und wirtschaftlicher Notwendigkeiten oder gar Krisen vollzogen werden mussten, blieben ihre zu erwartenden Folgen weitgehend unbeachtet. Was nützte es auch, sie zu bereden, wenn ohnehin geschehen musste, was geschah.

Doch die Anhäufung von Verwestlichungsschritten scheint heute eine kritische Grenze erreicht zu haben. Alle bisher vollzogenen Massnahmen haben nicht zustande gebracht, was man von ihnen erhoffte. Die Frage taucht auf, ob man überhaupt den richtigen Weg gegangen sei, als man im frühen 19. Jahrhundert Reform und Verwestlichung gleichsetzte und eine Entwicklung in Gang setzte, die bis heute fortdauert. Eine zur Zeit mächtige Meinungsströmung glaubt, dass man sich vielmehr an den Islam, so wie er sich im 7. Jahrhundert geoffenbart hat und wie er im 9. legal festgeschrieben wurde, hätte halten sollen. Andere sehen in einer Drittweltrevolution eine mögliche Lösung. Doch die Regierungen scheinen mehr darauf bedacht, sich selbst an der Macht zu halten als Auswege aus der heutigen Lage zu suchen, die ihren Untertanen als unbefriedigend, ja als unerträglich gilt. Das heute unübersehbar wachsende Interesse am Islam als einem Grundpfeiler, auf dem die nahöstliche Gesellschaft beruht, wird von allen qualifizierten Beobachtern als ein Symptom dafür angesehen, dass ein tiefes Bedürfnis besteht, sich den eigenen Wurzeln zuzuwenden. Nach vielen Jahrzehnten immer wachsender Aufnahme fremder Dinge und Ideen scheint die Zeit heute reif für eine Klärung der Grundfrage zu sein, ob, wie und unter welchen «Umweltbedingungen» eine schöpferische Harmonie zwischen den Zwängen der Verwestlichung und dem Willen zur kulturellen Eigenständigkeit zustande gebracht werden kann.

Arnold Hottinger

I. Die arabische Welt heute

Das arabische Missgeschick

Es mag vermessen sein, die Zukunft eines Volkes vorauszusagen. Doch lebt jedes Volk stets mit Bildern seiner Zukunft. Um fortleben zu können, braucht es solche Vorstellungen, Gedanken, wie die Dinge weitergehen sollen. Ein Volk, das mit seiner Gegenwart einigermassen zufrieden ist, wird sich als Zukunftsbild eine Art Fortsetzung der Gegenwart zurechtlegen. Doch dies ist bei den Arabern nicht der Fall. Sie sind mit ihrer Gegenwart unzufrieden. «The Arab Predicament», «Das arabische Missgeschick», ist der Titel eines der besten Bücher über die Lage der Araber seit der Zeit Nassers aus der Feder des in Amerika lebenden libanesischen Schiiten Fouad Ajamiz (Cambridge University Press 1981, Paperback 1982). Doch braucht man kein Fachmann zu sein, um festzustellen, wie unwohl sich gerade die gebildeten Araber und die jüngeren unter ihnen in ihrer Haut fühlen.

Dafür gibt es politische, soziale und kulturelle Gründe. Die Araber hatten nach der Entkolonisierung grosse Hoffnungen auf eine künftig freie, fruchtbare, sogar machtvolle arabische Welt gesetzt, doch diese Hoffnungen haben sich zerschlagen. Man lebt heute weitgehend geknechtet, sei es unter israelischer Besetzung, sei es unter der Fuchtel eigener Machthaber. Zwar sind eigene Tyrannen stets leichter zu ertragen als fremde. Doch ein fruchtbares, aufbauendes und wirksames Leben unter der unduldsamen Herrschaft der politischen Polizei zu führen, erweist sich als schwierig, wenn nicht als unmöglich. Von arabischer Machtentfaltung kann schon gar nicht die Rede sein. Das kleine Israel, das es verstanden hat, sich die Unterstützung des grossen Amerika zu verschaffen, hat sich in vielen Kriegen und politischen Krisen als überlegen erwiesen. 1948, 1956, 1967, 1973, 1982 sind Jahreszahlen, die schwer auf allen Arabern lasten. Dazu kommt noch das Jahr 1979, in dem Ägypten mit Israel einen Separatfrieden abschloss, aus der arabischen Front ausscherte und die in einem theoretischen Kriegszustand verharrenden übrigen arabischen Staaten gegenüber «dem Feind», wie man Israel gerne in den staatlich gelenkten Medien nennt, machtlos zurückliess.

Es ist keineswegs nur Israel und seine herausfordernde Präsenz und Machtentfaltung auf arabischem Gebiet (im ursprünglich seit rund 700 nach Christus arabischen, das heisst mehrheitlich von Arabern bewohnten Palästina und in den seit 1967 von Israel besetzt gehaltenen arabischen Territorien), welches die Unzufriedenheit der Araber mit sich selbst und ihr Unbehagen in der heutigen Welt hervorruft. Jedoch ist und bleibt Israel – trotz des Separatfriedens mit Ägypten – ein Ärgernis und das Symbol einer für die Araber unerträglichen Lage. Dies zu verschweigen, weil es bequemer wäre, wenn die Dinge sich anders verhielten, wäre unaufrichtig und verfälschte jeden Versuch sachlicher Analyse.

Abgesehen von Israel haben die Araber viele andere Gründe zur Unzufriedenheit mit sich selbst. Welcher Missstand vorrangig zu bereinigen wäre, darüber herrscht freilich keine Einigkeit. Seit dem Separatfrieden Israels mit Ägypten kann man nicht einmal mehr behaupten, dass der Israelfrage Priorität eingeräumt würde. «Was ist zu tun?» fragen sich nach dem Abzug der Kolonialisten mit Lenin nun schon mindestens zwei Generationen von Arabern. Dass es die Generationen des Nachkolonialismus sind, ist kein Zufall. Solange es Verwalter und Armeen der Kolonialmächte in den arabischen Ländern gab, war die Aufgabe klar. Man hatte als patriotischer Araber und gläubiger Muslim darauf hinzuarbeiten, dass diese abzogen. Man konnte über die Wege und Mittel streiten, wie dies zu erreichen sei: Widerstand oder Zusammenarbeit mit den fremden Eroberern, um von ihnen zu lernen, bis man ihnen gewachsen sein würde. Doch das alles überragende Ziel war gesetzt: *Tahrir,* Befreiung.

Nach dem Abzug der kolonialen Mächte (gestaffelt zwischen 1946 für Syrien und Libanon und 1971 für die Golfstaaten) lag für die Araber die Fortsetzung ihres Weges viel weniger klar vor Augen. Jahrzehnte hindurch blieben zudem noch Bruderländer zu befreien, und es war natürlich, dass man ihren Befreiungskampf unterstützte, moralisch, politisch und auch mit Waffenlieferungen (zum Beispiel Algerien, Südjemen).

Streng genommen blieb freilich in arabischen Augen ein «Irredentum», ein vom Kolonialismus und seinen Folgen unerlöstes «arabisches» Land zurück: Israel, das zudem 1967 und 1982 neue arabische Gebiete besetzen sollte. Doch neben die Solidarität mit den noch nicht befreiten Gebieten traten andere Aufgaben. Sie rückten sogar immer stärker in den Vordergrund. Man musste seinen eigenen Staat aufbauen; man war «frei», sein eigenes Leben einzurichten. Dabei entdeckte man freilich, dass die Zwänge nicht aufgehört hatten. Sie waren nun primär wirtschaftlicher Art, aber auch sozialer, bildungsmässiger, innen- und aussenpolitischer, sogar kultureller und religiöser Natur. Man musste sich fügen und anpassen, wenn man überhaupt etwas erreichen wollte.

Das war jedoch nicht die Grundschwierigkeit. Harte Realitäten, Schwierigkeiten, Probleme, die sich politisch nicht leicht lösen lassen, gibt es überall. Mit den Jahren wurde jedoch immer deutlicher, dass keine Übereinstimmung darüber bestand, wie und wohin der «arabische Weg» führen sollte. Zuerst gab es grosse Ziele, die durch eher verschwommene Begriffe umschrieben wurden wie: «Befreiung» (von den Resten des Kolonialismus); «Entwicklung» (zum wirtschaftlichen Wohlstand oder zum Industriestaat, was nicht das gleiche sein muss); «Sozialismus» (meist verstanden als sozialer Ausgleich zwischen den allzu Armen und den Schwerreichen); «Einheit» (aller arabischen Staaten zur arabischen Grossnation); «Erziehung für alle» (jedoch im europäischen oder im traditionellen, muslimischen Sinne und Schulsystem? – beide bestanden nebeneinander fort); «medizinische Versorgung für das ganze Volk» (jedoch mit oder ohne Kontrolle der sich daraus ergebenden Bevölkerungslawine?); «Landreform» (meist unter staatlicher Regie mit Hilfe staatlich geführter Kooperative, die sich jedoch selten als erfolgreich erwiesen); «Sozialwohnungen» (aber damit auch unübersehbare Zunahme der Stadt- und Slumwucherung); «mächtige, moderne, nationale Streitkräfte» (die jedoch in fast allen Ländern die Macht an sich rissen).

Diese und ähnliche Zielsetzungen waren jene der Nasserzeit (1952 bis 1970), welche dem Kolonialismus folgte. Man kann von einer «Nasserzeit» auch in jenen Ländern sprechen, in denen Nasser nicht herrschte, weil seine Figur, sein Vorbild, sein politischer Stil, seine Zielsetzungen damals in der ganzen arabischen Welt als Modell – mit den zugehörigen Feindbildern – dominierten. Diese Ziele jedoch blieben unerreicht. Der politische Stil Abdel Nassers, der «Nasserismus», brach zusammen, als die Israeli durch Präventivschlag den Krieg von 1967 gewannen und den Arabern (damals hatten sich Ägypten, Syrien, Jordanien und theoretisch sogar der Irak zum Krieg zusammengeschlossen) ihre grösste und schmerzlichste Niederlage beibrachten.

Von jenem Augenblick an stand ein grosses Fragezeichen über allem, was Nasser zuvor unternommen und geplant hatte. Der Nasserismus wurde überprüft. Nasser selbst starb 1970. Über sein politisches Erbe entwickelte sich eine Diskussion, besonders in Ägypten. Die negativen Aspekte seiner Herrschaft, Polizei- und Geheimdienstwillkür; Unterdrückung aller freien Meinungsäusserung; Misswirtschaft in den Staatsbetrieben; gelegentliche Eigenherrlichkeit der Armeekommandanten, die unter der Führung von Offizieren vom Schlage Abdel Hakim Amers bis an den Rand der Insubordination gehen konnte; wachsende Abhängigkeit von der Sowjetunion, wurden kritisch betrachtet. Die Niederlage von 1967 öffnete vielen Arabern erst die Augen für die Bedeutung dieser Schattenseite des nasseristischen Glanzes. Andere hielten weiter am Vorbild Abdel Nassers fest. Ihnen erschien die Kritik am gestürzten Idol als das Werk von Reaktionären und Verrätern, die nach ihrer Meinung darauf ausgingen, sich selbst und die arabische Welt um des Geldverdienens willen an die Amerikaner zu «verkaufen».

Aus der kritischen Durchleuchtung des Nasserismus ergab sich keine neue Übereinstimmung darüber, was nun zu tun sei. Für die Ägypter war zunächst eines klar, die Schmach von 1967 musste gerächt werden. Man schritt zur Vorbereitung des Krieges von 1973. Doch danach schlug Sadat einen Friedenskurs ein. Er war einigermassen volkstümlich in Ägypten, weil der Friedensschluss einen Wohlstand zu verheissen schien, der sich dann später nur für wenige Privilegierte wirklich einstellte. Doch in der restlichen arabischen Welt stieg nur ein Schrei auf: «Verrat!» Die Syrer ernannten sich zu Verwaltern des nasseristischen Erbes. Bis auf den heutigen Tag strahlen sie ein Radioprogramm nach Ägypten aus, das sich «Stimme des Freien Ägyptens» nennt. Auszüge aus alten Nasserreden und Lieder der sechziger Jahre tauchen darin als politische Gespenster wieder auf. Saudiarabien, durch die Vervielfachung des Erdölpreises von 1973 unermesslich reich geworden, erschien vorübergehend als neue Führungsmacht der arabischen Welt. Doch auch der Irak, ein anderer Ölstaat, sah sich selbst eine Zeitlang als den neuen Pol in der arabischen Welt an – bis sein ehrgeiziger Präsident, Saddam Hussein, den tödlichen Fehler beging, 9 seiner 12 Divisionen nach Iran einmarschieren zu lassen (22. September 1980) und sein viel grösseres Nachbarland, das in voller Revolution stand, anzugreifen.

Dieser Krieg dauert nun schon Jahre an. Zur Zeit des Schreibens waren es sieben, schon ein Jahr mehr als jene des Zweiten Weltkrieges, und Saddam Hussein gäbe viel darum, ihn zu beenden. Eine zweite Kriegsfront in der arabischen Welt tat sich auf, nachdem schon zuvor (ab 1975) in Libanon ein Bürgerkrieg ohne Ende ausgebrochen war. Für die östlichen arabischen Staaten, im Golf und an den Küsten der Arabischen Halbinsel, sollte dieser Krieg im Osten der arabischen Welt viel bedrohlicher werden, als es Israel je gewesen war. Gleichzeitig wurde Libanon, mit Israel als drohender Kraft im Hintergrunde, wie spätestens die Invasion Libanons von 1982 bewies, immer mehr zum Albtraum Syriens.

Die Revision des Nasserismus führte zu einer breiten Auffächerung der verschiedenen Ideen und Ziele, die vorher alle im Schatten des Nasserismus gestanden waren. Von den Freunden der Vereinigten Staaten bis zu jenen der Sowjetunion; von den Sozialisten zu den Islamisten und bis zu den konservativen Geldleuten; von den Panarabisten über die Verfechter der Einzelstaaten und bis zu den Vertretern der Machtprivilegien kleiner Religionsgemeinschaften, wie die der Maroniten in Libanon, der Alawiten in Syrien, der Kopten in Ägypten, begann jede Gruppe und Interessengemeinschaft ihre Ziele, Pläne, Interessen als die allgemeingültigen zu setzen und jene der anderen nach Möglichkeit abzudrängen.

Der Richtungsstreit wurde zuerst im Namen der verschiedenen Ideologien, Religionen, Sozialprogramme geführt. Doch bald wurde deutlich, dass der Streit selbst die Ideologien entwertete; sie dienten jedesmal mehr als blosse Etiketten, in deren Namen man um die Macht kämpfte. Ideen, Ideologien, Religionszweige, ethnische Gruppierungen, wirtschaftliche Interessengruppen, politische Ausrichtungen, weltpolitische Machtblockanlehnungen wurden zu Instrumenten in einem Machtringen, in dem es in Wirklichkeit mehr und mehr nur noch darum ging, wer in welchem Bereich die Herrschaft erlangen und sie im eigenen Interesse und in dem seiner Anhänger ausüben könne. Die natürlichen, ethnischen, religiösen, kulturellen Gruppierungen wurden dadurch ausgehöhlt, dass die Machthaber sich ihrer nur als Machtinstrumente bedienten. Sie wurden zu Machtinstrumenten so gut wie Polizei, Geheimpolizei, Folterkammern und überlegene Waffen der Armeen; sie dienten den Machthabern dazu, die Leute gefügsam zu machen und sie der eigenen Machtgruppe unterzuordnen.

Je deutlicher solche Aspekte des reinen Machtkampfes hervortraten, desto zynischer blickte die arabische Bevölkerung auf die Politik ihrer

Politiker. Die politischen Führer entlarvten sich immer mehr als Männer, die grosse Worte in den Mund nahmen und gleichzeitig brutale Zwangsmethoden anwendeten, nur um sich an der Herrschaft zu halten. Dass sie auch nur versuchen wollten, etwas Gutes oder Nützliches für die von ihnen beherrschten Menschen zu tun, wurde immer weniger glaubwürdig.

Geld, Macht, Herrschaftsabsicherung schienen so sehr im Vordergrund zu stehen, dass der Verdacht anwuchs, sie wollten im Grunde nichts anderes als Macht ausüben. Programme und Ideen, Staatsparteien und kraftlose Parlamente erschienen nur noch als Werkzeuge im Instrumentarium ihrer Machttechnik. Man konnte sich als Untertan fragen, ob es zweckmässig sei, die jeweiligen Machthaber abzusetzen, weil die Gefahr bestand, dass ein noch brutalerer Gewaltherrscher nachfolgte.

Länder wie der Irak hatten eine Abfolge von diktatorischen Galleonsfiguren erlebt, beginnend mit Abdel Karim Kassem, dem «Allereinzigsten Führer», wie er sich seinerzeit (1958–1963) bezeichnet hat, bis auf den letzten, der das Land in die Tragödie des gegenwärtig noch andauernden Kriegs stürzen sollte. Der Sudan hatte einen ähnlichen Abstieg erlebt, jedoch unter dem Vorsitz eines einzigen ehemaligen Armeeoffiziers, Präsident Jaafar an-Numeiri (1969–1985), der über Jahre der Korruption und der Megalomanie das Land buchstäblich leer saugte.

Islamistische Modeströmung

Wenn es bei alledem noch eine politische Modeströmung geben konnte, der sich junge arabische Idealisten verschrieben, musste es notwendigerweise eine ganz andere sein als der mit Nasser versunkene arabische Nationalismus panarabischer Färbung. Nur noch Randfiguren, wie der libysche Oberst Ghaddafi, versuchten panarabischen Nationalismus auf eigene Art fortzusetzen und auszubauen. Die wahre Neuausrichtung wurde islamisch, genauer gesagt fundamentalistisch oder islamistisch. Dass man auf den Islam, nicht nur als Religion, sondern als politische und religiöse Ideologie, zurückzugreifen begann, hatte gute Gründe. Alle anderen politischen Ausrichtungen hatten versagt. Man hatte sich dem Nationalismus, dem Sozialismus, dem arabischen Sozialismus, einige sogar vorübergehend dem Kommunismus verschrieben. Früher, noch vor der kolonialen Epoche, hatte man dem europäischen Liberalismus gehuldigt. Doch all dies hatte bloss zu Rückschlägen und Misserfolgen geführt. Vielleicht, so argwöhnte man, weil dies alles aus dem Ausland importiertes Gedankengut war. Man griff daher auf das eigenste und ursprünglichste Ideengut zurück, das man besass.

Bevor man Araber und arabischer Nationalist geworden war – dies war unter der Einwirkung der europäischen Ideen geschehen –, war man schon immer Muslim gewesen. War es nicht diese tiefste und ursprünglichste Identität, auf der man aufbauen musste, wenn man es wirklich in dieser Welt und in jener zu Erfolg bringen wollte? War dies nicht in der islamischen Lehre selbst niedergelegt? Gott hatte den Muslimen doch zugesagt, dass sie die beste aller Gemeinschaften sein würden, solange sie sich an sein Gebot hielten. Die beste muss doch auch die erfolgreichste sein! In der Vergangenheit war es ja auch so gewesen, als die Muslime, von ihrem neuen Glauben durchdrungen, aus der Arabischen Halbinsel ausbrachen und die damals bekannte Welt eroberten; als sie eine brillante Zivilisation aufbauten, der gleichzeitigen europäischen weit überlegen! Warum sollte es mit Gottes Hilfe nicht wieder so geschehen, wenn man nur seinen Glauben, den Islam, wirklich ernst nahm und sich streng an ihn hielt? Je weniger Aussicht auf Erfolg die anderen Wege zu verheissen schienen, desto mehr war man bereit, alles Vertrauen, allen noch übrigen Idealismus, allen verbleibenden Willen auf den Islam zu konzentrieren. Ein «Wunder des Glaubens» schien allein noch Erfolg zu verheissen.

Gedanken dieser Art hatten schon einmal weite Verbreitung und Gehör gefunden. Das war in Ägypten zur Zeit vor Abdel Nasser gewesen, als die Bewegung der Muslimbrüder um sich griff. Die Brüder gehen auf den ägyptischen Lehrer, Hassan al-Banna, zurück (1906–1949), der versucht hatte, diese muslimische Vereinigung zur bestimmenden religiösen, sozialen und politischen Kraft in Ägypten zu machen. Sein Erfolg brachte ihn in Konflikt mit den Machthabern der Zeit vor Nasser. Hassan al-Banna wurde dann höchstwahrscheinlich von gedungenen Mördern des ägyptischen Königs umgebracht. Die Muslimbrüder waren nach seinem Tod mit Abdel Nasser in Konflikt geraten, der sie in Gefängnisse und Lager verbringen liess. Aus den Lagern aber kehrte eine neue, radikalere Generation von Islamisten ins politische Leben Ägyptens zurück, nachdem das Experiment Nassers fehlgeschlagen war. Aus den Kreisen dieser neuen, radikalisierten Gruppierungen, die sich vom alten Stamm der Muslimbrüder abgespalten hatten, weil er ihnen zu konservativ war, sollte der 24jährige Aktivist, Khalid al-Islambouli, stammen, der Sadat am 6. Oktober 1981 im Verlauf einer Militärparade erschoss, um, wie er sagte, «Pharao zu töten».

Die Bruderschaft hatte sich auch in Syrien ausgebreitet und war dort mit den Machthabern blutig zusammengestossen. Mehrmals hätte sie beinahe mit Mordanschlägen gegen Präsident Asad Erfolg gehabt. Doch am Ende waren es im Februar 1982 die syrischen Sondertruppen, kommandiert vom Bruder des Präsidenten, Rifaat al-Asad, welche die Stadt Hama umstellten, in der sich die syrischen Moslembrüder erhoben hatten. Die Aufständischen wurden zusammen mit vielen Tausenden der Stadtbewohner (man sprach von 20 000 Opfern) zusammengeschossen und die Stadt weitgehend vom Erdboden vertilgt.

Den Grundideen der Moslembrüder gab dann die erfolgreiche islamische Revolution Khomeinys, die den mächtigen Schah in Iran niederschlug, neuen Auftrieb (Anfang 1979). «Der Islam» erwies sich als mächtiger als der von den Amerikanern und den Russen gestützte iranische Herrscher. War ein noch schlagenderer Beweis dafür notwendig, dass die Islamisten oder Fundamentalisten mit ihrer Überzeugung recht hatten? Man brauchte nur dem Gesetz des Islams zu folgen, ihm Opfer zu bringen, um des Erfolges für die Gläubigen sicher zu sein.

Solche Argumente, die vom Glauben ausgehen und nicht von rationaler Sachlichkeit, wirken auf bestimmte Gruppen in den islamischen Ländern am stärksten, Gruppen, die zum religiösen Glauben zurückgefunden haben, weil sie von der Gesellschaft, wie sie sich heute darbietet, besonders aber von ihren westlichen, europäischen und amerikanischen Teilaspekten enttäuscht sind. Es handelt sich in diesem Falle um Rekonvertiten zum Islam. Sie haben das andere, säkulare Lebenssystem unserer Zeit unter westlicher Beeinflussung erprobt und lehnen es ab. Andere Anhänger, sie sind die Mehrzahl, setzen sich aus Verwirrten zusammen, bei denen das Leben in den arabischen Grossstädten in seiner mehr oder weniger oberflächlich westlichen Art Unsicherheit und Ängste hervorruft. Diese fühlen sich isoliert und ohnmächtig und haben geistig bei einer streng islamischen Gruppe Sicherheit und Lebenssinn gefunden.

Das für einen jeden jungen Menschen, der in der traditionellen muslimischen Gesellschaft aufgewachsen ist, höchst verwirrende und verunsichernde westliche «moderne» Sexualverhalten, von der Koedukation bis zu den Nacktbildern im Kino, in der Werbung, spielt erfahrungsgemäss eine starke Rolle bei der Desorientierung der jungen Frauen und Männer; sie werden mit solchen Auswüchsen konfrontiert, wenn sie, etwa zu Ausbildungszwecken, aus der Geborgenheit von Elternhaus und Provinzstadt kommend, in Grossstädten leben müssen.

Manche von ihnen finden Zuflucht in muslimischen Gruppen, wo die altherkömmliche Geschlechtertrennung und deren Symbol, die Verschleierung der Frauen in der Öffentlichkeit, streng gehandhabt werden. Der «Schleier», *Hijab,* der Fundamentalistinnen ist ein Kopftuch. Er unterscheidet sich von dem traditionellen Chador (= Zelt, gänzliche Einmummung) dadurch, dass er nicht das Gesicht, jedoch Haupthaare und Arme verdeckt. Dies entsprechend der Scharia-Auslegung des Korans, der darauf besteht, dass die Frauen «ihre Reize» vor Aussenstehenden, ausserhalb der Familie, nicht zur Schau stellen sollen (Sura 24, Vers 32). Aus den Rekonvertierten, die sich vom Westen abwenden, nachdem sie ihn mehr oder weniger gründlich im Beruf oder auf Reisen kennengelernt haben, setzen sich oft die Führungskräfte und Ideologen des Islamismus zusammen; die Verwirrten, die bei ihm Zuflucht suchen, machen das Fussvolk aus.

Die Sonderlage Irans

Der Siegeszug des Islamismus ist jedoch keineswegs eine alles Westliche wegreissende Flut. Zu einer solchen hatte er sich vorübergehend in Iran hochgesteigert, weil ihm die politischen Fehler und Missgriffe des Schahs dazu Gelegenheit gaben. So gab es in Iran 1978 und Anfang des folgenden Jahres eine sehr ausgeprägte Stimmung riesiger Bevölkerungsteile gegen den Schah und für seinen gewichtigsten Gegner, Khomeiny. Dieser Konsensus hat die Machtergreifung der islamischen Revolution ermöglicht. Erst später zeigten sich die Schwächen des «islamischen» Regimes, wie es dann in der Praxis verwirklicht worden ist. Kritik wurde von vielen Seiten laut, wurde jedoch mit Gewalt erstickt. Seit Mitte 1979 gab es in Iran keine Meinungsfreiheit mehr. Gleichzeitig suchte das Regime nach propagandistisch wirksamen Motiven, die es erlauben sollten, die islamische revolutionäre Stimmung aufzustacheln und die radikale Agitation zugunsten «des Islams» fortzuführen. Diesen Zweck erfüllte eingestandenermassen die Geiselnahme in der amerikanischen Botschaft von Teheran (November 1979 bis Januar 1981); später hat der Krieg gegen den Irak und die Agitation gegen den «ungläubigen Teufel» Saddam Hussein diese Aufgabe übernommen. So ist es heute nur schwer zu ermessen und zu erkennen, wie gross gegenwärtig die Teile der Bevölkerung sind, die bedingungslos hinter Khomeiny stehen. «90 Prozent», sagen die Geistlichen; «nicht mehr als 15 Prozent oder noch weniger», erklären ihre Kritiker. Solche Zahlen, selbst wenn sie sich mit einiger Sicherheit ermitteln liessen, besagen im Grunde wenig, solange das Regime alle Agitations- und alle Informationsmittel eisern in eigener Hand behält. Die Herrschenden können dadurch, besonders unter den einfachen Leuten, «Meinung» im Sinne der eingeschlagenen Politik machen.

Auch im muslimischen Ausland gab es einige fanatische Bewunderer Khomeinys, besonders unter den schiitischen Minderheiten im Irak und in Libanon sowie in den Golfstaaten. Doch die Kritiker überwogen, je länger der Krieg mit dem Irak andauerte, ein Krieg, der vielen Aussenstehenden als sinnlos und zerstörerisch erschien, und je deutlicher wurde, dass das Regime der Geistlichen diesen Krieg nur als Vorwand benützte, um alle anderen dringend nötigen Regierungsmassnahmen und -entscheidungen hinauszuschieben und schwierigen Grundentscheidungen auszuweichen. So wurde die Frage, wie eine «islamische Landreform» auszusehen habe, zurückgestellt, auch die Fragen eines islamischen Wirtschaftssystems sowie die Debatte über staatlichen oder privaten Aussenhandel und anderes mehr.

Der Umstand, dass es sich um ein weiteres Regime mit enger Einschränkung der Informations- und Meinungsfreiheit handelte, und auch die Beschreibungen der Grausamkeiten in den iranischen Lagern und Gefängnissen, die nach aussen durchsickerten, wirkten sich auf die Beurteilung der islamischen Revolution durch die muslimischen Intellektuellen im Ausland negativ aus. Den Fundamentalismus kann man als eine politische Modeströmung der Gegenwart bezeichnen. Es handelt sich jedoch nicht um eine Strömung, welche die grosse Mehrheit aller Muslime erfasst. Die Islamisten oder Fundamentalisten sind eine aktive und entschlossene Minderheit. Sie selbst sehen sich als eine Elite an. Sie bilden nicht einen alles erfassenden Strom. Ihre Bedeutung kommt oft daher, dass es in einem bestimmten Staat keine anderen aktiven und entschlossenen politischen Gruppen gibt. Solche Gruppen kann es in den meisten islamischen Staaten gar nicht geben, weil diese alle politischen Gruppen unterdrücken, mit Ausnahme der Staatspartei. Sie lassen keinerlei Medien zu, ausser den staatlich kontrollierten.

Die Muslimbrüder entgehen derartigen Kontrollen und Einschränkungen meist, weil ihnen das Netz der geistlichen Lehrer zur Verfügung steht, der Moscheen, die Bande der überall bestehenden muslimischen Solidarität, die sie für ihre Zwecke ausnützen können. Staaten wie der algerische lassen freilich seit Jahren auch die Moscheen durch ihre Geheimpolizisten überwachen. Ägypten anerkennt nur solche Prediger in den Moscheen, die dem Staate bekannt sind und über Themen predigen, die vorher vom Ministerium für religiöse Angelegenheiten niedergelegt worden sind. Es ist jedoch klar, dass eine solche Kontroll- und Unterdrückungsarbeit den Staat nicht beliebt macht und indirekt in die Hände der Agitation der Muslimbrüder spielen kann. In den Ländern, wo ein Minimum an politischer Diskussionsfreiheit herrscht, ist die neue Modeströmung des Islamismus oder Fundamentalismus nur eine der vielen angebotenen Ideologien und Heilswege, keineswegs aber die einzige oder auch nur überwiegend attraktive politische Strömung. Sie ist dann eine von vielen politischen Möglichkeiten, die gegeneinander in Konkurrenz treten, jedoch die einzige, die von den Missgriffen und Fehlern der Regierungen in einem muslimischen Staat Nutzen zieht. Für sie mehr als für alle anderen gilt das Gesetz: Je schlechter die Politik der Herrschenden, desto besser! Ihr Angebot einer Rettung durch strenge Befolgung der Gottesgesetze wirkt um so anziehender, je geringer die Aussichten auf Rettung oder Besserung auf einem anderen, mehr rationalen, diesseitigen und weniger metaphysischen Wege werden.

Geld in der Wüste

Zu den verwirrenden Erscheinungen der Zeit nach Nasser gehörte auch das Geldarabertum. Plötzlich waren die kleinen und – ausser dem Irak – volksarmen Erdölstaaten am Golf unheimlich reich geworden. Eine gewaltige Einwanderungswelle aus Ägypten, aus dem durch den Bürgerkrieg zerbrochenen Libanon, aus Syrien, aus Jordanien, sogar aus den von Israel besetzten Gebieten – jedoch auch aus nichtarabischen Staaten wie Pakistan, Indien, Bangladesch, Sri Lanka, Indonesien, Korea, den Philippinen, Thailand, Malaisien brach über die arabischen Erdölstaaten herein. Für einige Jahre sahen die Saudis und ihre Nachbarn in den arabischen Golfstaaten sich als die führenden Kräfte der arabischen Welt an. Sie versuchten aus ihrer neuen Machstellung heraus, ihre grösseren und volkreicheren Bruderstaaten zu einigen und anzuführen. Doch dieser Traum endete rasch. Ägypten ging mit dem Friedensvertrag seinen eigenen Weg, den die Saudis nicht billigen konnten. Die Syrer und die Iraker stritten sich hitziger als je zuvor, seitdem 1979 ein Versuch, die beiden Staaten einander näherzubringen und sie zu vereinigen, missraten war. Der irakisch-iranische Krieg erwies sich für die Golfstaaten zuerst nur als eine Belastung von grösserem Ausmass. Ihr Selbsterhaltungstrieb zwang sie dazu, Bagdad zu unterstützen. Später wurde der

Golfkrieg immer mehr eine schwarze Wolke am gesamten arabischen Horizont. Man konnte nicht wissen, ob dieser fanatisch geführte Krieg nicht auch auf die Golfstaaten übergreifen werde.

Die führenden Schichten in Saudiarabien glaubten vielleicht eine kurze Zeit lang, ihr Land könne der ganzen arabischen Welt als Modell dienen; es verkörpere die Zukunft der Araber. Doch die Araber aus Ländern mit viel grösserer Bevölkerung wussten immer, dass Saudiarabien mit einem riesigen Erdöleinkommen und seiner relativ kleinen Bevölkerung eine Ausnahmeerscheinung darstelle. Die Saudis konnten es sich leisten, zu kaufen, was andere erarbeiten mussten: nicht nur Konsumgüter, sondern auch technischen und wissenschaftlichen Fortschritt und Arbeitskräfte. Das Erdöl machte alles möglich, sogar in einer Wüstenlandwirtschaft, die mit fossilem Untergrundwasser die Wüste auf weite Strecken zum Grünen brachte, freilich zu einem astronomischen Preis.

Für Leute, die kein oder wenig Erdöl besassen, konnten die reichen Ölstaaten kein Vorbild sein. Die Saudis selbst lernten dies einsehen, als ihr eigenes Erdöleinkommen Mitte der achtziger Jahre unvermittelt absank und sie selbst anfingen, sich darüber Sorgen zu machen, wie ihr nun einmal erreichter Lebensstandard aufrechterhalten werden könne. Die theoretische Antwort auf ihr Problem lautet: Nun müsste die Privatwirtschaft in Saudiarabien den Staat und sein Erdöleinkommen als Wirtschaftsmotor ablösen. Doch dies ist leichter gesagt als getan. So greifen in der Zwischenzeit Saudiarabien und die anderen Golfstaaten auf ihre Reserven zurück.

Nassers Erben

Natürlich sind die leidenschaftlichen Anhänger und Befürworter der Politik Abdel Nassers und des arabischen Sozialismus nicht einfach vom Erdboden verschwunden. Es gibt sie noch immer; nur vertreten sie nicht mehr die Hauptströmung in der arabischen Politik. Die Verfechter dieser Politik besitzen selten die Staatsmacht und finden daher nicht mehr das gleiche Echo wie früher. In Ägypten versuchen die Nasseristen und arabischen Sozialisten eine eigene Partei zu bilden. Doch der Staat hat dies bisher nicht zugelassen. Die Nasseristen sind auch untereinander zerstritten und neigen dazu, sich in viele, praktisch führerlose Kleingruppen aufzuspalten. In den ägyptischen Parlamentswahlen von 1987 haben ihre Kandidaten – weil sie keine eigene Partei bilden durften – mit jenen der ägyptischen Linksopposition, «Block der Volkskräfte», gemeinsame Sache gemacht. Sie sind alle gemeinsam durchgefallen; keiner ihrer Anhänger und auch kein Kandidat der Linksopposition gelangte ins Parlament. Im Gegensatz dazu brachten die Muslimbrüder, die als Partei auch nicht zugelassen waren, gegen 45 ihrer Anhänger ins Parlament, die sie auf die Listen der kleinen sogenannten Sozialistischen Partei hatten setzen lassen.

In Syrien und im Irak stellen sich die regierenden, aber untereinander bitter verfeindeten Baath-Parteien als die Vertreter des arabischen Nationalismus vor. Doch in Syrien weiss jedermann, dass die eigentlichen Schlüsselpositionen in der Armee und in den Sicherheitsdiensten von den alawitischen Landsleuten und Vertrauten Präsident Asads besetzt sind. So wird dieses Regime von den Syrern mehr als eines der Alawiten angesehen als ein Vorkämpfer des arabischen Nationalismus. Im Irak hat der Notstand des Krieges dazu geführt, dass das Regime heute gezwungen ist, in erster Linie um sein Überleben zu kämpfen. Die wenigsten Araber ausserhalb des Iraks würden es sich zum politischen Vorbild nehmen.

In Libanon gibt es eine «nasseristische» Stadtrepublik, das sunnitische Sidon, mit eigener Miliz als Machtbasis. Sie steht im beständigen Kleinkrieg gegen die von Israel aufgestellten und finanzierten Milizen der sogenannten Südlibanesischen Armee und lebt in einem Rivalitätsverhältnis mit den schiitischen Milizen von «Amal», die aus der schiitischen Bevölkerung nördlich und südlich von Sidon stammen. Nichts ist einfach in Libanon. Von diesen schiitischen Milizen gibt es deren zwei; neben der grösseren und mehr libanesisch ausgerichteten «Amal» die kleinere, aber reichere (dank iranischen Geldes) und politisch betriebsame «Partei Gottes» (Hizbollah). Auch die Drusen und ihre Milizen stehen theoretisch dem arabischen Nationalismus Abdel Nassers nahe; doch in der Praxis sind sie in erster Linie Drusen.

Schliesslich gibt es noch Ghaddafi, der auf seine Art versucht, die Politik Abdel Nassers in revidierter Form fortzusetzen. Doch die wenigsten arabischen Nationalisten nehmen ihn ernst. Das von ihm ausgeklügelte System des dritten Weges, seine eigene politische Ideologie, ist allzu voll von inneren Widersprüchen, um ausserhalb seines Kommandobereiches als Vorbild dienen zu können. Sein Grundprinzip ist, dass das Volk sich selbst durch Volksversammlungen und ohne irgendwelche zwischengeschaltete Vertreter zu regieren habe. Um jedoch dieses System aufrechtzuerhalten und es zu beherrschen, verwendet Ghaddafi sogenannte Revolutionskomitees, deren bewaffnete Mitglieder nur ihm gegenüber loyal sind und den Volksversammlungen klarmachen, wie sie zu entscheiden haben.

Ein Zug der Nostalgie ist in allen Gruppen der arabischen Nationalisten zu spüren, soweit es sich nicht um blosse Scheinfronten handelt. Sie pflegen ihrer grossen, vergangenen Zeit nachzutrauern und darauf zu warten, dass ihnen ein neuer, charismatischer Führer erstehe, der die leer gebliebene Stelle Abdel Nassers einnehmen könnte.

Die wirtschaftliche Krise

Viele Araber in den Nichterdölstaaten – in Ägypten, im Sudan, in Syrien, in allen Ländern Nordafrikas – haben heute kaum mehr Zeit für die Politik und auch wenig Lust an der Politik. Sie sind vollauf damit beschäftigt, ihren Lebensunterhalt zu verdienen. Dabei geht es, mit den Massstäben der Statistik gemessen, der grossen Masse der Araber heute wirtschaftlich besser als vor 20 oder 30 Jahren. Auch die kleinen Leute dürfen heute etwas mehr konsumieren als früher (sie ernähren sich etwas besser) und geniessen etwas bessere Sozialdienste: Gesundheit, Schulversorgung für ihre Kinder.

Doch diese marginalen Verbesserungen sind teuer erkauft. Man muss sich die Beine ablaufen, um zwei Arbeiten hintereinander zu verrichten, wenn man auf einen grünen Zweig kommen will. Man lebt in beständiger Spannung in überfüllten Städten und kämpft jedes Monatsende darum, dass die letzten Tage vor der neuen Gehaltszahlung doch noch irgendwie überbrückt werden können. Man rackert sich ab, und man lebt in Sorge um das tägliche Auskommen. Die Inflation frisst an den Löhnen und Gehältern, Arbeitslosigkeit droht.

Beziehungen «nach oben» sind unentbehrlich, wenn man gegen Schicksalsschläge gefeit sein will, und dieses «Oben» kann sich blitzartig ändern und in ein «Unten» umschlagen. Der moderne «Rattenwettlauf» ist in die arabische Welt eingezogen, während man die moderne Konsumgesellschaft meist nur auf den Fernsehschirmen erleben kann. Manche Ägypter behaupten: «Unsere Machthaber wollen es so. Sie hängen uns absichtlich den Brotkorb so hoch, damit wir den ganzen Tag und die halbe Nacht unsere Hälse nach ihm recken und keine Zeit für Politik mehr haben! Die Oberen können dann tun, was sie wollen!» Dies ist kaum eine gerechte Einschätzung der Machthaber, die selbst in einem Käfig von Schulden sitzen und sich mit immer neuen Bedürfnissen des

Staates herumschlagen. Die Meinung ist jedoch typisch und spricht für die Lage von vielen.

Im Irak sind es die Alltagssorgen, die der Krieg mit sich bringt: Tote und Verwundete in der Familie; Einkaufs- und Versorgungsprobleme; Inflation, die jeden Monat das Auskommen schwieriger macht; die nicht enden wollende Dauer des Krieges. – Was soll da Politik? Erstens wäre es lebensgefährlich, sich damit abzugeben; zweitens sinnlos, da man doch nichts erreichen würde. Drittens hat man keine Zeit mehr dafür, denn die Arbeit der vielen Hunderttausenden, die seit Jahren Militärdienst leisten, muss von den verbleibenden Zivilisten erledigt werden.

Mehr Gewicht für die Minderheiten

Während die Staatsvölker, das heisst fast immer die Mehrheit der sunnitischen Araber, der Politik eher müde geworden sind, haben die Minderheiten, oder doch gewisse unter ihnen, sich mehr in den Vordergrund gewagt. Der arabische Nationalismus, so wie ihn Nasser verkörperte, war immer in erster Linie eine Sache der sunnitischen Mehrheiten gewesen. Besonders seine panarabische Komponente hatte ihn den verschiedenen Minderheiten verdächtig gemacht. In einer grossen Vereinigten Arabischen Republik hätten sich die sunnitischen Mehrheiten zu einer einzigen, grossen Mehrheit verschmolzen. Gegenüber einer solchen geballten Mehrheit wären die verschiedenen Minderheiten zu noch viel kleineren Randgruppen geworden, als sie es in den heutigen «Nationalstaaten» bereits sind.

Es gibt viele Minderheiten im Nahen Osten. Sie können ethnischer oder religiöser Natur sein. Die Mehrzahl der Christen des Orients, Griechisch-Orthodoxe, Maroniten, Kopten, Assyrer, Syrer, Katholiken, Protestanten, sind Araber. Die Armenier stellen ein eigenes Volk mit eigener Sprache und einer altchristlichen Kirche dar. Sie sind während des Ersten Weltkrieges aus der heutigen Osttürkei in die arabische Welt zwangsvertrieben worden. Die Drusen in Libanon und Syrien, einige auch in Israel und den besetzten Gebieten, und die Alawiten Syriens sind ebenfalls Araber, doch ihre Religionen unterscheiden sich stark vom Normal-Islam. Die Schiiten Libanons und des Iraks, Bahrains und Saudiarabiens sind Araber, doch besitzen sie starke kulturelle Verbindungen zu dem grössten schiitischen Staat, Persien, das kein arabisches Land ist. Die Kurden des Iraks, Syriens, Irans und der Türkei sind meist Sunniten, es gibt unter ihnen aber auch Christen, Jeziden und Schiiten sowie türkische Alawi. Sprachlich gehören die Kurden jedoch nicht zu den Arabern. Ihre Sprache, aufgeteilt in verschiedene Dialektgruppen, südkurdische und nordkurdische, ist dem indogermanischen Persisch verwandt. Die Tscherkessen sind im 19. Jahrhundert aus dem Kaukasus in verschiedene Randgebiete des Ottomanischen Reiches verpflanzt worden. Sie wollten nicht unter den russischen Zaren im Kaukasus leben, als dieser von den Russen in langen und grausamen Kriegen erobert wurde. Es gibt noch andere, kleinere Minderheiten wie die Siebener-Schiiten (Ismailiten) in Syrien, Araber, aber eine besondere Form von Schiiten. Einige arabische Juden verbleiben noch in Libanon, in Syrien, im Irak, in Jemen und in Nordafrika. Doch der grösste Teil ihrer Gemeinschaften ist nach Israel ausgewandert. Die Zaiditen des Nordjemen sind ein besonderer Zweig der Schiiten. Die Ibaditen am Rande der Sahara stellen den Überrest einer Abspaltung von den Sunniten dar, die sich schon zur Zeit des vierten Kalifen (das heisst Nachfolgers Muhammeds), Alis, im Jahr 658 ereignete und die man zuerst Kharijiten nannte.

Die Schiiten als Minderheit

Die Schiiten dürften die grösste Minderheit der arabischen Welt sein. Im Irak allein beträgt ihre Zahl rund die Hälfte der 15 Millionen Bewohner. Die Schiiten sind ursprünglich die Gefolgsleute Alis, des vierten Kalifen, und seiner Nachfahren. Ihrer Ansicht nach wäre es Ali und seinen Nachfahren, den schiitischen Imamen, zugekommen, die muslimische Gemeinschaft anzuführen. Die Siebener-Schiiten (Ismailiten) anerkennen sieben solche Imame; jene des Hauptzweiges, die Zwölfer-Schiiten, zwölf. Der siebte für die einen, Ismail, und der zwölfte für die anderen, al-Mehdi, sind in die verborgene, übersinnliche Welt eingegangen, ohne zu sterben. Sie werden am Ende der Zeiten wiederkehren, um die Führung der Gemeinschaft der Gläubigen zu übernehmen und einen Gottesstaat auf dieser Erde einzurichten.

Solange der verborgene Imam nicht wiedergekehrt ist, vertreten ihn nicht etwa weltliche Herrscher, sondern die schiitischen Gottesgelehrten kollektiv. Die gelehrtesten unter ihnen, die den Titel Mujtahid tragen, weisen ihre Gemeinde an, was zu tun und was zu lassen sei. Dies gibt den schiitischen Geistlichen, im Gegensatz zu den sunnitischen, die blosse Prediger oder juristische Fachleute des Gottesgesetzes sind, eine besondere Macht. Im Auftreten erinnern sie oft an katholische Geistliche, die auch Träger einer besonderen Weihe sind.

Die schiitische Gemeinde unterscheidet sich von der sunnitischen besonders dadurch, dass bei den Schiiten der Gedanke des Opfers für die Sache Alis und seiner Nachkommen, auch des Opfertodes für sie, eine grosse Rolle spielt. Dies hat historische Wurzeln. Immer wieder haben Nachfahren Alis, beginnend mit dessen Sohn, Hussein, dem Protomartyr der Schiiten, ihr Leben im Kampf für die Sache der Schiiten geopfert, und die Gläubigen sind ihnen oft in den Tod gefolgt.

Doch die Linie Alis ist Jahrhunderte hindurch nicht an die Macht gekommen. Erst spät, vom 10. Jahrhundert an, hat es einige schiitische Dynastien gegeben, die in den Aussenbereichen des abbasidischen Reiches an die Macht gelangt sind. Die Fatimiden in Ägypten, die von 973 bis 1171 in Kairo herrschten, waren Siebener-Schiiten. Sie waren ursprünglich aus Tunesien gekommen. Persien wurde erst zu Beginn des 16. Jahrhunderts ein Land unter schiitischer Herrschaft.

Als theologisch-politische Opposition diente die Schia oft als Sammelbecken aller mit den offiziellen Regimen der Omaijaden-Kalifen und später der Abbasiden Unzufriedenen. Diese Oppositionellen erhielten reichlich Gelegenheit, durch die Repression, welche die Verteidiger von Ordnung und Orthodoxie übten, Märtyrer für die schiitische Sache zu werden. Die Schiiten kennen eine Märtyrerverehrung, die durchaus dem Märtyrerkult der christlichen Kirchen entspricht. Bei den Sunniten gibt es diesen Kult kaum, denn sie haben seit den Eroberungen fast immer die Regierungen gestellt.

Christliche Minderheiten

Unter den christlichen Minderheiten dürften die Kopten, das heisst die ägyptischen Christen, die ihre Religion seit der Eroberung durch die Araber beibehalten haben, die zahlreichste sein. Ihre genaue Zahl kennt man allerdings nicht, weil der ägyptische Staat sie nicht zählen will. Man rechnet mit gut 10 Prozent der heute gegen 50 Millionen starken ägyptischen Bevölkerung. Die Kopten selbst behaupten jedoch, dass sie 20 Prozent ausmachten!

Bei allen orientalischen Kirchen handelt es sich um christliche Kirchen, die vor der arabischen Invasion bestanden und überlebt haben. Vom 16. Jahrhundert an hat allerdings Rom jeweilen «unierte», das heisst Rom angeschlossene Zweigkirchen jeder dieser Kirchen aufgezogen. Sie bestehen heute parallel zueinander. Eine Ausnahme bilden die Maroniten. Sie sind mit Rom verbunden und besitzen keine selbständige

«Mutter»-Kirche. Die Orthodoxen, das heisst Mitglieder der griechisch-orthodoxen Kirche, stellen eine wichtige Minderheit in Syrien dar, und sie sind auch in Libanon zahlreich. Die Assyrer, die sich in der byzantinischen Epoche (431 a. D.) von den Griechisch-Orthodoxen trennten, werden auch Nestorianer genannt. Sie spielten eine grosse Rolle in Asien. In der neueren Zeit haben sie sich von ihren kurdischen Zufluchtsgebieten des Hakkari aus nach dem Nordirak ausgedehnt. Die Engländer benützten sie während der Kolonialzeit als eine Hilfstruppe, und dies machte sie bei den sunnitischen irakischen Offizieren nach der Unabhängigkeit so verhasst, dass sie sie massakrierten, als sie die Herrschaft übernahmen. Reste des nestorianischen Volkes leben noch im Irak, in der südlichen Türkei und in Nordiran, doch die meisten sind nach den Vereinigten Staaten ausgewandert, wo ihre grösste Gemeinde heute lebt. Ihre mit Rom unierte Zweigkirche, die es schon seit dem 16. Jahrhundert gibt, nennt sich Chaldäer. Sie ist heute grösser als die ursprüngliche assyrische Kirche.

Die Syrer oder Syrisch-Orthodoxen, von Aussenseitern oft Jakobiten genannt, sind im 6. Jahrhundert als separate Kirche entstanden, weil sie von der byzantinischen Staatskirche (der heutigen griechisch-orthodoxen) verfolgt wurden. Ihre relativ kleine Gemeinde lebt heute in Syrien und Libanon. Sie sind der Doktrin nach Monophysiten.

Die Stellung der Minderheiten

Ganz allgemein kann man sagen, die Minoritäten im Nahen Osten, besonders die religiösen, haben eine besondere Mentalität. Man ist versucht, sie als Ghettomentalität zu umschreiben. Sie ist das Resultat einer langen, oft grausamen Geschichte. Um sie zu verstehen, muss man wissen, was ein *Dhimmi* ist. Dieses Wort bezeichnet in der Sprache der Scharia, das heisst des islamischen Gottesgesetzes, das beschützte und tolerierte Mitglied einer nicht islamischen Religionsgemeinschaft innerhalb des islamischen Herrschaftsbereiches. Es bezieht sich vor allem auf Juden, auf Christen aller Spielarten sowie auch auf die Anhänger Zoroasters, Überbleibsel der alten persischen Religion Irans. Die Buddhisten und Hinduisten Asiens und Indiens haben die Muslime nie als *Dhimmis* angesehen. Sie galten ihnen als «Götzenanbeter», wenn man sich gleich aus praktischen Gründen, etwa im Indien der Sultanate von Delhi und der Mogulkaiser, gezwungen sah, sie als Untertanen anzunehmen.

Nach der Scharia, dem Gottesgesetz des Islams, ist der Freiheitsbereich eines *Dhimmi* eng beschränkt: er darf seine Religion ausüben und nach ihren Vorschriften leben. Er soll es jedoch diskret tun, um bei den Muslimen keinen Anstoss zu erregen. Er gilt in allen Bereichen des zivilen und politischen Lebens als dem Muslim unterlegen. Das wird im Erbrecht deutlich, in der Gerichtsordnung und bei Zeugenaussagen, im Eherecht (eine muslimische Frau kann keinen Christen oder Juden heiraten, weil sie ihm dann «unterstellt» wäre; umgekehrt ist es möglich, weil eine jüdische oder christliche Frau einem Muslim «unterstellt» sein kann). In der sozialen Praxis war die Toleranz manchmal gross, oft aber sehr eng. In Zeiten der Unruhen wurden immer wieder Häuser von Juden und Christen geplündert.

All dies hat über die Jahrhunderte, besonders in den Städten, zu einer besonderen Psychologie der *Dhimmis* geführt. In der Bauweise ihrer Quartiere, Synagogen und Kirchen wird sie sichtbar. Man versteckt sich hinter Mauern und Gittern und lebt in Hinterhöfen hinter möglichst unscheinbaren Fassaden. Man vermeidet es, aufzufallen oder grossspurig aufzutreten, ergeht sich in grosser Höflichkeit, die manchmal ironische Stacheln enthält. Man sucht das Überleben der Familie und der Gemeinschaft zu sichern, womöglich viel Geld zu verdienen und es aufzuspeichern. Da die politischen Mittel, sich abzusichern, weitgehend fehlen (Einfluss, Regierungspositionen), wird das Geld um so wichtiger.

Als die Kolonialisten in den Nahen Osten kamen, zuerst als Geschäftsleute, später als Machthaber, haben die *Dhimmis* intensiver mit ihnen zusammengearbeitet als die Staatsvölker (meist Sunniten). Dies war natürlich. Schon in der vorkolonialen Phase lag der Handel mit den Europäern weitgehend in ihren Händen, weil sie bereit waren, die Sprachen zu lernen, um mit den europäischen Christen zu verkehren.

Die Verbindung der maronitischen Kirche mit Rom soll schon 1182 zustande gekommen sein, also während der Kreuzzüge. Seit dem 16. Jahrhundert gibt es ein maronitisches Kolleg in Rom, das der Ausbildung des Klerus dient. Später trat Frankreich immer mehr an die Stelle Roms. Es gab auch eine wirtschaftliche Verbindung. Die Seide von Lyon wurde aus Libanon importiert. Seidenraupen wurden mit Maulbeerblättern in den libanesischen Bergdörfern gezüchtet. Lyon hat später die katholische Universität von Beirut betreut, die von Jesuiten geleitet wird. Noch in den fünfziger Jahren dieses Jahrhunderts konnte man dem Französisch der libanesischen Christen anhören, dass es ursprünglich aus Lyon stammte.

Mit der kolonialen Besetzung nahm die Zusammenarbeit zwischen

Dhimmis und Kolonialisten auch politische und militärische Züge an. Schon Napoleon hat in Ägypten koptische Hilfstruppen eingesetzt. Kopten dienten später den englischen Verwaltungsfachleuten im Niltal als Beamte, besonders als Steuereinzieher. Sie hatten diese Rolle schon unter früheren, muslimischen Herrschern, wie den Mamluken, innegehabt. In Syrien und in Libanon arbeiteten die Christen enger mit den Mandatsbehörden zusammen als ihre muslimischen Landsleute. Die Geschäftsverbindungen solcher *Dhimmis* nach Europa und nach dem Westen dauerten oft bis heute fort. Angesichts der Überlegenheit der westlichen Technologie und Industrie konnte damit viel Geld verdient werden. Dies rief leicht Neid und Ressentiments bei den Muslimen hervor. Solche Gefühle wurden durch den Umstand verstärkt, dass die *Dhimmis* den Muslimen ohnehin als potentielle Verräter galten, wegen der Rolle, die sie in der Kolonialzeit gespielt hatten.

Vermittler

Auch geistig fanden sich die Minoritäten in der Rolle der Vermittler neuer Ideen. Die neuen Ideen kamen ja seit Anfang des 19. Jahrhunderts (und kommen meistens noch heute) aus Europa und Amerika. Dies führte zum Beispiel dazu, dass die führenden Kommunisten im Nahen Osten meist den Minderheiten angehörten; jedoch auch die meisten Bankiers und viele «moderne» Handwerker wie Schneider (von europäischen Kleidern), Uhrmacher, Bäcker und Zuckerbäcker «europäischen» Brotes und Zuckergebäcks, Mechaniker aller Art. All dies kam daher, dass sie oder schon ihre Väter und Grossväter bereit waren, «europäische» Produkte zu vertreiben oder herzustellen, die den Muslimen ursprünglich unbekannt und fremd gewesen waren. Seitdem es politisch und wirtschaftlich eine westliche Vormachtstellung gab, hatten die *Dhimmis* ihren besseren Zugang zum Westen, seinen Vertretern und seinen Produkten dadurch ausgebaut, dass sie ihre Kinder in westlich geführte Schulen sandten. Anfänglich waren es Missionsschulen. Dies hat über Generationen zu einem spürbaren Bildungsvorsprung gegenüber den meisten Muslimen geführt, der sich dann auch materiell auszahlte. Auch dies weckte Ressentiments, besonders als die betreffenden Mitglieder der Minderheiten die alte, goldene Regel aufgaben, an die sich ihre Vorfahren gehalten hatten, nämlich ihre Vermögen nach aussen nicht sichtbar zur Schau zu tragen. Die einstigen *Dhimmis* neigten dazu, «arrogant» zu werden. So sahen es ihre muslimischen Mitbürger.

In Libanon ergab sich bei alledem noch eine besondere Lage. Das Land wurde in seinen noch heute theoretisch bestehenden Grenzen als «Grand Liban» von den französischen Mandatsbehörden, den Politikern der Nachkriegszeit des Ersten Weltkrieges in Zusammenarbeit mit dem damaligen maronitischen Patriarchen, Msgr. Elias Hoyek, so aus Syrien herausgeschnitten, dass es nach den damaligen Bevölkerungszahlen eine knappe Mehrheit von Christen und eine knappe Minderheit von Muslimen umfasste. Dadurch wurden die Christen, und unter ihnen die grösste christliche Gemeinschaft der Maroniten, zum «Staatsvolk», die Muslime, unterteilt in Sunniten, Schiiten und Drusen, zu Minderheiten, beinahe zu *Dhimmis*. Das ganze System wurde allerdings demokratisch verbrämt. Während Jahrzehnten galt es nur als provisorisch, bis zu jener Zeit, in der die Libanesen ein Nationalgefühl entwickeln würden, ohne sich auf die Religionsgemeinschaften stützen zu müssen.

Das Staatsvolk der Maroniten erhielt das Privileg, den Präsidenten zu stellen. Er erhielt das Vorrecht, den Oberbefehlshaber der Armee zu ernennen, der auch ein Maronite zu sein hatte. Ihm unterstanden eine Mehrheit von maronitischen Offizieren. Die anderen Gemeinschaften erhielten untergeordnete Posten. So sollte der Ministerpräsident stets ein Sunnite sein; der Parlamentsvorsitzende ein Schiite. Doch der Ministerrat konnte nur in einer Regierungsratssitzung bindende Beschlüsse fassen, in der der Staatspräsident den Vorsitz ausübte, und der Präsident konnte den Ministerpräsidenten entlassen und einen neuen ernennen. Das System funktionierte trotz allerhand Krisen, darunter einem Bürgerkrieg im Jahre 1958, immerhin 32 Jahre lang, von 1943 bis 1975. Die Muslime empfanden dieses Regime immer als ungerecht, wobei ihrem Rechtsempfinden letzten Endes der muslimische Grundsatz zugrunde lag: «*Der Islam herrscht, er wird nicht beherrscht.*» Dies wird als eine der Überlieferungen der Aussprüche des Propheten (Hadith) zitiert. Viele Muslime, besonders etwa die sunnitischen Geschäftsleute und Würdenträger von Tripolis, Beirut, Sidon und anderen Städten, arbeiteten dennoch im Rahmen dieses politischen Systems mit den Christen zusammen, weil es ihnen grosse persönliche Freiheiten und Vorteile gab. In Libanon herrschte im Gegensatz zum fast immer diktatorisch regierten Syrien Demokratie. Auch wurde das Land reich, in erster Linie dank der Geschäftstüchtigkeit der christlichen Geschäftsleute und der Bankiers, denen jedoch auch mehr und mehr sunnitische Kollegen nachstrebten.

Am Ende jedoch sollte das System zusammenbrechen. Die Spannungen in seinem Inneren waren angewachsen. Die Proportionen unter den Gemeinschaften verschoben sich. Die unterprivilegierten Schiiten, ursprünglich eine von wenigen Feudalfamilien beherrschte Bauernbevölkerung tief im Süden und im Nordosten des Landes, wuchsen an, bis sie am Ende die wahrscheinlich grösste der libanesischen Gemeinschaften abgaben. Wahrscheinlich muss man sagen, weil die Maroniten sich seit 1932, dem Datum der letzten unter den Franzosen durchgeführten Volkszählung, geweigert hatten, eine neue Zählung durchzuführen, um ihre Position als die – auf dem Papier – grösste Gemeinschaft des Landes nicht zu verlieren.

Die Machtverhältnisse verschoben sich ebenfalls, indem von 1965 an die Palästinenser zu den Waffen griffen, die, obgleich sie sich als Flüchtlinge in Libanon befanden, immer mehr bewaffnete Kämpfer aufstellten. Ein grosser Zustrom dieser Flüchtlinge floss ein, als 1970 die jordanische Armee die bewaffneten Palästinenser in Jordanien niederschlug (der sogenannte Schwarze September). Die Sunniten und Drusen erblickten in den Palästinakämpfern – meist auch Sunniten, einige wenige Christen – ihre Freunde, und sie sahen sie als ein Instrument, um die bisher für sie ungünstige Machtbalance gegenüber den Maroniten zu verschieben. Die Maroniten und anderen Christen bewaffneten sich, um ihnen Widerstand zu leisten, und 1975 brach der Bürgerkrieg aus. Er konnte bis jetzt (1988) nicht beigelegt werden. In erster Linie deshalb, weil die Streitparteien und ihre Milizen immer wieder vom Ausland her unterstützt und politisch instrumentiert wurden. Die Israeli unterstützten die christlichen Milizen mit Geld, Waffen und Ausbildung; die Syrer meistens die muslimisch-drusischen, obwohl sie mit den Palästinensern oft im Streit lagen. Die Schiiten teilten sich in die prosyrische Kampfpartei von «Amal» und in die ebenfalls bewaffneten proiranischen Kampfgruppen der «Partei Gottes» (Hizbollah). Die Israeli stellten ausserdem noch ihre eigene libanesische Miliz auf und benützten sie in Südlibanon, um eine sogenannte Sicherheitszone auf der libanesischen Seite der Grenze besetzt zu halten, ohne sich um die Uno und die internatioale Legalität zu kümmern. Es kam zu zwei israelischen Invasionen Libanons, einer kleineren 1978 und einer grösseren, höchst brutalen 1982, die bis zur Besetzung von Beirut führte und etwa 15 000 Menschenleben kostete (weitaus die meisten Frauen, Greise und Kinder). Der israelische Vorwand war, dass Israel gegen die Palästinenser einschreiten wolle. Sie nannten ihre Aktion «Frieden für Galiläa»; in Wirklichkeit hatten sie viel weiter gehende Absichten, wie man aus ihrem Versuch ablesen konnte, den mit ihnen verbündeten christlichen Milizchef, Bechir Gemayel, zum neuen Präsidenten Libanons zu erheben. Dieser Versuch schlug fehl, weil Bechir Gemayel durch eine Bombe ermordet wurde, bevor er sein Amt antreten konnte. Es gelang den Syrern, das Inkrafttreten eines Friedensvertrages zwischen Libanon und Israel zu verhindern, den die Syrer nicht ohne Grund einen «Kapitulationsvertrag» gegenüber Israel nannten. Um dies zu erreichen, mobilisierte und unterstützte Syrien die Damaskus zuneigenden Sunniten, Schiiten und Drusen, denen es dann im Verlauf der Jahre 1984 und 1985 durch terroristische Kampfführung gelang, zuerst die Amerikaner zum Abzug und später die Israeli zum Rückzug aus Zentrallibanon zu zwingen. Doch seither ist das Land zur blutigen Arena geworden, in der syrische und israelische Interessen mit Hilfe der von beiden Seiten vorgeschobenen Milizen gegeneinander ringen. Die Israeli stützen weiter, mehr oder minder heimlich, die Christenmilizen sowie offen ihre eigene Söldnerarmee in Südlibanon. Die Palästinenser versuchten, bisher vergeblich, die Macht für ihre Kämpfer zurückzugewinnen. Die meisten Libanesen ersehnen seit Jahren nichts mehr anderes, als dass der Krieg endlich beendet werde. Er hat inzwischen auch wirtschaftlich zu einer Inflation geführt, die in den letzten Jahren immer steiler anstieg und 1987 400 Prozent überstiegen hat. Dies führt zur Verarmung der bisherigen Mittelschichten, die früher eine der Stärken des Landes ausgemacht hatten.

Doch die verschiedenen Milizen haben ein Interesse daran, fortzukämpfen. Solange sie es tun, erhalten ihre Mitglieder Soldzahlungen aus dem Ausland und aus Gewinnen illegaler Art, die man auf Kosten des Gesamtlandes macht. Eine jede Miliz verfügt über ihre eigenen Häfen, über die Waren eingeführt werden. Die Zölle werden an die verschiedenen Milizen gezahlt. Die christlichen Milizen erheben auch eine Benzinsteuer an der Sperre von Berbera in Nordlibanon, wo alles in Tripolis raffinierte Benzin durchgeleitet werden muss, das nach dem Süden transportiert wird. Auch sind viele der jüngeren Kämpfer im Bürgerkrieg aufgewachsen. Sie wissen, in Friedenszeiten hätten sie wenig Aussicht auf Verdienst. Der Krieg geht so, mit der Komplizenschaft der Israeli, der Syrer, der Iraner und zu geringeren Teilen der Libyer, immer weiter.

Die Libanesen sind nicht die einzigen Minderheiten, die heute Kriege führen; die Kurden tun es auch, mindestens ebensolange schon wie die Libanesen. Die Kurden sind nie *Dhimmis* gewesen. Als stolze, sunnitische Bergbewohner waren sie Stützen des Ottomanischen Reiches, bis die Herrschaft des Sultans zusammenbrach. Dann wurden ihre Bergtäler unter vier Staaten aufgeteilt, und diese Staaten haben alle die Kurden als Minorität behandelt, als wären sie *Dhimmis* der Iraker, der Iraner, der Türken und der Syrer. Das Gefühl, ungerecht behandelt zu sein, treibt die Kurden seit Jahrzehnten immer wieder in die Rebellion. Die Zentralregierungen der verschiedenen Staaten in der Region neigen in der Tat dazu, die Kurden als Bürger zweiter Klasse einzustufen, denen man nicht trauen könne. Die Kurden kämpfen gegen sie, um einen eigenen Staat oder mindestens Autonomie zu erhalten. Gegenwärtig hat der irakisch-iranische Krieg den kurdischen Kämpfern neuen Antrieb gegeben. Die irakischen Kampfgruppen unter der Führung des Sohnes des 1979 verstorbenen, grossen Guerillaführers Mustafa Barzani, Masoud Barzani, haben sich mit dem einstigen Unterführer und späteren Rivalen Barzanis, Jalal Talabani, zusammengetan und kämpfen gemeinsam, unterstützt von Teheran, gegen das Regime von Bagdad. Weite Bergzonen an der Grenze zwischen Iran, der Türkei und dem Irak befinden sich in ihren Händen. Die iranischen Kurden kämpfen unter Abdurrahman Qassemlou gegen die Regierung von Teheran und werden dabei nach Möglichkeit vom Irak unterstützt. Ihre militärische Lage ist schwieriger. Die Iraner verfügen über viele Soldaten. Sie setzen vor allem Revolutionswächter gegen die Kurden ein und scheinen die kurdischen Siedlungen weitgehend zu beherrschen. Die Kämpfer Qassemlous mussten sich in die hohen Berge und obersten Grenztäler zurückziehen. Im Irak ist die Lage der Kurden besser, weil dort ein deutlich spürbarer Mangel an Mannschaften herrscht. Iran hat viermal mehr Bewohner als der Irak, und die Niederhaltung eines Guerillakrieges benötigt besonders viel Soldaten.

Von der irakisch-iranischen Grenze aus versucht die verwegene und rücksichtslose Gruppe der PKK (Partei der Kurdischen Arbeiter) einen Guerillakrieg gegen die Türkei auszulösen. Sie hat dabei mit der gewaltigen Übermacht der türkischen Streitkräfte zu tun, deren Hand schwer auf den türkischen Kurden lastet. Der irakisch-iranische Krieg hat Waffen in die Hände der meisten Kurden gebracht. Doch die Staaten, in die sie sich eingegliedert finden, führen einen erbarmungslosen Krieg gegen sie. Man muss befürchten, dass sich beide Seiten in dem gegenwärtigen Krieg, sobald sie ihren Zwist beenden, sofort gegen ihre eigenen Kurden wenden werden, um sie für ihre Aufstände hart zu züchtigen. Dabei wird es wohl zu Ansätzen zum Völkermord kommen.

Selbstbewusstere Kopten

Andere Minderheiten kämpfen nicht gerade, doch hat sie der Sturz des arabischen Nationalismus ermuntert, entschlossener ihre Rechte zu wahren. Dies ist der Fall der Kopten in Ägypten. Ihre neue, wehrhafte Politik hatte 1981 dazu geführt, dass sie in einem Vorort von Kairo und in Assiyout in Oberägypten sowie in Mena, wo sie besonders zahlreich sind, mit ihren Feinden, den Muslimbrüdern, blutig zusammenstiessen. Meistens waren die Moslembrüder die Angreifer. Seit einiger Zeit setzten die Kopten sich zur Wehr, und es scheint bei solchen Gelegenheiten deutlich geworden zu sein, dass manche von ihnen mit Schusswaffen ausgerüstet waren. Präsident Sadat liess damals, kurz vor seiner Ermordung, sowohl aktivistische Kopten wie auch Muslimbrüder gefangensetzen. Er erklärte den koptischen Patriarchen, Chenouda III., als abgesetzt und verbannte ihn in die Wüste. Dass der ägyptische Präsident den koptischen Patriarchen absetzen kann, ist freilich keineswegs sicher. Sadats Nachfolger, Mubarak, hat eine Wiederversöhnung eingeleitet und den Patriarchen nach Kairo heimkehren lassen. Doch die Spannungen halten an, besonders in Oberägypten, wo die Muslimbrüder immer bereit waren, etwas gegen die koptischen Christen zu unternehmen, während die Polizei manchmal sehr langsam reagierte oder gar nicht einschritt. Die Polizisten und Polizeioffiziere sind eben stets Muslime, kaum je Kopten.

Alawiten

In Syrien herrschen, wie bereits erwähnt, die Alawiten, eine nicht orthodoxe Religionsgemeinschaft, die ursprünglich vom extremen Siebener Schiismus abgezweigt war und in den Bergen über Lattakiye zu Hause ist. Mit Hilfe der alawitischen Offiziere, Präsident Asad ist einer von ihnen, haben sie die Substanz der Macht an sich gezogen. Sie regieren freilich mit Hilfe und im Namen der panarabischen, nationalistischen und «sozialistischen» Baath-Partei. Diese dient ihnen als Staatspartei, wird jedoch von ihnen aus dem Hintergrund streng kontrolliert. Die Sunniten von Aleppo und Damaskus murren über diese Lage. Doch seit der Niederschlagung der Muslimbrüder vom Jahr 1982 in Hama haben sie nichts mehr von Bedeutung gegen das Regime unternommen.

Eine sunnitisch-arabische Minderheit im Irak

Auch im Irak kann man sagen, es regiere eine Minderheit. Dort sind die sunnitischen Araber unter Saddam Hussein (kein Offizier, sondern ein Parteiaktivist) im Namen der Baath-Partei am Ruder. Weder die Kurden, die rund ein Viertel der Bevölkerung ausmachen, noch die Schiiten, rund die Hälfte, sind unter den wirklichen Machthabern vertreten. Doch der Krieg ist wichtiger als diese Differenzen. Die Schiiten kämpfen auf seiten der Regierung gegen ihre Religionsgenossen aus Iran. Die Behörden von Bagdad haben vor dem Ausbruch des Krieges alle jene Schiitenführer – stets Geistliche –, die der iranischen Revolution zuneigten, hingerichtet oder des Landes verwiesen. Die Ausgewiesenen bilden den Grundstock einer Gruppe von proiranischen Muslimen, die zu einem «Hohen Komitee für die islamische Revolution im Irak» zusammengefasst sind – in den Augen der iranischen Führung ohne Zweifel so etwas wie der Grundstock einer künftigen islamischen Regierung des Iraks. Dies für die Zeit, nachdem es den iranischen Truppen gelungen sein wird, Saddam Hussein und sein «gottloses» Regime zu stürzen.

Die südlichen Sudanesen gegen Khartum

Am Südrand der arabischen Welt schliesslich herrscht ein weiterer Minderheitenkrieg, der den Sudan zugrunde zu richten droht. Es ist die afrikanische nichtmuslimische Bevölkerung der drei Provinzen des Südens, die sich 1955 bis 1971 gegen die Zentralregierung von Khartum erhoben hatte und die seit 1983 erneut im Aufstand steht, dem Jahr, in dem der Diktator Numeiri die «Scharia», so wie er sie sah, einführen wollte, um dadurch sein Regime zu verlängern. Die Aufständischen stehen diesmal unter der Führung von John Garang. Sie fordern, meist sind es Dinkas, nicht mehr Autonomie oder Unabhängigkeit für sich und ihren Landesteil, sondern ein neues, linksgerichtetes Regime für den ganzen Sudan. Sie nennen sich «Volksbefreiungspartei des Sudans», nicht bloss des sudanesischen Südens. Sie geniessen die Unterstützung Äthiopiens, wo eine marxistisch ausgerichtete Linksregierung herrscht.

34

Weil die reguläre Armee nicht viel gegen sie auszurichten vermag (das Land hat kein Geld mehr, um einen regulären Krieg zu führen), hat Khartum im Verlauf des Jahres 1987 nach vergeblichen Friedensvorschlägen die anderen Stämme des Südens, besonders jene der südlichsten Provinz Equatoria, und die muslimischen Baqara-Stämme, die sich nördlich an den Süden anschliessen, gegen die Befreiungsarmee bewaffnet, die weitgehend aus Dinkas zusammengesetzt ist sowie anderen Nilvölkern wie den Schillouk. Seither gibt es Stammeskriege und Stammesmassaker. Es gab sogar Berichte über Versklavung von Teilen der Bevölkerung. Der Süden wird immer unzugänglicher. Die Gefahr besteht, dass sich eine Art sudanesischer Libanonkrieg entwickelt, in dem ein jeder Stamm oder Stammesverband seinen eigenen Krieg gegen seine Nachbarn führt. Der Norden ist nicht in der Lage, sich von dem Bankrott zu befreien, in den Numeiri das Land geführt hat. Die wenigen wirtschaftlich hoffnungsvollen Projekte, Erdölförderung bei Malakal, der Jongleikanal durch die Nilsümpfe, liegen so nahe bei den Kriegszonen, dass sie durch den Krieg stillgelegt wurden.

Islamische oder «moderne» Behandlung der Minoritäten

Den meisten Minoritätsproblemen und -kriegen liegt zugrunde, dass die islamische Lösung für Minderheitsfragen den heutigen Vorstellungen einer gerechten Lösung weitgehend widerspricht. Die Minoritäten wollen so behandelt werden, wie ein moderner demokratischer Staat seine Minderheiten behandelt, nämlich dass man ihnen nicht nur die gleichen Rechte wie den Mehrheiten gewähre, sondern sogar etwas mehr, als ihnen eigentlich zukäme, eben weil sie Minderheiten sind. Die Mehrheiten jedoch ziehen es vor, sich an das islamische Modell der Minderheitstoleranz zu halten. Dies läuft darauf hinaus, dass man die Leute der Minderheiten, die *Dhimmis* der islamischen Fachsprache, leben lässt, jedoch auf einer niedrigeren Stufe, mit weniger Rechten als die Mehrheit des Staatsvolkes. Die Regierungen der heutigen Staaten, die oft dem Nationalismus mehr huldigen als dem Islam, wenden dieses islamische Grundverhalten auch auf die ethnischen, nicht bloss die religiösen Minderheiten an. Sie sind geneigt, auch diese als «*Dhimmis*» zu behandeln, in moderner Sprache also als Bürger zweiter Klasse. Die Minderheiten jedoch empört diese Haltung.

Die Aktivitäten und Versuche der Auflehnung der Minderheiten gelten den Mehrheitsgemeinschaften und ihren Regierungen oft als Verrat.

In der Tat neigen die Minderheiten dazu, sich mit einem äusseren Landesfeind zu verbünden, in der Hoffnung, mit seiner Hilfe Autonomie oder Unabhängigkeit zu erreichen. Die Kurden tun es, die Maroniten in Libanon wie auch die libanesischen Sunniten, Drusen und Schiiten, jeder mit seinem Partner. Den Kopten hat Sadat seinerzeit vorgeworfen, dass sie versuchten, die koptische Gemeinschaft in den Vereinigten Staaten zu mobilisieren, um ihren Klagen gegen Ägypten Gehör zu verschaffen; manche irakische Schiiten stützen sich auf die islamische Revolution in Iran. Solche Verräter müssen in den Augen ihrer Zentralregierungen bestraft werden. Die Strafexpeditionen führen jedoch dazu, dass die bekämpften Minderheiten sich erst recht mit allen Mitteln wehren. Blutige Kriege entstehen, die während vieler Jahre nicht beigelegt werden können. Niemand ist gewillt, *«Dhimmi»* des anderen zu werden. «Lieber Tod als Knechtschaft», lautet der Wahlspruch vieler.

Doch die Mehrheiten und die sie leitenden Politiker wollen selten ihre Minderheiten besser behandeln. Sie pflegen hinter ihrem Widerstand eine Verschwörung zu vermuten, die darauf angelegt sei, ihren Nationalstaat zu sprengen. Es gibt eine häufig gehörte Verschwörungstheorie, nach welcher Israel und die Vereinigten Staaten hinter den Unabhängigkeitsbestrebungen der Minderheiten steckten. Die Israeli, die selbst einen von einer Religionsgemeinschaft gebildeten Staat darstellen, so lautet die Theorie, wollten auch in ihrer politischen Umwelt des Nahen Ostens Staaten entstehen sehen, die auf den Religionsgemeinschaften beruhten, nicht auf der arabischen Nationalität. Solche Staaten wären viel kleiner und lägen beständig untereinander im Streit. Was natürlich ein grosser Vorteil für Israel wäre. Deshalb versuchten die Israeli, unterstützt von ihren Freunden, den Amerikanern, die bestehenden arabischen Staaten in ihre religiösen Bestandteile aufzulösen. Libanon sei nur ein Anfang, sagt diese Theorie. Die Verschwörung ziele auch auf die Aufteilung des Iraks ab, was eine Dreiteilung unter Kurden, Schiiten und Sunniten ergäbe. Sie versuche in Ägypten, die Kopten und die Sunniten gegeneinander zu hetzen. Auch in Syrien wolle sie die vielen ethnischen und religiösen Gemeinschaften dazu veranlassen, Kleinstaaten zu bilden, wie es seinerzeit die Franzosen versucht hatten. Unter ihrem Mandatsregime hatte es vorübergehend in Syrien einen alawitischen, einen drusischen und zwei sunnitische «Staaten» gegeben. Als «Beweis», dass es sich bei solchen Vermutungen nicht um blosse Hirngespinste handle, wird das Bündnis zwischen Israel und den libanesischen Maroniten angeführt. Dieses begann im geheimen schon 1976 und bildete die

Voraussetzung für den Krieg von 1982. Einzelheiten findet man in der Veröffentlichung von Zeev Schiff und Ehud Ya'ari, Israel's Lebanon War, Counterpoint (Unwin Paperbacks, London 1986), was wohl das wichtigste Buch über den letzten Israelkrieg darstellt. Ob man aus diesem Bündnis schliessen kann, dass es ähnliches auch in anderen Fällen gegeben hat, sei dahingestellt. Israels Mitwirkung beim Skandal der amerikanischen Waffenlieferungen an Iran ist erwiesen, ebenso auch die von Israel selbst ausgehenden Waffenlieferungen. Über die frühere Mitwirkung Israels im Falle des südlichen Aufstandes im Sudan zur Zeit Oberst Lagos (bis 1972) weiss man nur wenig, sie bestand jedoch ohne Zweifel. Es scheint der Verzicht Israels gewesen zu sein, die Unterstützung der Aufständischen fortzuführen, welcher es 1972 möglich machte, zu einem Friedenskompromiss zu gelangen. Dieser dauerte an, bis Numeiris Wahnsinnsakte ihn zerstörten.

Auch in Kurdistan gab es gelegentlich israelische Hilfe für die aufständischen Kurden.

Die Wurzeln der Krise

Sucht man nach einem gemeinsamen Nenner für die vielen Aspekte der bisher aufgezählten Verwirrung in der arabischen Welt, muss man auf die grundlegenden Erscheinungen zurückgreifen. Viel lässt sich erklären, wenn man im Auge behält, dass es sich um eine Welt handelt, die im Zeichen einer Erneuerung steht. Man kann sie auch «Modernisierung» nennen. Diese Erneuerung scheint bis heute nur teilweise gelungen zu sein und sich nur teilweise durchgesetzt zu haben. Sehr deutlich sieht man dies bei den politischen Institutionen. Als die arabischen Staaten aus den Mandaten in die Unabhängigkeit entlassen wurden, hatten fast alle von ihnen parlamentarische Regime eunropäischen und demokratischen Zuschnitts. Dazu gehörte auch ein wichtiges Prinzip: die Trennung zwischen religiösen und politischen Belangen. Es gab in den vierziger und fünfziger Jahren ein ägyptisches, ein syrisches, ein irakisches, ein libanesisches Parlament, die alle auf Volkswahlen zurückgingen und deren Mehrheitsgruppierungen die Regierungen bildeten. Dies war begleitet von einer weitgehenden Pressefreiheit, garantierten politischen Grundrechten der Bevölkerung, einer weitgehenden Rechtssicherheit und weitreichender Religionsfreiheit. Nur Palästina, das unter dem blutigen Streit zwischen eingewanderten Juden und einheimischen Arabern litt, musste von der englischen Mandatsmacht bis 1948 fortregiert werden, das heisst bis zu dem Jahr, in welchem die Engländer unter dem Druck der Amerikaner und grosser Teile der übrigen Welt (welcher die Tragödie der europäischen Juden unter Hitler erst kürzlich in ihrem ganzen Ausmass klar geworden war) das Mandat aufgaben und dem ersten jüdisch-arabischen Krieg freien Lauf liessen. Dass die Parlamente in den folgenden Jahren alle gestürzt wurden (mit Ausnahme des libanesischen, das sich länger hielt), hing historisch gesehen in fast allen Fällen mit dem von den Arabern schmählich verlorenen Israelkrieg von 1948/ 49 zusammen. Die syrischen Militärs ergriffen als erste die Macht (Husni Zaim, 1949); die ägyptischen folgten ihnen nach mit Nassers «Revolution» von 1952. Die Iraker behielten ihr Parlament bei bis zur Machtergreifung von Kassem im Jahr 1958. In Jordanien gelang es König Hussein 1957, der nationalistischen Agitation Herr zu werden, indem er sich gegen einen versuchten Militärputsch erfolgreich zur Wehr setzte (13. April 1957). Die parlamentarischen Institutionen wurden in der Folge zugunsten des Königs weitgehend entmachtet. In Marokko hat sich unter ähnlichen Umständen ein ebenfalls königliches Regime erhalten. Das Parlament blieb, wurde jedoch mit Ja-Sagern besetzt. In Tunis herrschte Bourguibas Partei von Beginn an praktisch als Staatspartei, wurde jedoch mit den Jahren immer weniger glaubwürdig. In Algerien herrschte Ben Bella, dann nach einem Putsch Boumediène, dann Ben Chedid mit einer Staatspartei und einem machtlosen Parlament, während im Hintergrund die Armee die eigentliche Machtstütze darstellte. Im Sudan kam es mehrmals zu Militärputschen, zu Rückkehr zum Parlamentarismus, weil die Militärs auch nicht besser regierten, und Rückkehr zu Militärregimen. Zurzeit herrscht ein parlamentarisches Regime, jedoch über ein durch den letzten Militärdiktator, Numeiri, so schwer geschädigtes Land, dass sein Überleben keineswegs sichergestellt ist. In Libyen wurden König Idriss und sein Parlament durch den Coup Oberst Ghaddafis vom Jahr 1969 entmachtet.

Die Militärregime waren stets von Pressezensur oder Pressemonopol für das Regime begleitet. Als Libanon nach 32 Jahren eines parlamentarischen Regimes, das nicht ohne schwere Krisen verlief, 1975 in den Bürgerkrieg versank, mussten sich auch die entschlossensten Demokraten fragen, ob nicht die Demokratie eine für die arabische Welt wenig geeignete Staatsform sei.

Jedenfalls, so musste man schliessen, hatte sie keine historischen Wurzeln, und der Versuch, sie vom Westen her zu importieren und aufzupfropfen, hatte fehlgeschlagen. Man kann viele Gründe angeben, warum dies misslang. Die frühen demokratischen Regime trugen elitäre Züge, weil die Grossgrundbesitzer in praktisch allen arabischen Ländern ihre Bauern für sich stimmen liessen und sie so in dichten Reihen die Parlamente besetzten. Es war auch aus diesem Grunde nicht möglich, Landreformen zu organisieren. Die Landbesitzer waren in den Parlamenten zu mächtig, um dies zuzulassen. Die Offiziere hingegen schienen so etwas wie die aufsteigenden Mittelklassen zu vertreten, eine Art von Meritokratie. Sie stammten aus kleinen Familien, die zu arm waren, ihre Söhne in die Universitäten zu schicken, die sie aber auf die Offiziersschulen sandten. Nasser war der Sohn eines Postbeamten aus Oberägypten. Die Offiziere griffen dann überall zu Landreformen, unter anderen Gründen auch, weil sie dadurch die Macht ihrer abgesetzten Rivalen, der Parlamentarier «alter Schule», brechen konnten.

Mit den Jahren und mit dem Untergang des arabischen Nationalismus nasseristischer Färbung im Krieg von 1967 rückten Machtentfaltung und Machtbewahrung immer mehr in das Zentrum der Aufmerksamkeit militärischer Machthaber. Um nicht ihrerseits von irgendwelchen neuen Offiziersgenerationen entmachtet zu werden, entfalteten die Militärherrscher immer neue Machtapparate. Dabei entdeckten sie, dass auf den eigenen Stamm und die eigene Familie noch am meisten Verlass zu sein schien. Der Bruder oder Schwager als Chef der Prätorianereinheiten, die der Absicherung des Präsidentenpalais dienten, wurde geradezu zu einer Institution. Die Prätorianer selbst unter dem Namen von Sondertruppen, Fallschirmeinheiten, Sonderdivisionen, Palastwachen wurden unter den Stammesbrüdern des Machthabers ausgewählt. Sie wussten, wenn er zu Fall käme, würde dies Folgen für sie selbst und für ihre Familien haben, die bis zu Massakern gehen könnten. Also hatten sie ein entscheidendes Interesse daran, das Regime gut zu schützen. Das gleiche galt in vermehrtem Masse von der Geheimpolizei oder den einander kontrollierenden verschiedenen Geheimpolizeiapparaten. Ihre Chefs wurden dazu veranlasst, sich im Namen des Regimes «zu exponieren», das heisst, sich bei der Bevölkerung möglichst verhasst und gefürchtet zu machen. Wenn sie selbst wussten, dass die Bevölkerung an ihnen, an ihren Familien, ihren Stammesbrüdern und Mitarbeitern grausame Rache nehmen würde, falls das Regime zu Fall käme, hatten sie ein Interesse daran, den Machthaber mit allen Kräften vor einem Sturz zu bewahren. Dieser musste nur dafür sorgen, dass ihnen ihre Machtfülle nicht so weit zu Kopfe stieg, dass sie sich anmassten, ihn durch ihre eigene Person zu ersetzen, was manchmal vorkam, zum Beispiel im Putschversuch des

Sicherheitschefs Nazem Kazzar gegen Hassan al-Bakr in Bagdad im Juni 1973, der nur durch einen Zufall vereitelt wurde.

Diese Machttechniken sind natürlich uralt. Sie gehören zu den Traditionen der Machterhaltung im Nahen Osten, die mindestens auf Babylon und Ninive zurückgehen. Die neuen Machthaber haben sie gewissermassen wiederentdeckt. Sie funktionieren, weil sie sich auf Kräfte abstützen, die in der Gesellschaft vorhanden sind und zu den stärksten sozialen Bindungen zählen. Die Furcht, die man bewusst um sich verbreitet, gehört auch dazu.

Die Machthaber, die sich auf diese archaischen Herrschaftsmethoden stützen, vernachlässigen natürlich nicht die modernen Machttechniken. Ein jedes arabisches Land, so arm es auch sein mag, verfügt zum Beispiel über ein eigenes Fernsehnetz. Dieses untersteht direkt dem Staat und dessen Machthabern. Es dient der Eintrichterung der staatlichen Ideologie und Mythologie, bei welcher das Bild des Staatschefs die Hauptsache ist. Es muss als Kultbild immer erscheinen. Moderne technische Errungenschaften werden gerne verwendet, sei es, um Personen durch Abhörgeräte zu überwachen oder um politische Gegner wirkungsvoll zu foltern, wenn sie in die Hände der staatlichen Inquisition gefallen sind.

Eine archaische Machttechnik

Trotz solcher moderner Bestandteile, die miteingebaut werden, wirkt die Machttechnik der nahöstlichen Einmannherrscher im grossen und ganzen sehr archaisch. Es geht bei ihr nicht primär um die Suche und den Aufbau eines Konsensus zwischen Regierenden und Regierten, sondern bloss um eine propagandistische und verbale Oberflächenzustimmung durch ausgewählte Beifallsgremien, die durch Privilegien, durch Furcht und durch Propaganda erreicht wird. Die Einmannherrscher haben ihre bezahlten Zujubler auf den Strassen, in den Zeitungen so gut wie in ihren Scheinparlamenten. Die Bevölkerung weiss natürlich, dass diese bezahlt sind. Aber sie hütet sich, ihr Wissen zu zeigen. Furcht ist ein wichtiges Mittel, um jede Kritik zu ersticken. Mit der Angst, die durch mehr oder minder sorgfältig dosiertes Eingreifen der Sicherheitsapparate aufrechterhalten wird, können sich die heutigen arabischen Machthaber, wie die Erfahrung zeigt, viele Jahre lang an der Macht halten. Je länger sie regieren, desto schwieriger wird es, sie von der Macht zu vertreiben. Dies vor allem deshalb, weil sich um sie herum eine immer dichtere

Schicht von Mitläufern und Gefolgsleuten bildet, die genau weiss, dass sie nur privilegiert ist, solange sie den Machthabern dient. So wird mit den Jahren und Jahrzehnten der ganze Staat polarisiert. Wer in ihm Macht und Ansehen hat, verdankt es dem Machthaber und seinen Gehilfen. So entwickelt sich eine Solidarität, die auf Immobilität und Privilegien beruht. Ein äusseres Feindbild hilft mit, um die unruhige junge Generation abzulenken. Zuerst dienen sie als Soldaten. Wenn sie überleben und älter werden, haben sie andere Sorgen als Politik. Sie wollen heiraten, bauen ein Haus, wollen ihre Kinder aufziehen. Um dies zu erreichen, müssen sie sich auf einer niedrigeren oder höheren Stufe in den Herrschaftsapparat eingliedern. Bald wagen sie es nicht mehr, sich über Missstände zu beklagen oder sich mit anderen in irgendeiner Form zum Protest zu organisieren. Solches Verhalten führt sehr rasch in die Kerker.

Die Allmacht des Staates und seines Alleinherrschers pflegt um so absoluter zu sein, als er sich auch der wichtigsten wirtschaftlichen Aktivitäten annimmt. Man pflegt das im Nahen Osten «Sozialismus» zu nennen. Es handelt sich in Wirklichkeit um eine Art von Staatskapitalismus. Dieser hat eine uralte Wurzel in den sogenannten hydraulischen Kulturen, wie sie unter den Pharaonen und den mesopotamischen Stadtherrschern und -göttern entstanden sind. Die Staatswirtschaft dient vor allem der weiteren Festigung des Machtmonopols der Alleinherrscher. Auch wenn die Wirtschaft unter der Kontrolle seiner Günstlinge nicht besonders gut funktioniert, ist dies dem Machthaber immer noch lieber, als irgendwelche «Wirtschaftsfachleute» und «Unternehmer» dulden zu müssen (auch Gewerkschaften werden aus diesem Grunde immer entmachtet), die nicht von ihm abhängig sind. Doch die zentrale Machtorganisation stützt sich auf die Armee und auf den Polizeiapparat. Auch die Wirtschaft ist meist straff durchorganisiert und dem Staat untergeordnet, doch lockert man gelegentlich ihre Zügel, damit die Unzufriedenheit der Mittel- und Oberschichten – die ja stets auch Verbindungen mit der Offiziersklasse unterhalten – nicht überhandnehme.

Lähmung des Geisteslebens

Derartige Machtorganisationen wirken sich lähmend auf das gesamte wirtschaftliche und geistige Leben aus. Lange Jahre hindurch war Libanon das Mekka arabischer Verleger, weil nur in Beirut alles gedruckt oder produziert werden konnte, was die kreativeren unter den Dichtern und Erzählern, Geisteswissenschaftern, Filmleuten hervorbrachten und was dann auch die Leser in der ganzen arabischen Welt ansprach. Was in den umliegenden Staaten an geistiger Produktion von einiger Bedeutung geschah, entstand stets trotz der Machthaber und im verborgenen vor ihrem Staat. In allen umliegenden Staaten dienten die «Kultur»- und Zensurapparate in erster Linie dazu, die begabteren und interessanteren Stimmen zu ersticken. Aus ähnlichen Gründen prosperierte Libanon wirtschaftlich, obwohl es ein von Natur aus armes Land war. Seitdem der Bürgerkrieg in Libanon tobt, ist es für alle geistig lebendigen, produktiven oder auch nur interesssierten Araber immer mehr notwendig geworden, mit den Kulturzentren des Westens Kontakt aufzunehmen. Nur dort finden sie die Freiheit, die sie brauchen, um ein einigermassen aktives geistiges Leben zu führen.

Sogar die ideenreicheren unter den arabischen Journalisten sind in den letzten zehn Jahren nach Europa umgesiedelt. Sie bringen es zustande, in Paris oder London arabische Wochenzeitungen zu publizieren. Diese sind fast alle von dem einen oder anderen arabischen Staat subventioniert und vermeiden es daher, allzu negativ über den betreffenden Staat zu schreiben. Die Feinde können sie heftig angreifen und blossstellen. Diese Produkte werden dann in die sie finanzierenden Länder zurückgeflogen und in ihnen sowie in möglichst vielen anderen arabischen Staaten verkauft. Sie sind immer noch interessanter und anregender als die staatlich produzierte Tagespresse, und sie werden von den Gebildeten gelesen. Unter ihnen entsteht allerdings der Eindruck, sie läsen «die ausländische arabische Presse». Selbst jene Tageszeitung, die heute, angesichts der immer wachsenden Selbstzensur, der sich zum Beispiel die libanesischen Blätter unterziehen müssen, als die lesbarste in arabischer Sprache gilt, wird gleichzeitig in London, in Paris und in Kuwait gedruckt; es ist die Kuwaiter Zeitung «Al-Qabas».

Es wurde bereits angedeutet, dass die Zensurregime das beste Saatbeet für den islamischen Fundamentalismus abgeben. Neue Ideen, auch über islamische Fragen, brauchen Gedankenfreiheit, um sich auszubreiten. Doch den Islam und sein Gottesgesetz nach dem Vorbild der vergangenen Jahrhunderte möglichst wörtlich den Texten zu entnehmen und möglichst streng anzuwenden, kann praktisch ohne Gedanken- und Publikationsfreiheit geschehen. Die Texte und deren traditionelle Auslegung sind seit Jahrhunderten den islamischen Gesellschaften geläufig, und die Geistlichen können jederzeit darauf zurückgreifen.

Die absolute Macht mit ihren nur äusserlich modernisierten, im Kern jedoch traditionsgebundenen, durchaus mittelalterlichen Formen und Techniken wirkt unvermeidlich auf das ganze Land lähmend. Man kommt nicht voran, man weiss nicht einmal, wohin man gehen wollte, und man darf darüber auch nicht öffentlich diskutieren. Aus dieser Verwirrung wird schrittweise Stagnation. Die Gestikulationen der bezahlten Propagandisten wirken um so gespenstischer, je klarer es wird, dass sie Betrieb machen, damit der Schein von Aktivität entstehe.

Sonderlage Ägyptens

Im Falle Ägyptens hat Präsident Mubarak eine Übergangsform zwischen dem klassischen Einmannregime und demokratischen Regierungsformen gefunden. Sadat hatte als der über allen anderen stehende Präsident in Marschallsuniform regiert. Auch Mubarak ist ein allmächtiger Präsident. Doch er hat mit den Jahren eine gewisse Auflockerung zugelassen. Es gibt Oppositionsparteien, die der Staat bewilligt hat, freilich nur einige wenige. Jede darf ihre eigene Wochen- oder Tageszeitung veröffentlichen. Im Parlament sind sie nur eine kleine Minderheit.

Die Partei des Präsidenten hingegen besitzt eine überragende Mehrheit von gut drei Vierteln aller Abgeordneten. In den Wahlen beklagen sich die Oppositionsparteien regelmässig über Eingriffe der Polizei zugunsten der Regierungspartei. Die richterliche Gewalt wird gross geschrieben. Die Gerichte besitzen tatsächlich eine bedeutende Unabhängigkeit vom Staat, und sie zögern nicht, einzuschreiten, um ihn zu korrigieren, wenn er sich gegen die Verfassung vergeht. Doch die Ägypten heute innewohnenden sozialen und wirtschaftlichen Spannungen sind zu gross, als dass Mubarak und seine Berater den Sprung zu einem völlig freien, sich selbst korrigierenden politischen System hätten wagen wollen. Seit der Ermordung Sadats vom 6. Oktober 1981 wird das Land immer noch unter dem Ausnahmezustand regiert. Die Behörden verlängern ihn alle sechs Monate, und man rechtfertigt dies vor dem Parlament mit der inneren Bedrohung durch die radikalen Muslime und der äusseren durch Ghaddafi. Neben diesen mehr politischen gibt es auch starke Spannungen wirtschaftlicher Natur. Eine grosse Zahl von Ägyptern, vermutlich Millionen, lebt beständig unter dem Existenzminimum und am Rande des Hungers. Eine kleine Oberschicht von Kairo-Millionären verdient viel Geld und gibt es oft protzig aus; man fährt Luxuslimousinen, gibt verschwenderische Familienfeste, vorzugsweise in den grossen Luxushotels, die der Staat eigentlich für den Tourismus gebaut hat.

Gelegentlich kommt es zu Ausbrüchen der Volkswut, wie zuletzt im Februar 1986, als die sehr schlecht bezahlten und ernährten Hilfspolizisten von Kairo meuterten, weil das Gerücht umgegangen war, ihre Dienstzeit solle verlängert werden. Es handelt sich um ausgehobene Bauernsöhne, die ihre Dienstzeit statt in der Armee als Hilfspolizisten absolvieren müssen. Die Polizisten stürmten einige der grossen Hotels und legten Feuer an die Bars. Die Regierung rief die Armee zu Hilfe. Über ganz Kairo wurde ein Ausgangsverbot verhängt, und die acht oder zehn Millionen Bewohner der Stadt mussten drei Tage lang zu Hause bleiben, bis die Armee die meuternden Hilfspolizisten zusammengetrieben und eingesperrt hatte. Es ist angesichts solcher Ereignisse für die Sicherheitschefs recht leicht, den Präsidenten davon zu überzeugen, dass es allzu gefährlich wäre, ein Regime voller Freiheiten und ungeschmälerter politischer Rechte für alle zuzulassen.

Da Ägypten unter immer wachsenderem Druck seiner Bevölkerungsexplosion steht, ist schwer abzusehen, ob und wann entscheidende Verbesserungen eintreten könnten. Man hat mehr Grund, eine langsame, aber beständige Verschlechterung der Lage zu befürchten. Im Jahr 2000 wird Ägypten vermutlich zwischen 70 und 80 Millionen Einwohner haben. Heute übersteigt ihre Zahl 50 Millionen; als Nasser 1952 seine Herrschaft antrat, waren es 22 Millionen.

II. Der unvermeidbare Westen

Die Verwestlichung als Problem

Wenn man nach den Wurzeln der heute bestehenden Widersprüche, Unsicherheiten, Fehlentwicklungen zu fragen versucht, stösst man auf das Problem der Verwestlichung. Dies schon einfach darum, weil sie das wichtigste Thema der Geschichte der jüngsten zweihundert Jahre im Nahen Osten darstellt. Wenn die um diese Hauptfrage während so vieler Generationen kreisende Problematik zu den heute sichtbaren Ergebnissen geführt hat, kann man mit Wahrscheinlichkeit vermuten, dass in dieser über zwei Jahrhunderte hinweg verfolgten Entwicklung selbst ein Teil der gegenwärtigen Fehlentwicklungen begründet sein muss.

Worin besteht aber diese Verwestlichung? Man könnte sie definieren als das Eindringen von Objekten, Techniken, Organisationsformen, Vorstellungen, Theorien, Wissenszweigen, die nicht aus der eigenen Kultur stammen, sondern aus einer Nachbarkultur auf westlicher, christlich-europäischer Grundlage. Ohne den Begriff «Kultur» kommt diese Definition nicht aus. Als Kultur möge hier gelten: ein weitgehend in sich geschlossenes Lebens- und Wertsystem, in dem eine bestimmte, räumlich umschreibbare menschliche Grossgruppe ihr Leben entfaltet und das sie seinerseits formt. Weil solche Lebens- und Wertsysteme sich meistens auf eine bestimmte Religion gründen, spricht man von der islamischen Kultur und kann man ihr eine christliche gegenüberstellen. Doch diese Parallele gilt nur bis zum Mittelalter oder möglicherweise bis zur Aufklärung. Später entsteht im Westen ein anderes System, das man als die «moderne» Kultur anzusprechen pflegt, weil das Christliche nur noch eine Komponente davon sein dürfte, vielleicht nicht einmal mehr die entscheidende; gewiss aber nicht jene, die alles umfasst und formt. Wissenschaft, Technik, weltliche Künste, die sich von ihrer religiösen Wurzel weitgehend emanzipiert haben, treten an die Stelle der christlichen Religion als eines umfassenden Bandes. Die Vielzahl ihrer Facetten, ohne die bisherige strenge Ausrichtung auf religiöser Grundlage, kann geradezu als Charakteristikum dieser Kultur der «Moderne» gelten.

Die Herkunft jedoch der «modernen» Kultur ist klar. Sie hat sich im wesentlichen in Europa und aus dem christlichen Europa heraus entwickelt, gewiss mit Rückgriffen auf die Antike und mit seitlichen Einflüssen aus anderen Kulturen, darunter vorwiegend aus dem benachbarten Islam. Während sich die «christliche» Kultur des Mittelalters, das heisst jene christlicher Prägung und Dominanz, in neueren Zeiten aufspaltete in die immer facettenreichere und immer weniger fest gefasste und umreissbare «moderne» Kultur, hat die «islamische» ihre islamischen Charakteristiken als Hauptprägungsmerkmale viel länger bewahrt. Mit anderen Worten, die islamische Kultur kennt keine Renaissance, keine Reform, keine Aufklärung, keine Revolution gegen das «alte Regime» und keine Industrierevolution. Sie ist vielmehr in ihrer Denkweise und Tradition im Gegensatz zur «christlichen Welt» im wesentlichen «dieselbe» geblieben. Natürlich gab es auch im islamischen Bereich Veränderungen und Entwicklung. Der sogenannte «Fortschritt» jedoch ist ein europäisches Phänomen, ein in Europa entstandener Begriff. Für den Muslim bedeutete bis ins letzte Jahrhundert hinein «Fortschritt» im Sinne der durchlaufenen Jahre und Jahrhunderte sogar «Rückschritt», weil ihn immer mehr Zeit von der besten aller Zeiten trennte, der Epoche nämlich, in welcher der Prophet auf Erden wandelte und Gott durch seinen Mund direkt zu den Menschen sprach.

Damit soll in keiner Weise gesagt sein, dass die muslimische Zivilisation keine Höhe- und Tiefpunkte kannte. Bestimmte Perioden, auch nach der Zeit des Propheten (die jedoch für die Gläubigen auch heute noch die beste aller Zeiten darstellt), erschienen den Nachfahren schon bald im Lichte goldener Tage. Die äussere Macht und Machtausdehnung der islamischen Welt fiel zusammen mit einer besonders reichen und feinen, oft höchst raffinierten Gestaltung des Lebens, der Künste und Wissenschaften. Die Zeit der frühen Abbasiden, vom 9. bis zum 12. Jahrhundert etwa, mit grossen Herrschernamen wie jenem von al-Ma'mun (813–833) und in der Volkstradition Harun ar-Raschid (786–809), galt als ein solcher Höhepunkt. Ihr Glanz ist über «Tausendundeine Nacht» (übersetzt im Frankreich des 17. Jahrhunderts) bis nach Europa gelangt. Für die Muslime selbst sind auch andere Epochen von ähnlicher Bedeutung, wie jene von Saif ad-Daula von Aleppo (944–967), den ein berühmter Dichter, al-Mutanabbi, besang und schmähte; oder auch die Zeit des Mamlukenherrschers Baibars (1260–1277), der die Mongolen zurückschlug und den Kreuzrittern in Syrien entscheidende Verluste zufügte. Sein Leben füllt einen umfangreichen Volksroman.

Die Iraner mit ihrer muslimischen Subkultur besassen ihre eigenen altpersischen Mythen vom Goldenen Zeitalter und vom Helden Rustem, der gegen die Turaner unter Afrasiab kämpfte – Grundlage für ihr eigenes Goldenes Zeitalter lange vor der Epoche des Propheten. Vom 13. Jahrhundert an begann für die arabische Welt eine Periode des politischen und kulturellen Zerfalls. Die grossen muslimischen Reiche der Ottomanen, der Safawiden und der Mogulen in Indien entfalteten ihre eigenen Varianten muslimischer Kultur. Der Zerfall jener drei Reiche geht über in die Epoche europäischer Vorherrschaft und Einflüsse – zuerst in Indien und am Indischen Ozean, viel später erst im türkischen Reich und in Iran. In die arabische Welt, die bis 1918 dem türkischen Reich eingegliedert bleiben sollte, ist der europäische Einfluss relativ spät erfolgt.

Stagnation

Der Begriff Dekadenz wird oft für die vielen Jahrhunderte angewandt, die seit der klassischen arabischen Zivilisation verflossen sind, also etwa seit dem Ende der Abbasiden (1258 durch die Mongolen) bis zur arabischen «Wiedererstehung» (Nahda) im 19. Jahrhundert. Andere lassen die Zeit des Niederganges, der «Dekadenz», erst mit der Eroberung der arabischen Länder durch das Ottomanische Reich (1517) beginnen. Doch «Dekadenz» passt nicht zur wirklichen Lage. Man trifft die Wahrheit eher, wenn man von Stagnation spricht. Denn nur die Neuschöpfungen, die Neuentwicklungen und -entdeckungen gingen zurück. Man fasste zusammen, was in früheren Jahrhunderten geschöpft und erarbeitet worden war. Vom 14. Jahrhundert an begann die Zeit der grossen enzyklopädischen Werke; im 18. und 19. Jahrhundert hat man diese zu Handbüchern verkleinert, die «Mukhtasar», abgekürzte Fassung, genannt werden und auf denen das Wissen um die eigene Tradition, Zivilisation und ihre Institutionen weitgehend beruhte.

Im Zeichen der Mystik

Die islamische Mystik, die von Ghazali (gestorben 1111) mit der orthodoxen Gesetzesreligion ausgesöhnt und in Einklang gebracht worden war, entwickelte sich immer mehr zu einer zentralen Komponente des späteren muslimischen Geisteslebens. Sie nahm auch volkstümliche Züge an in den Sufi-Orden (Mystikerorden) aller Art, deren Mitglieder und Sympathisanten so gut zu den Militärmachthabern gehören konnten, die den Titel Emire trugen (Amir, Befehlshaber), wie sie auch Händler, Gottesgelehrte, Handwerker und sogar Bauern und Beduinen waren. Die Macht der Mystik durchdrang alle islamischen Gesellschaftskreise in den Jahrhunderten, die von unserer Frührenaissance bis zur Industrierevolution reichen. Es war natürlich ein überaus vielfältiges Phänomen, und man muss sich hüten, allzu verallgemeinernd von ihm zu sprechen. Es gab Mystikerorden, wie etwa die Sanoussiya im heutigen Libyen, welche die Funktionen von Staaten übernahmen. Es gab andere, die vom Staat nichts wissen wollten. Es gab Orden, die in besonderen Gesellschaftsschichten und -gruppen ihr Schwergewicht hatten, wie die Bektaschi unter den Janissaren des Ottomanischen Reiches oder die Rifa'iye-«Derwische» unter den Bauern Ägyptens. Höchste Spiritualität lebte in ihnen, etwa unter den Mawlawi, Seite an Seite mit einer Neigung zur religiösen Schaustellerei und mit den durch sie hervorgebrachten Scharlatanen, die bewusst Aberglauben und Wundersucht der Bevölkerung ausnützten, um ihr Wanderleben zu finanzieren oder gar ihr Oberhaupt, ihren Scheich, zum reichen Grundbesitzer werden zu lassen.

Solche Tendenzen wurden oft durch den Umstand gefördert, dass in den späteren Jahrhunderten das Amt eines Vorstehers der verschiedenen Orden erblich zu werden pflegte. Trotz dieser breiten Streuung mystischer Orden und ihrer unterschiedlichen Anhänger kann man einige Verallgemeinerungen wagen. Die Mystiker und ihre Orden waren nicht am materiellen Fortschritt interessiert, wie ihn die Europäer des 19. Jahrhunderts verstanden. Ihr eigentliches, spezifisches Interesse war die Gottesschau, nicht die Welt. Viele der Mystiker haben sich als Handwerker und Händler ihr Leben verdient. Doch dies war von ihnen aus gesehen eine Nebenbeschäftigung, die es ihnen erlaubte, ein unabhängiges und ehrliches Leben zu fristen. Ihr Hauptanliegen war, an der Annäherung ihrer Seele an Gott zu arbeiten. Diesem Ziel näherte man sich durch «Fanâ'», «Entwerdung», Auflösung des Selbst «wie das Salz im Meer»; keineswegs dadurch, dass man diese Welt zu verbessern strebte. Einen Einblick in die Welt der Mystik gibt das grosse Buch von Hellmuth Ritter, «Das Meer der Seele» (Leiden 1978).

Es ist leicht verständlich, dass eine Gesellschaft, deren geistige Elite – denn dies waren die Mystiker jahrhundertelang – sich immer ausschliesslicher für diese Fragen der Gottessuche interessiert, keine Gesellschaft des materiellen Fortschrittes sein kann. Die Kunst kann eine Verbindung mit der Mystik eingehen. Alle Künste im islamischen Bereich haben es getan: Architektur, Musik, Malerei, Kalligraphie, Dichtung. Doch sind sie alle mehr oder minder zu Dienern der Mystik geworden und haben sich mystischen Inhalten geöffnet, stehen im Dienst der Gottesschau. Dies konnte geschehen, indem man den Schöpfer in seinen Geschöpfen suchte und so indirekt darstellte. Es gibt kaum grosse Kunstwerke aus den späteren Jahrhunderten, die nicht in irgendeiner Weise durch die Mystik geprägt sind. Das grosse mehrbändige Versepos genannt *Mathnawi* von Jelal ad-Din Rumi aus Konya (gestorben 1273), dem Begründer des Mawlawi-Ordens, der «tanzenden Derwische», wie die Europäer sie in ihrer Ahnungslosigkeit nannten, wurde bis ins 19. Jahrhundert hinein als der «Koran der Perser» angesprochen, gelesen und auswendig gelernt. Es ist in persischer Sprache verfasst und enthält eine riesige Zahl von Geschichten und Anekdoten, die alle die mystische Erfahrung illustrieren und illuminieren. Es ist eines der ganz grossen Werke der Weltliteratur.

Dass etwa die Naturwissenschaften oder die Mathematik keine entsprechende Beziehung zur Mystik entwickelten, versteht sich von selbst. Einerseits waren sie an die Ratio gebunden, welche die Mystiker intuitiv übersprangen, andrerseits richteten sie ihr Interesse zu sehr auf die «reale» Welt der Erscheinungen. Die «Realität» der Mystiker war eine ganz andere; sie lag hinter den Erscheinungen.

Im Zeichen der Theologie

Die Lehre der aus dem Frühmittelalter überkommenen Gotteswissenschaften wurde fortgesetzt, das Gottesgesetz und seine Auslegung und Anwendung, die Wissenschaft von den Überlieferungen vom Tun und Lassen und von den Aussprüchen des Propheten (Hadith), die Hilfswissenschaften, die zum Verständnis des Korans notwendig sind, wie die arabische Grammatik und altarabische Literatur, wurden weiter betrieben. Doch in dem Masse, in dem sich immer wachsende Teile der Gesellschaft den Mystikern zuwandten, wich der Geist aus diesen offiziellen Wissenszweigen. Sie liefen Gefahr, zum Handwerkszeug und Prestigesymbol einer bestimmten Gelehrtenklasse und Juristenschicht zu werden (auch in diesen Kreisen wurde die Position des Vaters oft auf den Sohn vererbt); sie dienten diesen Berufsschichten in erster Linie, um ihre juristische Rolle als Ausleger der Scharia zu erfüllen. Die traditionellen Gottesgelehrten, die zu Verwaltern des Gottesrechtes geworden waren, hatten ihrerseits auch kein Interesse am Fortschritt im westlichen Sinne. Das Wort «Bid'a» (Erneuerung) hatte auf ihren Lippen eine ausgesprochen negative Bedeutung. Es bedeutete «Neuerung» im Sinne einer unwillkommenen, ja ketzerischen Abweichung von den altüberlieferten Werten und Gewissheiten.

Der Fortschritt und die militärischen Machthaber

Es gab eine dritte führende Schicht in der Gesellschaft der späteren Muslime, jene, die in dieser Welt den Ausschlag gaben, die militärischen und staatlichen Machthaber, die Emire, Paschas, Heereskommandanten, Feudalherren (deren Lehen freilich nicht, wie in Europa, erblich waren). Sie hatten ein gewisses Interesse am Fortschritt, vor allem natürlich an jenem militärischer Art. Die Ottomanen des 15. und 16. Jahrhunderts verdankten ihre Siege über Byzanz und über die ägyptischen Mamluken zu einem bedeutenden Teil dem Umstand, dass ihre Herrscher und Kommandanten die Bedeutung der Feldartillerie erkannt hatten. Sie liessen sich Kanonengiesser kommen, besonders aus dem katholischen Italien. Eine Niederlage von weltstrategischer Bedeutung, welche die Ottomanen erlitten, nämlich jene durch die Portugiesen in Westindien zur Zeit Albuquerques, kam dadurch zustande, dass die Ottomanen mit ihren für das Mittelmeer gebauten Schiffen den portugiesischen Hochseeflotten, gebaut für die Umsegelung Afrikas, nicht gewachsen waren. Weltgeschichtlich sollte dies weitreichende Folgen haben, weil es zur Ausdehnung der Macht der Europäer auf den Indischen Ozean führen sollte. Portugiesen, Holländer, Engländer errichteten hintereinander dort ihre Handelsreiche, wo früher die arabische Schiffahrt den Fernhandel betrieben hatte. Ein militärisches Interesse, mit seinem Gegner technisch Schritt zu halten, hat es immer bei allen Heeren gegeben. Doch konnten solche Interessen einschlafen, was besonders dann leicht geschehen konnte, wenn militärische Überlegenheit bestand oder zu bestehen schien. Dies war der Fall der ägyptischen Mamluken, die überzeugt waren, die besten Reitersoldaten der Welt zu sein, seitdem sie 1260 bei Ain Jalut, der Goliathsquelle, nördlich von Jerusalem, die Mongolen geschlagen hatten und bis sie ihrerseits 1516 in Syrien den Türken erlagen. Ihre Heeresorganisation hatte sich seit der Mongolenzeit wenig geändert.

Den Janitscharen des Ottomanischen Reiches sollte es ähnlich gehen, pflegten sie doch alljährlich zum Schrecken der Europäer durch den ganzen Balkan und zweimal bis vor Wien zu marschieren. Erst als unübersehbar wurde, dass die Österreicher wie auch die Russen und die Franzosen besser ausgerüstete und besser kämpfende Truppen besassen, erkannte die ottomanische Führung, dass sich etwas ändern müsse. Die Folgen der ersten grossen Niederlage gegenüber «dem Westen» zeigten sich im Vertrag von Carlowitz von 1699, dem ersten Friedensvertrag nach einer Niederlage, den das Ottomanische Reich abschliessen musste. Venedig setzte sich im Peloponnes fest, Österreich erhielt Siebenbürgen, Ungarn, Slawonien und Kroatien, Polen die Ukraine und Podolien. Ein knappes Jahrhundert später musste das Reich die Krim, altes muslimisches Kerngebiet, an die Russen abtreten (Aynari Kavak 1784). Der erste Versuch des Sultans Selim III. (1789–1807), eine Armee nach europäischem Vorbild einzuführen, schlug fehl. Die Janitscharen (das Wort bedeutet «neue Truppe», doch sie waren inzwischen zur «alten Truppe» geworden) erhoben sich dagegen, stürzten und ermordeten den Sultan. Im Jahr jenes Aufstandes erschien die englische Flotte zum erstenmal vor Istanbul; sie wurde mit Hilfe der Stadtbewohner zurückgeschlagen. Im folgenden Jahr gewannen die Anhänger der Armeereform das politische Übergewicht und ernannten einen neuen Sultan, Mahmud II. (1808–1839). Es sollte jedoch noch 18 Jahre dauern, bis er in der Lage war, die Janitscharen blutig zu entmachten und sich ganz auf die im europäischen Sinne «neue Truppe» (Nizam Jedid, Neue Ordnung) zu stützen. Die blutige Entmachtung der Janitscharen vom Jahr 1826 wurde als das «glückbringende Ereignis» bekannt.

Von der Heeresreform zur Steuerreform

Die Widerstände gegen die Einführung einer Armee «neuen Stiles» (das Wort «europäisch» wurde natürlich vermieden) waren trotz der offensichtlichen Notwendigkeit so gross, weil die Neuerung tief in alte Strukturen eingriff. Die Vertreter der muslimischen Tradition erkannten mehr oder weniger dunkel, dass mit der neuen Armee, die Hosen trug, etwas «Unislamisches» Einzug hielt. Die Fortsetzung der Geschichte sollte ihnen recht geben. Es ging nun nicht mehr darum, wie im 15. Jahrhundert, dass ein paar Kanonengiesser und Artilleriefachleute aus dem Ausland unter die eigenen Soldaten aufgenommen wurden. Es stellte sich bald heraus, dass die Neustrukturierung, die «neue Ordnung» im Heer, eine ganze Kette anderer Neuerungen nach sich zog, von denen man sagen kann, dass ihre Durchsetzung auch heute noch andauert. Die Offiziere der neuen Truppe mussten geschult werden. Man brauchte dazu Offiziers- und Kadettenschulen im französischen Stil. Ohne die französische Fremdsprache kam man da nicht aus. In der Schulbibliothek der ersten französischen Offiziersschule von Istanbul standen auch die Bände der «Grande Encyclopédie Française», des Handbuchs der französischen Aufklärung.

Die Militärfachleute hielten an ihrer positiven Haltung gegenüber den Neuerungen und Neuerfindungen des Westens während der folgenden 150 Jahre fest, das heisst bis auf die heutige Zeit. Es gibt keine noch so hoch entwickelten Waffen in den Vereinigten Staaten, in der Sowjetunion, in Frankreich und Grossbritannien, manchmal sogar in der Bundesrepublik, welche gewisse arabische Staaten nicht sofort kaufen möchten. Wenn solche Waffen für ihre Soldaten zu kompliziert zu sein scheinen, müssen fremde Instruktoren ins Land kommen, um die einheimischen Soldaten auszubilden. Wenn Not am Manne sein sollte, lässt man die Instruktoren auch an Kriegshandlungen teilnehmen. Für Nichtbeteiligte ist es schwer, festzustellen, wer genau in Kampfflugzeugen gesessen oder moderne Waffensysteme bedient hat. Französische Offiziere haben so am gegenwärtigen irakisch-iranischen Krieg teilgenommen. Die sowjetischen Instruktoren im Irak scheinen sich geweigert zu haben, an eigentlichen Kriegshandlungen teilzunehmen.

Freiwillige Verwestlichung?

Die Geistlichen und, als sie später in den Vordergrund rückten, die modernen arabischen Intellektuellen zeigten mehr Bedenken gegenüber den Anleihen an Ideen oder Verfahrensweisen aus Europa oder den Vereinigten Staaten. Sie versuchten solche Übernahmen zu bremsen. Das Gute, so sagen sie, soll man nur aus Europa übernehmen, das Schlechte jedoch ablehnen. Solche Formeln tönen, als wäre man frei zu wählen, als könne man heute noch frei wählen. In Wirklichkeit gibt es wenig freie Wahl dessen, was man übernehmen und was man ablehnen will. Vielmehr herrschen Zwang und Notwendigkeit vor. Dies kommt zu einem grossen Teil daher, weil man so lange mit der Übernahme zugewartet hatte, bis diese unvermeidlich geworden war. Wenn sie von den übermächtigen und «gierigen Fremden», wie sie Afghani, einer der Gründerväter des arabischen Nationalismus, bezeichnet, nicht verschlungen werden wollten, mussten sich die Muslime gegen diese Fremden zur Wehr setzen. Im militärischen Bereich war dies nur möglich durch Übernahme westlicher Militärtechnik und westlichen Militärwesens. Doch dies allein genügte nicht. Es gab auch wirtschaftlichen Druck, so das Verschuldungsproblem gegenüber dem Westen, zu dessen Regelung habgierige und skrupellose Bankiers nach Istanbul, Kairo und Teheran entsandt wurden. Manchmal drohte der Staatsbankrott. Schuldenkommissionen wurden eingesetzt, die so grosse Vollmachten erhielten, dass man von einer Vorstufe späterer Kolonialherrschaft sprechen kann. Staatliche Organisationsformen mussten geschaffen werden, deren Wirksamkeit jener der westlichen Administrationen einigermassen gewachsen sein musste, weil Unterlegenheit im Verwaltungsbereich nur allzuleicht eine Unterlegenheit des eigenen Staates gegenüber den Fremden bedeuten würde. Die Intellektuellen und die Geistlichen mochten sich bei oberflächlicher Betrachtung der Lage der Illusion hingeben, das Annehmen und Ablehnen westlicher Vorbilder hänge von ihren Entscheiden ab. Doch die «Verwestlichung» wurde immer mehr Voraussetzung des Überlebens als Staat. Muhammed Ali, der überaus energische Vorkämpfer der Moderne in Ägypten, machte dies allen klar. Seine Armeen nach französischem Vorbild wurden von französischen Exiloffizieren aufgebaut, wie dem berühmten Soleiman Pacha, eigentlich Joseph Sève aus Lyon, der von 1788 bis 1860 lebte. Er war zum Islam übergetreten. Seine Statue stand lange Zeit auf dem runden Platz in Kairo, der seinen Namen trug und vom Volk immer noch so genannt wird, obgleich Nasser die Statue durch jene des koptischen Frühkapitalisten Talat Harb ersetzen liess und den Platz umtaufte.

Eine übersichtliche Zusammenfassung über die ägyptische Armeereform findet man in dem von Th. Freiherr von Münchhausen herausgegebenen Buch: «Mamluken, Paschas und Fellachen, Berichte aus dem Reich Muhammed Alis 1801–1849» (Tübingen 1982). Die neuen Armeen besiegten zuerst, 1811–1818, die Wahhabiten in Arabien im Auftrag des ottomanischen Sultans. Doch später wurden sie auch gegen den Sultan selbst, den Oberherrn Muhammed Alis, eingesetzt und schlugen dessen Heere zweimal vernichtend bei Konya 1832 und bei Nisibin 1839. Nur die Intervention der europäischen Mächte rettete das Reich vor seinem Vasallen. Die englische Flotte zwang dann Muhammed Ali, seine Herrschaft auf Ägypten und den Sudan zu beschränken (1840).

Für das Ottomanische Reich wurde dadurch klarer als je: Wenn es überleben wollte, musste es sich verwestlichen. Dies geschah auch: Die grossen Etappen der Verwestlichung des Ottomanischen Staates können
durch drei Jahreszahlen umschrieben werden: 1826 Ausrottung der Janitscharen durch Sultan Mahmud II. (vgl. S. 51); 1839 Hatt-e-Scherif,
das «Erhabene Handschreiben», in dem der Sultan die Lehen und
Steuerpachten abschaffte, die Grundrechte seiner Untertanen anerkannte
und den ersten Legislativrat vorbereitete; dann 1856 Hatt-e-Hümayoun,
das «Majestätische Handschreiben», das Glaubensfreiheit im Ottomanischen Reich einführte, die Bürgerrechte der Christen und anderer Minoritäten anerkannte und Justiz- und Steuerreformen anordnete. Doch das
war erst der Anfang. Viele andere «Reformen» erwiesen sich in der
Folge als notwendig, wenn das Reich überleben wollte. Sie endeten mit
der Gewährung einer Verfassung nach einer Palastrevolution durch
Midhat Pascha im Jahr 1876. Die Verfassung wurde nach einem Jahr
suspendiert, Midhat Pascha verbannt und später ermordet. 31 Jahre später wurde der Sultan, Abdul Hamid, gestürzt und die Verfassung wieder
in Kraft gesetzt (1907 durch das «Komitee für Einheit und Fortschritt»).
1908 schlug ein konservativer Gegenputsch fehl; 1913 führten die Jungtürken einen Staatsstreich durch (Enver, Talat Jamal) und steuerten das
Ottomanische Reich auf der Seite des Deutschen Kaiserreiches in den
Ersten Weltkrieg.

Istanbul, damals Hauptstadt des ottomanischen Vielvölkerstaates, war
eines der beiden Hauptzentren der «Verwestlichung», die man damals
«Reform» nannte. Das Reich stand unter beständigem militärischem
Druck durch die «westlichen» Nachbarn Österreich und Russland:
Gleichzeitig hatte es Aufstände in den ihm seit Jahrhunderten einver-
leibten Balkanstaaten zu gewärtigen, von den Kroaten im Westen bis zu
den Rumänen, Bulgaren und Griechen im Osten. Ägypten war ein meist
aufsässiger Vasalle. Gegen Beginn des 20. Jahrhunderts begannen sogar
die Armenier, weit im Osten, sich aufzulehnen und führten Terrormorde
durch. Der Irak hatte sich unter seinen eigenen Mamluken vorübergehend selbständig gemacht, und das schiitische Persien war ein alter
Feind und Rivale des sunnitischen Ottomanischen Kalifenreiches.

Das Reich überlebte das 19. Jahrhundert eigentlich nur, weil die damaligen Grossmächte es stützten. Grossbritannien war sein Protektor,
weil die Engländer die Ausdehnung des Zarenreiches nach Asien fürch-

teten, besonders wenn es die südlichen Teile Asiens bedrohte. Denn damit würde die Gefahr heraufbeschworen, dass die Russen die Verbindungswege zwischen dem Mittelmeer und Indien abschneiden könnten. Zwischen den Engländern und den Franzosen bestand Rivalität. Sie wirkte sich oft günstig für die ottomanische Diplomatie aus, weil sie «dem kranken Mann am Bosporus» (wie man damals das Ottomanische Reich in Europa recht verächtlich nannte) erlaubte, die Rivalen gegeneinander auszuspielen. Nur in besonders emotionellen Fragen wie jener des griechischen Aufstandes gegen die Pforte, als eine Welle des Philhellenismus ganz Europa ergriff, fanden Franzosen und Engländer sich zu einer gemeinsamen Politik zusammen. Die Gefährdung durch einen oder mehrere der westlichen Staaten, gegen die man bei anderen Rückhalt suchte, förderte auch stets die Reform, weil es immer das Anliegen des gerade freundlich gesinnten Partners war, dem Reich und seinen Paschas klar zu machen, dass Reformen notwendig seien, wenn das Ottomanische Reich fortbestehen wolle.

Die Hohe Pforte war jedoch nicht das einzige Zentrum der Verwestlichung. Weil die Reformen Selims III., der 1807 den Janitscharen zum Opfer fiel, zunächst scheiterten, überholte Kairo Istanbul als Zentrum der Modernisierung. Muhammed Ali war in den Wirren, die dem Einfall Napoleons von 1798 in Ägypten folgten, mit List und Glück zum Pascha Ägyptens geworden. Ursprünglich war er als Unterführer einer albanischen Einheit nach Ägypten gekommen, welche die französischen Eindringlinge bekämpfen sollte. Zum gleichen Zweck sandte England damals auch Truppen. Erst nachdem die Albanier ihren eigentlichen Führer, Taher Pascha, in einer Meuterei umgebracht hatten, war Muhammed Ali zu einem Machtfaktor im Niltal geworden. Er befreite sich von der alten Herrenschicht Ägyptens, den Mamluken. Sie waren von Napoleon zwar geschlagen worden, hatten aber auf dem Land, besonders in den Randgebieten wie Oberägypten, den Wüsten im Osten und Westen, der Nordostprovinz mit ihrem Übergang nach Palästina überlebt. Mohammed Ali lud alle Mamluken zu einem grossen Festmahl in die Zitadelle von Kairo, schloss sie auf dem Zugangsweg zwischen den hohen Mauern der Festung ein und liess sie von seinen Albaniern niedermetzeln (1811). In Istanbul waren kurz zuvor die Dinge umgekehrt verlaufen, als die traditionellen Soldaten der Pforte ihren Sultan niedermachten. Das Massaker auf der Zitadelle machte den Weg für die «neue Ordnung» europäischen Stils frei, zuerst für die ägyptische Armee, später auch und in ihrem Dienste für die gesamte Verwaltung und Wirtschaft des Landes. Muhammed Ali zog allen Grundbesitz des ganzen Niltals an sich. Er liess staatliche Manufakturen einrichten, um das zu produzieren, was seine neue Armee benötigte. Er sandte junge Ägypter nach Frankreich, um bestimmte Berufe zu lernen, die ihm notwendig schienen. Er liess auch die erste ägyptische Druckerei in Bulak am Nil einrichten, ein Ort, der zum Standpunkt der ägyptischen Staatsmanufakturen wurde.

In der Hoffnung auf Gold und Sklaven eroberten seine Armeen einen grossen Teil des heutigen Sudans. Die Stadt Khartum war seine Gründung. Seine erfolgreichen Feldzüge gegen die Wahhabiten Arabiens sind schon erwähnt worden. Muhammed Ali unterstützte die Pforte gegen die aufständischen Griechen im griechischen Unabhängigkeitskrieg von 1821 bis 1829. Seine Truppen besetzten die Akropolis von Athen und Kreta. Doch die ägyptische Flotte, die er ebenfalls aufgebaut hatte, wurde bei Navarin von den Flotten der Engländer und der Franzosen vernichtet (1827). Griechenland, ohne Kreta, erhielt seine Unabhängigkeit zwei Jahre später.

In einem ersten Krieg gegen die Pforte eroberten die ägyptischen Heere Syrien bis nach Adana (1831–33). Dies führte zu einem Bündnis des Sultans mit dem Zarenreich, doch der Gegenschlag, den der Sultan in Syrien zu führen versuchte, misslang, und sein Heer wurde von den Ägyptern bei Nisibin 1839 vernichtet. Dies brachte die Engländer und die Franzosen auf den Plan. Ein Friedensdiktat der Mächte wurde 1840 von Muhammed Ali abgelehnt. Er musste sich jedoch fügen, als die Engländer seine Flotte bedrängten. Die Mächte zwangen ihn schliesslich, seine Herrschaft auf Ägypten und den Sudan zu beschränken, und er musste auf die Schutzzölle verzichten, die er benötigte, um seine eigene Industrie aufzubauen. Als Gegenleistung wurde seine Dynastie in Ägypten erblich. Sie hat bis 1952 gedauert. Muhammed Alis Industrialisierungsversuch scheiterte; er hat in seinen letzten Jahren, zwischen 1840 und 1848, sogar auf die Alleinbewirtschaftung seines grossen Landbesitzes verzichtet und grosse Ländereien an Private, vor allem seine Familienmitglieder, abgegeben. Sein Versuch, eine eigene Industrie aufzubauen und überhaupt durch Monopole möglichst viel Geld zusammenzuraffen, wurde nicht aus Eigennutz unternommen, sondern nur zum Aufbau und Unterhalt der Armee. Als klar wurde, dass die Eroberungen der Armee auf diplomatische Grenzen stiessen, welche die Mächte festlegten, begnügte sich der Pascha mit Ägypten. Er sah dann auch keine Notwendigkeit mehr, die straffe Finanzorganisation im Niltal aufrecht-

zuerhalten, die er selbst geschaffen hatte. Der erste grosse Modernisie-
rungsschub, den Muhammed Ali ausgelöst hatte, um eine tüchtige und
moderne Armee zu besitzen, kam damit an ein Ende. Was davon übrig-
blieb, war vor allem der von ihm geförderte Kontakt mit Europa. Eine
ganze Generation junger Ägypter wurde in Europa ausgebildet, um
dann zu Hause fortzuwirken. Ein zweiter Schub der Verwestlichung
sollte unter dem Enkel Muhammed Alis, Khedive Ismail, der von 1863
bis 1879 regierte, folgen.

Syrien und Libanon

Die Besetzung Syriens durch die ägyptische Armee, die von 1831 bis
1840 dauerte und durch das Eingreifen der europäischen Mächte beendet
wurde, sollte Folgen haben. Sie brachte ein drittes Zentrum der Verwestlichung hervor, Libanon. Der libanesische Lokalherrscher, Beschir
II. aus dem Hause Chehab, ein Maronite drusischer Abstammung, der in
den Bergen des Chouf Hof hielt, schlug sich auf die Seite der Ägypter
und bezog Stellung gegen die Pforte, die sich selbst als den legitimen
Oberherren Beschirs ansah. Ibrahim Pascha, der Sohn und Hauptheeres-
führer Muhammed Alis, regierte von Damaskus aus und suchte in
Syrien ein ähnliches Herrschaftssystem einzuführen, wie Muhammed Ali
es in Ägypten eingerichtet hatte: zentrale Verwaltung, allgemeine Aus-
hebung zum Militärdienst, Staatsmonopole für die Fabrikation aller Waren, die viel Geld einbringen, Entwaffnung der Bevölkerung. Wie sein
Vater in Ägypten die Kopten liess er die lokalen Christen von der Kopfsteuer befreien, der *Jizya,* die nach dem muslimischen Gottesgesetz, der
Scharia, für Christen und Juden obligatorisch sein sollte. Die syrischen
Muslime fühlten sich stark mit dem Ottomanischen Reich verbunden.
Dessen Sultan war ja auch der Kalif (*Khalifa* = Nachfolger des Propheten für die Sunniten). Für die Christen sah es nun so aus, als ob ihre über
tausendjährige «Knechtschaft» (genau besehen: Lage einer Minderheits-
gruppe im islamischen Staat) ein Ende nehmen könnte.

Eine Vielfalt von Religionen

Politik, Religion, Wirtschaft, Aussenpolitik und die Kämpfe unter den
Religionsgemeinschaften waren schon damals in Libanon dermassen ver-
mischt und von unübersichtlicher Art, dass man sie sondern muss, wenn
man etwas begreifen will.

Religion: Libanon ist ein Zufluchtsgebiet verschiedener in den Ebenen und Küstengebieten verfolgter Gemeinschaften. Sie fanden in den Bergen relativ sichere Zuflucht, was mit der Geographie des Landes zusammenhängt. Die Flüsse brechen durch enge Schluchten vom Libanongebirge ins Meer hinab. An ihren Oberläufen bilden sie weite Mulden und Terrassen. Wer in diesen Bergtälern wohnt, kann dort kargen Unterhalt finden. Die Zugänge durch die Schluchten sind leicht zu sperren. Die Drusen, ein heterodoxer Zweig der schiitischen Gruppe, die man die Siebener-Schiiten nennt, fanden vom Hochmittelalter an Sicherheit für ihre Religion mehr im Süden, im Chouf (Schuf). Die Maroniten hatten ursprünglich in den mittleren Ebenen des Orontes-Tals gelebt. Sie waren Verfolgungen durch die byzantinische Kirche ausgesetzt, in deren Augen sie monophysitische Ketzer waren. Sie siedelten sich in den nördlichen Gebirgen rund um ihre Klöster herum an und fanden in Berghöhlen Zuflucht. Zur Zeit der Kreuzzüge lebten die Maroniten bereits in den nördlichen Bergen Libanons. Die Kreuzritter benützten sie als Hilfsvölker, und ihre Gemeinschaft schloss sich Rom an. Nach den Kreuzzügen begann die Kirche sich für alle orientalischen Christen zu interessieren. Als Konstantinopel an die Türken fiel (1453) und als etwas später (1517) Syrien und Ägypten dem Ottomanischen Reich einverleibt wurden, gab es eine Tendenz in der ottomanischen Politik, die darauf ausging, alle Christen des Reiches dem griechisch-orthodoxen Patriarchen zu unterstellen. Dieser fuhr fort, in Istanbul zu residieren (wie noch heute), wo ohnehin die grösste Gemeinschaft der griechisch-orthodoxen Christen lebte, die es im Reich gab. Dies stiess jedoch auf Widerspruch bei den nicht griechisch-orthodoxen, christlichen Gemeinschaften, die seit alter Zeit ihre eigenen Patriarchen besassen und sich als eine besondere Religionsgruppe ansahen; zum Beispiel bei den Kopten Ägyptens, bei den Assyrern («Nestorianern») Syriens und Nordiraks, bei den syrischen Orthodoxen («Jakobiten») Mittelsyriens, bei den Armeniern. Vom 16. Jahrhundert an suchte der Vatikan diese Lage zu nutzen. Er sandte Missionare aus, meist Jesuiten, die unter den verschiedenen Ostkirchen missionierten und um Anschluss an Rom warben.

Dies führte im 17. und 18. Jahrhundert zu Spaltungen aller orientalischen Kirchen. Katholische Zweige entstanden. Sie behielten Sprache und Riten ihrer Mutterkirchen bei, schlossen sich jedoch Rom an und erlaubten Rom, ihre Oberhäupter zu bestätigen oder zu ernennen. Diese nannten sich Patriarchen, wie ihre bei den alten Kirchen verbliebenen Brüder. So verdoppelte sich die verwirrende Fülle der bereits aufgezählten orientalischen Kirchen, indem es jedesmal noch einen katholischen Zweig gab. Die katholischen Assyrer werden auch Chaldäer genannt; die katholischen Orthodoxen Melkiten oder auch griechische Katholiken; es gibt auch armenische und koptische Katholiken, dazu kommen die römischen Katholiken, das heisst die Anhänger der katholischen Kirche von Rom. Bei alledem bilden die Maroniten eine Ausnahme. Sie haben sich schon viel früher mit Rom vereint; ihrer Ansicht nach haben sie sich sogar nie von Rom getrennt. Es gibt daher nur eine, nicht zwei maronitische Kirchen. Sie steht unter dem «Patriarchen von Antiochien und des ganzen Orients», der seinen Sitz in Bkerké, Nordlibanon, hat. Er untersteht seinerseits dem Papst.

Die Maroniten als « Volk »

Die Maroniten nehmen auch eine besondere Stellung unter den orientalischen Kirchen dadurch ein, dass sie ein relativ zusammenhängendes Gebiet bewohnen, eben ihre klassischen Zufluchtsgebiete in Nordlibanon mit Ausdehnungsspitzen aus neuerer Zeit, welche die östliche Seite der Stadt Beirut erreichen. Bis vor kurzem haben verstreute Gemeinden von Maroniten auch in vielen Dörfern des Chouf gelebt, die andere Hälfte der Bevölkerung waren Drusen. Die Maroniten siedelten auch südlich von Beirut, der Küste entlang bis in die Nähe von Sidon, sowie auf den Höhen über dieser alten Hafenstadt. Alle anderen orientalischen Christen leben verstreut auf dem Land und in verschiedenen Städten in mehreren Staaten des Nahen Ostens. Eine Ausnahme, welche die Regel der Maroniten bestätigt: Auf Zypern gibt es auch eine kleine maronitische Gemeinschaft. Sie waren ursprünglich mit den Kreuzrittern gekommen, als die Lusignans auf Zypern ein «lateinisches» Königreich einrichteten.

Der Umstand, dass die Maroniten weitgehend geschlossene Siedlungsgebiete besitzen, ist von politischer Bedeutung. Die anderen orientalischen Christen finden sich in kleinsten Einheiten unter der muslimischen Bevölkerung zerstreut. Die Maroniten bilden grosse, einheitliche Inseln. Es gibt Gebiete, in denen sie lokal die Mehrheit besitzen, ja beinahe allein angesiedelt sind. Wenn sie sich selbst als «Nation» sehen, hängt dies damit zusammen, dass sie in der Tat ein zwar enges, aber eigenes Territorium besitzen. Die Verbindungen zwischen Europa und den Maroniten festigten sich im 18. und 19. Jahrhundert, als die maronitischen Geistlichen, wie die katholischen, Gehälter erhielten. In den anderen orientalischen Kirchen werden die Geistlichen heute noch von den Gemeindemitgliedern für eine jede einzelne Kulthandlung entlöhnt.

Wirtschaftsverbindungen nach Westen

Sobald die bittere Feindschaft zwischen den Kreuzfahrern und den Mamluken dadurch zu Ende ging, dass die Mamluken die letzten Kreuzritterburgen und -häfen stürmten und Verfolgungen der Maroniten, aber auch der Drusen in den libanesischen Bergen auslösten, kam der Handel wieder zu seinem Recht. Beirut war der natürliche Hafen von Damaskus, mit Sidon als Alternative. Die Strasse nach Sidon war länger, führte jedoch über weniger hohe Berge. Ein Handelsweg führte von diesen Häfen nach Famagusta; von dort weiter ins östliche und ins westliche Mittelmeer. Die Maroniten, mehr noch als die anderen, nicht katholischen Christen, waren die natürlichen Vertrauensleute der venezianischen und genuesischen Händler. Viele italienische Wörter im arabischen Dialekt Libanons zeugen von dieser Verbindung: Banadura sind Pomodori, Basella Piselli, weil das Arabische kein p kennt. Später führte Frankreich, der historische Verbündete der Ottomanen im 16. und 17. Jahrhundert, eine bewusste Politik der Annäherung an die orientalischen Christen, und die katholischen Maroniten standen da an erster Stelle. Die Konsuln Frankreichs erhielten ihre «Kapitulationen» von der Pforte und bauten diese in den Jahrhunderten der Schwäche des Reiches zu kleinen lokalen Herrschaftsbereichen aus, indem sie neben den fremden Händlern auch einheimische Christen unter die ihrer Protektion unterstehenden Personen einschlossen. Ein Privilegsystem zugunsten der Konsuln, das nicht selten dazu diente, die ottomanischen Behörden und ihre Untertanen zu übervorteilen.

Die Zeit der ägyptischen Herrschaft

Als Ibrahim, der Sohn Muhammed Alis, seine achtjährige Herrschaft in Syrien und dem heutigen Libanon einrichtete, bestand bereits eine Tradition des Zusammenwirkens der westlichen Staaten mit den ottomanischen Christen. Das Zarenreich nahm sich besonders gerne der Griechisch-Orthodoxen an. Die Herrschaft des ägyptischen Befehlshabers verschärfte die Spannungen zwischen den muslimischen Untertanen, die sich den Ottomanen gegenüber zur Loyalität verpflichtet fühlten, und den lokalen Christen sowie damals auch den Drusen, die sich eher den Ausländern anschliessen wollten. Die Anordnungen Ibrahims waren allerdings nicht alle beliebt. Die Christen und Juden Syriens, wozu damals Libanon auch gehörte, hörten zwar gerne, dass er die Kopfsteuer, die Jizya, abschaffen wollte, die auf ihnen lastete, während die Muslime von ihr ohnehin frei waren. Seine staatlichen Monopole jedoch und vor allem die allgemeine Rekrutierung waren verhasst und gefürchtet. Auch das Waffenverbot für die Zivilbevölkerung war unbeliebt, weil damals wie heute die Waffe als eine Manneszierde galt. Der lokale christliche Feudalherrscher im Chouf, Baschir II., Chehab, hielt durch dick und dünn zum Eroberer, früher war er ein treuer Diener der Ottomanen gewesen. Doch die Bergbevölkerung begann bald Aufstände. Banden von jungen Leuten, die sich der Rekrutierung entziehen wollten, zogen in die Berge und wurden Räuber. Als die Engländer versuchten, Muhammed Ali zugunsten des Sultans zurückzubinden, gab es einen englischen Agenten unter den Drusen, der dafür sorgte, dass Waffen in ihre Hände gelangten. Seit jener Zeit und bis heute hat sich ein gewisses Vertrauensverhältnis zwischen den Engländern und den Drusen erhalten. Es bildete das Gegenstück zur Freundschaft der Maroniten mit den Franzosen.

Nach dem Abzug Ibrahims unter englischem und französischem Druck und der Rückkehr eines ottomanischen Paschas nach Damaskus galten die Christen als einigermassen verdächtig. Sie hatten mit dem Reichsfeind zusammengearbeitet. Sie wurden bei den Behörden der Pforte nicht beliebter, als soziale Unruhen unter ihnen ausbrachen. Der maronitische Patriarch, selbst aus einer Bauernfamilie stammend, förderte die Auflehnung der maronitischen Bauern gegen ihre feudalen Oberherren. Im Chouf waren dies oft Drusen. In Kesrouan, nördlich von Beirut, damals in unmittelbarer Nachbarschaft der Drusen, gründeten die maronitischen Bauern 1858 sogar eine «Bauernrepublik».

Soziale und religiöse Wirren

Mit den Drusen gab es noch andere Reibereien. 1837 hatte der ägyptische Feldherr Ibrahim maronitische Truppen Baschirs II. dazu eingesetzt, um einen Aufstand der Drusen niederzuschlagen. Nach dem Abzug der Ägypter kam es zu Streit zwischen maronitischen Gruppen, die in die Täler des Chouf gezogen waren, und drusischen Landbesitzern. Die drusischen Feudalherren, die zur Zeit der Ägypter geflüchtet waren, kehrten zurück und wollten ihre Landgebühren einziehen, teilweise nun von maronitischen Neuansiedlern.

Beschir II., der 1843 als alter Gefährte Ibrahims ins Exil ziehen musste, verbrachte man nach Malta. Er war stets ein Rivale der drusischen Landbesitzer gewesen. 1821, noch unter den Ottomanen, hatten seine Gefolgsleute Mukhtara erobert, damals wie heute der Sitz der Jumblat-Familie. Den damaligen Jumblat-Fürsten, der auch Beschir hiess, hatte er hinrichten lassen. Nach dem Abzug der Ägypter kam es zu einem Überfall auf den drusischen Flecken Baakline im Chouf durch Maroniten und dann zu einer Strafexpedition der Drusen gegen die Maroniten des Chouf. Die Drusen waren, und sie sind es bis heute geblieben, stets gehorsame Gefolgsleute ihrer angestammten Fürsten, darunter der Familie Jumblat. Die Maroniten jedoch befanden sich damals, gewiss unter dem Einfluss der europäischen Ideen, die ihnen zum Teil durch ihre Geistlichen übermittelt wurden, in einer sozialrevolutionären Phase, gleichzeitig dehnten sie ihre Siedlungen in die bisher drusischen Berge aus.

Unruhen und Massaker brachen 1845 aus, schwerere noch 1860. Die ottomanischen Beamten begünstigten damals unter der Hand die Drusen und sollen oft dafür gesorgt haben, dass die Maroniten entwaffnet in die Hände der drusischen Banden fielen. Die Massaker griffen aus dem Chouf auf die Küstenstädte über. Es kam sogar zu einer Verfolgung der lokalen Christen in Damaskus. In der syrischen Hauptstadt, wo Emir Abdel Kader im Exil lebte, nahm der algerische Widerstandskämpfer die Christen gegen die Muslime in Schutz und rettete vielen das Leben. Die Opfer jener Massaker waren Tausende von Familien, vielleicht 4000 im Chouf, 5000 in Damaskus. Eine Gesamtzahl von 21 000 Personen wird angegeben, die vielleicht zu hoch gegriffen ist.

Diese Ereignisse von 1860 und ihre komplexe Vorgeschichte verdienen Beachtung, weil sie Anlass zur Schaffung des Kleinstaates gaben, welcher der Vorläufer des heutigen Libanon werden sollte. Sie sind aber auch interessant, weil die gleichen Regionen und die gleichen Familiennamen in einer der Phasen des gegenwärtigen Bürgerkrieges, die man den Chouf-Krieg genannt hat, wiedergekehrt sind. Dieser zweite Chouf-Krieg tobte im August und September 1983, kurz nachdem die Israeli (dem früheren ägyptischen Heer vergleichbar) abgezogen waren. Er endete mit der Vertreibung sämtlicher Maroniten aus dem Chouf durch die Drusen. Vorher stellten die Christen ungefähr die Hälfte der Bevölkerung der Bergtäler der Region. Zur Zeit der israelischen Besetzung hatten sie ihrerseits die Drusen provoziert, wenn nicht mit israelischer Förderung, so mindestens mit ihrer Duldung. Die Drusen jedoch hatten sich mit den Syrern verbündet und von ihnen Waffen erhalten.

Der «Mont Liban»

Die Neuordnung Libanons nach den Massakern kam damals durch eine Intervention der Franzosen zustande. Napoleon III. sandte 1860 Truppen nach Libanon und verhandelte mit den anderen europäischen Mächten und mit der Pforte. Ergebnis war ein «règlement organique» von 1861 für den «Mont Liban», ein Berggebiet ohne Beirut und ohne die Städte an der Küste, ein Gebiet viel kleiner also als der heutige Libanon. Dieses Sondergebiet wurde unter die Verwaltung eines ottomanischen Gouverneurs gestellt (Qâ'im Maqâm), der ein Christ sein sollte. Ihm wurde ein Administrativrat beigesellt, in dem 4 Maroniten, 3 Drusen, 2 Griechisch-Orthodoxe, 1 Katholik, 1 Sunnite und 1 Schiite zusammensassen. Dies war die Grundlage des «Religionsproporzes», der seither immer fortbestehen sollte. Schon vor dieser Regelung hatte man zwischen 1840 und 1860 auf Anraten Metternichs versucht, den Berg unter zwei Gouverneure zu stellen, einen für die drusischen und einen anderen für die maronitischen Landesteile. Doch dieses Vorgehen hatte sich nicht bewährt, weil keine klaren Grenzen zwischen den beiden Gemeinschaften gezogen werden konnten. In vielen Regionen, besonders im Chouf, war die Bevölkerung eben gemischt. Unruhen und schliesslich Massaker waren nicht zu vermeiden gewesen.

Die heutige Lage

Heute stehen all diese Fragen wieder zur Diskussion. Das System des Religionsproporzes gilt als bankrott, weil es am Ende zum gegenwärtigen Bürgerkrieg geführt habe. Die vermutliche Mehrheit der heutigen Maroniten, jedenfalls aber ihre Miliz unter Samir Geagea, die sogenannten «Forces Libanaises», wollen entweder einen Libanon mit seiner bisherigen christlichen Führung wiederherstellen oder aber, wenn dies unmöglich sei, zu einer Aufteilung des Landes in verschiedene Kantone schreiten, einen für jede Religion. Die Kantone müssten weitgehende Autonomie erhalten. Diesem Ansinnen stellen sich die Muslime entgegen, das heisst deren Führer und die Milizen, die eng mit Syrien zusammenarbeiten. Sie fordern: «Abschaffung des Konfessionalismus», statt dessen eine «Demokratie der Zahlen». Die Muslime dürften heute die grosse Mehrheit der Bevölkerung ausmachen. Die Maroniten und anderen Christen machen schwerlich mehr als 30 Prozent aus. Eine Volkszählung wurde allerdings seit 1932 nicht mehr durchgeführt. Die «Demokratie der Zahlen» würde vermutlich für die Muslime eine Vormachtstellung im Staate begründen. Die Syrer sind an dieser Diskussion insofern beteiligt, als sie erklären, nur ein «Einheitsstaat» komme für Libanon in Frage, keinerlei «Aufteilung». Die Syrer fürchten jede Teilung, weil diese, wie die Erfahrung der letzten Jahre bestätigt hat, stets die Gefahr eines Bündnisses der Christen mit den Israeli gegen Syrien mit sich bringt.

Verbindungen über das Mittelmeer

Zurück zu den Wurzeln des komplexen libanesischen Religionsproporzes: Das Regime des «Mont Liban», über welches die Konsuln der Mächte eine gewisse Aufsicht ausübten, funktionierte von 1861 bis 1914. Beim Ausbruch des Weltkrieges hoben die Ottomanen es auf und erteilten dem Gouverneur von Beirut Vollmachten über den Berg. In den gut 50 Jahren des Bestehens des «Mont Liban» wurde der Grundstein für die französisch-maronitische Zusammenarbeit späterer Zeiten gelegt. Sie entwickelte sich auch auf wirtschaftlichem Gebiet. Es gab nun Dampfer, die regelmässig Beirut anliefen, nicht nur unregelmässigen Segelverkehr. Die Libanesen des «Mont Liban» produzierten in einer Heimindustrie Seidenfäden für die Spinnereien von Lyon. Heute noch stehen in vielen Dörfern die Alleen von Maulbeerbäumen, die damals gepflanzt wurden, und man findet noch die Ruinen der kleinen «Fabriken», schön aus Naturstein zusammengefügt, die damals dazu dienten, die Seidenraupengehäuse zu dämpfen und ihre Fäden auf Spulen zu wickeln. Für die auf ihren kargen Bergboden angewiesenen Bauern war eine solche Heimindustrie äusserst wichtig. Andere Bergbewohner begannen auszuwandern. Die französischen Kolonien in Afrika standen ihnen offen. Sie wurden dort Händler und bildeten eine Mittelschicht zwischen den kolonialen Herrschern und den Eingeborenen. Noch andere zogen nach den USA und nach Südamerika. Dort nennt man sie heute noch «los turcos», weil sie aus dem damaligen türkischen Reich kamen.

Dank dem «règlement» existierte in den Berggebieten mehr Religionsfreiheit als im Rest des Ottomanischen Reiches. Dort galt sie theoretisch ebenfalls, doch gab es nach wie vor starke traditionelle Kräfte in der

Gesellschaft, die dem «europäischen» (erst seit der Aufklärung existierenden) Toleranzbegriff das muslimische Toleranzverständnis gegenüberstellten, nach dem es ein Staatsvolk gibt, jenes der Muslime, und tolerierte Minderheiten, die *Dhimmis,* die höchstens Bürger zweiter Klasse sein können. Die europäischen Missionare konnten in Libanon, später auch in Beirut, das streng genommen nicht zum «Mont Liban» gehörte, einziehen und wirken. Sie arbeiteten auf der christlichen Seite mit den Maroniten und den anderen christlichen Gruppen, besonders den katholischen Zweigen derselben, zusammen. In erster Linie gründeten sie Schulen. Die Protestanten hatten es schwerer. Sie konnten auf keiner der bereits bestehenden Gemeinschaften aufbauen. Doch auch sie richteten Druckereien ein, begannen Schulen zu leiten und fanden libanesische Intellektuelle, die bereit waren, mit ihnen zusammenzuwirken. Man begann oft mit Bibelübersetzungen ins Arabische. Die Krönung der Arbeit der Missionare beider Konfessionen waren die Universitäten. Es gab seit 1866 das protestantische College, das später zur Amerikanischen Universität von Beirut ausgebaut werden sollte. Parallel dazu entstand die katholische Universität unter Leitung der französischen und libanesischen Jesuiten. Die grosse Zahl der Schulen fiel jedoch noch mehr ins Gewicht. Mönche und Nonnen, Katholiken und Protestanten aus Europa nahmen sich der libanesischen Jugend an. Die reichen Muslimfamilien erkannten bald, dass bei ihnen die beste Schulung zu haben war, und sandten ihre Kinder in die gleichen Internate und Tagesschulen. Die Sunniten von Beirut, angestachelt durch das Beispiel der Christen, begannen auch, ihre eigenen Schulen zu gründen.

Von den Christen zusammen mit einigen Sunniten Libanons ging zu jener Zeit eine Bewegung aus, die zum Ziel hatte, das Arabische als Sprache zu erneuern. Dies wird «Nahda», Renaissance, genannt. Das Türkische war damals die Verwaltungssprache des Reiches. Das Arabische war jedoch in der arabischen Hälfte des Reiches die Muttersprache der Muslime, aber auch der Christen und Juden. Französisch war die weitaus wichtigste Sprache der Geschäftsleute, die Verbindungen mit Europa unterhielten. Es lag nahe, zu versuchen, das Arabische für den praktischen Gebrauch in der heutigen Zeit aufzufrischen. Diese Absicht bedingte, eine Unzahl von modernen Begriffen und Fachwörtern, Ideen und Vorstellungen im klassischen Arabisch heimisch zu machen. Es war auch notwendig, der Sprache, die bisher vor allem einer poetischen oder amtlichen Rhetorik gedient hatte, die Klarheit und Flexibilität zu verleihen, die sie benötigte, wenn sie ein modernes Kommunikationsinstrument werden sollte. Libanesen wie Boutros Bustani und Nassif Yaziji begannen Wörterbücher zu publizieren, Zeitschriften und Tageszeitungen herauszugeben, die arabischen Klassiker, von denen viele in Vergessenheit geraten waren, neu zu publizieren und sogar die griechischen, französischen und englischen Klassiker ins Arabische zu übersetzen. Die beiden genannten Gelehrten gründeten auch eine «Gesellschaft der Künste und Wissenschaften», in deren Schoss nicht nur die Modernisierung der arabischen Sprache betrieben wurde, sondern auch der Gedanke einer arabischen Nation im Gegensatz zur herrschenden türkischen aufblühte.

Für Christen lag es damals nahe, auf einen künftigen arabischen Nationalismus zu setzen. Für Muslime war ein solcher Entschluss viel schwieriger, weil der Islam sie an den ottomanischen Vielvölkerstaat band, dessen Sultan auch zugleich der Kalif war, der Nachfolger Mohammeds. Den christlichen *Dhimmis* schien ein künftiger arabischer Nationalstaat, der sich vom Reich ablösen würde (wie es die Balkanvölker, beginnend mit den Griechen, bereits getan hatten), Aussicht darauf zu bieten, dass sie dann Bürger «erster Klasse» in ihrem eigenen Nationalstaat würden.

Die ottomanische Zensur freilich, besonders stark ausgebaut unter Sultan Abdul Hamid (1876–1909), bis dieser 1908 gezwungen wurde, die Verfassung von 1876 wiederherzustellen, zwang die arabischen Nationalisten zur Vorsicht. Dies war der Grund für die Auswanderung vieler libanesischer Intellektueller, die man damals noch «Syrer» nannte, nach Kairo, wo die Engländer indirekt herrschten. Dort hatten sie die Möglichkeit, erfolgreich arabische Zeitungen zu veröffentlichen. Die Tradition der ägyptischen Pressefreiheit hat erst Nasser nach seiner Machtergreifung von 1952 abrupt beendet.

Drei unterschiedliche Zentren

Die drei frühen Ausstrahlungszentren der Reform, der Verwestlichung in der arabischen Welt, waren recht verschieden. In Istanbul, der türkischen Hauptstadt des Vielvölkerreiches, ging es darum, das Ottomanische Reich zu retten. Die Reform war primär eine Sache jener Staatsdiener, welche die Notwendigkeit einsahen, den Westen mit seinen eigenen Mitteln zu schlagen, da er mit den althergebrachten des Ottomanischen Reiches nicht mehr zu schlagen war. Doch hatten sie immer Widersacher, die darauf pochten, dass der reine Islam, die Sitten der alten Zeit wieder allgemeine Geltung erlangen müssten; das würde genügen, um dem Reich seinen alten Glanz wiederzuverschaffen. Gegen sie mussten die Reformer von Istanbul ankämpfen. Bei den Vertretern dieser konservativen und reaktionären Richtungen waren sie stets in Verdacht geraten, heimliche Europäer und Ungläubige zu sein, die in Wirklichkeit auf den Verderb des Reiches ausgingen. Die Reformer mussten sich auch gegen die verfilzten Stränge der materiellen Interessen durchsetzen, die jede Reform, jede Umstellung gewohnter Prozesse, Gebräuche und Missbräuche zum Scheitern zu bringen drohten. Sie arbeiteten gleichzeitig unter dem Druck und mit Hilfe «der Mächte». Die europäischen Botschafter befürworteten die Reformen und stellten auch Hilfskräfte zur Verfügung, die mithelfen sollten, diese zu planen und durchzuführen; dies sogar im militärischen Bereich. Gleichzeitig gingen die fremden Diplomaten natürlich darauf aus, ihrem Land und dessen Geschäftsleuten dadurch Vorteile zu sichern. Dies oft zum Nachteil der Pforte und ihrer Untertanen.

Von Istanbul in die fernen Provinzen des Reiches war es sehr weit. Was in der Hauptstadt Gültigkeit gewonnen hatte, brauchte sehr lange Zeit, um in den Provinzen angenommen zu werden.

In Kairo war es der Wille eines ausserordentlichen Machthabers, Muhammed Alis, der die Modernisierung in Gang setzte. Er sah diese ohne Zweifel in erster Linie als ein Mittel an, um seine Macht und die seiner Heere auszubreiten. Seine Armeen, neu organisiert und ausgebildet nach französischem Muster, erwiesen sich im Sudan, in Arabien, in Griechenland und in Syrien erfolgreich. Doch die Mächte Europas waren ihnen dennoch überlegen, und sie verhinderten den Triumph ägyptischer Armeen zuerst in Griechenland, dann in Syrien, so dass Muhammed Ali sich schliesslich auf das Niltal beschränkt sah. Von diesem Zeitpunkt an verlor er sein Interesse an der Reform. Über Ägypten und den Sudan konnte er jedenfalls herrschen. Darüber hinaus wollten «die Mächte» ihm nicht gestatten, seine Macht auszudehnen. Das hatte er eingesehen. Doch der Kontakt mit Paris, den ägyptische Ausbildungsmissionen auf seinen Befehl hin aufnahmen, wirkte fort. Die späteren Reformer und Vermittler europäischer Ideen erhielten dort ihre Denkanstösse.

In Libanon waren es typischerweise die Minoritäten, besonders jene der Maroniten, welche die Dinge in Bewegung setzten. Hier ging es einer Minoritätgruppe darum, sich auf eine der europäischen Mächte zu stützen, um Befreiung aus ihrer Lage von Zweitklassbürgern zu erreichen. Die gleichen Christen wurden auch zu den frühen Vorkämpfern des Arabertumes, das sie gegen die herrschenden Kräfte des Ottomanischen Reiches und die sunnitischen Anhänger des Sultan-Kalifen zu fördern suchten. Dank der breiten Basis von Schulen und Hochschulen «im europäischen Stil» und Geist, welche die Kirchen nach Libanon brachten, entstand eine relativ breite Schicht von Gebildeten und aufgeschlossenen Geschäftsleuten, die sich nach Europa hin ausrichteten, viel reisten und auswanderten. Sie gründeten ihre wirtschaftliche Prosperität auf die Zusammenarbeit mit den machtmässig im Aufstieg begriffenen europäischen Mächten. Die Westausrichtung der libanesischen Christen wurde so bestätigt und ausgebaut.

Die drei Ausstrahlungszentren der Reform, der Verwestlichung entwickelten sich dann in sehr verschiedenen Richtungen. Istanbul wurde zum Zentrum und später zum Hinterland einer immer mehr auf das Türkentum konzentrierten Reform. Denn die Kriege auf dem Balkan nahmen kein Ende mehr. Durch sie wurden vor allem die europäischen Teile des Ottomanischen Reiches schrittweise amputiert. Als die Jungtürken schliesslich die Macht im Staat übernahmen (1908), mussten die muslimischen Araber einsehen, dass sie nicht mehr dazugehörten. Der türkische Nationalismus musste sie notwendigerweise abstossen und löste einen arabischen Nationalismus bei ihnen aus. Das islamische Band, welches das Vielvölkerreich bisher zusammengehalten hatte, war zerrissen. Der Weg zur Zusammenarbeit arabischer Fürsten und lokaler Würdenträger mit europäischen Mächten wurde so frei wie etwa der des Scherifen Hussein von Mekka mit den Engländern im Ersten Weltkrieg. Auch arabische Offiziere in der ottomanischen Armee wählten diesen Weg, um sich von der türkischen Vorherrschaft zu befreien. Einer der berühmtesten war Nuri as-Said von Bagdad, der später der wichtigste Politiker des Iraks werden sollte. Solche arabische Nationalisten schlugen sich auf die englische Seite, weil die Jungtürken politisch mit den Deutschen zusammenarbeiteten.

In Kairo endete die erste grosse Etappe des arabischen Nationalismus und der islamischen Modernisierung, die den Unternehmen Muhammed Alis folgen sollte, mit dem Einmarsch der englischen Truppen von 1882. Doch selbst unter den Engländern konnten sich die arabischen und nationalen Ideen weiter ausbreiten, weil die Engländer es vorzogen, indirekt zu regieren. Sie tolerierten ein bedeutendes Mass an intellektueller Freiheit, und ihr Beratersystem liess Lücken zwischen der formell fortbestehenden ägyptischen Regierung der Khediven (Vizekönige), dem ägyptischen Parlament und den englischen Beratern offen, die mehr aus dem Hintergrund wirkten. Die Ideen der Intellektuellen wurden nicht angefochten, solange sie keine Krawalle heraufbeschworen.

Vizekönig Ismail sorgte im materiellen Bereich für die Verwestlichung des Landes. Unter ihm wurde 1869 der Suezkanal eröffnet, den der Franzose Lesseps zehn Jahre zuvor unter seinem Vorgänger, Said, zu bauen begonnen hatte. Ismail war reich, weil der amerikanische Bürgerkrieg die Baumwollpreise ansteigen liess und Ägypten als Lieferant anstelle der amerikanischen Südstaaten einspringen konnte. Doch Ismail war auch ein fürstlicher Verschwender, der ziemlich ahnungslos in die Netze von allerhand Financiers geriet, die in Kairo Operationen durchführten, für die sie zur gleichen Zeit in Paris bereits bestraft worden wären. In Ägypten wurden ihre Aktivitäten, weil sie Europäer waren, von den Handelsgerichten und englisch «beratenen» Ministerien hingenommen, und die aus ihnen hervorgehenden Schulden mussten bezahlt werden, sogar wenn der Vizekönig für sie unterschrieben hatte. Die Sicherheit dafür, dass bezahlt wurde, waren die Kanonenboote.

Die Intellektuellen

Die intellektuelle Wandlung kam dadurch zustande, dass Muhammed Ali Gruppen von jungen Ägyptern nach Paris entsandte (eine erste Mission war nach Italien gegangen), die dort die europäischen Sprachen lernten. Dieser Vorgang lässt sich am besten an der Gestalt von Rafâat at-Tahtawi (1801–1873) ermessen, dem wohl Begabtesten unter den gegen 350 jungen Leuten, die Muhammed Ali nach Frankreich schickte. Tahtawi war ursprünglich als einer der Geistlichen ausgewählt worden, welche die grösste der Missionen begleiteten, die 1826 nach Paris abreiste und fünf Jahre lang dort blieb. Tahtawi besass eine Ausbildung der Azhar-Lehrmoschee und hatte dort nach Erlangung seines Diplomes als Gottesgelehrter zwei Jahre lang unterrichtet. Er war dann Geistlicher («Imam und Prediger») bei der neuen ägyptischen Armee geworden. Ein bekannter Gelehrter der grossen Lehrmoschee, Hassan al-Attar, eine Generation älter als Tahtawi, nahm sich seiner an. Al-Attar hatte die französische Invasion Ägyptens miterlebt und damals Kontakte mit den französischen Gelehrten gepflegt, die das Heer Napoleons begleiteten. Er scheint Franzosen im Arabischen unterrichtet und von diesen auch allerhand gelernt zu haben. Es war al-Attar, der Tahtawi für die Mission empfahl. Nach der Ankunft in Paris erlaubten die Leiter der Mission dem jungen Azhar-Gelehrten, sich besonders mit Übersetzungen befassen. Dank seiner Ausbildung als Gottesgelehrter beherrschte Tahtawi die Komplexitäten der schwierigen arabischen Schriftsprache, was bei den anderen, jüngeren Mitgliedern der Mission kaum der Fall war. Die arabische Sprache zu beherrschen ist so etwas wie eine Lebensaufgabe, jedenfalls die Arbeit eines Fachmannes. Viele der jungen Studenten dürften den ägyptischen Dialekt gesprochen und die Schriftsprache nur gerade so weit beherrscht haben, um Bücher zu lesen. Für einen Übersetzer ist es mindestens ebenso wichtig, alle Ausdrucksmöglichkeiten der eigenen Sprache zur freien Verfügung zu haben, wie die Fremdsprache zu verstehen. Was das Verständnis der Fremdsprache angeht, so kann er sich da helfen lassen; wenn es aber darum geht, das Entsprechende in der arabischen Sprache zu finden, ist er auf seine eigenen Sprachfähigkeiten angewiesen.

Noch während er sich in Paris aufhielt, schrieb Tahtawi sein bekanntestes Buch, eine Beschreibung von Paris, eine Schilderung seiner Reise und eine Darstellung des französischen Regierungssystems. Seine Absicht dabei war nicht nur, das für einen Ägypter jener Zeit höchst fremdartige europäische Land zu schildern, sondern auch Züge und Einzelheiten des französischen Lebens hervorzuheben, die auf Ägypten angewandt werden und dort nützlich sein könnten. Das Buch wurde Muhammed Ali vorgelegt, der befahl, es zu drucken und auch eine türkische Übersetzung anzufertigen. Muhammed Ali und seine Hofbeamten sprachen nur türkisch, nicht arabisch. Weiter ordnete der Herrscher an, das Buch an alle Büros der Regierung, an alle Würdenträger des Landes und an alle höheren Beamten zu verteilen, damit sie Gewinn daraus zögen.

Der Verfasser wurde nach seiner Heimkehr zuerst als Übersetzer in der Medizinschule eingesetzt. In dieser Schule mussten die Übersetzer die Vorlesungen ausländischer Ärzte arabisch wiedergeben. Später erhielt er ein ähnliches Amt in der Artillerieschule. Am Ende gelang es ihm, den Herrscher für seinen Plan einer Übersetzerschule zu gewinnen, die er später «Schule der Sprachen» nannte. Er wurde Direktor dieser neuen Schule, erhielt zahlreiche andere Positionen im neuen staatlichen Erziehungs- und Ausbildungswesen. Daneben fuhr er fort, sowohl eigene Bücher zu schreiben wie auch französische Bücher zu übersetzen. Er hat auch patriotische Gedichte sowie solche zum Lob des Herrschers verfasst. Die Sprachschule erhielt bald verschiedene Abteilungen: für mathematische Übersetzungen, medizinische und naturwissenschaftliche, sozialwissenschaftliche und für Übersetzungen ins Türkische. Die Schüler mussten zur Abschlussprüfung ein Buch übersetzen, das Tahtawi auswählte. Die Übersetzungen wurden in der ägyptischen Staatsdruckerei von Bulak gedruckt. Von Tahtawi selbst gibt es ein Register von 27 Werken und Schriften, die er übersetzt hat. Gesetzeswerke, Geschichte Ägyptens, geographische Werke, philosophische, Ingenieurshandbücher, solche der Astronomie, auch das Werk «De l'esprit des lois» (1748) von Montesquieu (das nicht gedruckt wurde). Die Liste seiner eigenen Arbeiten über Soziologie, Erziehungswesen, Geschichte Ägyptens und seiner vaterländischen Gedichte umfasst fünf grössere Werke sowie kleinere Schriften und Gelegenheitsgedichte. Tahtawi hat den Begriff des Patriotismus in Ägypten eingeführt. Für ihn beschränkte er sich auf das Land Ägypten. Die übrige muslimische oder arabische Welt gehörte nicht zum «Vaterland». Die französische Invasion Algeriens, die begann, als er sich noch in Paris befand, erwähnt er nicht.

Unter dem nächsten Vizekönig, Abbas (1848–1854), der wenig für die Reformen Muhammed Alis übrig hatte, wurde Tahtawi nach Khartum verbannt. Im Exil übersetzte er Fénélons «Télémaque» ins Arabische. Nach dem Regierungsantritt Saids (1854–63) durfte er heimkehren und wurde Leiter verschiedener Armeeschulen. Er verwandelte die Generalstabsschule in eine Institution, die seiner alten Übersetzerschule recht ähnlich sah. Unter Ismail (1863–79) kam Tahtawi wieder als hoher Beamter in verschiedenen Chargen des Erziehungsministeriums zu Ehre und Ansehen. In jener letzten Periode seines Lebens hat er auch mehrere seiner eigenen Bücher verfasst und eine Zeitschrift für die Schulen herausgegeben. In der gleichen Zeit wurden auch unter seiner Oberaufsicht die französischen Gesetzeskodizes, einschliesslich des Code Napoléon, ins Arabische übertragen und gedruckt.

Auf Tahtawi und sein Wirken kann man das Sprichwort: Aller Anfang ist schwer, jedoch im umgekehrten Sinne anwenden. In mancher Hinsicht war es ein leichter Anfang. Er war wenig beschwert von den Bedenken und Reserven, ja von den Abneigungen und mehr oder weniger berechtigten Ressentiments, die sich später einstellen sollten. Rafaat Tahtawi war überzeugt und hatte gute Gründe für seinen Glauben, dass sein Vaterland, Ägypten, viele der Errungenschaften der französischen «patrie» benötigte, und er arbeitete mit fieberhaftem Fleiss daran, dieses Wissen und Können der Fremden in Reichweite seiner Mitbürger zu bringen. Er wirkte damit, wie er ohne Zweifel annahm, zum Wohl seiner Landsleute und zur Zufriedenheit der meisten Landesherren Ägyptens seiner Epoche. Vizekönig Abbas, der nichts von europäischen Vorbildern wissen wollte, war eine Ausnahme. Dabei hat sich Tahtawi nicht nur auf die Technik und die Naturwissenschaft der Franzosen beschränkt. Er stand auch offen für soziologische, politische und philosophische Fragestellungen. Er hat zum Beispiel in seinem Buch über Paris die politischen Ereignisse der Revolution von 1830 (die Juli-Revolution mit der Abdankung von Charles X. und der Einsetzung des Bürgerkönigs Louis Philippe) genau beschrieben. Seine eigenen Schriften befassen sich mit Fragen der Erziehung, der Geschichte Ägyptens, aber auch mit der vorbildlichen Zeit des Propheten.

Afghani und Abduh

Die nächste Generation hatte es nicht mehr so leicht. In ihr traten zwei bedeutende Figuren hervor, der ältere persische Gelehrte, Politiker und Agitator, Jamal ad-Din al-Afghani (1828–1897) und sein Schüler, der Gottesgelehrte und spätere Mufti Ägyptens, Muhammed Abduh (1849–1905). Diese Generation stösst zum ersten Mal auf das Problem, das bis heute ungelöst blieb: Die westliche Welt, die nachzuahmen man sich gezwungen sieht, wenn man überhaupt überleben will, ist auch eine feindliche Welt, deren Herrscher darauf ausgehen, das eigene Land, in diesem Falle Ägypten, zu unterjochen und auszubeuten. Wenn man sich ihnen annähert, ihre Methoden und Errungenschaften übernimmt, erleichtert man ihnen auch das Eindringen und die Inbesitznahme. Man ist gezwungen, sie in vieler Hinsicht nachzuahmen, man muss ihnen aber auch gleichzeitig Widerstand leisten. Man braucht also festen Boden unter den Füssen und eine Basis, auf die man sich abstützen kann, während man sich zu verteidigen sucht, indem man *ihre* Methoden und Wissenschaften beherrschen lernt. Die Notwendigkeit, sich vom Westen anregen zu lassen, vom Westen zu lernen, wird damit ein zwiespältiges Unterfangen: Man verwestlicht sich selbst mit dem Ziel, dem Westen zu widerstehen. Dass dieser Zwiespalt schon so rasch in Erscheinung trat, kaum war die erste Bekanntschaft mit dem Westen geschlossen, hing natürlich damit zusammen, dass die Exponenten des Westens im ägyptischen Vaterland ein unübersehbares Gewicht annahmen. Die Fremden wurden so mächtig, dass die Ägypter argwöhnten, sie wollten sich selbst mit allen Mitteln auf Kosten Ägyptens bereichern und das ganze islamische Land in ihre Gewalt bekommen. Afghani war aus einer Region nach Ägypten gekommen, in der man viel grössere praktische Erfahrung mit dem Kolonialismus besass als im damaligen Niltal. Ägypten hatte ja bisher nur die paar Jahre der französischen Besetzung unter Napoleon und seinen Generälen erfahren. Afghani war in Persien geboren, jedoch in Afghanistan aufgewachsen. Dort hatte er als Wesir eines unglücklichen Thronprätendenten seine ersten politischen Erfahrungen gesammelt. Dann war er nach Indien ins Exil gegangen. Indien befand sich damals fest in englischer Hand. Schon zuvor, in Afghanistan, war Afghani mit den Engländern zusammengestossen. In Kairo trat er am Rande der Azhar-Lehrmoschee auf. Er ging darauf aus, die jungen Ägypter vor den Absichten des «gierigen» Kolonialismus zu warnen und ihnen gleichzeitig die intellektuellen Mittel zu verschaffen, sich gegen ihn zur Wehr zu setzen. Diese Abwehr sollte seiner Ansicht nach im Namen des Islam geführt werden. Im Islam erblickte Afghani die einigende und belebende Kraft, die es allen Muslimen gemeinsam ermöglichen müsse, den «gierigen Fremden» erfolgreich zu widerstehen. Doch musste der Islam selbst, so lehrte er, mit neuen Augen gesehen werden. Dieser war in den Jahrhunderten des Niederganges verknöchert und versteift. Formalismus und Buchgelehrsamkeit hatten ihn von der realen Welt entfernt. Im Rückblick auf die grossen islamischen Denker, wie al-Ghazali, den er bei seinen Schülern zum ersten Mal wieder einführte, lag eine ganz andere Kraft als in den abgekürzten Lehrbüchern, aus denen die Azhar-Studenten normalerweise ihr Wissen zogen. Afghani ermunterte sie zu einem viel aktiveren politischen Verhalten, als es der normale Gottesgelehrte der Epoche zeigte. Seine Anregungen und sein Vorbild fanden um so grösseren Anklang, als gerade in der Epoche, in der er in Kairo lehrte, der Einfluss der Europäer, ihrer Abenteurer, Geschäftemacher, Bankiers, Techniker mit und ohne Fachwissen, einem Höhepunkt zustrebte. Afghani kam 1871 nach Kairo. Er blieb dort bis zu seiner Ausweisung unter dem Einfluss der Engländer im Jahr 1879. Der Suezkanal, gebaut mit der Fronarbeit Zehntausender von Fellachen, war 1869 eröffnet worden. Der Teil der Aktien, welcher Vizekönig Ismail gehörte, musste 1875 verkauft werden. Ministerpräsident Disraeli kaufte sie für Grossbritannien, weil in Ägypten der Staatsbankrott drohte. Der Bankrott kam aber dennoch, und die europäischen Mächte setzten eine internationale Schuldenkommission ein, um die ägyptische Regierung zu überwachen und jedes Jahr einen Teil der Schuld einzuziehen, bevor an andere Staatsausgaben gedacht werden durfte. Als der Vizekönig und seine Staatsbeamten sich gegen diese Bevormundung aufzulehnen suchten, bewirkte London, dass die Hohe Pforte, von welcher der Vizekönig nominell immer noch abhing, ihn als abgesetzt erklärte. Istanbul selbst war, ebenfalls wegen Staatsbankrotts, schon ein Jahr früher, 1874, unter die Kontrolle einer Schuldenkommission gekommen.

Ismailis Nachfolger wurde Tawfik (1879–92), auch aus dem Haus Muhammed Alis. Das Jahr seiner Einsetzung war auch das Jahr der Ausweisung Afghanis. Afghani hatte noch eine lange weitere Karriere als Agitator gegen Grossbritannien. Er reiste nach Indien, dann nach Paris, wo er für eine kurze Frist eine einflussreiche politische und islamische Zeitschrift herausgab. Sie wurde vermutlich vom französischen Geheimdienst finanziert. Ihr Name, «Das feste Band» (al-Urwa al-Wuthqa), ist noch heute berühmt, und die dort erschienenen Artikel werden immer noch gelesen. Sie sind aktuell geblieben, weil die Grundfragen, mit denen sie sich befassen, auch heute noch nicht beantwortet sind, nämlich: Wie kann der Islam sich gegen den Ansturm des «westlichen Materialismus» verteidigen; was können die Muslime tun, um sich gegen die Gier der westlichen Welt zu wehren? Abduh, der auch nach Paris kam, half bei der Zeitschrift mit. Afghani ging nach London, nach St. Petersburg und zweimal nach Iran. Dort war er in die Agitation gegen das Tabakmonopol verwickelt, das der damalige Schah den Engländern abtreten wollte, um Bargeld zu erhalten. Afghani hat einen der einflussreichen Geistlichen Irans (die den Titel «Mujtahid» tragen und den Gläubigen als Vorbild dienen), Schirazi, dazu veranlasst, zum Boykott des Rauchens aufzurufen. Als Schirazi dies in einem berühmten Sendschreiben tat, hörte ganz Iran zu rauchen auf. Man erzählt, sogar die Frauen des Schahs hätten ihre Wasserpfeifen beiseite gestellt. Die Monopolgesellschaft «Imperial Tabaco Co.» musste ihr Monopol zurückgeben. Auch in Teheran sammelte Afghani Anhänger um sich. Um sich dem Zugriff des Schahs zu entziehen, musste er in einem der Schreine Zuflucht suchen, die theoretisch unverletzlich waren. Doch am Ende liess der Schah ihn trotz des Asylrechtes («Bast») greifen und über die Grenze schaffen. Afghani führte seine Agitation von Istanbul aus weiter, und er steckte wohl hinter der Ermordung von Nasir ad-Din Schah durch einen seiner Schüler. Die Bewegung, die er in Iran entfesseln half, war so bedeutend, dass sie als der Auftakt zur iranischen Verfassungsrevolution gelten kann, die weitgehend von den Geistlichen und den Basarhändlern getragen wurde. Diese Revolution führte 1906 dazu, dass Iran eine Verfassung erhielt. Der Tabakboykott war die erste erfolgreiche Massenbewegung gewesen, auf der die späteren aufbauten. Auch jene Khomeinys vom Jahr 1978 kann als verwandt gelten. Afghani starb 1897 in Istanbul, wo der Sultan dafür sorgte, dass er sich ruhig verhielt.

In Kairo blieben Afghanis Schüler zurück. Sie wirkten mit, als kurz nach der Absetzung des Khediven Ismail Unruhe unter den ägyptischen Offizieren ausbrach und diese sich zu einer offenen Herausforderung des neuen Vizekönigs, Tawfiq, ausweitete. Ursprünglich war es um die Bevorzugung der türkischen Offiziere in der Armee gegangen. Türkische Mitglieder und Verwandte des Herrscherhauses hielten die wichtigsten Kommandoposten inne. Als die Schuldenkommission darauf bestand, dass die Armee reduziert und Offiziere entlassen würden, kam es zum Streit, ob die Ägypter oder die Türken zu gehen hätten. Drei hohe Offiziere ägyptischer Abstammung versuchten am 14. Juni 1881 den Ministerpräsidenten zu zwingen, den Kriegsminister abzusetzen, dem sie vorwarfen, er bevorzuge die türkischen Kollegen. Diese Offiziere sollten drei Wochen später vor ein Kriegsgericht gestellt werden, doch ihre Regimenter stürmten das Gericht und befreiten sie unter den Beifallsstürmen des Volkes. Bei der Bevölkerung war vor allem die Schuldenkommission unbeliebt, weil sie mit harten Mitteln versuchte, möglichst viele Steuern einzuziehen. Im September des gleichen Jahres marschierten die drei Offiziere am Kopf ihrer Regimenter vor den Palast des Vizekönigs und forderten von ihm die Ernennung einer liberalen Regierung und den Ausbau der Armee auf 18 000 Mann (Ägypten unterhält heute, auch nach dem Frieden mit Israel, eine stehende Armee von einer halben Million). Vizekönig Tawfiq gab nach, doch die Schuldenkommission protestierte. In der neuen Regierung wurde einer der drei rebellischen Offiziere, Ahmed Orabi Pascha, Kriegsminister. Die Regierung erklärte sich zwar bereit, die Schulden Ägyptens zu bezahlen, jedoch nicht unter dem Diktat der fremden Schuldenkommission. Sie bestand gleichzeitig darauf, dass die Armee ausgebaut werden müsse. Der französische Kontrolleur der Schuldenkommission trat zurück, und sein englischer Kollege drohte damit. Die Spannungen waren so stark, dass am 10. Juni 1882 Unruhen in Alexandrien ausbrachen. Unter den mehreren hundert Toten befanden sich etwa 50 Europäer. Die Regierung konnte am gleichen Tag die Ruhe wiederherstellen, doch die Mächte, ursprünglich England und Frankreich, erklärten, sie müssten einschreiten. Wahrscheinlich hatte der Vizekönig im geheimen ihre Hilfe angefordert. Bis die britische Flotte Alexandria erreichte, verging ein voller Monat. Paris liess am Ende London allein handeln. Die Franzosen waren gerade damit beschäftigt, ihr Protektorat über Tunesien zu errichten. Die

Mächte einigten sich stillschweigend: freie Hand für Frankreich in Tunesien, freie Hand für Grossbritannien in Ägypten.

Die britische Flotte fuhr durch den Suezkanal bis nach Ismailiya, von dort aus marschierten die Soldaten nach Kairo. Am 15. September trafen sie ein. Orabi vermochte ihnen keinen wirksamen Widerstand entgegenzusetzen. Seine Armee wurde aufgelöst. Er selbst wurde vor Gericht gestellt und nach Ceylon verbannt. Doch konnte er 19 Jahre später wieder nach Ägypten zurückkehren. Die britischen Truppen jedoch, die im Namen einer Polizeiaktion gekommen waren, sollten über 70 Jahre auf ägyptischem Boden bleiben. Ihre Anwesenheit bedeutete, dass die Engländer von nun an die wirkliche Macht ausübten. Sie taten es freilich indirekt. Die Zeit Lord Cromers begann. Er kam als Evelyn Baring, englischer Generalkonsul, ins Land. Er ernannte englische Berater in allen Ministerien; und den ihnen theoretisch übergeordneten ägyptischen Ministern wurde bald klar, dass sie sich an die Ratschläge dieser Berater zu halten hatten. Solche Berater gab es auch im Innenministerium, wo sie die Polizei beherrschten und über ihre Vertreter direkt kommandierten.

Das indirekte Regierungssystem, längst erprobt und eingeführt in Indien, hatte den Vorteil, allerhand Mitsprache der Regierung und des Parlamentes zuzulassen, freilich nur einer gewissen Oberschicht unter den Ägyptern. Das Parlament wurde sogar weiter ausgebaut. Es waren jedoch vor allem die reichen Grundbesitzer, die sich von ihren Bauern wählen liessen. Es gab ägyptische Minister, einen Hof mit seinen Vorrechten, eine Presse mit ihrer oft unbequemen Stimme, die Geistlichen, vor allem der Azahr, die auch ihre Stimmen hatten, die ägyptischen und die ausländischen Richter und Advokaten, die Geschäftsleute, Ausländer und Ägypter. Sie alle mussten zur Zusammenarbeit veranlasst, mehr oder weniger gezwungen werden. Dies war nur möglich, wenn ein beständiger Meinungsaustausch zwischen ihnen und den englischen Beratern bestand, welche die eigentliche Macht ausübten. Diese Regierungsform erlaubte es den Engländern, die Verwaltung des Landes im westlichen Sinne auszubauen und leistungsfähiger zu machen. Permanente Bewässerungssysteme im Delta sorgten dafür, dass grosse Baumwollpflanzungen gediehen, und die Baumwolle brachte das Geld ein, aus dem die Schulden allmählich abbezahlt wurden. Die reichen ägyptischen Paschas lebten in Saus und Braus, oft viel luxuriöser als ihre englischen Berater oder gar Lord Cromer, der ungekrönte König der Verwaltung. Sie behandelten auch ihre Untergebenen, die ägyptischen Fellachen

(Bauern), brutaler und hochmütiger als die meisten der Kolonialisten. Die britischen Verwalter lebten im Gefühl, dass sie viel für die einfache Bevölkerung täten. Die Fronarbeit wurde abgeschafft, welche die Fellachen bisher für die Regierung hatten leisten müssen. Sie war nicht nur hart gewesen, sondern auch lebensgefährlich. Seuchen, in ihrer Wirkung verstärkt durch schlechte Ernährung, hatten regelmässig grosse Teile der Fronarbeiter hingerafft, wenn die Regierung grössere Massen für eines ihrer Grossprojekte, wie Kanalbauten, Befestigungen, Schlossanlagen, Hilfsdienste bei Feldzügen, aufgeboten hatte. Die englische Verwaltung begann auch mit einer einfachen medizinischen Betreuung der Bevölkerung, vor allem durch Hygienemassnahmen. Das grosse Wachstum der Bevölkerung, das sich heute zu einer kaum mehr einzudämmenden Bevölkerungslawine gesteigert hat, setzte damals ein.

Muhammed Abduh

Muhammed Abduh, der bedeutendste ägyptische Schüler Afghanis, wurde 1882 verbannt. Er ging nach Paris, wo er ein Jahr lang Afghani half, die erwähnte Zeitschrift, «Das Feste Band», herauszugeben. Später hielt er sich in Beirut auf, wo er in einer muslimischen Schule lehrte und seine philosophische Hauptschrift, *«Das Sendschreiben von der Einheit (Gottes)»*, verfasste. Er konnte später nach Ägypten zurückkehren und wurde zum angesehenen Sprecher des sogenannten «Modernismus», das heisst jener Richtung, die darauf ausging, den Islam mit den Erfordernissen und Anschauungen der heutigen Welt in Einklang zu bringen. Er versuchte die Azahr-Moschee, die grosse Lehrmoschee von Kairo, die seit dem frühen Mittelalter besteht und bis tief nach Afrika und Arabien hineinwirkt, zu reformieren, doch stiess er auf den Widerstand seiner traditionsgebundenen Kollegen und musste sein Bestreben aufgeben. Am Ende seines Lebens wurde er zum Mufti Ägyptens ernannt. Ein Mufti ist ein angesehener Religionslehrer, der Gutachten über Gesetze, Gebräuche und Streitfragen abgibt. Im Falle eines Muftis von Ägypten sind sie für die staatliche Gesetzgebung bindend. In der Praxis freilich pflegt der Staat dafür zu sorgen, dass ein Mufti ernannt wird, dessen Meinungen mit der jeweiligen staatlichen Politik übereinstimmen.

Die «Modernisten» erreichten meist eine Übereinstimmung zwischen dem Islam und dem heutigen Empfinden über Recht und Unrecht, indem sie das Gottesgesetz nur dann als wirklich gottgegeben gelten liessen, wenn es eine klare Grundlage im Koran findet oder sich auf unanfechtbare Überlieferungen des Propheten stützt. Sogar in solchen Fällen kommt es vor, dass Gottesgelehrte wie Abduh nach der Absicht des Gesetzgebers fragen. Der Gesetzgeber ist natürlich Gott, und die Auslegung des Gottesgelehrten stützt sich auf Seine Absicht ab, nicht notwendigerweise auf die wörtliche Aussage. In einem berühmten Kommentar zur Frage der vier Frauen, die ein Muslim gleichzeitig heiraten darf (was in der Praxis freilich sehr selten geschieht), stellt Abduh auf die Vorschrift ab, die sich ebenfalls in dem koranischen Text befindet (Sure 4, Vers 4), man solle alle gleich behandeln. Wenn man fürchte, dies nicht zu können, solle man nur eine heiraten («oder eine Sklavin»). Genaue Gleichbehandlung mehrerer Ehegattinnen zukommen zu lassen, so fügt Abduh hinzu, sei unmöglich, jedenfalls für einen gewöhnlichen Menschen. Deshalb sei die wahre Absicht des Textes, dass ein Muslim nur eine Frau nehmen solle. Oft wird auch mit der besonderen historischen Situation argumentiert, die zur Zeit des Propheten bestand und die damals Vorschriften bedingt habe, die heute zu «modernisieren» wären. So etwa das Verbot des Propheten, weibliche Kleinkinder lebendig zu begraben, wenn man eine zu grosse Familie befürchte, was eine vorislamische, beduinische Sitte gewesen war. Dies bedeute nicht nur, dass jene grausame Sitte beendet sei, sondern viel allgemeiner, dass die Muslime sich bemühen sollten, den Frauen ihre Rechte zu gewähren und sie zu ehren. Im Koran ist der Besitz von Sklaven nicht verboten, sondern wird als etwas Alltägliches hingenommen. Sie jedoch aus der Knechtschaft zu entlassen gilt als ein gutes Werk von besonderem Verdienst. Geschichtlich, so die modernistische Auslegung dazu, konnte die Sklaverei nicht auf einen Schlag aufgehoben werden. Doch die Texte zeigten klar, dass sie Gott keineswegs wohlgefällig gewesen sei; deshalb dürfe man sie heute, nachdem sie abgeschafft sei, auf keinen Fall wieder einführen.

Doch sind dies extreme Fälle, in denen es leichtfällt, eine moderne Meinung darüber zu bilden, was recht und unrecht sei, und damit auch eine weit verbreitete Bereitschaft, den Koran und die Überlieferung in einem dem heutigen Rechtsempfinden entsprechenden Sinne zu lesen und zu verstehen. Die schwierigen Themen sind jedoch jene, in denen es keine derartige Übereinstimmung in der Gesellschaft gibt oder wo sie nur schwach ist. Hier wird sich der vorsichtige Gottesgelehrte an die Tradition halten, die meist mit einem wörtlichen Textverständnis, ohne Auslegung und Ausdeutung oder gar Umdeutung, zusammenfällt; wobei sich dann freilich die Frage aufdrängt: Wie kann ein neuer gesellschaftlicher Konsens gefunden werden? Gegen die herrschende islamische Lehre? Oder indem die nichtreligiösen Gruppen und Einzelnen diesen vortragen, bis er auch den Religiösen am Ende glaubhaft und annehmbar erscheint? Soll man es beispielshalber den Feinden des Islams überlassen, auf die Abschaffung der Sklaverei zu dringen? Doch würde man so die Initiative, mit etwas Neuem fertig zu werden, stets den nichtreligiösen Teilen der Gesellschaft überlassen und den Islam gewissermassen als Festung behandeln, die man verteidigt und deren Vorwerke man erst räumt, wenn sie sich nicht mehr verteidigen lassen.

Ein aktiveres Islamverständnis fragt nach dem Gemeinwohl: Was nützt in der heutigen Zeit den Muslimen und dem Islam? Man muss dann prüfen, ob und wie dieses Gemeinwohl sich mit dem Gesetz und der Überlieferung vereinbaren lässt. Das riesige Gesetzesmaterial aus vielen Jahrhunderten, das die muslimischen Rechtsgelehrten angehäuft haben, lässt es fast immer zu, Präzendenzfälle zu finden. Jedoch über den Begriff Gemeinwohl kann man verschiedener Ansicht sein.

Es gibt eine Grundfrage, an der sich die Geister scheiden: Ist für den Islam ein islamischer Staat notwendig, oder ist es möglich, Staat und Religion zu trennen, wie das in Europa seit der Aufklärung weitgehend verwirklicht ist? Abduh hat sich gehütet, in dieser entscheidenden Frage Stellung zu beziehen. Sein Lehrer, Afghani, hätte ohne Zweifel einen islamischen Staat gefordert. Er hat die «Islamische Revolution» des Mahdi im Sudan gepriesen, die beinahe zur gleichen Zeit begann, als die Engländer in Ägypten einzogen (1881 erster Aufruf zum Aufstand; 1883 Eroberung von Ubaid in Westsudan; 1885 Eroberung von Khartum).

Der Islam «des Propheten»

Ein Ausweg aus den Problemen, die durch die Frage nach einem islamischen Staat gestellt werden, besteht darin, dass man auf den ursprünglichen Islam zurückgreift. Ein Staat, wie er zur Zeit des Propheten und seiner Gefährten bestand, gilt allen Muslimen als die ideale Staatsform. Der Prophet stand zwar seinerzeit an der Spitze der Gemeinschaft der

Gläubigen und hat in diesem Sinne einen Staat gegründet und angeführt. Doch viele der als geheiligt angesehenen Regeln und Traditionen,
die heute als «islamisch» gelten, findet man weder im Koran noch in der
Überlieferung. Dazu gehören auch Begriffe wie der des Kalifen, des
Qadi, und sogar der Scharia selbst, des heiligen Gottesgesetzes, das als
Gesetzeswerk erst etwa 300 Jahre nach dem Propheten formuliert worden ist, wobei allerdings versucht wurde, alle Vorschriften auf den
Koran und auf die Berichte über das Tun und Lassen des Propheten
zurückzuführen. Ein neuerliches Zurückgreifen auf die Zeit des Propheten gipfelte letztlich in der Forderung, dass das «Tor des Ijtihad» wieder
geöffnet werde. *Ijtihad* bedeutet Anstrengung, eifriges Bemühen; gemeint ist damit das Bemühen, ein gottgefälliges Leben zu führen, das
Seinen Vorschriften möglichst entspricht. Das *Tor des Ijtihad,* das heisst
die individuelle Rechtsfindung aus den geheiligten Texten heraus, war
von den grossen Gottesgelehrten des Frühmittelalters geschlossen worden, nachdem sie die grossen Gesetzeswerke der Scharia formuliert hatten. An ihnen sollte nun nicht mehr zu rütteln sein. Freilich war das *Tor
des Ijtihad* immer einen Spalt offen geblieben. Die Gelehrten befassten
sich weiterhin mit den Grundlagen, auf denen das Gottesgesetz beruht.
Sie mussten dies tun, um das Gesetz richtig auslegen und anwenden zu
können. Doch das Gesamtgebäude der Scharia, gewissermassen ihre
Kodizes (es gibt vier verschiedene Rechtsschulen, die einander als ortho-
dox anerkennen), standen fest. Wenn man nun auf die Urmuslime
zurückgriff, auf die «Vorgänger», lief das darauf hinaus, dass man für
den Einzelnen das Recht forderte, eigene Anstrengungen zu unternehmen, um das gottgefällige Verhalten aus den Grundlagen des Glaubens
zu erschliessen. Man nahm sich heraus, die grossen Rechtsgebäude des
Frühmittelalters zugunsten eines eigenen *«Ijtihad»* zu umgehen. Freilich
musste dann die Frage beantwortet werden, wer bildungsmässig die
Qualifikationen besitze, auf seinem eigenen *«Ijtihad»* zu bestehen.

Mit der Frage des muslimischen Staates ist die der Scharia insofern
verbunden, als das Gottesgesetz sehr genaue Vorstellungen entwickelt
hat, wie dieser muslimische Staat aussehen müsse und was er zu tun
habe. Es sind dies jedoch mittelalterliche Vorstellungen. Ein neuer *Ijtihad* würde erlauben, auch die Frage des Staates neu anzugehen. Was
nicht notwendigerweise ausdrücklich geschehen muss. Man kann sie
auch einfach nicht berühren, sie stillschweigend übergehen und de facto
die Religion – im Sinne der europäischen religiösen Privatsphäre – vom
Staatlichen nach abendländischem Verständnis trennen. Weil die reform-

freudigen Muslime gerne auf die «Vorgänger» zurückgreifen, das heisst auf den Propheten und seine Generation, nicht auf die später folgenden Gelehrten, so gross ihr Prestige sein mag, nennt man die «Modernisten» auch «Salafiya», wobei der Begriff «Salaf» die Vorväter im Sinne der Urväter meint.

Man versteht, dass alle Modernisten, Leute der Salafiya oder des Ur-Islams eine gewisse Verwandtschaft mit der europäischen Reformation empfinden. Hatte die Reformation nicht die Bibel aus den Händen des Geistlichen genommen und dem Volk zur eigenen Lektüre übergeben? Doch man sieht auch, wo die Dinge im Islam anders liegen. Den Koran zu lesen, war immer eine fromme Übung aller Muslime. Ihn auswendig zu lernen ist die Grundschulung, die jeder künftige Geistliche, bis heute, schon als Knabe durchmachen muss. Den Koran zu übersetzen jedoch, wie Luther die Bibel übersetzt hat, wird als sehr gewagt und eigentlich unmöglich angesehen. Im Gegensatz zur Bibel gilt der Koran als Gottes wörtliche Aussage, nicht bloss als ein von Ihm inspiriertes Buch, das, wie die Bibel, menschliche Autoren hat, zum Beispiel die Evangelisten. Es gibt sogar ein Dogma, nach dem der Koran ungeschaffen und gleich ewig sei wie Gott. Man kann ihn daher nicht übersetzen, höchstens Übersetzungen als Hilfe des Verständnisses zum Originaltext beifügen.

Das Vorgehen, zu den «Gründervätern des Islams» zurückzugehen, hat den Vorteil, unanfechtbar zu sein. Niemand kann einem Muslim *«Bid'a»* vorwerfen, unwillkommene Neuerung, wenn er auf diese Vorväter zurückgreift. Der Nachteil jedoch liegt darin, dass man sich der Vergangenheit zuwendet; man lebt zurückgewandt, gerichtet auf die «besten der Zeiten», als der Prophet noch auf Erden wandelte. Man wendet sich damit ab von Gegenwart und Zukunft, die es zu bewältigen gilt. Daher besteht immer die Gefahr, dass man die Belange der Gegenwart und der Zukunft allzu weitgehend jenen überlässt, die sie nur für sich monopolisieren möchten, Machthabern aller Art, in Wirtschaft und Politik. Für die Geistlichen bleibt dann nur eine Art von Quietismus übrig. Sie können sich darauf konzentrieren, zu erforschen, wie der Prophet die Dinge dieser Welt sah und ordnete; sie persönlich können ihm, so gut sie es vermögen, nachzuleben versuchen. Sie riskieren jedoch, weite und wichtige Bereiche des heutigen Lebens beiseite zu lassen, weil sie zur Zeit des Propheten keine grosse Rolle gespielt haben, zum Beispiel die Naturwissenschaften, die Technologie, die heutigen Geisteswissenschaften, sobald sie sich von der Theologie unterscheiden. Auch den weiten und für die Muslime immer wichtiger werdenden Bereich der nichtmuslimischen Welt lassen die Leute der *«Salafiya»* leicht beiseite, obwohl er mit dem heutigen Zusammenrücken der Welt durch Kommunikation, Reisen, Bildübertragung, weltweiten Handel, weltweite Ausbreitung von Ideen und Ideologien, weltweite Verbreitung der Technik usw. den Muslimen immer näher auf den Leib rückt. Mekka und Medina mögen Modelle sein, wie man mit der muslimischen Innenwelt fertig werden kann, doch sie können schwerlich Modelle abgeben, wie man heute mit der äusseren Umwelt verkehren soll, ganz einfach, weil die «Umweltbedingungen» in den isolierten Wüstenstädten der Spätantike ganz andere waren. Das arabische Wort *'Ilm* bedeutet Wissen und Wissenschaft. *Âlim,* ein Wissender oder Wissenschafter (beides in einem Wort), bedeutet jedoch «Gottesgelehrter», weil durch lange Jahrhunderte hindurch das einzige Wissen, das wirklich zählte, das theologische gewesen ist. Der Rückgriff auf die vorbildlichen Zeiten des Propheten ist wenig geeignet, die Gottesgelehrten ('Ulamà, Plural von Âlim) dazu anzuregen, über ihr eigenes Gebiet, die mittelalterliche Theologie, hinaus Blicke in die heutige Welt zu wagen oder gar Einblicke in ihr Funktionieren zu gewinnen.

Apologie statt Eindringen

Natürlich gibt es ausserordentliche Persönlichkeiten bei den Muslimen, die es sich nicht nehmen lassen, die heutige Zeit scharf ins Auge zu fassen. Abduh hat gerne Reisen nach Europa unternommen und pflegte seine Sommer in späteren Jahren in Genf zu verbringen. Gewiss nicht nur des Klimas wegen, sondern aus jener intellektuellen Neugier, die das Kennzeichen eines echten Intellektuellen ist. Viele, die nicht zu den hervorragenden Geistern gehören, benötigten jedoch Anregungen von aussen, um ihre intellektuelle Neugier anzustacheln. Je intensiver sie sich der grossen Vergangenheit des ursprünglichen Islams zuwenden, desto mehr laufen sie Gefahr, die heutige Zeit, ihre Probleme und Schwierigkeiten wie auch ihre potentiellen Vorteile, links liegen zu lassen. Wenn sie gezwungen sind, sich doch dem Heute und seiner Problematik zuzuwenden, kann man oft feststellen, dass sie urteilen, ohne sich auszukennen. Dies äussert sich meist in oberflächlicher Apologie des Islams und seiner Vorzüge. Oberflächlich wird diese Apologie, wenn sie die Probleme zu leicht nimmt und annimmt, dass der Islam und nur der Islam sie bewältigen könne, wenn dieser nur strikt und konsequent angewandt wird. Die modernen Probleme werden allzu leicht genommen, weil man sie nicht wirklich, sondern nur oberflächlich kennt. Beispiele gibt es viele: Die heutigen Apologeten versichern stets, «der Islam» sei «wissenschaftsfreundlich». Sie zitieren den berühmten Ausspruch des Propheten, den «Hadith», der lautet: «Suche Wissenschaft bis nach China!» Das Wort für «Wissenschaft», der bereits erklärte Begriff 'Ilm, ist allerdings vieldeutig: Wissen, Weisheit, Wissenschaft, theologisches Wissen? Davon, dass Wissenschaft und Theologie in der europäischen Geschichte in einem Spannungsverhältnis standen und auch heute noch stehen, ist nicht die Rede, man sieht daran vorbei. Wenn man jedoch von «Wissenschaftsfreundlichkeit» redet oder noch ungenauer von «Wissenschaftlichkeit» und diese Qualität dem Islam zuspricht, impliziert man die europäische, nach der Aufklärung gängig gewordene Bedeutung von «Wissenschaft» als Wahrheitssuche mit bestimmten – meist experimentellen – Methoden.

In allen apologetischen Schriften und Reden wird im übrigen immer wieder «der Islam» angesprochen, ohne dass präzisiert würde, was gemeint ist, der Islam als ideale Form einer Religion, als Gottesgesetz, oder als «soziologischer Islam», so wie er sich in bestimmten Gesellschaften zu bestimmten Zeiten mit allen Unvollkommenheiten «inkarniert» hat.

All diese Ausführungen sollen dazu dienen, zu zeigen, wie schwierig es für Abduh gewesen sein muss und es noch heute sein dürfte, den Islam als Religion ernst zu nehmen und gleichzeitig auf der Höhe der heutigen Zeit zu leben, also den Islam mit ihr in Einklang zu bringen. Man kann nicht sagen, dass dies Abduh restlos gelungen wäre. Sein Misserfolg in der Azhar spricht davon; doch er hat einen der ernsthaftesten Vorstösse in dieser Richtung unternommen, die es bis in die jüngste Zeit gegeben hat. Während er als Mufti staatliche Gutachten abgab, die fast immer im Sinne eines vernünftigen Zusammenlebens mit den Nicht-Muslimen gefällt wurden, musste er seine Versuche, die Azhar zu modernisieren, aufgeben. Hier stiess er auf den Widerstand der Geistlichkeit, die ihren engsten Eigenbereich verteidigte. Der Staat, ohnehin von den Engländern beeinflusst und aus dem Hintergrunde beherrscht, war ihnen weniger wichtig als ihre Lehrmoschee, die Azhar, die seit vielen Jahrhunderten als das Zentrum der Welt der ägyptischen Gottesgelehrsamkeit gedient hatte. Die Azharmoschee wollten sie nicht von dem «Neuerer» Abduh umwandeln lassen, schon gar nicht im Sinne einer europäischen Hochschule.

Diese ablehnende Haltung der 'Ulema hatte allerdings wenige Jahrzehnte später die Folge, dass eine «weltliche» und «moderne» Universität in Kairo gegründet wurde, ganz nach dem europäischen Muster und zu Beginn auch mit europäischen Professoren. Heute gibt es im Raume Kairo drei «moderne» Universitäten: die eigentliche Universität von Kairo, jene von Heliopolis und die Amerikanische Universität. Es gibt weitere in den Provinzstädten. Die Azhar, zur Zeit Nassers notdürftig renoviert, besteht daneben. Der Geist, der an diesen Institutionen herrscht, ist unterschiedlich. Man kann das erneut anhand des Wortes *ʿIlm* illustrieren. Auf den modernen Universitäten herrscht mindestens der Absicht nach ein moderner Wissenschaftsbegriff mit einer auf Ratio gestellten Wahrheitssuche vor. Auf der Azhar geht es um Wissen im Sinne des Beherrschens des seit Jahrhunderten angehäuften Lehrstoffs der traditionellen Theologie und Gesetzeswissenschaft mit all ihren Feinheiten und verschiedenen Lehrmeinungen.

Durch den Fehlschlag einer Reform der Azhar in Abduhs Zeit wurden die beiden Ausbildungswege völlig getrennt. Sie führten und führen auch noch heute zu weit auseinanderliegenden Zielen. Die Chance, dass beide Wege und Disziplinen einander hätten befruchten können oder dass es auch nur zu einer echten Auseinandersetzung zwischen ihnen hätte kommen können, wurde ausgeschaltet. Die neuen Universitäten liegen in den neuen Quartieren der Grossstadt, die Azhar bildet nach wie vor das Zentrum der traditionellen Altstadt. Die beiden Arten von «Universität» bezeichnen heute zwei Welten, die sich immer noch auseinanderbewegen und keine Ansätze zeigen, sich einander wieder anzunähern.

Der Islam und die «Moderne»

Mit Abduh und seiner Fragestellung: wie sind der Islam und das Leben in der heutigen Zeit, in der «Moderne», zu vereinbaren? erreicht man den harten Kern des Problems. Die Streitkräfte zu modernisieren war insofern ein peripheres Problem gewesen, als die islamische Welt, ihre Zivilisation, ihre Lebensform nur am Rande davon berührt worden war. Es hatte sich allerdings erwiesen, dass dann die Reform der Armee immer weitere Probleme aufwarf, welche die Gesellschaft insofern empfindlicher trafen, als sie gezwungen war, die Armee zu finanzieren und für sie technologisch und sogar intellektuell aufzukommen. Der Islam war sodann von Afghani als das «starke Band» aufgerufen worden, das die Muslime zum Widerstand gegen die «gierigen» Kolonialisten einigen

84

und anfeuern sollte. In diesem Aufruf war die Notwendigkeit eingeschlossen, den Islam neu zu sehen, ihn von den Schlacken der Vergangenheit zu befreien. Es war klar, dass der Islam die ihm gestellte Aufgabe, etwas in Bewegung zu setzen, nur erfüllen konnte, wenn er sich selbst von allerhand hemmenden und trägen Tendenzen befreit und gereinigt hatte. Als solche Auswüchse müssen den Aktivisten wie Afghani die quietistischen Züge erscheinen, die der Islam im Verlauf der Jahrhunderte unter der Fuchtel von Gewaltherrschern angenommen hatte. Die Mystik war den Neuerern zumindest verdächtig, weil sie zu einer ausschliesslichen Hinwendung des Individuums zu Gott führte, unter Ablehnung jeder Beschäftigung mit der Welt, mit den kollektiven Interessen der Gemeinschaft der Gläubigen. Gerade die Mystik hatte sich in den späteren Jahrhunderten zu einer weit ausgebreiteten und vielverzweigten islamischen Lebensform entwickelt. Auch ihr Gegenpol, der gesetzesstrenge Islam, konnte einem Mann wie Afghani nicht genügen. Wer das Gesetz und seine Befolgung restlos in den Mittelpunkt des Islams stellte, war versucht, die politische Situation und die Gesamtlage der Gemeinschaft der Gläubigen aus den Augen zu verlieren. Für die klassischen Gelehrten der Scharia galt der Grundsatz: Jede Regierung ist annehmbar, unter der die Muslime die Möglichkeit haben, ihr Leben entsprechend dem Gottesgesetz zu führen. Afghani und seinen Anhängern ging es jedoch darum, die Gemeinschaft der Muslime zum Kampf gegen die Kolonialisten zu mobilisieren und sie im Zeichen des Islams zum Sieg zu führen.

Abduh jedoch fragte tiefer; nicht bloss: wie ist der Islam als Mobilisationsfaktor aktivierbar und einzusetzen? sondern: wie muss sich der Islam als gesellschaftlicher Faktor, so wie er in den heutigen muslimischen Gesellschaften inkarniert ist und wirkt, verändern, um diesen Gesellschaften zu ermöglichen, ein in der heutigen Zeit wirksames und sinnvolles Leben zu führen? Dabei, so sagte sich Abduh als Gottesgelehrter, kann es nicht um eine Veränderung der gottgegebenen Vorschriften und Normen gehen. Es muss sich vielmehr um ein tieferes und richtigeres Verständnis dieser Wahrheiten und Vorschriften handeln, das es den islamischen Gesellschaften ermöglicht, ihren gebührenden Platz in der heutigen Welt zu finden. Also: Wie müssen wir heute unseren Islam auffassen, verstehen, damit er für uns und unsere Gesellschaft ein Faktor der Stärke und der Belebung werde und dass er aufhöre, als ein Hindernis für uns zu wirken, das uns davon abhält, in der heutigen Zeit massgeblich mitzureden und mitzuwirken? Solche Fragestellungen greifen in die eigentliche Kernproblematik der heutigen muslimischen Gesellschaften hinein, weil sie die Art der Auffassung und des Verständnisses, der Auslegung und Anwendung der Grundnormen angehen, die diesen Gesellschaften innewohnen, das heisst natürlich der islamischen Normen.

Für und wider den «Modernismus»

Wie schwierig es ist, «den Islam» zu modernisieren (wobei es sich natürlich um die islamische Gesellschaft handelt, nicht um die Religion), erkennt man am besten, wenn man die Dynamik der Frage betrachtet. Die Muslime standen zur Zeit Abduhs und stehen noch heute unter einem doppelten Druck. Einerseits möchten sie ihre Religion bewahren, um einen festen Standpunkt zu behalten. Diesen Standpunkt brauchen sie um so notwendiger, als sie in einem raschen Wandlungsprozess ihres täglichen Lebens, all ihrer Traditionen und Anschauungen, ihres Weltbildes und Wissens stehen, dem sie sich nicht entziehen können. Sie gehören zur Welt des Islams. Dazu zählen sich übrigens, oft sehr nachdrücklich, auch jene Leute, die fast nie oder nie die rituellen Gebete vollziehen, die wenig von ihrer eigenen Religion wissen. Man stösst kaum auf Leute, die sagen: ich bin kein Muslim; oder die etwa andeuten, sie seien schlechte Muslime. Im Gegensatz zur westlichen Welt, wo man viele Menschen findet, die sich offen und manchmal leidenschaftlich als «nicht zur Kirche gehörig» oder als «Nicht-Christen» erklären. Noch viel häufiger sind im Westen Leute, die von sich selbst, meist lächelnd, als von «schlechten Christen» sprechen. Gerade die im modernen Leben stehenden Muslime sind ansprechbar für die Islamreformer, die ihnen sagen: Du musst auch deinen Islam neu sehen. Du darfst ihn nicht mehr so verstehen wie deine Eltern und Grosseltern, sondern ganz anders. Wenn du es nicht tust, wirst du nie in der heutigen Welt zurechtkommen! – Das bedeutet zunächst eine Aufforderung, festgefahrene Traditionen zu lockern und zu hoffen, dass man den Glauben an den Islam auf neuem Grund wieder festigen könne. Viele Muslime sind aber eher geneigt, den Hütern der Tradition Gehör zu schenken, die sagen: Der Islam ist seit Jahrhunderten fest umschrieben. Er hat seinen dauernden, abgesicherten Ausdruck im heiligen Gottesgesetz, der Scharia, gefunden. Das Gottesgesetz ist eigentlich der Islam. Wenn ihr davon ablasst, könnt ihr gleich auf den Islam verzichten! Entweder seid ihr Muslime und haltet euch an die Scharia, oder ihr seid es nicht!

Aus der Perspektive der traditionellen Muslime erscheinen die modernen Auslegungen und ein der heutigen Zeit angepasstes Islamverständnis als ein Zugeständnis an die heutige Zeit. Nach ihnen haben die «Modernisten» ihre Religion dem Zeitwandel geopfert, sich diesem angepasst. So prophezeit jede strenger Traditionalist: Am Ende werden die Neuerer den Islam so weit verwässern und «modernisieren», bis er nicht mehr existiert und sich in ein unbestimmtes Gefühl von Theismus aufgelöst hat. Das wäre «Abfall» (ridda), für die meisten Muslime etwas höchst Schimpfliches, und darauf steht übrigens nach dem Gottesgesetz die Todesstrafe. Es bedeutete auch, dass der Gläubige seinen Halt verlöre, seine Sicherheit, seine Zugehörigkeit, was gerade das ist, was jeder heute von seiner Religion erwartet.

Aber andererseits gibt es so viele Dinge in der Scharia, die nicht mehr als «gerecht» empfunden werden können. Die gröbste Erscheinung des nicht mehr Zulässigen für unsere Mentalität sind wohl die sogenannten *Hudud-Strafen,* das Hand- und Fussabschneiden für Diebstahl, das Steinigen für Ehebruch (der jedoch durch vier zuverlässige Zeugen nachgewiesen werden muss, die den Akt mit eigenen Augen gesehen haben, was in der Praxis nie vorkommt). Im Mittelalter haben auch die Christen ihre Diebe gehenkt und fanden das gerecht. So gibt es im Islam sogar eine Art politische Rhetorik des Handabschneidens. Fanatische Befürworter der Scharia vertreten das Handabschneiden, weil es schockiert. Sie wollen damit demonstrieren, dass die Scharia eine unteilbare Einheit sei und immer recht habe. Der 1985 abgesetzte Revolutionsoffizier und Diktator Numeiri, der 1983 ein «islamisches» Regime eigener Konzeption im Sudan einführte, wahrscheinlich in der Hoffnung, dadurch seine zerfallende Macht aufrechtzuhalten, sah das Hand- und Fussabhacken so sehr als ein Zeichen der «Islamisierung» an, dass er seine Sonderrichter dazu ermutigte, angebliche Missetäter in grosser Zahl zu verstümmeln, auch wenn ihre Schuld keineswegs als erwiesen gelten konnte. Andere Bestandteile der Scharia, wie die ganze Prozessordnung und Wahrheitsfindung vor dem Richter (Qadi), sind für uns fast ebenso «mittelalterlich» wie die Feuer- und Wasserproben unserer Rechtsgeschichte. Zeugen (Udûf) sind in dieser Prozessordnung meist professionelle Angestellte des Gerichts, von denen erwartet wird, dass sie die Gesellschaft, in der sich der Prozess abspielt, persönlich kennen. Sie schwören dann, dass diese oder jene Seite die Wahrheit spreche. Der Richter schenkt ihnen Glauben oder auch nicht, je nachdem, wieviel er von ihrem Leumund hält. Die Geschichten, nach denen der den Prozess gewinne, welcher dem Richter die fetteren Geschenke mache, kommen im islamischen Bereich wohl noch häufiger vor als in unseren traditionellen Schwänken.

Das Alkoholverbot ist zu einem anderen Symbol der islamischen Regime geworden. Ein Muslim trinkt nicht, und ein muslimischer Staat verbietet das Trinken von Alkohol. Solch einfache Vorschriften bieten jedem Fanatiker und Wichtigtuer Gelegenheit, eine Lanze für «den Islam» zu brechen. Freilich der Wein bei den Christen, für ihren Kult notwendig und auch für sie nicht verboten, sowie bei den Juden und Zoroastriern (meist *Geber* genannt), ist historisch immer geduldet worden. Zahlreiche arabische und persische Gedichte sprechen von der Schenke des Christen oder des Juden, in der sich der muslimische Dichter gütlich tut. Auch die muslimischen Machthaber haben viel getrunken und tun es heute noch hinter den Mauern ihrer Paläste.

Ein «muslimischer Staat» sorgt auch dafür, dass im Ramadan niemand öffentlich tagsüber isst, trinkt oder raucht. Was er im eigenen Hause tut, muss der Gläubige mit Gott selbst abmachen. Doch in der Öffentlichkeit sollen es sogar Christen und Juden vermeiden (für die das Fastengebot zwar nicht gilt) sowie jene Personen, die ausdrücklich ausgenommen sind, wie Kranke, Kinder, schwangere Frauen, Reisende, weil sie andere Menschen in Versuchung brächten.

Dass man dann im Ramadan nach Sonnenuntergang, besonders in wohlhabenden Kreisen, besonders viel und besonders gut isst und sich auch auf den Fastentag durch ein Frühmahl vor Sonnenaufgang vorbereitet, mag dem eigentlichen Sinn des Fastens widersprechen. Doch der «muslimische Staat» hat dagegen nichts einzuwenden. Die grossen Mahlzeiten der Ramadannächte, *Iftar,* sind sogar Staatszeremonien, zu denen hohe Beamte und Würdenträger einander laden.

Das Kapitel der Frauen, ihrer Rechte und Pflichten und ihrer Ungleichheit gegenüber den Männern, gehört in den gleichen Bereich. Gerade weil heute die meisten unter den gebildeten Muslimen empfinden, dass die in der Scharia niedergelegte Stellung der muslimischen Frauen eine unzeitgemässe, ja ungerechte sei, bestehen die Strenggläubigen darauf, dass sie die einzig richtige sein müsse. Sie allein sei «der Natur angemessen». Nur in ihr können die Frauen wirklich glücklich sein und ihre echte Lebensbestimmung finden. Es gibt sogar viele Frauen, die sich diesen Lehren fügen und sie verteidigen. Das Verhüllen der Haupthaare, der Arme und Beine in der Öffentlichkeit ist einer der äusserlichen Aspekte, auf den grosser Wert gelegt wird. Es dient als äusseres, sichtbares Zeichen, durch das man sich von der nichtislamischen Welt demonstrativ absetzen kann.

Die in der Lehre erstarrten Muslime neigen dazu, gerade jene Aspekte des gesetzlichen Islams zu betonen, von denen sie wissen, dass viele ihrer Mit-Muslime, und gerade die Gebildeten unter ihnen, sie als überholt ablehnen. Doch dies ist nicht das Verhalten der grossen Masse. Die Mehrzahl der heutigen Araber und anderen Muslime des Nahen Ostens umgehen die Widersprüche, die sich zwischen einer genauen Erfüllung der Scharia und ihrem eigenen Rechtsempfinden sowie ihrer Vorstellung eines normalen modernen Lebens ergeben. Es gibt zahlreiche Auswege. Eine Lehrmeinung, die sich gegen das Händeabschlagen und gegen andere Körperstrafen richtet, betont, dass jene grausamen Strafen für eine Epoche «der sozialen Gerechtigkeit» bestimmt gewesen seien, für die «Goldene Zeit des Propheten», in der es eben keine tiefgreifenden sozialen Ungerechtigkeiten gegeben habe. Wer heute aus Gründen des Hungers stehle, soll von den Körperstrafen ausgenommen werden. Auch in anderen Fällen von Diebstahl könne man nicht ganz ausschliessen, dass Vergehen in sozialen Missständen ihren Grund hätten. Deshalb seien jene Strafarten in der heutigen, viel verdorbeneren Welt nicht angebracht, und ihre Anwendung stelle sogar eine Verfehlung der Behörden dar.

Den Modernisten, die den Islam den heutigen Gebräuchen und Rechtsempfinden, einer zeitgemässen «Weltzivilisation» anpassen wollen, können die Vertreter der strengen, gegen alle Kompromisse ankämpfenden Linie stets einen grundsätzlichen Einwand entgegenstellen. Wer den Islam ernst nimmt, der muss sich an die Vorschriften und an das Gottesgesetz halten, das auf das Wort Gottes zurückgeht. Dieses stellt den inneren Kern der islamischen Lehre dar. Die Vorschriften sind klar, wenn man sie anerkennt, und man muss danach auch handeln. Dieses unerbittliche Argument wird in den Augen vieler Muslime noch überzeugender, wenn man darauf hinweist, was die Vorbilder, Denkschemen, Rechtsvorstellungen eigentlich sind, die als «modern» bezeichnet werden. Es sind ohne Zweifel in weit überwiegendem Masse moralische Vorstellungen und Begriffe, die in der europäischen Geistesgeschichte entwickelt worden sind und heute beinahe weltweite Geltung erlangt haben. Ihr christlicher oder westlicher Ursprung ist unverkennbar: Trennung von Religion und Politik, von Rechtsprechung und Religion, von Staat und Religion; Emanzipation von Minderheiten, Sklaven und vor allem der Frauen; Verinnerlichung der Religion, so dass ihre äusseren Vorschriften weniger Bedeutung erhalten; die Einstellung, dass der Sinn einer Zeremonie wichtiger sei als die Zeremonie an sich; Gewissensfrage nach dem Sinn eines religiösen Gebotes und seiner dem Sinn entsprechenden Anwendung. Ansätze für solche Ansichten lassen sich selbstverständlich auch in der langen und verzweigten Geschichte der islamischen Theologie finden; doch wurde die Mehrzahl davon von der späteren «Orthodoxie» verurteilt und beiseite geschoben. Es ist schwer abzustreiten, dass im 19. und 20. Jahrhundert die meisten dieser Anregungen und Vorstellungen aus dem europäischen Raum in das islamische Geistesleben eingedrungen sind. Dies erlaubt es den Gegnern der «Modernisten» mit einem gewissen Recht zu behaupten, man wolle den Islam der westlichen Mentalität anpassen, statt ihn gegen den Ansturm westlicher Ideen zu verteidigen. Streng genommen sei dies Verrat am Islam. Die Verfechter solcher Tendenzen seien Agenten des Westens, ob sie es wüssten oder nicht, und ihre Lehre führe nur dazu, die Muslime ihres wichtigsten und tiefsten Besitzes zu berauben, damit sie dann schutzlos, entmannt, ihrer eigenen Persönlichkeit beraubt, in die Hände ihrer westlichen Ausbeuter fielen.

Das sind starke Worte. Sie haben in den Jahrzehnten nach dem Tode Abduhs mehr Echo gefunden als zu seinen Lebzeiten, weil damals, gegen Ende des letzten und zu Beginn dieses Jahrhunderts, das tägliche Leben der meisten Muslime sich noch in den alten, sicheren Bahnen der eigenen Traditionen bewegt hat. Heute, besonders in Erdölstaaten, werden die Muslime unvergleichbar tiefer in den Strudel westlicher Lebens- und Denkart gezogen. Fernsehen, Konsumgesellschaft, Automobilkultur, elektronische Datenverarbeitung, Luftfahrt, Film oder Video, Fabrik- und Büroarbeit, moderne Medizin und Hygiene, europäische Kleidung, Schulung im westlichen Stil und nach westlichen Vorbildern (selbst wenn der Professor in gewissen Frauenuniversitäten in Saudiarabien nur auf dem Bildschirm zu sehen ist, damit er seine Schülerinnen seinerseits nicht sehen kann. Wenn sie eine Frage stellen wollen, telefonieren sie ihm von ihrem Schulpult aus), die englische Weltsprache, Massentourismus, Übersetzungen aller europäischen Klassiker der Philosophie und der Literatur sowie einer grossen Auswahl der modernen Literatur (gewiss in hundertmal grösserer Menge, als in Europa Übersetzungen aus dem arabischen und dem muslimischen Bereich vorliegen), moderne Kunstrichtungen, Popmusik, eigenes Theater, eigene Filmindustrie, Transistoren, Städte-, Haus- und Wohnungsbau im modernen, westlichen Stil (dem Klima eher unangepasst), öffentliches Transportwesen, das sind nur einige markante westliche Neuerungen, die in den letzten acht Jahrzehnten, seit der Zeit Abduhs, in die arabische Welt eingedrungen sind.

Sie haben aber auch bewirkt, dass die heutige Generation viel empfindlicher für die Gefahr wurde, dass ihr angestammter Lebensstil von Auflösung bedroht sei und dass die islamische Welt von den Fremden ausgehöhlt, untergraben, ja «kolonisiert» werden könnte.

Angesichts der so stark veränderten Lebensumstände und Umweltbedingungen der heutigen Zeit, könnte man glauben, wäre eine Anpassung, ein Neuverstehen der alten islamischen Normen und Überlieferungen nur um so notwendiger. Dies ist jedoch eine Beurteilung von aussen. Aus der Sicht eines heutigen Muslims, der seinen Glauben und seine Existenz als Muslim ernst nehmen will, sehen die Dinge anders aus. Er empfindet in vielen Fällen, dass er einen eigensten Bereich braucht und diesen verteidigen muss. Es liegt nah, diesen Bereich mit dem Islam, der eigenen Religion und seit je dem Kern der eigenen Zivilisation, zu identifizieren. Wenn man auch ihn noch «anpassen» wollte, würde man sogar im islamischen Kernbereich den Forderungen und Vorstellungen der Invasion und «Kolonisierung» des Westens weichen.

Islam als Bestandteil der «Authentizität»

Diese Problematik reicht über die religiösen Fragen hinaus in den kulturellen Bereich. Es gibt heute eine Debatte über die Authentizität, *Asâla* (von Asl, Ursprung, Wurzel), die der Beginn des Jahrhunderts noch nicht kannte. Die eigene Authentizität, einfacher gesagt: Identität, Persönlichkeit, war damals noch nicht so weit in Frage gestellt. Noch musste man sich nicht fragen, wie sie zu bewahren sei. Die Frage der Religion ist mit dieser Auseinandersetzung verquickt. Deshalb ist es heute viel schwieriger, ein «Modernist» zu sein. Damals gab es auch Widerstände; sie kamen von seiten einer Tradition, die sich um ihrer selbst willen verteidigte. Was seit langer Zeit getan, empfunden, gelehrt worden war, galt ihr als geheiligt.

Heute jedoch kommt der Widerstand zur Hauptsache aus dem Bedürfnis nach Asala, «Wurzelhaftigkeit», gegenüber den immer anwachsenden, vielfältigen Einflüssen des erfolgreichen Fremden. Heute wird von manchen der Modernismus Abduhs als ein ganz besonders gefährlicher und subtiler Aspekt dieser Invasion aufgefasst, weil er in einem islamischen Gewand einhergehe und sich an den Islam selbst, unseren letzten Hort der Authentizität, heranmache. Dies erklärt das Paradox, dass bei einer viel weiter fortgeschrittenen Modernität (Verwestlichung) des gesamten islamischen Lebens ein grösserer, leidenschaftlicher und manchmal gewaltsamer Widerstand gegen den Modernismus in der Religion besteht als vor zwei oder drei Generationen.

Im übrigen gibt es im Westen ähnliche Erscheinungen, die sich vergleichen lassen. Auch wir kennen Wellen des «Fundamentalismus», die man damit erklären kann, dass gewisse Gruppen in unserer oder in der amerikanischen Gesellschaft einen Halt in der Religion suchen, die sie zu diesem Zweck möglichst wörtlich auffassen wollen, weil sie sich von einer Moderne überspült und entwurzelt fühlen. Der wichtige Unterschied darf jedoch nicht übersehen werden, der darin liegt, dass diese «Moderne» Produkt eigener Zivilisation und Geschichte ist. Es ist *unsere* Moderne. Bei den Muslimen ist sie der Einfluss der Fremden, der Ungläubigen, die in der Vergangenheit so oft als Feinde auftraten und bis vor kurzem muslimische Länder militärisch besetzt hielten. Man konnte sich von westlicher militärischer Präsenz und Herrschaft befreien, doch die technologische, zivilisatorische und kulturelle Invasion dauert an, ja erweist sich zum eigenen Überleben als notwendig.

Die Frage der Wurzeln und der Authentizität beschäftigt aus diesem Grunde im arabischen und im islamischen Raum nicht bloss verunsicherte Randgruppen und einzelne Intellektuelle, sondern steht im Zentrum des gesamten Lebens. Es ist eine Überlebensfrage der eigenen Kultur.

Was die modernistische Tendenz, deren wichtigster Exponent bis heute Abduh geblieben sein dürfte, in den späteren Jahrzehnten schwächen sollte, war eine Anhäufung äusserer Umstände, die bewirkte, dass viele, gerade intellektuell ansprechbare Muslime immer stärker Verteidigungsposition bezogen. Theologisch gesprochen nahm der Islam apologetische Züge an. Die einfachste und durchschlagskräftigste Apologie einer Gesetzesreligion ist die, dass man sich hinter das Gesetz stellt, das als göttlich offenbart gilt. Man erklärt, wie die heutigen Fundamentalisten der Richtung Khomeinys: Islam ist die Scharia, und die Scharia ist der Islam, Islam und Gottesgesetz decken sich. Von dieser Basis aus kann man die Muslime auffordern, dem Islam (= der Scharia) bedingungslos nachzufolgen.

Als Khomeiny in Iran zur Macht kam (Februar 1979), liess er das Gefrierfleisch verbieten, das Iran während Jahrzehnten in Kühlschiffen aus Neuseeland importiert hatte. Es war nicht dem islamischen Ritual gemäss geschlachtet, das weitgehend dem jüdischen Schächten entspricht. Kaum hatte er das Verbot ausgesprochen, tauchten in den Strassen der Acht-Millionen-Stadt Teheran die traditionellen Dreifüsse aus drei Stäben auf, von denen der Körper eines soeben geschlachteten Schafes herabhing, an den Hinterbeinen aufgehängt, die durchschnittene Kehle nach unten. Der Metzger häutete das Tier und verkaufte dann seine verschiedenen Fleischstücke an die Kunden. Als bald darauf deutlich wurde, dass eine Millionenstadt sich auf diesem Wege nicht mit Fleisch versorgen liess, griff man zu einem modernen Ausweg. Eine Gruppe von Gottesgelehrten flog nach Wellington und sorgte in Zusammenarbeit mit den neuseeländischen Behörden dafür, dass in Zukunft die Ziegen und Zicklein, die für Iran bestimmt waren, rituell korrekt geschlachtet wurden. Doch war noch ein weiteres Hindernis zu überwinden. Vorschriften im Gottesgesetz und in den dazugehörigen Kommentaren fordern, dass rituell geschlachtetes Fleisch kurz darauf konsumiert werden müsse. Später wird es «haram», das heisst religiös verboten. Vom Gefrierfleisch wussten die Gottesgelehrten des 9. und 10. Jahrhunderts natürlich nichts. Auch gefrorene Fische sind aus dem gleichen Grund den Muslimen verdächtig. Im Falle des Gefrierfleisches liess sich Khomeiny von seinem damaligen ersten Ministerpräsidenten Bazargan (der später wegen der Gefangennahme der amerikanischen diplomatischen Geiseln zurücktrat) überzeugen, es für Iran zuzulassen; sonst wären ernsthafte Versorgungsprobleme entstanden.

Wer seine Glaubensbrüder auffordert, sich streng an das Gottesgesetz zu halten, hat leichten Stand. Sein Argument: Man muss den Islam ernst nehmen! leuchtet jedem Muslim unmittelbar ein.

Gegenargumente wirksam zu vertreten ist viel schwieriger. Es sieht nach Kompromiss aus, wenn man sagt, das Gottesgesetz sei zwar das letzte und oberste Kriterium, aber man müsse es richtig auslegen. Sofort taucht die Frage auf, was denn «richtig» sei und wer das entscheide. Etwa gemäss den Kriterien der westlichen Zivilisation, welche man den Muslimen mit aller Macht aufdrängen will? Bei kritischerem Abstand gegenüber dem Problem der Authentizität, der Eigenständigkeit, lassen sich einige Antworten finden. Man müsste darauf hinweisen, dass «der Islam» nicht unbedingt mit «der Scharia» identisch sei. Das Gottesgesetz ist Ergebnis einer Aufarbeitung der islamischen Grundquellen aus dem 9. und 10. Jahrhundert: Koran, Biographie des Propheten, Überlieferungen von seinem Sagen und Tun, verschmolzen zu einem kohärenten Ganzen mit Hilfe von Analogieschlüssen, formaler, scholastischer Logik und der «Übereinstimmung der Gelehrten»; dies alles kodifiziert für die Sunna in vier verschiedenen Rechtsschulen, für die Schia noch einmal leicht abweichend, und seither «verwaltet» von den Gottesgelehrten, Generation um Generation. Zwischen dem Propheten und der Scharia liegen drei Jahrhunderte. Die Scharia spiegelt die Mentalität ihrer Verfasser wider, ebenso die Fragen, die sie an die Lehre Muhammeds stellten, und die Methoden, die sie zu ihrer Beantwortung entwickelten. Fragen wie Methoden gehörten dem Denken des Mittelalters an. Gelehrte unserer Zeit würden ihre Fragen anders stellen, auch wenn es sich um Theologen handelte, die den Text des Korans als Gottes unveränderliches Wort anzunehmen bereit sind. Auch die Methoden, mit denen man heute an den Text herantritt, sind andere. Es gibt heute muslimische Theologen, die eine neue «Lesung» des Korans versuchen. Der bedeutendste ist wohl Mohammed Arkoun, ein Gelehrter algerischer Herkunft, der in Paris unterrichtet. Ob er in seiner Heimat die gleiche Lehrfreiheit besässe, die er an der Sorbonne geniesst, dürfte fraglich sein. Solche gelehrte Neuerer sind den muslimischen Machthabern wenig willkommen. Ihr Werk führt unvermeidlich zu leidenschaftlichen Diskussionen unter den Gottesgelehrten, Diskussionen, die auch unter dem Volk Unruhen anstiften können. Solche Unruhen wollen die Machthaber vermeiden. Im Sudan ist einer der Neuerer am 18. Januar 1985 gehenkt worden. Es war der von vielen Intellektuellen verehrte Muhammed Mahmud Taha, der viele Jahre lang im Sudan gewirkt hatte. Als der wenige Monate später abgesetzte Numeiri seine Alleinherrschaft schwinden sah, griff er zu einer fundamentalistischen Form des Islams, um sich an der Macht zu halten. Heute sagen sogar die Fundamentalisten in Khartum, der Fundamentalismus Numeiris sei in Wirklichkeit ein Pseudo-Islam gewesen. Numeiri liess Whisky und Wein in den Nil leeren, ernannte Sondergerichte ohne wirkliche Richter, welche die Scharia wörtlich nahmen, Hände und Füsse abhacken liessen, oft ohne dass eine Schuld wirklich festgestellt worden wäre. Damals war den sudanesischen Fundamentalisten, den Muslimbrüdern, der Islamreformator Taha, ursprünglich ein Ingenieur, ein Dorn im Auge. Sie sorgten dafür, dass er wegen Abfalls vom Islam angeklagt und hingerichtet wurde. Mahmud Taha hatte unter anderem gelehrt, dass man im Koran die frühen, prophetischen Suren (das sind die kurzen Texte, die am Schluss des Korans stehen) von den langen, späteren, gesetzgeberischen unterscheiden müsse. Die frühen prophetischen Texte seien überzeitlich, heute voll gültig; doch die späteren, langen, die sich mit der Ordnung der damaligen Gemeinschaft der Gläubigen abgaben, seien zeitgebunden. Bei ihnen müsse man, wolle man sie heute richtig verstehen, nach der Absicht des Gesetzgebers (das heisst Gottes) fragen. Dies wäre eine andere Antwort, die man den Fundamentalisten erteilen könnte, wenn diese sich darauf beschränken, alle Texte wörtlich zu nehmen, und auf dieser Grundlage einen «islamischen Staat» zu errichten suchen. Doch Antworten, welche moderne und tiefer eindringende Interpreten des Korans geben, sind zunächst einmal schwieriger. Die muslimischen Massen können sie nicht ohne weiteres verstehen, während die lakonische Lehre der Fundamentalisten: «Glaube alles wortwörtlich, denn es ist deine Religion!» rascher einleuchtet. Die Zensur, die von fast allen muslimischen Staaten um der politischen Ruhe willen ausgeübt wird, hindert die Theologen eines zeitgemässeren und subtileren Islamverständnisses daran, auch nur zu versuchen, ihre Meinung unter das Volk zu bringen. Denn die Leidenschaften, welche solche Diskussionen auslösen, sind nicht allein «religiöser» Natur. Es geht auch um Machtfragen; weil die heutigen Fundamentalisten einen islamischen Staat anstreben, in dem sie als Kenner des Gesetzes die Macht ausüben wollen oder mindestens fordern, ein entscheidendes Machtwort dabei mitzusprechen.

Soll man sich vorstellen, dass all diese Nuancen der theologischen Diskussion, sogar wenn sie machtpolitische Implikationen aufweisen, wirklich dem Normalaraber, dem Mann auf der Strasse, wichtig genug scheinen, um auf die Strasse zu gehen und eine Konfrontation mit der Polizei zu riskieren? Dem einfachen Mann geht es gewiss nicht um die Einzelheiten der theologischen Debatte. Die überlässt er den Geistlichen und einigen wenigen religiös interessierten Intellektuellen. Viele der Intellektuellen haben sich bis in die letzten Jahre hinein mehr für die modischen Geistesströmungen im Westen interessiert wie Existentialismus, Marxismus, Engagement, Theorie von der Peripherie und dem Zentrum, Ché Guevara oder Mao. Dennoch erlebt man das Phänomen von Volksaufständen im Namen des Islams, am unübersehbarsten in Iran im Jahr 1978, als alle 40 Tage neue Protestzüge von Iranern auf die Strassen der grossen Städte zogen und die Maschinengewehre der Soldaten des Schahs so lange herausforderten, bis diese zu den islamischen Revolutionären überliefen. Es gab jedoch auch ähnliche Phänomene in Syrien, in Ägypten, in Tunesien. In Syrien wurde im Februar 1982 ein Aufstandsversuch der Muslimbrüder in der Stadt Hama niedergeschlagen, nachdem sich die Stadt wochenlang in den Händen der Aufständischen befunden hatte. Seit jener blutigen Niederlage haben sich die syrischen Fundamentalisten ruhig verhalten. Manche von ihnen gingen nach Nordlibanon und halfen dort die muslimische Republik Tripolis durchzusetzen, die etwa ein Jahr lang dauerte, bis syrische Truppen dafür sorgten, dass den Muslimen feindliche Linksparteien mit Artillerieunterstützung der Syrer die Stadt im Oktober 1985 zurückeroberten.

Damit es zu solchen Aufständen und Aufstandsversuchen kommt, müssen zwei Voraussetzungen zutreffen: Es braucht eine Führerschicht (in Iran waren es Geistliche, in den anderen Ländern Aktivisten verschiedener Gruppen und Färbungen von Fundamentalisten), und es braucht gleichzeitig eine tiefe Unzufriedenheit mit der bestehenden Regierung und, über sie hinausgehend, mit der allgemeinen Lage, sei es nun wirtschaftlich, sozial, politisch, kulturell, in der sich die unteren Bevölkerungsschichten, besonders in den Städten, befinden.

Als die Kolonialisten noch herrschten, und in den ersten Jahren nach ihrem Abzug, war es der Nationalismus, der ähnliche Protestaktionen heraufbeschwören konnte. Doch heute sind die meisten Araber enttäuscht über seine geringen Erfolge und dürften eher bereit sein, ihren Protest gegen die herrschenden Umstände und Zustände im Zeichen des Islams auszudrücken. Die Führer eines solchen Aufstandes finden nicht nur ihrer Lehren wegen eine Massengefolgschaft. Die Strasse hängt an ihnen wegen ihres Charismas, ihrer Persönlichkeit, und der Einfluss solcher Personen wird gewaltig gesteigert, wenn sie einmal der Nimbus von Macht und Erfolg umgibt.

III. Der Druck des Kolonialismus

Mehr und mehr Verwestlichung

In der Zeit Abduhs begann sich das Schicksal Ägyptens von jenem der anderen arabischen Länder zu trennen. Die Kolonisation unter englischem Vorzeichen begann im Niltal schon 1882. Die arabischen Länder des Ostens, die Arabische Halbinsel, Syrien, Libanon, der Irak, gehörten weiter zum Ottomanischen Reich. Es waren Aussenprovinzen, und die Modernisierungstendenzen, die von Istanbul ausgingen, wirkten sich nur langsam auf die verschiedenen lokalen Zentren aus. Die grossen Städte, Damaskus, Aleppo, Jerusalem, Beirut, Bagdad und Mekka, die auch Verwaltungszentren waren, wurden zu kleinen Ausstrahlungspunkten der Modernisierung. Dabei hing viel von der jeweiligen Person des Paschas ab. Der berühmte Reformpolitiker Midhat Pascha war für kurze Zeit Gouverneur in Damaskus, dann 1869–71 in Bagdad, und er hat in beiden Städten und in den Verwaltungsstrukturen der Provinzen Spuren hinterlassen, die bis heute nachwirken.

Die westlichen Einflüsse wirkten auch direkt auf die verschiedenen Handelszentren ein. Es gab ausländische Geschäftsleute in diesen provinziellen Zentren, die angesehenen wirkten auch als Konsuln ihres Heimatlandes oder eines der anderen europäischen Staaten. Das System der Kapitulationen erlaubte ihnen, als Beschützer kleiner Gruppen von Landsleuten aufzutreten, denen sich auch verschiedene lokale Minoritäten anschlossen. Die Franzosen pflegten sich um die Katholiken zu kümmern, die Engländer in Libanon um die Drusen, während sie gleichzeitig meist dem Ottomanischen Reich und seinen sunnitischen Beamten nahestanden; die Russen suchten die Orthodoxe Kirche zu protegieren. Jede dieser Gruppen suchte auch die wirtschaftlichen Verbindungen mit ihrem europäischen Beschützer zu fördern. Darin lag der Gewinn der Kaufleute und der hinter ihnen stehenden Regierungen. Export, Import, Einführung von europäischen Produktionsmethoden, Ausfuhr von bestimmten Rohstoffen, reguläre Schiffsverbindungen, Banken, Einfluss der betreffenden europäischen Sprache, Einrichtung von Schulen und manchmal höheren Schulen, die in diesen Sprachen unterrichteten, gingen Hand in Hand.

In Jerusalem ergab sich bald eine besondere Lage wegen des religiöspolitischen Interesses der Mächte an dieser Stadt. Jeder Staat brachte eigene Geistliche nach dem Heiligen Grab und suchte gleichzeitig die Interessen jener orientalischen Religionsgemeinschaft zu fördern, mit der er besonders eng zusammenarbeitete. Sogar die anglikanischen und die deutschen Protestanten liessen sich im Heiligen Lande nieder. In Aleppo, Damaskus, Beirut waren es mehr die Handelsniederlassungen, welche die Hauptrollen spielten. Unvermeidlich wurden die Städte zu Subzentren der Modernisierung, die stets auch eine Verwestlichung bedeutete.

Viel Reichtum sammelte sich hier an, weil mit europäischen Waren, technischen Methoden, Verfahrensweisen viel Geld zu verdienen war. Sie erwiesen sich als wirksamer als die althergebrachten orientalischen. Auch konnte der Ottomanische Staat jenen, die unter ausländischem Schutz standen, ihr Geld nicht so leicht wieder abnehmen wie den eigenen Untertanen; natürlich verteidigten sie auch ihre Privilegien zäh. Hinter den Ausländern, ihren Konsuln und ihren «Kolonien» von lokalen Protegierten standen für den Notfall die Kanonenboote der verschiedenen europäischen Staaten bereit, die sich damals «die Mächte» oder «die Grossmächte» nannten. Mit dieser Macht im Hintergrunde gelang es den Ausländern und ihren Schutzbefohlenen oft, zu den alten neue Privilegien dazuzugewinnen und ihre lokale Machtposition auszubauen.

Die Zentrale in Istanbul konnte sich gegen die wachsende Macht der Konsuln und fremden Händler oft nur dadurch wehren, dass sie den europäischen Staaten weitere Konzessionen einräumte. Wenn beispielshalber das Handelsrecht oder das Steuerwesen im ganzen Reich verwestlicht, das heisst nach entstprechenden europäischen Vorbildern organisiert und oft unter die Oberaufsicht europäischer Fachleute gestellt wurde, konnte die Ottomanische Regierung geltend machen, dass nun kein Grund mehr bestehe, den Europäern eine Sonderbehandlung zuzugestehen. Die alten Privilegien mussten nun freigekauft werden; der Preis war jedesmal ein bedeutender Schritt voran in der «Reform», die stets im Sinne der Verwestlichung verlief. In Ägypten spielte sich ein paralleler Prozess ab. Neben Istanbul wurden so die verschiedenen Provinzhauptorte Zentren, in denen die Fremden einen wachsenden Einfluss ausübten, der sogar politische Züge annahm. Die geschilderte Lage in Libanon, die mit einer französischen Truppenlandung endete, ist ein Höhepunkt einer derartigen Entwicklung gewesen.

Die Franzosen in Nordafrika

In Nordafrika ging die westliche Einflussnahme noch weiter: Die Franzosen richteten ihre Kolonialherrschaft ein. In Algerien geschah dies nach einer langen und grausamen Eroberung, die in verschiedenen Etappen vorgetragen wurde. Sie begann 1830 mit der Eroberung der Stadt Algier, während im Hinterland die Bruderschaften, mystische Orden, zum Heiligen Krieg aufriefen. Ihre erste Etappe dauerte sieben Jahre. Dann beschlossen die Franzosen, sich mit kleineren fruchtbaren Regionen rund um Algier und Oran zu begnügen, und sie schlossen einen Vertrag mit ihrem Gegner, dem Emir Abdel Kader, ab, der seinerseits zwei Drittel des Landes erhielt (Vertrag von Tafna). Abdel Kader sollte nur zwei Jahre im Besitz seines neuen Reiches bleiben (1837–39); während dieser Zeit versuchte er einen klassischen muslimischen Gottesstaat zu organisieren, dem er selbst als Emir vorstand. Auch er erkannte die Notwendigkeit einer regulären Armee nach französischem Vorbild, um den Franzosen entgegentreten zu können. Seine Soldaten, Infanterie, Kavallerie und Artillerie, wurden von regulären tunesischen und tripolitanischen Soldaten, aber auch von französischen Überläufern ausgebildet. Er liess Getreidesilos anlegen und organisierte Waffenmanufakturen. Gleichzeitig kämpfte er gegen die Stämme und Orden (darunter die Tijaniya), die seine Oberherrschaft nicht anerkennen wollten, und gegen die verbleibenden Türken von Oran.

Mit den Franzosen dauerte der Frieden bis 1839, dann brach er zusammen, weil Meinungsverschiedenheiten über die Auslegung des Vertrages entstanden waren. Es kam zu einem langen Kampf zwischen dem Emir und den Franzosen. General Bugeaud wandte die Taktik der verbrannten Erde an. Nach 1843 musste Abdel Kader in Marokko Zuflucht suchen. Er kämpfte von dort aus noch fünf Jahre weiter mit gelegentlichen Einfällen bis tief nach Algerien hinein. Er versuchte auch den Sultan von Marokko in den Kampf gegen die Franzosen einzubeziehen. Doch nach der Schlacht von Isly, die Bugeaud 1844 gegen das marokkanische Heer gewann, musste der Sultan versprechen, Abdel Kader nicht mehr zu unterstützen. Abdel Kader konnte sich noch drei Jahre lang in der Nähe der algerischen Grenze halten und unternahm noch einmal eine grosse Razzia bis in das Gebiet der Kabylen. Die Franzosen drängten schliesslich den marokkanischen Sultan, gegen Abdel Kader vorzugehen. Dieser lieferte sich 1847 freiwillig den Franzosen aus, als eine marokkanische Armee gegen ihn in Bewegung gesetzt wurde.

Die französischen Generäle versprachen Abdel Kader, er könne mit seiner Familie nach dem Heiligen Land auswandern. Doch die französische Regierung hielt ihn bis 1852 in Frankreich gefangen, dann liess Napoleon III. ihn frei. Der Emir zog zuerst nach Bursa, später nach Damaskus. Dafür, dass er 1860 vielen syrischen Christen in Damaskus das Leben rettete, erhielt er einen grossen Orden von Frankreich. Abdel Kader war ebensosehr Gottesgelehrter und Verfasser literarischer Arbeiten wie Kriegsmann. Er stammte aus einer angesehenen Familie von Gottesgelehrten aus der Region südlich von Oran. Sogar die französischen Eroberer seiner Zeit, die nicht viel für die algerischen «Eingeborenen» übrig hatten, waren von seiner Persönlichkeit beeindruckt.

Nach der Ausschaltung Abdel Kaders begannen die Aufstände von verschiedenen Gruppen, Stämmen, Regionen in Algerien. Zwischen 1858 und 1860 standen die Berber der Kabylei im Aufstand; 1859 die Region des Aurès; 1860 Hodna; 1864 und 1865 der Stamm der Ouled Sidi-Chikh südlich von Oran und im Tittéri; 1871 der Rahmaniya-Orden im Gebiet der Kabylen unter Mokrani; 1876 al-Amri; 1879 erneute Unruhen im Aurès usw. Die Franzosen dehnten ihre Herrschaft bis in den tiefen Süden aus, während sie gleichzeitig die Aufstände in den dichter bevölkerten Regionen bekämpften.

Im Gegensatz zum Nahen Osten war Algerien ein Land des Siedlerkolonialismus. Französische, spanische, italienische Bauern übernahmen die besten Ackergründe in den fruchtbaren Ebenen und drängten die Stämme und einheimischen Kleinbauern in die weniger fruchtbaren Berg- und Wüstengebiete zurück. Die zahllosen vereinzelten Aufstände haben mit dieser «Landnahme» der Siedler zu tun.

Die Franzosen waren bis 1881 mit der Kolonisierung in Algerien beschäftigt, dann kam Tunesien an die Reihe. Auch dort sollte es Siedler geben. Doch im Gegensatz zu Algerien wurde das Land nie völlig Frankreich einverleibt. Die tunesische Regierung des Dey blieb bestehen, wenngleich ein französischer Hochkommissar die wirkliche Macht ausübte.

Erst kurz vor dem Ersten Weltkrieg begann die Eroberung Marokkos; sie war noch nicht abgeschlossen, als der Weltkrieg ausbrach. Auch dort beschlossen die Eroberer, die einheimische Regierung beizubehalten und ihr französische «Berater» beizuordnen, die machtmässig übergeordnet waren. Der Umstand, dass in Tunesien und in Marokko die einheimische Ordnung mindestens formell bestehen blieb, während in Algerien die bestehenden Sozialstrukturen «zu Staub zerschlagen» worden waren, so Bugeaud, erwies sich als bedeutungsvoll, als es dort in den fünfziger Jahren dieses Jahrhunderts zu Befreiungskämpfen kam. Sie fielen in Algerien unverhältnismässig schärfer und grausamer aus als in den beiden Nachbarstaaten. Dies hauptsächlich deswegen, weil die Franzosen sich in Algerien selbst niedergelassen hatten mit Bauern, Handwerkern, Soldaten, Beamten, Verwaltern, Grossgrundbesitzern. Die Algerier, zehnmal volkreicher als die eingewanderten Franzosen, waren buchstäblich unterdrückt worden. Während eines langen und blutigen Krieges (1954 bis 1962) mussten die hier niedergelassenen Franzosen erkennen, dass Algerien doch nicht «ihr» Land war. In Tunesien und in Marokko war dies von Beginn an klar.

Die Engländer an den Küsten Arabiens

Kolonien und Protektorate entstanden auch an den fernen Küsten der Arabischen Halbinsel, die damals – vor der Eröffnung des Suezkanals – eher von Indien als von Europa aus zugänglich waren. Aden wurde schon 1839 von den Engländern besetzt, weil die Ägypter unter Muhammed Ali sich auf der Halbinsel ausgebreitet hatten. Die Engländer vermuteten hinter den Ägyptern die Franzosen. Dass die Macht Frankreichs bis zum Indischen Ozean vordringe, wollte Grossbritannien in erster Linie verhindern.

Später kam es auch zu verschiedenen Vereinbarungen mit den lokalen Kleinherrschern der Inseln von Bahrein, der Halbinsel Qatar, der Küste bei der Enge von Hormuz, die man damals Piratenküste, später «Vertragsküste» (wegen der Verträge mit London) nannte und heute als die Vereinigten Arabischen Emirate bezeichnet. Auch das Sultanat von Muskat, zu dem früher die Insel Sansibar an der afrikanischen Ostküste gehörte, schloss einen sogenannten Protektionsvertrag mit Grossbritannien. Der wichtigste Punkt solcher Verträge war stets, dass der betreffende Kleinherrscher Grossbritannien die Regelung seiner Aussenpolitik überliess und dafür von England Schutz gegen äussere Feinde zugesagt erhielt. Grossbritannien war vor allem daran interessiert, dass keine fremde Macht Einfluss an den Küsten gewann, die Indien gegenüber lagen. An sich waren jene Wüstengebiete für die Engländer nicht besonders begehrenswert. Es ging bloss um ihre strategische Lage. Dass sie alle einmal sehr reich werden sollten, weil sich Ölfelder unter ihren Sanddünen und Flachküsten versteckten, lag in ferner Zukunft.

Die Lage bis zum Ersten Weltkrieg

Im letzten Viertel des vergangenen Jahrhunderts lässt sich das bunte Bild der arabischen Welt so beschreiben: Ägypten und die Peripherie der Arabischen Halbinsel standen unter indirekter britischer Kontrolle. In Nordafrika herrschten die Franzosen, direkt in Algerien, indirekt in Tunesien. Die östliche arabische Welt gehörte zum Ottomanischen Reich und war wie die verbleibenden europäischen und türkischen Teile des Vielvölkerstaates der wachsenden Einflussnahme der westlichen Mächte ausgesetzt, ihrer Wirtschaft, Technologie, administrativen Organisation, ihrer Schulen, Lehrmethoden, ihrer Wissenschaft, Philosophie und ihrer Ideologien. Dies auf doppelte Weise: indirekt, weil die Hauptstädte der grossen Reichsprovinzen an der ottomanischen Reform teilnahmen, welche eine «Verwestlichung» war, und direkt durch den Einfluss der ausländischen Geschäftsleute und Konsuln, die in den Provinzhauptstädten eine wichtige Rolle spielten. Dieser direkte Einfluss wirkte sich ebenfalls stufenweise aus, von den Fremden auf eine ihnen nahestehende Minderheit religiöser oder ethnischer Art und von diesen Minderheitsgruppen aus auf das eigentliche Staatsvolk, die sunnitischen Araber der östlichen Provinzen des Reiches. Die indirekt regierten Staaten unter den Engländern, allen voran Ägypten, besassen in mancher Hinsicht mehr Freiheit in ihrer gesellschaftlichen Entwicklung als die Untertanen des Ottomanischen Reiches. Dies galt besonders während der 30 Jahre der absoluten Herrschaft des Sultans Abdul Hamid II., der von 1876 bis 1909 geherrscht hat. Der Sultan hatte guten Grund, den ottomanischen Reformern zu misstrauen. Diese hatten ihm zu Beginn seiner Herrschaft eine Verfassung aufgezwungen (1876), nachdem sie seinen Vorgänger, Abdulaziz, gestürzt und hatten ermorden lassen. Den nächsten Herrscher, Murad V., hatten sie kurz nach seinem Amtsantritt wegen Geistesschwäche abgesetzt. Die Verfassung war das Werk des berühmten Reformers Midhat Pascha gewesen. Doch der Sultan sollte ihn überspielen. Schon ein Jahr nach seiner Einberufung liess er das Parlament auf Zeit aufheben. Es sollte nicht mehr zusammentreten, bis es 1908 neu gewählt wurde. Midhat Pascha wurde ins Exil geschickt und 1883 ermordet, wahrscheinlich auf Betreiben des Sultans. Der Herrscher wurde mit den Jahrzehnten seiner absoluten Herrschaft immer misstrauischer. Er setzte zahllose Polizeispitzel ein, um allen liberal Gesinnten nachzuspüren. Die Presse wurde einer strengen Zensur unterstellt. Verglichen mit seinem Regime, war das indirekte englische in Ägypten viel freiheitlicher, weil sich auch hier die liberalen Traditionen Grossbritanniens auswirkten. In Ägypten gab es ein Parlament und eine freie Presse. Im System einer indirekten Regierungsmethode entstanden auch gewisse Lücken. In der Regierungsgewalt hatten zwar die Berater eine grosse politische Macht, doch etwas Macht hatten auch die Minister der ägyptischen Regierung, der ägyptische Hof, die Abgeordneten, die reichen Grundbesitzer und ihre Familien, die verschiedenen, neu entstandenen wirtschaftlichen Gruppen (unter ihnen auch die erste ägyptische Bank unter dem Kopten Talat Harb), die englischen, türkischen und ägyptischen Offiziere, die Richter der theoretisch unabhängigen «gemischten Gerichte», die religiösen Autoritäten der Sunniten, Kopten, Anglikaner, ja sogar die Zeitungsherausgeber. Nur die Fellachen, die Bauern des Niltals, die den Grundstock der Bevölkerung bildeten, hatten keine Rechte und keine Macht.

Diese relativ freie Lage führte dazu, dass Ägypten zum Zentrum des intellektuellen Lebens der arabischen Welt wurde. Manche arabischen Intellektuellen, besonders orthodoxe Christen, verliessen die Levante, um dem Polizeiregime Abdul Hamids zu entrinnen, und zogen nach Alexandrien und Kairo. Manche von ihnen traten als Schriftsteller und als Gründer von Zeitungen hervor. 1906 erlebte Ägypten seinen ersten Volksaufstand, die sogenannte Dinshawi Affaire. Englische Offiziere auf Taubenjagd hatten sich brutale Übergriffe gegenüber Fellachen erlaubt. Diese hatten sich mit Knüppeln zur Wehr gesetzt; darauf wurden vier Bauern gehenkt und zwanzig ausgepeitscht. Doch die ägyptischen Mittelschichten nahmen sich für einmal der Fellachen an. Damals wurden die ersten nationalistischen Parteien gegründet von Mustafa Kamil und Lutfi as-Sayid. Die Engländer führten nachträglich eine Untersuchung durch. Lord Cromer, früher E. Baring, der das Land seit 1882 vom englischen Generalkonsulat aus regiert hatte, musste zurücktreten.

Mandats-Kolonialismus nach 1918

Der Zusammenbruch der Türkei im Ersten Weltkrieg brachte eine neue Lage. Grossbritannien und Frankreich erhielten «Mandatsgebiete» in der östlichen arabischen Welt. Palästina mit Transjordanien und dem Irak ging an England; Syrien und Libanon fielen an Frankreich. Das «Mandat» war eine neue Abwandlung des Begriffs Kolonien. Der Völkerbund vergab nun solche Mandate, und der sie übernehmende Staat verpflichtete sich, sein Mandatsgebiet zur Unabhängigkeit zu führen. Eine Zeitgrenze war jedoch nicht vorgeschrieben.

Die Intellektuellen und Oberschichten der unter Mandat gestellten Gebiete hatten Unabhhängigkeit erwartet. Diese war ihnen von den Engländern sogar halbwegs versprochen worden, als Grossbritannien während des Weltkrieges von Kairo aus die Araber aufgefordert hatte, gegen die Pforte zu rebellieren. Auch der Scherif von Mekka, Hussein, hatte diesem Aufruf nach einigem Zögern Folge geleistet. Seine Söhne, Faisal, Abdullah, und andere arabische Stammesführer hatten, zusammen mit T. E. Lawrence, den berühmten Guerillakrieg in der Wüste gegen die Türken geführt, der sie zuerst nach Akaba, am Ende sogar bis nach Damaskus bringen sollte. Doch Damaskus, Syrien und Libanon hatten die Engländer auch ihren Alliierten, den Franzosen, versprochen. Französische Truppen vertrieben Faisal und seine Beduinenarmee mit Waffengewalt aus Damaskus, nachdem dieser 1920 in der syrischen Hauptstadt eine arabische Regierung hatte ausrufen lassen. Nach einem langwierigen diplomatischen Ringen erhoben die Engländer Faisal dafür zum König ihres Mandatsgebietes Irak. Sein Bruder, Abdullah, wurde ebenfalls mit britischer Hilfe Emir von Transjordanien. Die Franzosen behielten Syrien und Libanon.

In Palästina war während des Krieges eine englische Armee unter General Allenby von Ägypten aus einmarschiert, und die Engländer sollten dort bleiben. Gleichfalls während des Krieges hatten sie den Zionisten versprochen, dass sie ihnen eine «nationale Heimstätte» (national home) in Palästina einräumen wollten, allerdings unter Respektierung der «zivilen und religiösen Rechte der nichtjüdischen Gemeinschaften in Palästina» (Balfour-Deklaration vom 2. November 1917).

Die direkte Regierung durch die Franzosen und etwas indirektere durch die Engländer im Irak und in Transjordanien stellte eine neue Erfahrung für die Araber dieser Gebiete dar. Sie waren bisher unter der Pforte gestanden. In Palästina war die Lage von Beginn an durch die jüdische Einwanderung erschwert, welcher sich die bisherige Bevölkerung widersetzte. In allen arabischen Ländern gab es Aufstände gegen die Mandatsbehörden, ausser in Libanon, wo die knappe christliche Minderheit bereit war, mit Frankreich zusammenzuarbeiten.

Die ersten Unruhen in Palästina, die sich gegen die jüdischen Einwanderer richteten, brachen schon 1918 aus; 1929 wiederholten sie sich viel schärfer; 1936 gab es einen Generalstreik und bewaffnete Aufstandsversuche. Während des Zweiten Weltkrieges herrschte gespannte Ruhe, weil die Engländer teilweise einen Einwanderungsstopp erklärt hatten. Kaum war der Krieg vorbei, brach das Ringen erneut aus. Es wurde immer blutiger und brutaler. Zionistischer Terrorismus richtete sich nicht nur gegen die Araber, sondern auch gegen die Engländer. 1948 gab Grossbritannien seine Verantwortung für dieses Mandatsgebiet auf, zog seine Truppen zurück. Darauf folgte umgehend der erste arabisch-israelische Krieg.

Im Irak fand 1918 ein Aufstand der Schiiten gegen die englische Besetzungsmacht in Najaf statt. Dies ist die schiitische Pilgerstadt, in der Ali begraben liegt. Im folgenden Jahr breitete sich der Aufstand bis Bagdad aus, bei dem die Nationalisten der Hauptstadt mit den Schiiten des Südens zusammenarbeiteten. 1920 folgte ein Aufstand in den Städten des Mittleren Euphrats und im südlichen Kurdengebiet. Die schiitischen Geistlichen gaben Fetwa über Fetwa ab (Gutachten nach der Scharia), in denen sie unterstrichen, dass die Muslime (was in ihrem Fall die Schiiten bedeutete) nicht mit den Engländern zusammenarbeiten dürften. Sie sollten auch nicht in den Wahlen und Plebisziten stimmen, welche die Engländer organisierten. Im Jahr 1920 wurde sogar der Heilige Krieg ausgerufen; 1923 exilierten die Engländer einige der aktivsten Geistlichen, woraufhin alle grossen «Mujtahid» beschlossen, den Irak zu verlassen und nach Iran zu ziehen. Einige von ihnen kehrten im folgenden Jahr wieder nach Najaf und Kerbela zurück. Kerbela ist der Ort des Martyriums Husseins, des Sohns Alis und Enkels des Propheten, und aus diesem Grunde ein grosses schiitisches Heiligtum. Die Engländer setzten damals ihre Luftwaffe ein, um dieser Aufstände Herr zu werden. 1921 wurde das königliche Regime als konstitutionelle Monarchie eingesetzt. Im folgenden Jahr wurde ein Staatsvertrag zwischen dem Irak und Grossbritannien abgeschlossen, der den Engländern bestimmte Rechte zusprach. Schon 1932 wurde der Irak offiziell unabhängig, jedoch bestand weiter ein Vertrag mit den Engländern, der ihnen unter anderem eine Luftwaffenbasis in Habbaniya beim Mittleren Euphrat überliess. Die britische Botschaft bewahrte lange Zeit einen bedeutenden Einfluss im Lande.

In Syrien versuchten die Franzosen das Land in kleine Einheiten aufzuteilen; ein Drusenstaat, einer der Alawiten, eine Republik von Damaskus und eine von Aleppo wurden gebildet sowie zwei Sonderdistrikte, Deir az-Zor und Alexandretta. Die Sunniten von Damaskus und des übrigen Syrien galten den Franzosen, gewiss zu Recht, als Gegner. Sie suchten deshalb ihren Einfluss zu schmälern, indem sie allen Minoritäten, die ein eigenes Gebiet bewohnten, «ihren» Staat zuteilten, der unter französischer Oberaufsicht stand. Die Franzosen konnten sich damit rechtfertigen, dass das historische Syrien als ottomanische Provinz, eine «Wilaya» unter dem Pascha von Damaskus, ohnehin zerschlagen worden war. Palästina hatte dazugehört, manchmal direkt unter Damaskus, manchmal als Unterprovinz mit einem Qaimmakam (Stellvertreter) in Jerusalem, und ebenso Libanon. Städte wie Baalbek und Tripolis hatten seit je zu Syrien gehört. Sie wurden nun dem «Grand Liban» zugeschlagen. Die «Zerstückelung» ihres Landes stiess auf heftigen Widerstand der Syrer, vor allem der Damaszener. Die Kleinstaaten hielten sich verschiedentlich lang. Aleppo und Damaskus von 1920 bis 1925, dann wurden sie zusammengelegt; das Alawitengebiet von 1922 bis 1936; der Drusenkanton 1922 bis 1936; Alexandretta und Antiochien wurden 1939 an die Türkei abgetreten.

Die Aufstände der Drusen erwiesen sich als die heftigsten. Die Franzosen verdächtigten die Engländer, sie dazu ermutigt zu haben. Ein erster Aufstand wurde 1922 niedergeschlagen, brach jedoch 1925 neu aus und dauerte über ein Jahr lang. Er erstreckte sich damals bis in die Oase von Damaskus hinein.

Kaum waren die Aufstände vorbei, begann das politische Ringen. Eine erste syrische Verfassungsversammlung verabschiedete 1928 eine Verfassung, die vom französischen Hochkommissar zurückgewiesen wurde, weil sie den sofortigen Abzug der französischen Truppen verlangte und die an Libanon abgetretenen Gebiete für Syrien zurückforderte. Das Parlament wurde 1930 aufgelöst, 1932 neu gewählt, weigerte sich jedoch, einem Bündnisvertrag mit Frankreich nach dem irakischen Muster zuzustimmen, und wurde 1934 suspendiert. Ein neuer Anlauf, den 1936 die damals linke französische Regierung unternahm, scheiterte schliesslich am Widerstand der konservativen Politik in Paris. Der Vertrag, den Damaskus einstimmig angenommen hatte, sah die Unabhängigkeit in drei Jahren vor. Er wurde in Paris nicht ratifiziert. Später wurde er angesichts des bevorstehenden Zweiten Weltkrieges annulliert.

Ägypten kannte ebenfalls einen Volksaufstand gegen die Engländer im Gefolge des Ersten Weltkrieges. Die ägyptischen Nationalisten unter der Führung Saad Zaghluls, eines der Schüler Afghanis, wollten eine ägyptische Delegation nach Versailles entsenden, um dort über die Zu-

kunft des Landes zu verhandeln. Die Engländer lehnten dies ab. Delegation heisst auf arabisch *Wafd,* und dies sollte dann der Name der grossen
nationalistischen und liberalen Partei Ägyptens werden. Saad Zaghlul
wurde zum vergötterten Führer des ägyptischen Volkes. Die Engländer
verbannten ihn 1919 nach Malta, doch die Agitation zu seinen Gunsten
und für eine Delegation ergriff das ganze Land und veranlasste am Ende
die Engländer, nachzugeben. Zaghlul kehrte im Triumph heim, konnte
die berühmte Delegation nach Versailles führen, erreichte dort aber
wenig. Die Siegermächte waren übereingekommen, die koloniale Welt
unter sich aufzuteilen. Nur England machte vorsichtige Konzessionen.
Ägypten wurde 1921 zum unabhängigen Königreich unter Fouad I. pro-
klamiert. Es erhielt im folgenden Jahr eine Verfassung, und später folgte
ein langes Ringen um einen Staatsvertrag, wie er im Irak durchgesetzt
worden war. Die ägyptischen Nationalisten, welche die Mehrheit im
Parlament besassen, lehnten jeden Vertrag ab, der nicht zwei Bedingungen erfüllte, nämlich dass die Kanalzone als ägyptischer Besitz anerkannt
werde und die Frage des Sudans eine Regelung finde. Der Sudan war
ursprünglich von Muhammed Ali erobert worden. Später war der Aufstand des Mahdi erfolgt (Einnahme von Khartum 1885). Erst 14 Jahre
später eroberte eine ägyptische Armee unter britischer Führung den
Sudan zurück und bereitete dem «Gottesstaat» des Mahdi und seiner
Nachfolger ein Ende. Ein britisch-ägyptisches «Co-Dominium» wurde
eingerichtet. Doch später wurde der Sudan der britischen Verwaltung
allein vorbehalten und der ägyptischen Mitverwaltung entzogen. Als
Grund für diesen Rechtsbruch diente die Ermordung des sudanesischen
Oberkommandanten, Sir Lee Stack, 1924 in Kairo. Die Frage, ob der
Sudan zu Ägypten oder zu Grossbritannien gehöre oder ob er am Ende
unabhängig werden solle, bildete später den Kern des Sudan-Problems,
das sich durch die ganze ägyptische Politik bis auf die Zeit Nassers hin-
ziehen sollte.

Die Türkei entgeht der Kolonisierung

Im Gegensatz zu fast allen arabischen Ländern vermochte sich die Türkei der kolonialen oder halbkolonialen Herrschaft zu entziehen. Die
westlichen Siegermächte versuchten, sie in ihren Einflussbereich einzubeziehen. Atatürk führte 1919–1922 einen erfolgreichen Krieg, den türkischen Befreiungskrieg gegen die Griechen, um die Teilkolonisierung
seines Landes abzuwenden.

Atatürk war schon während des Weltkrieges der einzig wirklich erfolgreiche General der Türkei gewesen. Er hatte die Dardanellen gegen den englischen Landungsversuch siegreich verteidigt. Mit dem ungeheuren Prestige seiner militärischen Siege konnte Atatürk das Geschick seines Landes auf einen Weg lenken, der bis heute von keinem anderen muslimischen Staat begangen worden ist. Er trennte entschieden den Staat von der muslimischen Religion. Das Urteil der muslimischen Gottesgelehrten, nach welchem dies unmöglich sei, ignorierte er. Der entscheidende Bruch war wohl jener mit dem Kalifat. Die «Nachfolge» des Propheten Muhammed war im 16. Jahrhundert von Istanbul beansprucht worden und verlieh dem Sultan neben seiner politischen Funktion auch eine religiöse Weihe. Er war der «Beherrscher der Gläubigen» in Nachfolge des Propheten für alle Sunniten. 1924 erklärte Atatürk den Kalifen als abgesetzt. Die muslimische Welt musste seither ohne ihn auskommen. In Indien rief dies eine Volksbewegung hervor; fromme indische Muslime wollten nach Istanbul ziehen, um das Kalifat wiederherzustellen. Es gab Rechtsgelehrte, die glaubten, ohne einen Kalifen könne die muslimische Welt nicht überleben. In der Tat hatte die sunnitische Welt seit der Zeit der Propheten in irgendeiner Form immer Kalifen gekannt, und es gibt heute noch islamische Bewegungen, die einen neuen Kalifen einsetzen wollen. Doch in der Türkei selbst wirkten tiefgreifende Reformen des Alltags stärker: so die Reform der Kopfbedeckung von 1924; jene der Schrift von 1928; die Namengebung im europäischen Stil (Mustafa Kemal wurde damals Kemal Atatürk), die Abschaffung der mystischen Orden, die Verlegung der türkischen Hauptstadt von Istanbul nach Ankara, ins Innere Anatoliens, waren lauter symbolträchtige Schritte. Sie vermittelten eine Botschaft: Ein zivilisiertes Land ist ein Land mit westlicher Zivilisation! Oder wie Atatürk es sagte: «Es gibt nur eine Zivilisation!», und damit meinte er die westliche.

Wer die Biographie Atatürks einigermassen kennt (sie ist ausserordentlich reich an einprägsamen Anekdoten), kann sich der Einsicht nicht verschliessen, dass Atatürk gegen den Islam, wie er ihn aus der spätottomanischen Zeit seiner Jugend kannte, tiefen Widerwillen hegte. Er sah den Islam als eine reaktionäre Kraft an, die sich der modernen Zivilisation entgegenstemme. Die Zivilisation, wie Atatürk sie verstand, hatte er übrigens nur auf Distanz kennengelernt. Er ist nie längere Zeit in London oder Paris gewesen. Die Salons von Bukarest hatten ihm seinen Zivilisationsbegriff vermittelt. Dort hatte er als Militärattaché gewirkt.

Atatürk war ein blendender Stratege und Taktiker. Er hat daher auch die islamischen Kräfte der Türkei verwendet, wenn sie seinen Zwecken dienten, so im Unabhängigkeitskrieg gegen die alliierte Besetzung und gegen die griechische Invasion. Aus jener Zeit ist ihm der hohe islamische Titel *Ghazi* geblieben. Das Wort gehört zum gleichen Stamm, wie das französische Lehnwort Razzia und der Titel bedeutet: siegreicher Führer einer Razzia gegen die Ungläubigen. In der frühen Geschichte der Türkei ist dieser Titel von zentraler Bedeutung. Die türkischen Fürstentümer in Kleinasien, unter denen jenes der Ottomanen das bedeutendste bleiben sollte, waren «Ghazi»-Herrschaften, im Grenzkrieg gegen Byzanz gross geworden, der so lange dauern sollte, bis die grosse Weltstadt den Ottomanen in die Hände fiel. Ghazi, Razziaführer, war der wichtigste und lange Zeit volkstümlichste Titel der türkischen Stammesführer und Kleinherrscher, die in Anatolien gegen Byzanz kämpften. Atatürk hat ihn wohl aus diesem Grunde angenommen und geführt, obgleich es eigentlich ein islamischer Kriegstitel war, in dem der Begriff des Heiligen Krieges gegen die Ungläubigen mitschwang.

Abgesehen von diesem Titel, den ihm die türkische Nationalversammlung gewährte, tat Atatürk alles, um sich persönlich vom Islam zu distanzieren. Seine Kleidung als Präsident der Türkei: der Frack, der Hut, oft sogar ein Zylinder; seine Liebe zu Grand-Hotels und deren Table d'hôte mit alkoholischen Ausschweifungen (auf die wahrscheinlich sein früher Tod durch Leberzirrhose zurückzuführen ist); Unterhaltungen am Tisch; Förderung europäischer klassischer Musik und des europäischen Balletts (obgleich überliefert ist, dass er persönlich die türkische Volksmusik lieber mochte – wie heute noch die grosse Mehrheit der Türken); sein Interesse für Cabarets mit entblössten Mädchen und für deren Abbildungen (die auch heute noch unter Berufung auf Atatürk in der türkischen Presse eine grosse Rolle spielen); sein Verhältnis zu den Frauen überhaupt (theoretisch war er für die moderne, selbständige Frau eingestellt, in der Praxis gab es jedoch Schwierigkeiten gerade mit ihnen) – all dies und vieles mehr in seinem persönlichen Leben und Gehabe diente der betont zur Schau getragenen Ablehnung islamischer Sitten und Normen.

Atatürk hat aus seiner instinktiven und persönlichen Abneigung heraus, die er später bewusst, ja demonstrativ steigerte, wie kein anderer muslimischer Staatsmann die Kraft gefunden, den Islam in die Schranken zu weisen. Er hat ihm engen Bewegungsspielraum eingeräumt. Die Religiosität seiner Mitarbeiter, mit denen er sich umgab, tolerierte er, selbst wenn diese sich weigerten, mit ihm zu trinken. Doch mussten sie den privaten Bereich ihrer Religion stets von ihrer öffentlichen und politischen Tätigkeit trennen, was nach Ansicht der islamischen Gottesgelehrten praktisch aller Richtungen nicht möglich ist. Diese Trennung darf nach der Ansicht der Gottesgelehrten nicht zugelassen werden, weil der Islam sich als eine Gemeinschaft der Gläubigen schon in dieser Welt sieht, nicht erst in der kommenden. Atatürk hat also dem Islam in der Türkei eine Rolle aufgezwungen, die nicht aus der islamischen Vorstellungswelt stammte, sondern aus der Ideologie Europas seit der Aufklärung. Die Folge davon war, dass der Islam in der neuen Türkei nur kümmerlich fortexistierte. Seine herkömmliche, zentrale, in den Augen seiner Gelehrten einzig richtige Rolle wurde ihm genommen. Früher hatten die muslimischen Führer gerade in der Türkei, dem Sitz des Kalifates, immer in engster Beziehung zum Staat gelebt. Nun aber wurden sie aus dem staatlichen Bereich ausgeschlossen. Man stellte sie damit vor die Wahl, entweder «laizistische» Diener des neuen Staates zu werden oder als Muslime alter Schule in den Untergrund zu gehen und im geheimen fortzuwirken unter der Gefahr, von der Polizei verfolgt zu werden.

Der Begriff des «Laizismus», einer der wichtigsten Grundpfeiler des neuen Staates Atatürks, war aus Europa entlehnt; er wurde als Fremdwort ins Türkische übernommen. Die neuen laizistischen Machthaber und Bürokraten zeigten oft eine Mischung von Verachtung und Argwohn gegenüber den islamischen Eliten der «alten Zeit». Ihre fast ausnahmslos abgesetzten muslimischen Würdenträger wurden mit den früheren ottomanischen Behörden gleichgesetzt. Beide entmachteten Eliten galten als überholt und der neuen Türkei unwürdig. Sie waren auch gegenrevolutionärer Umtriebe verdächtig, besonders in Verbindung mit den Kurden. Vor allem als diese sich – in der Tat teilweise unter traditionell muslimischer Führung, zum erstenmal 1925 unter Schaich Said – gegen den neuen türkischen Staat erhoben hatten.

Doch zeigte sich später, dass die «Laizisierung» der Türken unter Atatürk weitgehend eine Sache der Mittelschichten, der Staatsbürokratie und des Offizierskorps geblieben war. Die grosse Masse der Bauern blieb «muslimisch». Ihr Festhalten an den alten Normen ging so weit, dass in den Dörfern die Mehrehen andauerten, obgleich sie nach dem neuen Zivilgesetz von 1926 (dem schweizerischen nachgebildet), verboten waren. Damit die Kinder aller Frauen eheliche Kinder blieben, griff man oft zu der Fiktion, sie alle der ersten, legalen Frau zuzuschreiben, sogar wenn das dazu führte, dass die gleiche Frau nach dem Zivilstandsregister innert weniger Monate zwei Kinder zur Welt gebracht hatte. Der Islam der einfacheren Bevölkerung wurde notgedrungen eine Art Volksislam, weil qualifizierte, in den traditionellen islamischen Wissenschaften geschulte islamische Richter, Imame, Gottesgelehrte, fehlten. Wo es sie noch gab, konnten sie nur unterirdisch, am Rande der Legalität, wirken. Die Ausbildung von islamischen Nachwuchskräften wurde weitgehend unterbrochen. Die Medresen und alle islamischen Mittel- und Hochschulen liess Atatürk schliessen. Ihre Stiftungen, die ihre materielle Grundlage bildeten, wurden vom Staat eingezogen. Es gab staatliche Schulen, doch waren diese oft militant laizistisch eingestellt. Der Gegensatz zwischen den vom Staat ausgebildeten und angestellten Schullehrern und der eher konservativen Gesellschaft in den Provinzstädten und Dörfern konnte gelegentlich bis zu Gewalttätigkeiten führen. Die Bevölkerung wusste, dass ihr «Rest-Islam», so wie sie ihn ohne qualifizierte Führung fortzuerhalten suchte, nicht der richtige, volle Islam war. Sie hielt jedoch an ihm fest.

Als die volle Abstimmungsdemokratie eingeführt wurde (der erste Wahlsieg einer Oppositionspartei fand erst 1950 statt), erkannten die türkischen Politiker bald, dass ein bewährtes Mittel, um Stimmen zu gewinnen, darin bestand, dass man den türkischen Bauern neue Moscheen für ihre Dörfer versprach sowie bessere Ausbildung von Religionslehrern und Moscheeleitern (Hocas). Eine gewisse Rückkehr zu den altvertrauten islamischen Normen und Gewohnheiten war volkstümlich. Die Politiker mussten jedoch bei solchen Versprechen und ihrer Erfüllung vorsichtig vorgehen. Die türkische Armee sieht sich als den Wächter der laizistischen Traditionen Atatürks an und kann einschreiten. Sie hat in der Tat mehrmals eingegriffen (1960, 1971, 1980), wenn ihr schien, der Grundsatz des Laizismus der türkischen Republik werde nicht streng genug eingehalten.

Die arabischen Länder des Nahen Ostens machten genau die umgekehrte Entwicklung durch wie die Türkei. Sie wurden Mandatsgebiete.
Zwischen den beiden Weltkriegen und oft bis 1946 wurden sie in der
Praxis von französischen und englischen Machthabern regiert, die ihre
obersten Beraterstäbe, ihre Polizeifachleute und ihre Armeekommandanten und -offiziere mitbrachten. Mit der Hilfe von eingewanderten Landsleuten, Unternehmern, Geschäftsleuten, sogar Handwerkern und Gross-
bauern versuchten sie ein Staatswesen aufzubauen, das mehr oder weniger jenem ihrer eigenen Länder gleichen sollte. Im allgemeinen neigten
die Franzosen, anders als die Engländer, einem Siedlerkolonialismus zu,
besonders in Nordafrika. Die Engländer besassen viele potentiell reiche
Kolonien, von denen sich einige, etwa in den hochgelegenen und südlichen Teilen Afrikas, besser zur Ansiedlung von weissen Landbesitzern
zu eignen schienen als die Länder des Nahen Ostens. Überall jedoch
wurde versucht, möglichst viele Waren aus der «Metropole» zu verkaufen, was bedeutete, dass ein Konsummuster aufgestellt und durchgesetzt
werden musste, das jenem der «Metropole», wenngleich viel bescheide-
ner, entsprach. Überall gab es landesfremde Verwalter und Militärs, welche die Macht, bewusst oder unbewusst, im Sinne ihres Lebensstandards
und ihrer Grundvorstellungen ausübten. Wie Atatürk glaubten auch sie
zu wissen, was Zivilisation sei; sich selbst sahen sie als selbstlose Vorkämpfer dieser wahren Zivilisation in den von aller Zivilisation noch
weit entfernten Kolonialländern. Ihre Sicht der Dinge war sogar international verbrieft; sie hatten ja Völkerbundsmandate, die ihnen den Auftrag erteilten, «zu zivilisieren». So wie sie ihre Aufgabe auffassten,
gehörte zu diesem Auftrag auch, für eine «moderne», nicht religionsge-
bundene Verwaltung zu sorgen. In diesem Sinne waren die kolonialen
Verwalter auch «Laizisten». Freilich setzten sie sich viel weniger streng
als Atatürk dafür ein, dass die islamischen Würdenträger ihren politischen Einfluss bei der Bevölkerung verloren. Die Eingeborenen erschienen ihnen als Menschen, die viel zu intensiv an ihre Religion gebunden
waren, als dass es sich politisch gelohnt hätte, ihren Islam aus dem
öffentlichen Leben zurückzudrängen. Dies hätte ihrer Ansicht nach nur
Unruhen ausgelöst.

Die Bevölkerung, mit der bereits angeführten Ausnahme der libanesischen Maroniten, war jedoch weitgehend gegen die fremde Verwaltung
eingestellt. Sie war enttäuscht oder empört darüber, dass die Sieger-

mächte des Ersten Weltkrieges ihr keine Selbstbestimmung einräumen wollten. In Ägypten und Syrien erfasste diese Enttäuschung auch die einfachen Schichten der Landbevölkerung. Die ägyptischen Bauern, die Fellachen, demonstrierten mit für den *Wafd,* für die ägyptische Delegation nach Versailles. Die syrische Land- und Wüstenbevölkerung griff zu den Waffen, als die Drusen sich erhoben. Im Irak war die Lage komplizierter, weil es eine dünne, aber reiche Oberschicht von Grundbesitzern gab, den Hof miteingeschlossen, die sich eher auf die englische Ordnungsmacht als auf die eigene Bevölkerung stützte. Die südirakischen Stämme, die Schiiten, hatten sich 1919 und in den folgenden Jahren erhoben, um gegen das Mandat zu kämpfen. Die Kurden stritten eher gegen Bagdad als gegen die Engländer. Die Sunniten beherrschten die junge irakische Armee. Viele einflussreiche Armeeoffiziere sympathisierten mit der Achse, als Nazi-Deutschland und das faschistische Italien den Eindruck erweckten, sie könnten als Gegenkräfte gegen die Engländer eingesetzt werden.

Die Arabische Halbinsel mit ihren englisch dominierten Südküsten, jedoch sonst frei von Kolonialherrschaft, kämpfte mit der Armut und stand unter beständigem Geldmangel. Es gab sogar eine Zeit, in der das Haus Saud sich von der Sowjetunion unterstützen liess, weil die Weltrezession die Zahl der Pilger stark reduziert hatte. Damals stellte die Pilgersteuer das Haupteinkommen der Dynastie dar (Sommer 1932). Die Engländer traten als eigentliche Kolonialisten nur in Aden auf. Sonst hatten sie sich hinter die lokalen Herrscher gestellt, deren Aussenpolitik sie mit Hilfe von Bündnissen steuerten. Für Saudiarabien gab es nur gelegentliche Hilfszahlungen gegen spezifische Zusagen des saudischen Herrschers Abdul Aziz, bestimmte Dinge zu unterlassen, zum Beispiel Angriffe auf die Kleinprotektorate im Süden.

In Palästina stand die damals mehrheitlich sunnitische, aber auch christliche arabische Bevölkerung unter dem doppelten Druck der englischen kolonialen Armee und Verwaltung sowie der zionistischen Einwanderung. Sie protestierte gegen beide, und schon in den zwanziger Jahren begannen die ersten Unruhen und Anschläge, die sich hochsteigern sollten (die Zionisten verübten Gegenschläge), bis es nach einer durch den Zweiten Weltkrieg bedingten Pause 1948 zum ersten Krieg zwischen Arabern und Zionisten kam. Überall, wo fremde Heere standen und koloniale Verwaltungen eingesetzt wurden, gab es Widerstand gegen die fremde Herrschaft, der sich gelegentlich in Ausbrüchen gewalttätiger Art Luft machte. Der Islam wurde unter diesen Umständen als das Eigene verstanden, der geistige und geistliche Eigenbereich, von dem aus man Widerstand leistete. Er war der Hort, auf dem die Eigenständigkeit weitgehend beruhte und der gleichzeitig ihre Rechtfertigung war.

Für die Christen und Juden in der arabischen Welt entstand eine schwierige Lage. Sie standen vor der Wahl, sich für einen arabischen Nationalismus zu erklären, der sich vom Islam unterschied, oder mit den Kolonialisten und den Zionisten gemeinsame Sache zu machen. Dieser Entscheid wurde durch den Umstand erschwert, dass die beiden religiösen Minderheiten befürchten mussten, ihre Mitbürger könnten sich weigern, sie als gleichberechtigte Staatsbürger voll anzuerkennen. Sie waren ja nicht am zentralen Hort der Eigenständigkeit, der im Islam lag, beteiligt.

Rückblickend auf die Türkei ist der Kontrast aufschlussreich. Ein wirklicher Türke und beglaubigter Nationalheld, wie Atatürk es schon am Ende des Ersten Weltkrieges war, besass die Möglichkeit, den politischen Islam energisch in die Schranken zu weisen und alle Proteste gegen diese Islampolitik zu ersticken. Eine fremde Kolonialmacht, auch wenn sie theoretisch den gleichen Laizismus nachvollziehen wollte wie Atatürk, wagte doch nicht das gleiche zu tun; und dies mit gutem Grund. Die hier und dort offen ausbrechenden Aufstände hätten sich vervielfacht, wenn der Islam der kolonisierten Völker von den Kolonisatoren offen herausgefordert worden wäre. Es sollte sich in den kommenden Jahrzehnten erweisen, dass gerade die islamischen Kreise sich am nachhaltigsten und oft auch am blutigsten gegen die koloniale Präsenz zur Wehr setzten. Zunächst hielten sie den Willen zur Eigenständigkeit unter der Bevölkerung wach, später gingen sie eine Allianz mit den nationalistischen Gruppen und Kräften ein, um gemeinsam mit ihnen zum aktiven Widerstand überzugehen.

Im Falle Algeriens wird dies am deutlichsten. Dort verzögerte sich im Gegensatz zum Nahen Osten der Abzug der kolonialen Armeen, der Verwaltung und der Siedler um fast zwei Jahrzehnte (1962 statt 1946). Das algerische Volk musste bis hinab zu den Bauern und Nomaden mobilisiert werden, um den notwendigen Druck zustande zu bringen. Diese Mobilisation der breiten Volksschichten war nur im Namen des Islams und mit dem Instrument des Islams möglich. Die Kämpfer nannten sich Mujahedin, Streiter auf dem Weg Gottes, wie die Formel des Korans lautet. Ohne die Vorarbeit im geistigen, geistlichen und organisatorischen Bereich durch Gottesgelehrte und Aktivisten wie Ben Badis

(1889–1940) wäre vielleicht die islamische Basis, auf die sich später der Aufstand der Algerier gegen die französische Kolonialmacht abstützte, so sehr geschwächt gewesen, dass der Befreiungskampf nicht erfolgreich abgelaufen wäre.

Wenn man die Herkunft der algerischen Anführer des Widerstands betrachtet, kommen sie entweder aus dem entlegenen Osten oder aus dem entlegenen Westen des Landes oder aus den Bergen des Aurès und aus der Kasbah von Algier. Dies sind die Rückzugsgebiete, in denen sich islamische Tradition stärker aufrechterhalten hatte als in den direkt von den Franzosen dominierten und stark durch ihr Vorbild beeinflussten Landesteilen.

Der Zweivölkerstreit in Palästina

Palästina machte eine Sonderentwicklung durch. Diese war dadurch gegeben, dass die Zionisten das Land zu ihrer «Heimstätte» machen wollten, während die einheimischen Araber dagegen Widerstand leisteten. Die englische Mandatsmacht sah sich verpflichtet, für Ruhe und Ordnung zu sorgen und die Entwicklung des Landes zu einem modernen Staat zu fördern. Der Zustrom der ersten Zionisten nach Palästina, was man die erste *Alia* nannte, fand schon 1882 statt. Damals stand das Land noch unter ottomanischer Verwaltung. Die arabischen Bauern, meist am Ertrag beteiligte Pächter, wurden oft von ihren Äckern vertrieben, wenn die Grossgrundbesitzer ihr Land an die Zionisten verkauften. Schon damals suchten sie Widerstand zu leisten, nicht gegen den Verkauf, von dem sie oft gar nichts erfuhren, sondern gegen ihre oft gewaltsame Vertreibung von den Ländereien. Einer der frühen Landverkäufer an die Zionisten war die Sursock-Familie, die in Beirut lebte. Sie hat 1910 die Region Foula verkauft, 1920 den Rest ihrer Besitztümer, total 22 Dörfer mit 80 000 Bauern. Was mit diesen Bauern geschah, weiss niemand. Sie erhielten eine «Kompensation» von 3,5 Pfund pro Kopf. Die Zionisten riefen die türkische Polizei zu Hilfe, um sie wegzutreiben. Die arabischen Bauern machten schon sehr früh die bittere Erfahrung, die sich bis heute immer wieder bewahrheiten sollte: Die Zionisten wollten ihr Land, jedoch ohne die Bevölkerung. Die Bauern versuchten Widerstand zu leisten. Es gehört zu den vielen propagandistischen Entstellungen, welche die meisten Darstellungen der Geschichte Palästinas färben, dass die einfachen Araber angeblich nichts gegen die Zionisten einzuwenden gehabt hätten. Es seien nur die Politiker gewe-

sen, die sie «aufgehetzt» hätten. In Wirklichkeit war die Lage umgekehrt. Die Politiker, die eher in der Lage waren, das wirkliche Verhältnis der politischen Kräfte zu erkennen, suchten lange Jahre hindurch
Gewalt zu vermeiden und Kompromisse abzuschliessen. Die blutigen
Unruhen von 1920 in Jaffa und 1929 in Jerusalem waren Volksaufstän-
de. Die arabischen Würdenträger versuchten damals, ihre Mitbürger zu
beruhigen. (Vgl. die Auszüge aus den britischen Untersuchungsberich-
ten und die Gesamtdarstellung von David Hirst in: The Gun and the
Olive Branch. London 1977, Kap. II, mit der dort zitierten Dokumenta-
tion. Mehr soziologisch als historisch ausgerichtet ist die Darstellung
von Maxime Rodinson: Israel and the Arabs. Penguin Books, 1982.
Beide Beschreibungen sollte jedermann lesen, der wissen will, was wirklich geschah.) Die Lage veränderte sich grundlegend, als nach den Verfolgungen Hitlers neue Wellen von Juden in Palästina eintrafen. 1931
gab es 175 000 Juden unter den 1 036 000 Bewohnern des Landes, das
heisst 17,7 Prozent. Zwischen 1932 und 1939 kamen weitere 217 000
Juden nach Palästina. 1939 waren es schon 429 605 Juden bei einer
Gesamtbevölkerung von 1,5 Millionen, das heisst 28 Prozent. Zwischen
1936 und 1939 herrschte eine Art Bürgerkrieg, den die Engländer zu
dämpfen suchten. Araber wie Juden lebten getrennt, weil es zu den
Grundsätzen der Zionisten gehörte, ihre eigenen Leute als Arbeiter
anzustellen. Man sprach damals von «jüdischer Arbeit». Später kamen
die Sicherheitsgründe dazu. Die jüdische Gemeinschaft war dabei stets
die kleinere, aber effizientere. Sie stand praktisch unter eigener Regierung, die mit den englischen Mandatsbehörden im Namen der jüdischen
Gemeinschaft verhandelte. Aus ihr entwickelte sich eine mächtige Ge-
werkschaftsstruktur.

Die ersten Schritte zur Selbstbewaffnung gingen schon auf den Ersten
Weltkrieg zurück. Wladimir Jabotinsky und Joseph Trumpeldor bildeten die ersten jüdischen Truppen aus, die mit den Engländern in Galli-
poli kämpften. Gegen Ende des Krieges hatte Jabotinsky eine Jüdische
Legion aufgezogen, die aus vier Füsilier-Bataillonen von je 5000 Mann
bestand. Trumpeldor fiel im Kampf gegen die Araber in Galiläa und
wurde zum Nationalhelden.

Auf arabischer Seite zog der Bürgerkrieg von 1936 bis 1939 die ersten
Freiwilligen aus den arabischen Nachbarländern nach Palästina. Sie kamen vor allem aus Syrien, wie Fawzi al-Kawukji. Scheich Izz ad-Din al-
Qassam hatte zuerst gegen die Franzosen in Damaskus gekämpft und
dann in Haifa Zuflucht gefunden. Er löste 1935 aus religiösen Gründen

die erste bewaffnete Revolte der Araber aus und fiel schon zu Beginn der Kämpfe. 1938 begann eine zweite und heftigere Phase, nachdem ein Jahr zuvor eine britische Kommission einen ersten Teilungsplan aufgestellt hatte, den die Araber ablehnten. Im Jahr 1939 musste Grossbritannien Palästina sozusagen zum zweitenmal erobern, so allgemein wurde die Rebellion. Damals wurden drakonische Notstandsgesetze erlassen, welche Israel heute noch gegen die Araber der besetzten Gebiete anwendet.

Dass die jüdische Immigration aufhören müsse, war die grundlegende Forderung der Araber Palästinas. Die Briten erfüllten diese Forderung, als es im Vorfeld des Zweiten Weltkrieges notwendig wurde, die Mitarbeit der Araber und der anderen Muslime des englischen Imperiums zu erlangen. Viele hatten begonnen, aus Abneigung gegen die englische Kolonialmacht den Italienern und den Nazis zuzuneigen. Ein Weissbuch erschien, das die jüdische Einwanderung für die nächsten fünf Jahre auf 75 000 beschränkte. Danach sollte keine Einwanderung mehr stattfinden, es sei denn mit Zustimmung der Araber. Die Araber beruhigten sich angesichts dieser Zusagen, die jüdische Gemeinschaft jedoch begann eine Terrorkampagne gegen die Engländer, die von nicht offiziellen Gruppen getragen war wie dem Stern Gang und Irgun, einer Terrorgruppe, die unter dem Kommando des späteren Ministerpräsidenten Begin stand.

Der Zweite Weltkrieg führte zu einer Art Waffenstillstand. Die Hagana, das heisst die offizielle Armee der jüdischen Gemeinschaft, entsandte Freiwillige, die unter britischen Truppen dienten. Als der Krieg zu Ende war, brach die «Revolte» los (dies ist der Titel des Erinnerungsbuches von Begin über die damaligen Terroraktivitäten). Sie dauerte rund zwei Jahre. Terrorakte wie die Zerstörung des King-David-Hotels durch Bomben, bei der 88 Menschen starben, Engländer, Araber und 15 Juden (M. Begin: The Revolt. London 1951, S. 220), waren ihre Merkmale.

Grossbritannien geriet unter amerikanischen Druck, die Einwanderungsbeschränkungen aufzuheben. Nach dem Zweiten Weltkrieg und dem Bekanntwerden der Ausmasse der Judenvernichtung Hitlers war die Palästinafrage emotional geladen wie nie zuvor. London entschied sich, die Palästinafrage in die Hände der Uno zu legen. Diese beschloss (29. November 1947), das Land in zwei Hälften zu teilen. Die britische Regierung erklärte, sie werde auf den 15. Mai 1948 ihre Truppen abziehen. Begin zeigt sich in seinem Buch überzeugt davon, dass es die Terrortaten seiner Anhänger gewesen seien, welche die Briten zum Auszug getrieben hätten. Die Israeli nahmen die Teilungsresolution der Uno an; die Araber lehnten sie ab. Der Krieg gegen die Engländer sollte sich von da ab in einen Krieg gegen die Araber verwandeln, gegen die einheimischen zuerst, dann auch gegen die arabischen Staaten, die glaubten, die Israeli aus Palästina vertreiben zu können. Die heute immer noch oft gehörte Behauptung, eindringende arabische Armeen hätten die arabischen Bewohner Palästinas aufgefordert zu fliehen, trifft nicht zu. Es gibt kein Dokument, das dies bestätigt, obleich Übersetzungen aller Radiosendungen vorliegen, die damals ausgesandt wurden, und die Zeitungen der Epoche vorhanden sind. Es gab jedoch einen Plan Dalet, der von der Hagana und von Palmach aufgestellt worden war, «um Kontrolle über die Region zu erlangen, die uns von der Uno zugewiesen war, sowie über alle anderen, die wir ausserhalb der Grenzen besetzten». Diese Regionen sollten von ihren arabischen Bewohnern «gereinigt» werden. Die Flucht der Bevölkerung wurde durch eine geschickte Mischung von Terror und psychologischer Kriegsführung erreicht. In diesen Plan passte das Massaker von Deir Yassin vom 10. April 1948 recht genau. Es wurde von Irgun gemeinsam mit dem Sterngang durchgeführt. Die Waffen wurden von der Hagana geliefert. Dieses Massaker forderte 254 Tote des arabischen Dorfes (heute Kfar Shaul bei Jerusalem), Frauen, Kinder, Greise, Säuglinge, Männer. (Einzelheiten bei Hirst, wie oben zitiert, S. 124ff.; vergleiche auch: Jacques de Reynier: A Jérusalem un drapeau flottait sur la ligne de feu. Neuchâtel 1950, S. 71–76. Der Verfasser war Leiter des Internationalen Roten Kreuzes in Palästina und Augenzeuge des Massakers.)

Der Schrecken, der von diesem Terrormord ausging, führte zur Flucht von vielen Arabern. Begin merkt in seinem Buch an: «Von den 800 000 Arabern, die in dem heutigen Gebiet Israels lebten, sind es nur noch 165 000. Die politische und wirtschaftliche Bedeutung dieser Entwicklung kann schwerlich überschätzt werden» (The Revolt, S. 164).

Doch Deir Yassin war eine eher ausserordentliche Erscheinung. Derartige grossangelegte Mordtaten gehörten eher zu den Einzelfällen; aber der allgemeine Terror gegen die arabische Bevölkerung in der Absicht, sie in Panik zu versetzen, wurde systematisch geübt. Es gibt heute auf objektiven Quellen beruhende wissenschaftliche Arbeiten, die dies aufzeigen. Es gab eine systematische Vertreibung und Fernhaltung der einmal vertriebenen Araber. Dies erlaubte den Juden – sie waren damals gerade erst zu Israeli geworden –, die arabischen Ländereien zu übernehmen. Die Arbeiten von Benny Morris, selbst Israeli und Oxfordabsolvent, sind grundlegend. Sie zerstören den Mythos einer freiwilligen Flucht der Araber aus ihren Gebieten und zeigen die Mechanismen auf, die dazu dienten, Vertreibung und dauernde Fernhaltung der arabischen Bevölkerung von ihren angestammten Gebieten zu erreichen. Es ist wichtig, diesen Sachverhalt klar zu erkennen, weil er das spätere Verhalten der arabischen «Flüchtlinge» (besser «Vertriebenen») erklärt. Der Mythos ihrer freiwilligen Flucht hat während Jahrzehnten in Europa Glauben gefunden, und viele Israeli verteidigen ihn noch heute leidenschaftlich. Dieser Mythos hatte politische Folgen. Aussenstehende meinten, das Verhalten der «arabischen Flüchtlinge» sei irrational, unverständig und unverständlich gewesen. Man erhob auch Vorwürfe gegenüber den arabischen Staaten, welche die «Flüchtlinge» in ihrer Haltung, in die Heimat zurückzukehren, bestärkten, anstatt ihnen die Möglichkeit zu bieten, in den Gastländern ein neues Leben zu beginnen. Die Vertriebenen hätten nicht «fliehen» sollen, warfen ihnen selbst viele arabische Nationalisten vor, sie hätten kämpfen müssen. Gleichzeitig gaben jahrelang die arabischen Staaten vor, arabische Armeen würden demnächst «Palästina befreien» und den Flüchtlingen zur Heimkehr verhelfen. Diese Fama hielt sich bis 1967.

Die Selbsthilfe der PLO

Schon kurz vor jener zweiten, entscheidenden Niederlage von 1967 hatten die Palästinenser begonnen, eine Selbsthilfe aufzubauen, die sich in der PLO verwirklichte. Bis zu jener Zeit glaubten die meisten Palästinenser, sich auf die Versprechungen der verschiedenen arabischen Regierungen verlassen zu können. Diese versprachen immer wieder lauthals, sie würden die Vertreibung der Palästinenser «rächen». Je mehr die Aussenwelt von der Ansicht abrückte, dass ihnen bitteres Unrecht geschehen sei, desto fester hielten die Palästinenser daran fest, so lange auszuharren, bis das erlittene Unrecht wiedergutgemacht sei. Diese Reaktion wird erst verständlich, wenn man begreift, dass in der Tat eine systematische Entstellung der Tatsachen vorlag. Die Opfer der Austreibung hatten nicht nur Haus, Hof, Nationalität und Heimat verloren, sie waren auch Opfer einer Geschichtsfälschung geworden, gegen die sie kaum aufkommen konnten, jedenfalls nicht in der westlichen Welt. Dass der Erfolg der zionistischen Propaganda so gross war und es immer noch bleibt, hat ohne Zweifel mit der Geschicklichkeit der israelischen Propagandisten zu tun. Sie kennen sich im westlichen Informations- wie auch im Verlagswesen sehr gut aus und besitzen ein bedeutendes Gewicht in der akademischen Welt. Noch wichtiger dürfte das schlechte Gewissen gewesen sein, das in der westlichen Welt aus guten Gründen gegenüber den Juden bestand. Auch jene Staaten, welche die Juden nicht direkt verfolgt hatten, wussten zugegebener- oder halb eingestandenermassen, dass sie in den dreissiger und vierziger Jahren wenig oder nichts getan hatten, um gegen die nazistische Judenverfolgung und Judenvernichtung zu protestieren, und jüdische Flüchtlinge nicht aufgenommen hatten, solange dies noch möglich war. Gebildete Araber kennen diese Zusammenhänge durchaus. Doch sie fragen zu Recht, weshalb ausgerechnet die Palästinenser dafür büssen sollen, dass sich die Europäer in den Jahren vor und während des Zweiten Weltkrieges (natürlich auch schon seit Generationen zuvor) schwere Schuld gegenüber den Juden aufgeladen hatten. In der Tat ist ein früheres Nicht-wissen-Wollen gegenüber den Judenverfolgungen auf ein Nicht-wissen-Wollen gegenüber der Vertreibung der Palästinenser übertragen worden. Erst wenn man beginnt, diese an sich offenliegenden Zusammenhänge zu sehen, kann man die Lage der heutigen Palästinenser und ihre Aktionen verstehen. Von dieser Kenntnis her sind dann auch ihre terroristischen Exzesse zu verstehen, wenn auch nicht zu rechtfertigen.

IV. Die Wirren der Nasser-Zeit

Israel, Ausgangspunkt der arabischen Wirren

Die Tragödie der Palästinenser hatte wichtige politische Folgen, nicht nur für die Palästinenser selbst, sondern für die gesamte arabische Welt, wie auch im geringeren Ausmass für die ganze Welt des Islams. Am deutlichsten wurde dies in den Nachbarländern, die in den Unabhängigkeitskrieg Israels verstrickt waren und ihn verloren hatten. Die Armeen Syriens und Ägyptens machten die Politiker für ihre Niederlage verantwortlich. Viele arabische Politiker hatten in der Tat verantwortungslos gehandelt und vor allem geredet. Sie hatten sich selbst, ihrer Bevölkerung und ihren Streitkräften eingeredet, dass der Sieg über Israel eine Sache von Tagen sein werde. In Wirklichkeit waren sie nicht einmal fähig gewesen, eine einigermassen genügend ausgerüstete Armee in einer einigermassen genügenden Stärke in den Krieg zu entsenden.

Die verschiedenen Armeen, die gegen Palästina ins Feld zogen, hatten mehr gegeneinander als miteinander gearbeitet. Die Kritik dehnte sich weit über den Bereich des verlorenen Krieges aus. Die hohen Offiziere, die diesen Krieg in erster Linie verloren hatten, waren daran interessiert, das politische System dafür verantwortlich zu erklären, der Korruption die eigentliche Schuld zu geben. Es gelang ihnen dadurch, ihr eigenes militärisches Versagen zu verdecken. Die Offiziere scheinen auch ihre eigene Unfähigkeit oft selbst nicht erkannt zu haben. Die Korruption der Politiker zu tadeln war jedenfalls die bequemste Lösung. Gewiss, ihre Armeen waren damals noch im Aufbau begriffen und unerfahren. Sie waren eben erst mit der tatsächlichen Unabhängigkeit zu nationalen Streitkräften geworden. Die transjordanische Armee, die damals noch von englischen Offizieren kommandiert wurde, hatte sich am erfolgreichsten geschlagen und Ostjerusalem sowie zwei grössere Taschen jenseits des Jordans mit den Zentren Nablus und Hebron gehalten. Auch ein junger Major namens Abdel Nasser hatte, im Gegensatz zu vielen ägyptischen Offizieren, in der Tasche von Fallouja, beim Gazastreifen bis zum Waffenstillstand durchgehalten, ohne sich zu ergeben.

In Syrien erfolgte sofort nach der Niederlage ein erster Putsch (Husni Zaim, 1949). In Ägypten bedurfte es einer weiteren inneren Krise, bis die Armee durchgriff. Sie entzündete sich an der Frage des Abzuges der britischen Truppen aus der Suezkanalzone, die damals eine der wichtigsten Militärbasen im ganzen Nahen Osten bildete. Eine Wafd-Regierung griff zur Volksagitation, um die Räumung der Basis zu erreichen. Der britische Oberkommandant, General Erskine, beschloss, die Kaserne der Sicherheitspolizei in Ismailia anzugreifen. Er sah die Polizisten zusammen mit Parteiaktivisten und den Muslimbrüdern als die Verantwortlichen für die Kleinaktionen an, denen die Engländer in der Kanalzone ausgesetzt waren. 50 Polizisten wurden getötet, über 100 verletzt. Am nächsten Tag, dem 26. Januar 1952, brachen Unruhen in Kairo aus. Die Polizei streikte. Die Armee zeigte sich nicht in den Strassen. Gruppen von Aktivisten, die Muslimbrüder waren ohne Zweifel mit dabei, zogen durch die Strassen und zündeten Kinos und Hotels an. Kairo brannte. Der König hielt die Armee solang zurück, bis genügend Schaden entstanden war, um den Rücktritt der Wafd-Regierung zu erzwingen. Die Regierung stürzte, und der König konnte eine Regierung ernennen, in die er seine Günstlinge einbringen konnte.

In den folgenden Monaten versuchte König Faruk, seine Macht über die Streitkräfte zu festigen. Er wollte einen Oberkommandierenden ernennen, der ihm völlig ergeben war, und die unruhigen Elemente, die im Krieg gegen Israel gekämpft hatten, zurückbinden. Durch diese Schritte veranlasste er die Gruppe der Freien Offiziere zum Losschlagen. Die Freien Offiziere hatten sich innerhalb der Armee unter der Führung Nassers gebildet. Sie lösten ihren Putsch am 22. Juli in Kairo aus, während sich die Regierung in den Sommerferien in Alexandria befand. Der Coup gelang über Erwarten leicht. Unter den Verschworenen befand sich kein Offizier aus den oberen Rängen. Die Putschisten wandten sich an einen in der Armee beliebten 53jährigen General, Muhammed Neguib, der sich in Palästina einen Namen gemacht hatte, und baten ihn, das Amt eines Staatspräsidenten und Ministerpräsidenten zu übernehmen. Die Führer der verschworenen Freien Offiziere schlossen sich zu einer Offiziersjunta zusammen, dem «Revolutionsrat», der ursprünglich die Oberaufsicht über die Armee ausübte und gemeinsam die grossen politischen Entscheidungen traf. Der Rat hatte zuerst neun, später zwölf Mitglieder. Sie besassen Verbindungen zu den rund 250 Offizieren, die der ursprünglichen Geheimbewegung der Freien Offiziere angehörten.

General Neguib übernahm die ihm zugedachte Rolle. Doch die Offiziere der Junta trafen die eigentlichen politischen Entscheidungen: Abdankung des Königs zugunsten seines nur wenige Monate alten Sohnes; Landreform, die auch eine Senkung der Landpachten um etwa 70 Prozent mit sich brachte; Unterdrückung eines Streiks in den grossen Spinnereien von Mahalla al-Kubra mit zwei vollstreckten Todesurteilen durch Erhängung; ein Gesetz, das die alten Parteien zur Abdankung zwang, einschliesslich des volkstümlichen Wafd; Gründung einer Einheitspartei, die sich zuerst «Befreiungszusammenschluss» nannte, Nasser wurde ihr Generalsekretär; Zensur der Zeitungen; Verhandlungen mit den Engländern über die Fragen der Kanalzone und des Sudans.

Es kam schliesslich zu einem zähen Ringen zwischen Nasser und Neguib, in dem Neguib zuerst den Sieg zu erringen schien. Er wollte wieder ein Parlament einberufen und Parteienfreiheit zulassen sowie die Zensur aufheben. Man stritt sich auch über die Muslimbrüder; waren sie eine religiöse Assoziation oder eine politische Partei? – Am Ende sollte jedoch Nasser obsiegen. Vom 14. November 1954 an war Nasser der alleinige Herrscher. Sein Herrschaftsinstrument war primär die Armee, innerhalb der Armee und in der zivilen Regierung spielten die Geheimdienste eine entscheidende Rolle. Das Ganze erhielt jedoch einen populistischen Anstrich. Es wollte eine Regierung sein, die im Interesse des kleinen Volkes handelte. Sie war aber auch sehr nationalistisch und auf die Ehre Ägyptens bedacht.

Das Fieber der Nasser-Zeit

Rückblickend sieht es heute so aus, als ob durch die ganze Nasser-Periode ein politisches Fieber geherrscht hätte, das nie bis zur Niederlage im Sechstagekrieg von 1967 ganz abgeklungen war. Diese 13 Jahre hindurch sorgte Nasser für politische Unruhe und Bewegung, besonders in der ersten Hälfte seiner Herrschaftsperiode. Der Import von Waffen aus der Sowjetunion (damals wurde behauptet aus der Tschechoslowakei); das Ringen um den Staudamm; die Suezkrise; die Vereinigung mit Syrien; die Unruhen in Libanon; die Revolution im Irak hielten die ganze arabische Welt bis 1958 in Atem. Es waren die Jahre des politischen Aufstiegs Nassers. Dann folgte eine kritische Periode, in der es darum ging, ob er seine panarabischen Pläne verwirklichen könne. Rückschläge stellten sich ein, wie der Streit mit dem neuen Herren des Iraks, General Kassem, und damit verbunden mit den arabischen Kommunisten, die zu Kassem hielten, ohne Zweifel auf Weisung der Sowjetunion; später (1961) die Lostrennung Syriens aus der Vereinigung mit Ägypten. Doch kurz darauf Revolution in Jemen, wobei Kairo eine Helferstellung einnahm; Bürgerkrieg im Jemen; Streit zwischen Ägypten und Saudiarabien; Fehlschlag der Versuche der ägyptischen Armee, Nordjemen unter ihre Kontrolle zu bringen. Gleichzeitig Versuche in Ägypten, ein «sozialistisches» Wirtschaftssystem aufzubauen, ohne eine sozialistische Partei zuzulassen. Es wurde ein wenig leistungsfähiger «Staatskapitalismus» daraus.

Vom Jemenkrieg an begannen die Dinge für Nasser abwärts zu gehen. Es gibt heute Berichte, nach denen in jenen Jahren Nasser die Kontrolle der Armee weitgehend entglitten sei. Marschall Abdel Hakim Amer, einst sein engster Vertrauter, übte sie aus, jedoch möglicherweise nicht immer im Sinne Nassers. Er sorgte in erster Linie für das Wohlergehen der Offiziere. Sie bildeten, was man damals «die neue Klasse» nannte. Nasser liess seinem Geheimdienst sehr freie Hand. Dies waren die Jahre der grossen Furcht der Ägypter vor den Geheimdienstchefs und ihren Foltermethoden. Es war damals verboten, mit Ausländern auch nur zu sprechen. Man erhielt nur sehr schwer Ausreisevisen. Die Amerikaner lieferten zuerst grosszügige Hilfe in Form von Lebensmitteln, welche Ägypten dringend brauchte. Doch später schränkten sie ihre Lieferungen langsam wieder ein, weil Ägypten seine aktivistische, «revolutionäre» Aussenpolitik im arabischen Raum und in Afrika nicht aufgeben wollte. Die Diplomaten und die Militärattachés Nassers suchten in der arabischen Welt, im islamischen Afrika, unter den neutralistischen Staaten (wie man damals die Blockfreien nannte) eine immer aktivere Rolle zu spielen. Sie traten dabei fast immer als Gegenspieler der Amerikaner auf.

Die Kämpfe in Jemen, die trotz mehrerer Schlichtungsversuche zwischen Nasser und seinem bitteren Feind, König Faisal, sechs Jahre lang dauerten, brachten die Amerikaner zunehmend unter Druck, sich zwischen Nasser oder Faisal zu entscheiden. In der Wirtschaft stellte sich gleichzeitig eine Krise ein. Je mehr Ägypten sich industrialisierte, desto stärker wurde sein Devisenbedarf für Importe und desto knapper wurden die Auslandsgelder. Die Industrien arbeiteten praktisch nur für den Inlandbedarf. Die Qualität der hergestellten Waren war für den internationalen Markt zu gering, während im Inland, dank hoher Zollschranken und Importbeschränkungen, eine grosse Nachfrage an allem bestand, was die ägyptische Industrie produzieren konnte – ausser an Medikamenten wie «ägyptischem Penicillin», von dem die Bevölkerung bald festgestellt hatte, dass es unwirksam blieb. Doch die Industrieunternehmen selbst, damals fast alle staatlich geführt, mussten, wenn die Devisen fehlten, stillgelegt werden oder reduziert arbeiten. Es fehlte meist an Ersatzteilen, Rohstoffen, Halbfertigprodukten und vor allem das Geld, um Lizenzen zu bezahlen. Dies bedeutete, dass Erfolg oder Misserfolg praktisch aller Geschäfte, Industrieunternehmen und verstaatlichter Produktionseinheiten von den politischen Beziehungen und Fähigkeiten ihrer Leiter abhingen: Alles kam darauf an, ob sie sich grössere oder kleinere Stücke des Devisenkuchens beschaffen konnten.

Die Bevölkerung hatte damals eher viel Geld, da gute Löhne bezahlt werden mussten, das Leben noch recht billig war und der Staat nicht zuliess, dass einmal angestellte Arbeiter entlassen würden. Doch schon bald gab es für das viele Geld zu wenig zu kaufen. Es war die grosse Zeit Gazas. Der Gazastreifen stand damals unter ägyptischer Militärverwaltung, gehörte aber legal nicht zu Ägypten. Die ägyptischen Behörden benützten dieses Gebiet als ein Sicherheitsventil. Dort gab es alle Importartikel zu kaufen, die in Ägypten nicht erhältlich waren. Armeeoffiziere konnten sich, dank der Protektion Marschall Amers, Eisschränke oder sogar Automobile aus Jemen einfliegen lassen.

Die Sowjetunion war in jener Zeit ein wichtiger Partner Ägyptens geworden. Sie lieferte alle Waffen für die Armee und rüstete auch die in Jemen gemeinsam mit den Ägyptern kämpfende republikanische Armee aus. Sie half den Staudamm von Assuan bauen und die Elektrifizierung durchführen. Sie errichtete ein Stahlwerk in Helouan bei Kairo und war in vielen anderen Bereichen tätig.

Nasser als Vorbild

Die frühen Jahre des Nasserismus wirkten ansteckend auf andere arabische Offiziersregime und Offiziere. Nasser wurde sogar für jene Modell, die nicht die Absicht hatten, sich selber seinem Oberbefehl zu unterstellen. In Syrien führte ein inneres Ringen um die Macht, in dem sich prokommunistische und linksnationalistische Offiziere gegenseitig bekämpften, dazu, dass syrische Politiker und Offiziere im Februar 1958 nach Kairo flogen, um ihr Land Nasser für einen Zusammenschluss mit Ägypten anzubieten. Nasser nahm ihr Angebot an, jedoch unter der Bedingung, dass beide Länder künftig nur eine Staatspartei kennen und die gleichen Machtstrukturen annehmen sollten. Drei Jahre später löste sich Syrien wieder von Ägypten. Die syrische Armee unternahm einen

Staatsstreich gegen den Statthalter Nassers in Damaskus, der zuletzt Marschall Amer gewesen war.

Im Irak fegte 1958 ein nationalistischer Staatsstreich der Armee das pro-britische Regime Nuri as-Saids und die haschemitische Dynastie hinweg. Doch bald wurde klar, dass der oberste Chef der irakischen Militärrevolution, General Abdul Karim Kassem, nicht bereit war, sich Nasser unterzuordnen. Er leistete seinem zweiten Mann, Oberst Aref, der dies tun wollte, Widerstand, indem er sich auf die Kommunisten abstützte, um die panarabischen Nationalisten zurückzudrängen. Ein Putsch der Nationalisten in Mosul schlug 1959 fehl.

Doch die Politik Nassers wurde von allen Revolutionären übernommen: Landreform, Zurückdrängen der alten Landbesitzerschichten, die dank ihres Besitzes die Parlamente beherrscht hatten; Vorgehen gegen die aus der Zeit des Kolonialismus verbliebenen Interessen (im Irak war dies vor allem die Erdölgesellschaft IPC), Waffen aus der Sowjetunion, Informationsmonopol für das Regime, Aufbau einer starken Armee, Absicherung des Regimes durch Geheimpolizei, Einparteisystem oder kontrolliertes Parteispektrum mit Übergewicht für die Staatspartei, neutralistische Aussenpolitik.

Die Anziehungskraft dieses politischen Modelles ging auf Nasser zurück. Seine Politik war an und für sich attraktiv, weil sie eine Fortsetzung der Entkolonisierung darstellte. Die Emanzipation, so empfand man, des eigenen Staates war nicht vollendet mit dem Abzug der kolonialen Heere. Der «Kolonialismus» stellte auch weiterhin einen Feind dar, den man bekämpfen wollte. «Kolonialismus» war aus dieser Sicht auch das Fortbestehen der Verbindungen einer bestimmten Oberschicht, die schon unter den Kolonialmächten reich gewesen war, mit der ehemaligen Metropole der Kolonialherren oder auch dem Zentrum des neuen Imperialismus, als welches man die Vereinigten Staaten ansah. Dies waren die «compradores» des Kolonialismus oder Neokolonialismus, die «Bourgeoisie», die es zusammen mit den «Feudalisten» des Grossgrundbesitzes zu bekämpfen und zu entmachten galt. «Sozialismus» oder «arabischer Sozialismus» bedeutete, dass diese «Diener des Kolonialismus» entmachtet würden. Man argwöhnte, dass die fortbestehenden Verbindungen mit dem Westen auch politische Folgen hätten. Die «Diener» wurden auch als «Agenten» des Kolonialismus angesehen. Ihre Interessen waren an jene ihrer früheren Kolonialherren gebunden. Diese hatten sie «zurückgelassen», um indirekt die arabischen Staaten weiter «auszubeuten».

Nach dieser Sicht der Dinge, die teilweise richtig war, befand man sich in der Endphase der Entkolonisierung. Es ging nun darum, den «Neokolonialismus» zu überwinden, nachdem man den Kolonialismus hinter sich gebracht hatte. Als des «Neokolonialismus» verdächtig galten auch die verschiedenen Versuche der Amerikaner und Engländer, Sicherheitspakte gegen die Sowjetunion abzuschliessen. In Wirklichkeit, so argwöhnte man, gingen sie darauf aus, sich Einflusssphären zu sichern, deren Hegemonie sie übernehmen wollten. Dagegen zu polemisieren war populär. Man hatte eine Sendung, eine Aufgabe.

Israel wurde stets in den Zusammenhang von Kolonialismus und Neokolonialismus gestellt. Es war der «Dorn», den die Kolonialisten ins Fleisch der arabischen Welt getrieben hatten, und zwar genau an der empfindlichsten Stelle, die den Übergang zwischen der arabischen Welt Nordafrikas und jener des arabischen Ostens bildet. Die arabischen Staaten erblickten in Israel ein Symbol ihres eigenen Versagens. Dieses letzte staatliche Überbleibsel des Kolonialismus musste beseitigt werden. Erst wenn dies vollbracht sei, so glaubten viele Araber, würden sie der Welt und sich selbst beweisen, dass die Araber nun mündig geworden seien. Ihre Emanzipation aus den «kolonialen Banden» wäre dann wirklich vollendet. Was gedachte man zu tun, nachdem die beinahe erreichte, aber vorläufig immer noch unvollständige Emanzipation Wirklichkeit geworden sei? Darüber herrschten im Grunde utopische Vorstellungen. Man glaubte, die arabische Einheit werde sich dann «von selbst» einstellen; denn dass alle Araber zusammen in einer «arabischen Nation» lebten, sei der «natürliche Zustand». Diese Einheit werde sich notwendigerweise wieder ergeben, sobald alle Hindernisse, die sich ihr gegenwärtig entgegenstellten, beseitigt seien.

Diese Hindernisse setzte man gleich mit den Überresten aus den kolonialen Zeiten, zu welchen man in erster Linie Israel rechnete. Die heutigen Grenzen waren ja in der Tat von den kolonialen Herren gezogen worden, weil sie «teilen und herrschen» wollten. Deshalb würden sie von selbst dahinschwinden, wenn der Einfluss der Fremden einmal restlos ausgeschaltet sei. Die Baath-Partei, in Syrien entstanden und gedankliche Schöpfung des orthodoxen Christen Michel Aflak, entwickelte eine damals recht einflussreiche Ideologie, die sich um die Schlagwörter Einheit, Freiheit, Sozialismus drehte. Diese drei Ziele, so lehrte Aflak, müssten gemeinsam angestrebt und erreicht werden, dann würden sie einander bestärken und als Grundlage der *einen* arabischen Nation und ihres gemeinsamen Zusammenlebens dienen. Die Baathisten verfehlten

nicht, auf Deutschland und Italien vor ihrer Vereinigung zu Nationalstaaten hinzuweisen. Die Araber, so versicherten sie, müssten und würden sich in gleicher Weise zu einer Nation zusammenfinden. Erst dann
könnten sie ihre Bestimmung als Araber erfüllen.

Die Baath-Partei hatte ähnliche, aber nicht die genau gleichen Ziele
wie Nasser. Die arabische Einheit, die Nasser vorschwebte, wäre unter
der Führung Ägyptens gestanden, des volksreichsten und damals einflussreichsten arabischen Staates, jenes mit der grössten Armee, des am
Schnittpunkt zwischen Asien und Afrika gelegenen Landes. Die Baathisten jedoch glaubten, ihre Partei solle die arabische Einheit begründen
und erreichen. Sie hatte daher ein «nationales Kommando», ursprünglich
in Syrien, dem die verschiedenen «regionalen» Führungen der einzelnen
Staaten unterstanden. Parteibranchen mit regionalen Führungen gab es
in Syrien, im Irak, in Jordanien, zeitweise sogar in Nord- und Südjemen;
doch in Ägypten gab es sie nicht. Nasser und seine Geheimpolizei sorgten dafür, dass die Baath-Partei in Ägypten auch dann nicht Fuss fassen
konnte, als ihre Führer sich unter den Politikern befanden, die sich Nasser angeschlossen hatten. Ihre anfänglich gehegten Hoffnungen, dass sie
die Einheitspartei der neuen Vereinigten Arabischen Republik (VAR)
aufziehen und leiten dürften, sollte sich nicht verwirklichen. Dies war
einer der Gründe ihrer Enttäuschung über den Zusammenschluss mit
Ägypten, der ein Zusammenschluss unter Ägypten zu werden drohte.
Einige ihrer Führer billigten die Lostrennung Syriens von Ägypten vom
Jahr 1961 und die Rückkehr Syriens zu einem demokratischen Regime.
Später aber entstand ein grosser Streit innerhalb der Partei darüber, ob
die betreffenden Politiker – der wichtigste war der inzwischen in Paris
ermordete Mitbegründer der Partei und Gefährte Aflaks, Salah Bitar –
die Grundprinzipien der Partei verraten hätten, als sie die Lostrennung
billigten.

Emanzipation – und danach?

Bei genauerem Zusehen erkennt man, dass sowohl im Reich Abdel Nassers wie auch bei seinen Nachahmern und Rivalen politische Stagnation
eintrat, nachdem der erste Anlauf der politischen Emanzipation er-
schöpft war. Dieser erste Anlauf war im Grunde eine Fortsetzung der
Entkolonisierung und ein Versuch, sie zu vollenden. Nach der militärischen Präsenz der Kolonialisten und ihrer fremden Verwaltung sollte
auch ihr wirtschaftlicher, aussenpolitischer und sogar kultureller Ein-

fluss reduziert und womöglich ganz zurückgedrängt werden. Was auch geschah. Ein Mittel, um dies zu erreichen, bestand darin, dass man den anderen Supermachtblock gegen den westlichen ausspielte. Der westliche hatte bisher im Nahen Osten die einzige koloniale und postkoloniale Macht dargestellt. Waffen und die wichtigsten Entwicklungsprojekte kamen nun aus dem Osten. Als jedoch die in der Praxis maximal mögliche Unabhängigkeit erreicht und der Neokolonialismus weitgehend ausgeschaltet war (bis auf den Umstand der Existenz Israels), stellte sich immer bohrender die unvermeidliche Frage: Was will man mit dieser Unabhängigkeit anfangen? Im Grunde stellte die neue Unabhängigkeit ja nur einen Freiraum dar, der um so dringender mit politischen Ideen und Zielen ausgefüllt werden musste, je ausgedehnter er durch die Emanzipationsbestrebungen geworden war.

Es gab Projekte wie das panarabische der Nasseristen und der Baathisten. Doch die Problematik lag darin, dass solche Projekte sich nicht nur auf das eigene Land erstreckten, auf Ägypten oder auf Syrien oder auf den Irak. Dies brachte notwendigerweise Konflikte der verschiedenen arabischen Staaten und ihrer Interessen mit sich. Im jemenitischen Bürgerkrieg lieferten sich das ägyptische Hegemoniestreben und der saudische Selbstbehauptungswillen einen langdauernden Stellvertreterkrieg. Sogar jene Staaten, die das Prinzip einer arabischen Einheit vertraten, stritten sich darüber, welcher Staat diese Einheit zum Vorteil seiner eigenen Herrschaft durchführen dürfe. Das Ergebnis solcher Auseinandersetzungen war, dass die um die Einheit streitenden Regime sich gegeneinander abriegelten, weil ein jedes sich gegen Umsturzversuche des anderen zu verteidigen suchte. Die Grenzen, die in kolonialen Zeiten für die lokale Bevölkerung weitgehend offengestanden waren, wurden nun immer unpassierbarer. Misstrauen breitete sich aus, weil es immer mehr Regime gab, die versuchten, durch irgendwelche blutigen Tricks das Rivalenregime zu schädigen: Meuchelmorde, Bomben, Verschwörungsversuche in den Reihen der Militärs der anderen Seite, von etwas legitimeren Mitteln wie Propagandafeldzügen und Geldzahlungen an die eigenen politischen Freunde im Nachbarlande ganz abgesehen.

Das panarabische Grossprojekt hatte noch andere Nachteile. Es lenkte von den weniger grandiosen, aber im Grunde dringenderen Aufgaben ab, die hätten angepackt werden müssen. Als Abdel Nasser zum Beispiel seine Herrschaft 1952 begann, gab es 22 Millionen Ägypter; als er sie 1970 knapp zwanzig Jahre später beendete, hatten die Ägypter sich verdoppelt. Heute haben sie die 50-Millionen-Grenze überschritten. Diese

Entwicklung war vorauszusehen; sie ist sogar im voraus errechnet worden. Man wusste auch, dass das Niltal eng war und auch mit dem Staudamm nur eine beschränkte Zahl von Menschen ernähren konnte. Dennoch entschloss sich niemand dazu, etwas Energisches und Systematisches zur Geburtenkontrolle zu unternehmen. Man hoffte vielmehr darauf, dass in den sechziger oder spätestens in den siebziger Jahren die Weiten und Reichtümer der Arabischen Halbinsel der ägyptischen Besiedlung offenstehen würden. Je volkreicher Ägypten, desto besser! glaubten im Hinblick auf eine starke Armee manche ägyptische Offiziere. Heute liegt die Last von 50 Millionen auf dem Staat; und man weiss, dass sie weiter anwachsen wird, gegenwärtig im Rhythmus von 1,3 Millionen im Jahr! Dies bedeutet, dass es für Ägypten sehr schwierig sein dürfte, seine wirtschaftlichen und sozialen Probleme zu lösen. Die Erziehungsdienste kommen nicht nach, was sich in einer beständigen Verschlechterung der Qualität von Schulen und Hochschulen auswirkt. Es gibt auch nicht genug Arbeitsplätze. Die Auswanderung in die Erdölstaaten bildete für einige Zeit ein Sicherheitsventil. Doch sie hatte den Nachteil, dass die unternehmungslustigsten und die bestausgebildeten Arbeitskräfte abwanderten, um am Aufbau der reichen Erdölländer mitzuarbeiten, nachdem sie auf Kosten des armen Ägypten aufgezogen und ausgebildet worden waren. Heute ist die Auswanderung rückläufig, weil die Erdölpreise gesunken und die Infrastrukturprojekte der meisten Ölstaaten vollendet sind. Zurzeit bleibt nur noch ein Ausweg offen: die Ägypter können nach dem Irak auswandern. Sie benötigen nicht einmal ein Visum. Sie werden aber als «arabische Bürger» eingestuft mit den gleichen Rechten und Pflichten wie die der Iraker – also auch dringend aufgefordert, sich als Freiwillige in der irakischen Volksarmee für den Kriegsdienst zur Verfügung zu stellen.

Arabische Einheit?

Der Panarabismus kann auch als eine Fortsetzung des postkolonialen Emanzipationsstrebens angesehen werden. Die Panarabisten selbst sehen ihn so, indem sie darauf bestehen, dass die Grenzen zwischen den verschiedenen heutigen arabischen Staaten künstlich von den Kolonialisten gezogen seien, «um die Araber zu teilen und sie so besser beherrschen und ausbeuten zu können». Doch der Panarabismus konnte sich nicht durchsetzen. Er stiess auf den Widerstand der Eigeninteressen der verschiedenen Regierungen, obgleich er unter dem Volk jedes Staates recht beliebt ist. Die Regierungen aber stützten sich falls nötig auf die Uno, die Amerikaner (Libanon 1958; Saudiarabien 1962–67), auf die Engländer (Jordanien 1958; Kuwait 1961; Oman 1969–82), wenn es darum ging, sich gegen Subversion oder offene Herrschaftsansprüche arabischer Nachbarn zu schützen. Die Arabische Liga erwies sich als ein Hort der bestehenden arabischen Staaten, obgleich Abdel Nasser sie in mancher Hinsicht in ein Instrument seiner arabischen Politik zu verwandeln verstand. Nach dem Fehlschlag des Zusammenschlusses zwischen Syrien und Ägypten (1958–61) sind «Einheitsprojekte» noch oft diskutiert und manchmal sogar auf dem Papier durchgeführt worden. Doch sie scheiterten regelmässig daran, dass keiner der zwei oder drei Partner, die miteinander verhandelten, wirklich bereit war, zugunsten eines anderen zurückzutreten. Da diese Vereinigungsprojekte stets von Regimen diskutiert werden, in denen ein starker Mann die Macht ausübt, als Präsident, als militärischer Machthaber oder als militärischer Drahtzieher im Hintergrund, und in denen ein jeder dieser Machthaber eisern entschlossen ist, die Macht bis zu seinem Tod auszuüben, während Parlamente und Abstimmungen nur dekorativen Zwecken dienen und die Parteien, soweit überhaupt zugelassen, zum Machtinstrumentarium des Machthabers gehören, ist es in der Praxis unmöglich, einen Zusammenschluss anders herbeizuführen als durch Machtverzicht eines oder mehrerer der betreffenden Machthaber. Ghaddafi hat später Pseudozusammenschlüsse ohne wirkliche Folgen so oft durchgeführt, dass derartige Unternehmen nicht mehr ernst genommen werden. Im Hintergrund aller Vereinigungsbemühungen stand stets das Gefühl, welches die Baath-Partei am deutlichsten vertritt und zu ihrem wichtigsten Glaubenssatz erhoben hatte: dass die Araber eine Nation seien und in einem Staatsverband leben sollten, so wie dies in den grossen Zeiten der Omaijaden- und Abbasiden-Kalifen der Fall gewesen sei.

Das Kalifenreich war freilich in jenen Zeiten keineswegs auf die arabische Welt beschränkt, es erstreckte sich weit über sie hinaus. Iran gehörte stets als Kernbereich dazu. Als nationalistisches Ideal, das einen Nationalstaat der Araber anstrebte, griff der Panarabismus viel eher auf europäische Vorbilder und Ideologien zurück. Der arabische Nationalismus panarabischer Färbung, wie ihn einer seiner wichtigsten Theoretiker, der Iraker Sati al-Husri, in vielen Schriften ausgearbeitet hat, fusste bewusst auf Hegel.

Es bestand natürlich auch immer ein Zusammenhang zwischen dem Nationalismus und dem Problem Israels. Für viele Araber und besonders die Palästinenser war eine der wichtigsten Eigenschaften des Panarabismus, dass er versprach, Israel gegenüber einem erhofften arabischen Grossstaat in eine untergeordnete Position zu bringen. Man berief sich gerne auf Saladin und den Staat der Kreuzfahrer, denn es ist eine historische Tatsache, dass Saladin (Salah ad-Din al-Ayoubi) seine Überlegenheit über den Kreuzfahrerstaat von Jerusalem erreichte, indem er die beiden Länder Syrien und Ägypten unter seiner Führung vereinigte.

Die Sache war auch umkehrbar. Als Abdel Nasser nach langen Jahren zunehmender wirtschaftlicher und politischer Schwierigkeiten Schritte unternahm, um Israel zu schädigen, indem er im Mai 1967 die Meerenge von Tiran (am Eingang des Golfes von Aqaba) sperren und seine Armee im Sinai aufmarschieren liess, stand auf einmal die ganze arabische Welt (mit der Ausnahme Saudiarabiens), die sich von ihm abgewandt hatte, erneut hinter ihm. Er schien im Begriff, wieder der starke Mann und ein «Saladin» der arabischen Welt zu werden. Er hätte wohl auch eine neue Periode des politischen Erfolges angetreten, wenn ihm der Präventivschlag der Israeli vom 5. Juni 1967 nicht eine entscheidende Niederlage beigebracht hätte. Wahrscheinlich ist es die berauschende Wirkung dieser plötzlich zurückkehrenden Volkstümlichkeit auf Nasser gewesen, die ihn dazu verführte, entgegen seiner ursprünglich festgelegten politischen Linie einen Schritt über die Grenze hinauszugehen, die für Israel den *casus belli* bedeutete.

Aus alledem drängt sich der Schluss auf: Der Panarabismus war die letzte, vielleicht übersteigerte Stufe der Emanzipation aus dem Kolonialismus. Er konnte nie verwirklicht werden, weil die neuentstandenen arabischen Staaten sich ihm im Namen ihrer Eigenständigkeit widersetzten. Man kann in diesem Fehlschlag, der zur Stagnation und dann indirekt zur Niederlage Abdel Nassers führen sollte, die Folge eines inneren Widerspruches erkennen, der zwischen dem Wunsch nach Erfüllung der grossen, aus historischen Vorbildern und europäischen Ideologien nationalistischer Färbung abgeleiteten Idealvorstellung bestand und einer politischen Wirklichkeit, die sich in der Praxis durchsetzen sollte. Noch heute gibt es Ägypter, die zäh an den Idealen der Nasser-Zeit festhalten. In der Tat schien damals nicht viel zu fehlen, dass dem nasseristischen Panarabismus der Durchbruch gelungen wäre. Im Jemenkrieg etwa hing das Geschick der Arabischen Halbinsel manchmal an einem Faden. Auch als Syrien sich von Ägypten trennte, gab es einen Augenblick des Zögerns. Die aufständischen syrischen Offiziere verhandelten mit Nassers Mann in Damaskus, Marschall Amer, und erarbeiteten einen Kompromiss, nach dem die Vereinigte Arabische Republik, allerdings dezentralisiert, hätte fortbestehen sollen. Das Resultat dieser Verhandlungen wurde Nasser vorgelegt. Nasser lehnte es ab, woraufhin die Offiziere die Trennung vollzogen. Die Geschichte hat eben einen anderen Verlauf genommen. Der Traum vom grossen arabischen Nationalstaat «vom Atlantischen Ozean bis zum Persischen Golf» ist an den Klippen der Eigeninteressen der jeweiligen Staaten und Regierungen zerschellt. Israel vollzog dann seine Beerdigung, indem es die ägyptische Armee in sechs Tagen schmählich zu Boden warf.

Die Enttäuschung von 1967

Man muss diesen Rückschlag, vielleicht den entscheidendsten in der arabischen Geschichte dieses Jahrhunderts, im Lichte der Grundprobleme dieser Geschichte sehen, in den Fragen des Umgangs mit der heutigen Zeit und Welt. Die Niederlage bedeutete, dass die Araber die heutige Welt nicht in ihren Griff bekommen hatten. Unter Nasser bestand die Zuversicht, und in seinen frühen Jahren, als der Suezkanal verstaatlicht wurde und die Franzosen, Engländer und Israeli nichts dagegen ausrichten konnten, hatte sie sich zur Gewissheit gesteigert, dass diesmal die Araber der heutigen Zeit Herr werden könnten. Man glaubte überwiegend – natürlich gab es auch immer Skeptiker –, dass unter der Führung Abdel Nassers der Weg zur arabischen «Würde», zu einem Platz, vergleichbar mit jenem, den die einstigen Kolonisatoren eingenommen hatten, geöffnet sei. Ein Sieg über Israel hätte den endgültigen Beweis erbracht. Die Niederlage schien vielen Arabern vernichtender als die erste, die 1948 zur Gründung Israels geführt hatte. Denn damals war man eben erst aus dem Kolonialismus entlassen. Fast zwanzig Jahre später jedoch, nach den Fieberjahren der Nasser-Zeit, hatte man sich wirklich in der Lage geglaubt, die eigene Fähigkeit, die heutige Welt zu beherrschen, unter Beweis zu stellen.

Die Enttäuschung war so gross, dass man sie in den ersten Monaten und noch Jahre nach der Niederlage nicht hinnehmen konnte. Man sah nur einen Ausweg: Die Scharte müsse ausgewetzt werden. Eine Revanche war der einzige Schritt, den man ins Auge zu fassen vermochte. Nasser trat zurück, doch «das Volk» forderte, er solle fortfahren, Ägypten zu regieren. Immer wieder wurde Nasser zitiert, der gesagt hatte: «Was mit Gewalt genommen wurde, muss mit Gewalt zurückgewonnen werden!» Die Enttäuschung über sich selbst bewirkte die berühmten drei «Nein» von Khartum, wo eine arabische Gipfelversammlung beschloss: Keine Anerkennung Israels, keine Verhandlungen mit Israel, kein Frieden mit Israel! Ägypten rüstete mit sowjetischer Hilfe sofort wieder auf. Dem Sechstagekrieg folgten Monate der Konfrontation am Suezkanal. Nasser liess die Städte am Kanal evakuieren, damit die Bevölkerung nicht in Reichweite der israelischen Artillerie läge. Es folgten Jahre des Wiederaufbaus der ägyptischen Armee. Alles andere wurde diesem Ziel geopfert. Am Kanal entstand ein Zermürbungskrieg (1969 und 1970). Israel schritt zur «Tiefenpenetration», indem es militärische Ziele und Fabriken im Inneren Ägyptens bombardierte. Nasser reiste nach Moskau und liess sich einen Raketenschirm versprechen, der das Niltal beschützen sollte. Er soll den Russen damals gedroht haben, wenn er ihn nicht erhalte, werde er zurücktreten, und ein proamerikanischer Präsident werde ihm nachfolgen. Die Raketen kamen mit sowjetischer Hilfe im Sommer 1970 zur Aufstellung. Sie erwiesen sich als wirksam, und die israelischen Angriffe wurden eingestellt. Im Juli 1970 nahmen Ägypten, Jordanien und Israel die amerikanische Vermittlung, den sogenannten Rogers-Plan, an. Doch die Palästinenser, Syrien und der Irak lehnten ihn ab. Die Palästinenser waren inzwischen zu den neuen Trägern der arabischen Hoffnungen geworden.

Begeisterung für die PLO

Weil immer klarer geworden war, dass die arabischen Staaten bestenfalls die besetzten Gebiete, oder auch bloss einen Teil davon, von Israel zurückzuerlangen vermöchten, jedenfalls aber nicht in der Lage und wohl auch nicht mehr willens waren, Israel als Staat zu zerstören, wandten sich die Hoffnungen der arabischen Bevölkerung einer anderen politischen Kraft zu. Schon kurz vor dem Sechstagekrieg hatten bestimmte Palästinensergruppen die Theorie entwickelt, die Palästinenser müssten sich selbst helfen, selbst zu den Waffen greifen und ihren Befreiungskampf gegen Israel führen. Diese Vorstellungen wurden beeinflusst durch den Guerillakrieg von Algerien (1954–62) und von Vietnam (1961–75). Die Palästinenser müssten selbst eine Guerilla bilden und gegen Israel kämpfen. Die arabischen Staaten könnten ihnen dabei helfen, doch sie selbst müssten die politische und die militärische Führung des Kampfes übernehmen. Die Palästinenser hatten das Gefühl, sie seien zu lange von den arabischen Staaten für deren Zwecke ausgenützt worden.

In der Tat hatte Nasser von 1964 an eine Palästinenserorganisation aufgezogen, um diese unter Kontrolle zu halten. Sie konnte keine eigene Initiative entwickeln, die der ägyptischen Politik zuwiderlief. Die Palästinenserorganisation war dem grossen Maulhelden Ahmed Schukairi unterstellt, der sich dann auch, wie erwartet, vor allem in wilden Reden gegen die Israeli erging. Die ersten Infiltrationsaktionen einer neuen Untergrunds-Guerillabewegung «al-Fatah» waren noch vor dem Sechstagekrieg von Jordanien aus durchgeführt worden und waren vermutlich eine der tieferen Ursachen für den Ausbruch des Krieges. Israel fühlte sich durch diese Aktionen in die Enge getrieben und ergriff die Gelegenheit, die Nasser anbot, um durch einen Gewaltschlag aus der doppelten Gefährdung auszubrechen. Die Israeli sprachen damals von einer Schlinge, die sich um sie zusammengezogen habe.

Doch erst nach der Niederlage wurden die palästinensischen Guerillas zum Brennpunkt der arabischen Hoffnungen. Das Volk erwartete, dass die «einfachen» Kämpfer den «egoistischen» Regierenden endlich zeigen würden, was wahre Opferbereitschaft, wirkliche Tapferkeit und Entschlossenheit sei. Man sprach von «Helden», die Palästina «erlösen» würden.

Die Intellektuellen begannen sofort an diesem neuen Mythos zu weben, dessen grosse Linien für sie durch Vietnam vorgezeichnet waren. Amman müsse das «Hanoi» der Palästinenser werden, von dem aus Saigon – Jerusalem – befreit werden müsse. Die Bereitwilligkeit, mit welcher die in ihrem eigenen täglichen Leben durchaus skeptischen Araber auf diesen neuen Mythos eingingen, zeigt, wie sehr sie daran glauben *wollten*; sie zeigte damit auch das Mass der Enttäuschung, die der Sturz ihres Idols Nasser verursacht hatte. Die Begeisterung war aber auch ein Mass für die Bereitschaft, die Erwartungshaltung der arabischen «Massen» für nicht rationale Emotionen. «Heldentaten» von überstarken Männern oder Gruppen, wie sie in den Beduinengedichten aus der Zeit vor Muhammed auftreten, erschienen den einfach gesinnten Arabern als eine brauchbare Grundlage für einen siegreichen Kampf gegen die Israeli. Dass die «Helden» sich irgendwie organisieren, ausbilden, ausrüsten müssten, dass sie eine wirklich kampferfahrene Führung brauchten, schien eher nebensächlich zu sein. Man wollte sich auf ihre Entschlossenheit, ihren Opfermut verlassen und erwartete davon in geraumer Zeit «den Sieg». Auf die Frage, wie denn dieser Sieg aussehen und wie er zustande kommen solle, erhielt man zur Antwort: Über kurz oder lang, man habe ja viele Jahrzehnte lang Zeit, ermüdeten die Israeli und gäben auf. Vielleicht wanderten sie alle nach Amerika aus. Es gäbe ja schon heute mehr Abreisen als Ankünfte. Man werde die Israeli zermürben und zum Aufgeben zwingen.

Die Begeisterung für die PLO erreichte ihren Höhepunkt unter dem Eindruck des Gefechtes von Karamé. Dies war ein Flecken in der Jordansenke, wo palästinensische Bewaffnete, jordanische Truppen und israelische Soldaten, die Schützenpanzer mit sich führten, am 21. März 1968 aufeinanderstiessen. Fatah hatte ein Hauptquartier in Karamé, das die Israeli zerstören wollten und auch zerstörten. Doch bevor sie es einnahmen, hatten sie einen harten Kampf mit den Palästinensern auszutragen, wobei sogar mit den Stichwaffen gekämpft wurde. Die jordanische Armee gab den Palästinensern Artillerieunterstützung. Der Umstand, dass sie die Israeli konfrontiert und ihnen Verluste beigebracht hatten, wurde von den Palästinensern als Sieg gewertet. Die Bevölkerung ganz Jordaniens empfand es auch so.

Doch schon zweieinhalb Jahre später, im September 1970, kam es zur ersten grossen Niederlage der Palästinenser, diesmal durch eine arabische, durch die jordanische Armee. Die Palästinenser, besonders ihre revolutionär gestimmten Kleingruppen, wie die Volksfront, die Volksdemokratische Front (heute nennt sie sich Demokratische Front), die Jibril-Gruppe und andere, sahen Jordanien schon immer als «ihr Land» an. Jordanien sollte als die Basis dienen, von der aus Palästina zurückzuerobern sei. Die revolutionären Gruppen glaubten, man müsse zu diesem Zweck ein revolutionäres Regime in Jordanien einrichten. Mit der üblichen Selbsttäuschung nahmen sie an, sie seien Herren des Landes, weil «das Volk» für sie sei. Sie glaubten auch, dass die Soldaten der jordanischen Armee «nie» auf sie, ihre revolutionären Brüder, schiessen würden. Die Lage spitzte sich auch zu, weil die Palästinenser wussten, dass König Hussein vom September 1968 bis zum Januar 1969 mit Israel Geheimverhandlungen geführt hatte. Der König wäre bereit gewesen, Frieden zu schliessen, wenn er dafür die besetzten Gebiete zurückerhalten hätte. Auch Nasser war damals zu einem Kompromiss bereit. Doch die Verhandlung zerschlug sich, weil die Israeli nur Teile der besetzten Gebiete zurückgeben wollten.

Konfrontation mit Jordanien

Im Frühsommer 1970 schienen die Palästinensergruppen «die Strasse» in Amman weitgehend zu beherrschen. König Hussein machte ihnen mehrmals Konzessionen. Doch wurde ihm dies nur als Schwäche ausgelegt. Am 7. September entführte die Volksbefreiungsfront Habaschs mehrere Flugzeuge gleichzeitig und liess zwei, dann drei «auf dem revolutionären Flughafen von Zerka» in der jordanischen Wüste landen. Ein israelisches Verkehrflugzeug entkam dank seiner scharf schiessenden Wächter. Ein weiteres Flugzeug der TWA wurde nach Kairo entführt und gesprengt. Diese Piratenakte stellten eine allzu scharfe Herausforderung an den König und seine Armee dar. Sie konnte nicht mehr geduldet werden.

Fatah, die Mehrheitsgruppierung der PLO, machte zwar der Volksfront schwere Vorwürfe, weil sie voraussah, welche Gefahren solche Aktionen heraufbeschworen. Doch gleichzeitig warnte Fatah den König, gegen die Volksfront einzuschreiten. Nachdem am 16. September die Geiseln befreit worden waren, schlug der König zu. Man vermutet, seine Armee habe ihn dazu gezwungen. Die Panzer der regulären jordanischen Streitkräfte rollten tagelang durch die Strassen von Amman und schossen auf alle Häuser, in denen sich palästinensische Schützen eingenistet hatten. Die Lager waren zu Festungen der Palästinenser ausgebaut. Sie wurden umstellt und tagelang beschossen. Abdel Nasser und andere arabische Staatschefs suchten von Kairo aus zu vermitteln. Die arabischen Präsidenten und Könige waren damals gerade zu einer Gipfelversammlung zusammengetreten.

Nur Syrien sandte Panzer aus, um den Palästinensern Hilfe zu leisten. Damals herrschte in Damaskus noch der sogenannte Linke Baath-Flügel unter dem starken Mann Salah Jedid. Die syrischen Tanks stiessen bis zur jordanischen Stadt Irbid vor, wo sie von der Artillerie der Jordanier unter Feuer genommen wurden. Doch blieb dieser Panzervorstoss stehen, weil der syrische Luftwaffenchef General Asad, der spätere Staatschef, sich weigerte, mit seinen Kampfflugzeugen den Panzern Luftdeckung zu gewähren. Dieser Entschluss Asads erfolgte unter dem Druck der Amerikaner, die Asad klarmachten, dass sie die Israeli ermutigen würden, gegen die syrische Luftwaffe vorzugehen, sobald diese in den Luftraum Jordaniens eindringe. Asad war Realist genug, um zu wissen, dass seine Luftwaffe der israelischen weit unterlegen war. Da den Syrern jede Luftdeckung fehlte, Jordanien jedoch eine kleine Luftwaffe besass, zogen die Syrer ihre Panzer zurück, bevor sie Irbid erreicht hatten.

Die Iraker begnügten sich damit, mit einer Intervention zu drohen. Später wurde dem Chef des damaligen irakischen Expeditionskorps, Hardan at-Takriti, in Bagdad vorgeworfen, er habe sich mit Asad verschworen, dass ein jeder von ihnen die eigene Regierung stürzen solle, Asad jene von Damaskus, Tikrit jene von Bagdad. Der General musste nach Kuwait fliehen und wurde dort Opfer eines zweifellos irakischen Mordanschlages.

Um dem blutigen Gemetzel an den Palästinensern Einhalt zu gebieten, forderten die arabischen Staatschefs schliesslich Arafat auf, in Kairo zu erscheinen. Auch König Hussein stellte sich ein. Es wurde ein Vertrag ausgehandelt, in dem der König versprach, gemeinsam mit den Palästinensern Palästina zu befreien. Doch der Vertrag blieb bloss ein Stück Papier. In Wirklichkeit ging der jordanische Sicherheitsdienst mit Rückendeckung durch die Armee gegen die Palästinenser vor. Ein Jahr später wurden ihre letzten Bewaffneten in der nördlichen Jordansenke bei Ajloun liquidiert. Einige von ihnen flohen vor den jordanischen Truppen über den Jordan in die Hände der Israeli, weil sie von ihnen eine weniger brutale Behandlung erwarteten. Seit jener Zeit gibt es keine palästinensischen Bewaffneten mehr in Jordanien. Die Lager für die Zivilbevölkerung hingegen wurden wieder aufgebaut.

Weil die Palästinenser in Jordanien nicht mehr zum Zuge kommen konnten, infiltrierten sie mehr und mehr Libanon und richteten dort ihren «Staat im Staate» ein, bis vier Jahre später (1975) auch dort der Bürgerkrieg ausbrach. Die bewaffnete Präsenz der Palästinenser hat ohne Zweifel mitgeholfen, ihn auszulösen.

Jordanien mit seiner langen israelischen Grenze (strenggenommen ist es eine Waffenstillstandslinie) und seinem grossen palästinensischen Bevölkerungsanteil (wohl mehr als die Hälfte aller Jordanier sind palästinensischen Ursprungs) wäre das bestgeeignete Land für die Infiltrationen der Guerilla nach Israel oder den besetzten Gebieten gewesen. Syrien hielt seine Waffenstillstandslinie hermetisch verschlossen und liess sie von einer Gruppe von Uno-Beobachtern überwachen. Nur Libanon stand offen. Zwar schlugen die Israeli nach jedem Überfall so hart wie möglich zurück und entvölkerten dadurch grosse Teile des libanesischen Südens. Ihre Opfer waren weniger die Palästinenser, die sehr beweglich waren, als vielmehr die einheimischen, schiitischen Bauern. Wenn die Israeli nach einem Vergeltungsschlag wieder abzogen, kamen die bewaffneten Palästinenser zurück und forderten von den verbliebenen Bauern Unterstützung. Die Bauern hatten keine andere Wahl, da die

Freischärler bewaffnet waren, und die Aktivitäten der Guerilla führten dann dazu, dass die Israeli zu einem neuen Gegenschlag ausholten.

Die Palästinenser haben im Verlauf der Zeit verschiedene «Staaten im Staat» gebildet; zuerst relativ kurze Jahre in Jordanien (1968–70), später längere Zeit in Libanon (1969–82). Sie wurden dort in den Bürgerkrieg von 1975 hineingezogen, doch ihre Macht wurde erst durch den zweiten israelischen Einmarsch nach Libanon gebrochen. Dieser zweite israelische Einmarsch sollte sich bis nach Beirut erstrecken und rund 15 000 Menschenleben kosten. Ein erster hatte schon 1978 zur vorübergehenden Besetzung des Südens geführt, die nur bis zum Litani-Fluss reichte, wobei die Stadt Sur (Tyros) ausgespart wurde. Seit ihrer Invasion von 1982 haben die Israeli Libanon nie mehr ganz geräumt. Sie blieben in einer südlichen Randzone, wo sie sich auf eine von ihnen unterhaltene Miliz, die sogenannte Südlibanesische Armee, stützten. Von hier aus stossen sie periodisch tiefer nach Libanon vor, wenn immer sie sich durch Übergriffe der «Terroristen», wie sie die palästinensischen Gruppen nennen, dazu veranlasst sehen. Sie nehmen sich auch das «Recht» heraus, mit ihren Flugzeugen Libanon jederzeit zu überfliegen und die Lager der Palästinenser zu bombardieren, sooft ihnen das notwendig oder zweckmässig erscheint.

Mehr aber als die Israeli trugen die Syrer unter General Asad dazu bei, um die Macht der PLO zu brechen. Sie unterstützten vom Sommer 1983 an eine Rebellionsbewegung unter den Palästinensern, die sich gegen Arafat richtete. Sie vertrieben mit der Hilfe der syrischen Armee die Leute der Mehrheitsbewegung aus allen Teilen Libanons, die sich unter syrischer Kontrolle befanden: zuerst aus der Bekaa-Ebene, später auch aus den Lagern vor Tripolis und aus der Stadt selbst. Die Syrer haben seither dafür gesorgt, dass die Spaltung unter den Palästinensern erhalten blieb. Sie liessen nur die Rebellengruppen als Vertreter der Palästinenser gelten und duldeten nur ihre Organisationen in den von Syrien kontrollierten Gebieten. Seither gibt es eine kleine, jedoch von Syrien gestützte Front, die sich die Rettungsfront nennt und aus Gegnern Arafats besteht. Arafat selbst führt weiterhin die PLO an. Sein neues Hauptquartier befindet sich in Tunis. Doch er verbringt auch viel Zeit in Bagdad, wo die Kampforganisationen ihre Hauptquartiere haben. Weiter gibt es noch eine Gruppe, die weder Arafat noch den Syrern Folge leistet. Dies sind die beiden marxistisch-leninistischen Gruppen der Volksfront und der Demokratischen Front. Sie versuchten lange Jahre hindurch, die beiden feindlichen Gruppen wieder zusammenzubringen. Im Frühjahr 1987 haben sie sich wieder an die PLO angeschlossen. Durch ihre Spaltaktion haben die Syrer die PLO entscheidend geschwächt. Ihr Ziel dabei dürfte gewesen sein, eine Palästinenserorganisation aufzuziehen, die ihnen gehorsam wäre. Dies ist den Syrern bisher nur teilweise gelungen.

Die «Juden des Nahen Ostens»

Vom alten Mythos aus der Zeit von Karamé ist heute nicht mehr viel übrig. Arafat ist stets bemüht, als ein ebenbürtiger Staatschef neben den anderen arabischen Staatsoberhäuptern aufzutreten. Die wirklichen Staatschefs lassen ihn gewähren, ausser Präsident Asad, der kein Geheimnis daraus macht, dass er ihn hasst. Die PLO besitzt ein weltweites Netz von Vertretern in fast allen Hauptstädten der Welt, in der Art von diplomatischen Botschaften. Sie verfügt über viel Geld, das ihr die Erdölstaaten zuhalten. Heute fliesst das Geld allerdings spärlicher, weil die Erdölstaaten nicht mehr so reich sind wie früher. Die PLO hat ihre Kämpfer. Viele von ihnen bilden sich in Lagern aus, die sich weit von Israel entfernt befinden; zum Beispiel in Nord- und Südjemen und im Irak. Sämtliche Kämpfer wurden 1982 aus Beirut evakuiert, und eine bedeutende Zahl musste Ende 1983 unter syrischem militärischem Druck Tripolis auf griechischen Schiffen verlassen. Arafat hat 1986 und 1987 versucht, Kämpfer in die Palästinenserlager der südlichen Teile Libanons zurückzuschleusen, die nicht unter syrischer Kontrolle stehen. Doch die Syrer haben die schiitische Organisation Amal schwerer bewaffnet, als sie es vorher gewesen war, und ermunterten sie dazu, die Lager der Palästinenser abzuriegeln oder einzunehmen. Diese Belagerungen finden schon seit 1985 statt, manchmal intensiv und blutig, dann wieder in etwas lockerer Form. Man nennt das den «Lagerkrieg». Es ist den Amal-Milizen trotz sowjetischer Tanks und Kanonen, die ihnen die Syrer zur Verfügung gestellt haben, nie gelungen, in die Lager einzudringen. Sie haben jedoch die Lebensbedingungen der Belagerten oft unerträglich gemacht. Die libanesischen Schiiten werfen den Palästinensern vor, sie hätten die israelische Besetzung des Südstreifens Libanons und die heute noch andauernden Razzien ins Landesinnere verursacht. Auch können es die Schiiten den Palästinensern nicht vergeben, dass sie in den siebziger Jahren als bewaffnete Kämpfer ihre Dörfer eigenmächtig besetzt hatten. Unter den einfachen Leuten in der arabischen Welt, besonders den Sunniten, sind die Palästinenser auch heute noch beliebt.

Sie erblicken in ihnen Freiheitskämpfer, die gegen die ganze Welt aufgestanden seien und ihr nun standhalten müssten. Doch fast alle Regierungen schauen argwöhnisch auf sie. Je mehr es von ihnen in einem Lande gibt, desto verdächtiger werden sie. «Wollen sie etwa unser Land auch noch ruinieren, wie sie es in Jordanien versucht und in Libanon erreicht haben?» fragen sich die Regierenden und sorgen dafür, dass Polizei und Sicherheitsdienste die Palästinenser unter Kontrolle halten oder möglichst aus ihrem Lande entfernen. Dieses Verhalten vieler arabischer Regierungen hat zur Folge, dass die Palästinenser sich heute als die «Juden des Nahen Ostens» ansehen. Oft kann man von ihnen hören: «Wenn es nur einen noch so kleinen palästinensischen Staat gäbe, der uns als seine Bürger anerkennen und uns einen Pass geben würde, mit dem wir im Rest der arabischen Welt in Ruhe und Sicherheit leben könnten – mehr wollen wir ja gar nicht!».

Die Sympathie aller Araber mit den Palästinensern beruhte von jeher darauf, dass sie sich mit ihnen identifizierten. Sie erblickten im Schicksal ihrer Brüder ein Unglück, das alle Araber angeht. Alle Araber waren nicht in der Lage gewesen, sich gegenüber den Zionisten zu behaupten. Alle hatten versucht, gegen sie Krieg zu führen. Ein Erfolg der Palästinenser gegen die Besetzungsmacht in den besetzten Gebieten oder gar gegen den Zionismus in Israel wäre aus diesem Grunde auch als Erfolg aller Araber empfunden worden. Da sich dieser Erfolg jedoch nicht einstellte trotz grosser Hoffnungen und bedeutender Gelder, die man in die PLO investiert hatte, bedeutet der Misserfolg auch einen Rückschlag für alle Araber. Nach den Hoffnungen auf Nasser, auf seinen Sozialismus und Panarabismus, hatte auch die PLO nichts von Bestand hervorgebracht. Gerade die PLO ist ein Beispiel mehr dafür, dass die Erkenntnis und Erfassung der realen Gegebenheiten nicht mit den Hoffnungsbildern übereinstimmte. Utopie und Erfüllung klaffen natürlich stets auseinander. Zielvorstellungen sind jedoch Vorbedingung für erfolgreiches politisches Handeln. Doch dürfen politische Hoffnungen nicht dermassen festgelegt werden, dass sie stets angesichts der Realitäten unerfüllbar bleiben müssen. Dies darf besonders dann nicht geschehen, wenn das vermeintlich unmittelbar bevorstehende Erreichen der Ziele aus Propagandagründen bereits vorweggenommen wird und ausführlich gefeiert worden ist. Wenn man die gesetzten Ziele dann doch nicht erreicht, muss dies besonders enttäuschend wirken, die arabische Welt demoralisieren und sie immer skeptischer gegenüber ihren Führern, ja gegen sich selbst werden lassen.

V. Richtungslosigkeit nach Nasser

Eine neue Generation der Machthaber: Syrien

Während sich die Folgen der Niederlage von 1967 noch auswirkten und die Hoffnungen der arabischen Bevölkerung sich auf die PLO verlagert hatten, kamen neue Machthaber auf. Nasser starb unerwartet 1970 an Herzversagen. Die sogenannten Linksbaathisten von Damaskus, Salah Jedid als militärischer starker Mann im Hintergrund und Atassi, Zoueien und Bakhos als Hauptfiguren auf der politischen Bühne, wurden von General Hafez al-Asad, dem Luftwaffenkommandanten, schrittweise entmachtet, 1971 abgesetzt und eingekerkert. Diese Politiker trugen Schuld an der Niederlage von 1967, weil sie Abdel Nasser durch ihre Agitation gewissermassen wider seinen Willen und wider besseres Wissen in den Krieg hineinmanövriert hatten. Sie hatten geglaubt, die ägyptische Armee werde zusammen mit der syrischen den Krieg leicht gewinnen, wenn sie nur einmal losschlage. Sie hatten die PLO zu kleineren Raids gegen Israel ermuntert, um die Lage bis zum Krieg zu erhitzen. Allerdings hatten sie sich eingebildet, der bevorstehende Krieg gegen Israel werde ein langandauernder «Volkskrieg» werden. Die Syrer waren ebenso überrascht wie die übrige Welt, als es den Israeli gelang, die Kämpfe schon nach sechs Tagen zu einem siegreichen Ende zu bringen. Als die israelischen Truppen in den letzten Kriegstagen nach Südsyrien durchbrachen und die Provinz Kuneitra besetzten – sie wird heute meist Golan genannt –, hatte das syrische Radio gemeldet, die Provinzhauptstadt, Kuneitra, sei schon gefallen, obgleich sie sich noch in syrischen Händen befand. Die Regierung gab auch bekannt, dass sie ihren Sitz aus Damaskus nach Aleppo verlege. Dies wurde ihr als Feigheit ausgelegt, war aber vermutlich eine Folge der Idee von einem «Volkskrieg». Die syrische Regierung stellte sich vor, sie könne ihn von Aleppo aus führen, falls Damaskus zur Front werden sollte. Als dann Nasser und Hussein einem Waffenstillstand zustimmten, kam die syrische Regierung unter den Druck der Sowjetunion, es auch zu tun, und sie fügte sich.

Die syrischen Vorkriegsmanöver, die Asad als Luftwaffenchef miterlebt hatte, dürften seine Politik als Präsident Syriens wesentlich mitge-
prägt haben. Damals hatte eine kleine Aktivistengruppe den Staat Syrien
und dieser kleine Staat wiederum den viel grösseren, Ägypten, in einen
Krieg mit Israel hineinmanövriert, für den Ägypten nicht vorbereitet
war. Nasser selbst hatte von 1964 an die sogenannte Gipfelpolitik begonnen. Sie hatte damit angefangen, dass Nasser alle arabischen Staatschefs zu sich geladen und ihnen deutlich gesagt hatte, sein Land sei nicht
auf eine Konfrontation mit Israel vorbereitet und nur in der Lage, mit
voller Rückendeckung aller anderen Staaten gegen Israel vorzugehen.
Es war dann Fatah gewesen, die mit Hilfe der syrischen Aktivisten Nasser dahin gebracht hatte, dass er sich dennoch in das verderbliche Aben-
teuer des Krieges mit Israel drängen liess. Asad war fest entschlossen,
dass er solchem Druck nie nachgeben würde. Er liess die Palästinenser
in seinem Lande durch den Geheimdienst kontrollieren, um sicher zu
sein, dass diese nichts unternähmen, was die Israeli zu einem Gegenschlag auf Syrien hätte reizen können und Syrien – gegen den Willen
Asads – in einen Krieg mit Israel verwickelt hätte. Auch die syrischen
Aktivisten, Linksbaathisten, Kommunisten (vor allem die abweichenden
Gruppen, die sich Moskau nicht bedingungslos fügten) wurden kontrolliert und in ihrer Tätigkeit eingedämmt.

Die vorsichtige Haltung gegenüber allen Aktivisten in Syrien, seien es
Syrer, seien es Palästinenser, passte in die vorsichtige Gesamtpolitik des
neuen Machthabers. Er war entschlossen, kein Opfer eines Umsturzes zu
werden, wie dies seit 1949 Dutzende von Malen vor und nach der
Machtergreifung der Baath-Partei (vom 8. März 1963) Regierungen und
Machthabern Syriens geschehen war. Asad stützte sich auf die Baath-
Partei als Staatspartei. Doch löste er die Parteiführung auf, liess das Parlament abtreten und ernannte eine neue Parteiführung. Die bisherige
wollte sich den gestürzten Machthabern, die bereits in den Gefängnissen
sassen, loyal erweisen. Die neue Parteiführung wusste, dass es ihre Aufgabe war, Asad zuzustimmen und nicht seinen Entscheidungen zu widersprechen oder sie zu kritisieren. Verschiedene Geheimdienst- und
Sonderabteilungen der Armee, die er teilweise seinem Bruder, Oberst
Rifat al-Asad, unterstellte, dienten der Absicherung des Regimes und
der Verfolgung seiner möglichen Feinde. Als militärische und politische
Vertrauensleute setzte Asad mit Vorliebe seine Verwandten oder enge-
ren Landsleute, die Alawiten, ein.

Die Alawiten, auch Nusairi genannt, sind eine religiöse Minderheit, die in der Vergangenheit von den orthodoxen Sunniten als «Ungläubige» angesehen wurde. Sie hatten in den Bergen über Lattakiyé als arme Bergbauern überlebt. Erst die Franzosen hatten ihnen das volle Bürgerrecht in Syrien gewährt. Söhne der Alawiten wurden gerne unter die Sondertruppen aufgenommen, die Frankreich in Syrien aushob und einsetzte, weil sie als natürliche Feinde der sunnitischen Mehrheit galten und aus diesem Grund als vertrauenswürdig angesehen wurden.

Die Alawiten blieben nach dem Abzug der Franzosen als Berufsoffiziere in der Armee; ihre Beteiligung an den verschiedenen Armeeputschen war gering, weil nur die sunnitischen Offiziere als regierungsfähig galten. Die Alawiten und Drusen standen zur Seite, wenn Putsche geplant wurden; sie konnten ohnehin nicht hoffen, dass sie durch einen Putsch an die Macht kommen könnten. Nur ein Sunnit konnte die mehrheitlich sunnitischen Syrer erfolgreich regieren. Durch die Ketten von aufeinanderfolgenden Putschen eliminierten die tüchtigeren und ehrgeizigen sunnitischen Offiziere einander. Wer in den vierziger oder fünfziger Jahren bei einem Putschversuch verlor, wurde entweder Militärattaché oder ging in Pension. So kam es, dass in den aktiven Kommandoposten der Armee viele drusische und alawitische Offiziere übrigblieben. Der «linke Baath», dessen Hauptideologe, Arsuzi, selbst ein Alawit gewesen war und dessen Lehre dem Marxismus näher stand als jene Aflaks, zog vor allem diese Leute an, weil sie als Mitglieder von armen Minderheiten aus unterprivilegierten Familien stammten.

Auch Salah Jedid war ein Alawite gewesen. Er hatte es vielleicht aus diesem Grunde vorgezogen, aus dem Hintergrund zu regieren, ohne selbst den Präsidentenstuhl zu besetzen. Er war im Februar 1966 zur Macht gelangt, indem er den sogenannten rechten Flügel der Baath-Partei, der damals dem sunnitischen Offizier Amin al-Hafez unterstand, durch einen blutigen Staatsstreich stürzte. Hafez al-Asad war bei dieser Gelegenheit zum Luftwaffenkommandanten aufgestiegen. Zuvor war er in der Sowjetunion zum Bomberpiloten ausgebildet worden.

Die drusischen Offiziere hatten zuerst mit den alawitischen zusammengearbeitet. Es hatte ein informelles Bündnis zur gegenseitigen Unterstützung bestanden. Doch im Vorfeld des Krieges von 1967 wurde dem wichtigsten unter den drusischen Offizieren, Selim al-Hatum, vorgeworfen, er habe mit Israel zusammengearbeitet und einen Putsch gegen seine alawitischen Kollegen geplant. Nach Folterungen wurde er umgebracht. Seither verloren die Drusen Einfluss in der Armee. Der Gruppe der ismailitischen Offiziere war es kurz darauf ähnlich ergangen.

In Bagdad kamen 1968 die Baathisten jener Richtung an die Macht, die 1966 von ihren linken Rivalen aus Syrien vertrieben worden waren. Es waren die Gefolgsleute von Amin al-Hafez und die Gründer der Partei wie Aflak und Bitar. Sie hatten nach dem Putsch General Jedids ins Exil ziehen müssen. Viele hatten sich vorübergehend in Beirut niedergelassen.

Im Irak war es ein Militärputsch, der die dortigen baathistischen Offiziere an die Macht brachte. Es war sogar die Folge von zwei Putschen gewesen. Die Baathisten hatten den Befehlshaber der Präsidialgarde und einen Panzeroffizier, die beide nicht zur Partei gehörten, überredet, am 17. Juli den Putsch auszulösen. Sie hatten ihn dann mit ihren Truppen und Milizen unterstützt. Die beiden nichtbaathistischen Offiziere, die Obersten Nayef und Daoud, erhielten Ministerposten. Doch schon zwei Wochen später, am 30. Juli 1968, führten die Baathisten einen zweiten Staatsstreich durch, um sie auszubooten. Die nun zur vollen Herrschaft aufgestiegene Partei rief die exilierten syrischen Parteispitzen nach Bagdad. Sie durften in einem pompösen Palast die panarabische Parteiführung bilden, die in der baathistischen Parteisprache als die «nationale Führung» bezeichnet wird, weil für die Partei alle arabischen Staaten gemeinsam die arabische Nation bilden. In der «regionalen» Führung des Iraks hatte die neue «nationale» Führung nicht viel mitzureden; dies war Sache der Iraker. Präsident des Iraks und Vorsitzender des Kommandorates der irakischen Revolution wurde General Hassan al-Bakr, der höchste unter den baathistischen Offizieren. Hinter ihm stand von Beginn an der eigentliche starke Mann der Partei, Saddam Hussein at-Takriti.

Die Vorgeschichte der Baathisten im Irak

Die irakische Baath-Partei hatte, als sie 1968 zur Macht kam, eine wechselreiche, blutige Geschichte hinter sich. Sie war bereits einmal in Bagdad an die Macht gelangt, hatte sich aber nicht an ihr behaupten können. Im Jahr 1963 hatten die Baathisten gemeinsam mit den Nationalisten, meist Anhängern Abdel Nassers, die Macht ergriffen und Abdel Karim Kassem hingerichtet. Sein abgeschlagenes Haupt wurde am Fernsehen vorgezeigt. Kassem war seinerzeit fünf Jahre zuvor, 1958, zur Macht gekommen, ebenfalls durch einen blutigen Staatsstreich. Er hatte von

Beginn seines Regimes an mit dem Widerstand seiner ursprünglichen Verbündeten, der Nationalisten und Nasser-Anhänger, zu rechnen. Er suchte anfänglich seine Macht auf die Kommunistische Partei des Iraks abzustützen. Sein wichtigster Mitarbeiter beim ursprünglichen Putsch, der Nasser-Anhänger Oberst Abdel Salam Aref, wurde sogar zum Tode verurteilt, aber nicht hingerichtet. Andere der «nationalistischen» Offiziere waren weniger glücklich.

In den späteren Jahren seines Regimes drängte Kassem dann die Kommunisten zurück. Er erklärte, dass die Parteien eine Lizenz benötigten. Er erteilte dann die Lizenz einer Splittergruppe der KP, die von der eigentlichen KP abgespalten war und keine Macht besass. Die Kommunisten erhielten also keine Lizenz und mussten illegal im Untergrund tätig werden. Sie waren unterirdisch dennoch in den schiitischen Südregionen und auch in Bagdad stark vertreten, in den Vorstadt- und Hüttenquartieren, «Sarifas», Schilfstädte, genannt, in die vor allem Bauern des Südens einströmten. Ferner gab es unter der kurdischen Minderheit eine KP von Gewicht. Auch die arabischen Nationalisten und die Baathisten, die damals noch politisch zusammenarbeiteten, erhielten keine Lizenzen. Auch sie mussten sich mit einer Untergrundexistenz begnügen. Zwischen den beiden nicht zugelassenen Gruppierungen, der KP und den Nationalisten-Baathisten, die zusammen wohl den grösseren Teil der politisch aktiven Iraker umfassten, entstand ein Untergrundkrieg, der sich über das ganze Land ausdehnte und sich auf das Leben all seiner Bewohner auswirkte. Die meisten Dörfer und Wohnviertel der Städte fielen in die Hände der einen oder der anderen Gruppe. Wer zur falschen Partei gehörte, musste ausziehen und anderswo bei seinen Gesinnungsgenossen Unterschlupf suchen. Im «Feindesland» konnte er seines Lebens und des Lebens seiner Familie nicht sicher sein. Um «Feinde» zum Auszug zu bewegen, bediente man sich unter anderem der Telefondrohungen, die man mit Vorliebe gegen die Kinder der Betroffenen richtete.

Die Universität schied sich in zwei Lager, Professoren an der Spitze; ebenso die Verwaltung. Ein Bandenkrieg zwischen Quartier und Quartier, Dorf gegen Nachbardorf wurde jahrelang geführt. In der Armee gab es Offiziere der einen oder der anderen Richtung, doch die Kommunisten waren in der Minderheit. Die Leute der Minoritäten, Kurden, Christen aller Arten, Schiiten, neigten eher dem Kommunismus zu, die Sunniten eher dem Nationalismus oder Baathismus. Dies weil die Minderheiten fürchteten, dass ein panarabisch-sunnitisches Regime noch brutaler gegen sie vorgehen werde, als es der irakische Staat bereits tat. Die sunnitischen Araber des Iraks stellen nur etwa ein Viertel der Gesamtbevölkerung dar. In einem grossarabischen Reich jedoch wären sie zur weit überlegenen Mehrheit geworden.

Die Kurden begannen bald ihren eigenen Kampf gegen Bagdad zu führen. Unter ihrem hervorragenden Guerillaführer, General Mulla Mustafa Barzani, kämpften sie gegen die Armee, manchmal um ihre Unabhängigkeit, manchmal um Autonomie. Nach Niederlagen oder Teilniederlagen der Armee wurde immer wieder verhandelt, doch die Verhandlungen gelangten nie zu einem wirklichen Abschluss. Es gab nur periodische Waffenstillstände, weil Bagdad nie bereit war, den Kurden so viel zuzugestehen, wie sie forderten, nämlich echte Autonomie mit eigenen Behörden in allen kurdischen Gebieten, einschliesslich Kirkuks, einer Region mit bedeutenden Erdölvorkommen.

Der unterirdische Krieg zwischen «Kommunisten» und «Nationalisten» führte dazu, dass auf beiden Seiten erfahrene Bandenchefs und Untergrundguerillas entstanden, Experten der unterirdischen Machtkämpfe. Die besassen ihre Gefolgsleute, die sie für Aktionen rasch mobilisieren konnten. Im Falle der Baath-Partei gab es eine damals noch illegale, besonders gut organisierte Parteimiliz unter dem Milizanführer Ahmed Saleh Saadi. Doch am Ende waren es wie immer die Armeeoffiziere, die die Machtentscheidung herbeiführten, indem sie Präsident Kassem stürzten. Sofort nach dem Putsch von 1963 wurde die baathistische Parteimiliz unter Saadi mobilisiert und offiziell anerkannt. Ihre erste Tat, nachdem sie zu einer staatlichen Miliz geworden war, bestand darin, einen blutigen Rachefeldzug gegen ihre Rivalen, die Kommunisten, in den Aussenquartieren von Bagdad zu entfesseln. Mehrere tausend sollen damals umgekommen sein. Oberst Abdul Salam Aref, der nationalistische Rivale Kassems, wurde nun Präsident. Die Baath-Partei versuchte unter ihm mit Hilfe ihrer Miliz die eigentliche Macht auszuüben. Die reguläre Armee blickte mit Unruhe auf die Existenz der Parteimilizen. Armeen pflegen das Waffenmonopol für sich ausschliesslich in Anspruch zu nehmen. Dies war der Hauptgrund, weshalb nach einiger Zeit des unterirdischen Ringens die Armee auf die Seite des Präsidenten trat und ihm ermöglichte, die Baath-Partei auszuschalten. Saadi musste das Land verlassen.

Der Aufstieg Saddam Husseins

Es ist wichtig, eine Vorstellung jener wilden Zeiten zu haben, weil Saddam Hussein at-Takriti, der starke Mann der zweiten Herrschaftsperiode der Baath-Partei und bis heute, in jener Periode zu den Parteiaktivisten gehörte. Er soll es gewesen sein, der persönlich im Jahr 1959 mit einem Maschinengewehr auf General Kassem schoss, als dieser im Automobil durch die Raschid-Strasse, die alte Hauptverkehrsader von Bagdad, fuhr. Er verwundete ihn nur, musste dann fliehen, ging nach Ägypten ins Exil. Später kehrte er nach dem Irak zurück, wurde entdeckt und eingekerkert, bevor 1968 der zweite Umsturz der Baathisten dem Regime der «Nationalisten» ein Ende bereitete. General Abdurrahman Aref, der Bruder Abdul Salams, war jenem als Präsident nachgefolgt, nachdem dieser 1966 in einem Helikopterunfall sein Leben verloren hatte.

Man weiss nicht viel von dem jahrelang dauernden Untergrundleben Saddam Husseins (den früheren Beinamen at-Takriti hat er abgelegt, weil in seinem Regime allzu viele Takritis, Leute aus Takrit, eine Rolle spielen). Der gewaltige Glanz des Personenkultes, der ihn heute umgibt, verunmöglicht alle genaueren Angaben über seine Vergangenheit. Doch viele Züge seiner Politik erklären sich aus der frühen Schule, die er durchlaufen hat. Er scheint eisern entschlossen, sich durch keinen Putsch absetzen zu lassen. Um dies zu verhindern, verbreitet er eine Atmosphäre von Angst um sich; die Iraker zittern buchstäblich vor ihm, und sie wissen warum. Er hat harte Gesetze erlassen, um seine Sicherheit zu gewährleisten. Die Offiziere der irakischen Armee wurden aufgefordert, sich selbst anzuzeigen, wenn sie je einer anderen Partei angehört hatten als der Baath-Partei oder ihr noch angehörten. Wenn sie dies unterliessen und entdeckt würden, hätten sie ihr Leben verwirkt. Es gab mehr als zehn kommunistische Offiziere, die auf Grund dieser Vorschrift, schon vor dem Krieg mit Iran, hingerichtet wurden. Solche drakonische Massnahmen gehen natürlich auf die Erfahrung der Baath-Partei zurück, deren Offiziersnetz sie zweimal an die Macht gebracht hatte. Solche Möglichkeiten sollten anderen Parteien nicht offenstehen!

Die Behandlung der Kurden war nicht weniger brutal. Die Regierung von Bagdad hat sie dadurch unter ihre Gewalt gebracht, indem sie 1975 in Algier mit dem Schah von Persien ein Abkommen abschloss. Der Schah konnte lang begehrte Grenzkorrekturen durchsetzen, vor allem im Wasserweg des Schatt al-Arab. Als Gegenleistung versprach er, den Kurden keine Waffen mehr zu liefern. Auch wurde den Kurden eine

Amnestie zugesagt, wenn sie sich den Behörden stellten. Dies hinderte jedoch die Behörden nicht, viele von ihnen in die Gefängnisse zu werfen und viele Tausende, deren Dörfer in der Nähe der Grenzen lagen, in den Südirak zu deportieren und dort in Konzentrationslager einzuschliessen. Tausende wurden auch aus den Gebieten vertrieben, welche die Behörden «arabisieren» wollten. So die Erdölregion von Kirkuk und Gebiete bei Mosul. An den Grenzen wurden Freifeuerzonen eingeführt, in denen die irakischen Kampfflugzeuge systematisch auf alles schossen, was sich bewegte. Neben der Peitsche gab es auch Zuckerbrot. Ein junger Mann, der vorankommen wollte, auch wenn es nur darum ging, seine Abschlussexamina auf der Universität zu bestehen, musste Parteimitglied werden. Weigerte er sich, fiel er durch. Das Zuckerbrot nahm zu, als der Erdölpreis 1973 in die Höhe schnellte und dem Regime ungeheuer grosse Einnahmen verschaffte. Saddam Hussein und seine Parteigenossen erkannten, im Gegensatz etwa zum Schah von Persien, dass ihr Regime nur Dauer haben konnte, wenn man dafür sorgte, dass breite Kreise der Bevölkerung an dem Reichtum teilhaben konnten. Dies geschah auch, doch das Geistesleben blieb unter schärfster Kontrolle der eingesetzten Parteifunktionäre. Es genügt, eine der vom Staat herausgegebenen irakischen Tageszeitungen zu lesen (unabhängige Zeitungen gibt es nicht), um zu verstehen, welcher Geist dort herrscht. Der Informationsgehalt ist minimal, der Personenkult nicht zu übertreffen. Je weniger Tatsachen in den Blättern zu finden sind, desto leichter lässt sich behaupten, «Er», der grosse Landesvater, werde «alles» immer in Ordnung halten.

Saddam Hussein hätte ohne Zweifel die Möglichkeit gehabt, sein Land voranzubringen. Die Geldmittel waren gewaltig, und am Willen, sie zur Entwicklung des Iraks einzusetzen, fehlte es nicht. Doch am 22. September 1980 beging er den grössten Fehler seines Lebens, indem er neun der zwölf irakischen Divisionen auf einer Länge von 700 km die iranische Grenze überqueren liess und damit den blutigen Krieg auslöste, der gegenwärtig (1988) seit sieben Jahren immer noch andauert.

Ägypten nach Nasser

Auch in Ägypten kam es zu einer Machtablösung, als Abdel Nasser 1970, erst 52 Jahre alt, plötzlich starb. Er selbst hatte seinen alten Mitkämpfer, Anwar as-Sadat, zum Ersten Vizepräsidenten ernannt und damit als Nachfolger bezeichnet. Doch als er starb, gab es eine machtvolle

Gruppe, die enger mit Nasser zusammengearbeitet hatte als Sadat. Ihre Ideen über die Zukunft des Landes orientierten sich am sowjetischen Vorbild. Sadat jedoch hatte eine politische Vergangenheit, die keine Sympathie für die Sowjetunion zuliess. Als junger Offizier hatte Sadat Kontakt mit Rommel aufgenommen, um dem deutschen Afrikakorps die Tore Ägyptens zu öffnen. Sadat und seine Gruppe wollten sich so von der britischen Besatzungs- und Kolonialarmee befreien. Das Komplott war entdeckt worden, und Sadat wanderte ins Gefängnis, ohne dass das ganze Ausmass seiner Aktion ans Licht gekommen wäre. Später wurde Sadat ein Bewunderer der Vereinigten Staaten. Unter Nasser musste er diese persönlichen Präferenzen zurückstellen. Doch sie waren genügend bekannt und verhinderten, dass er zur Zeit von Nassers Zusammenarbeit mit der Sowjetunion eine wichtige politische Rolle hätte spielen können. Nasser versuchte in seinen letzten Jahren mit der Sowjetunion nicht nur wirtschaftlich zusammenzuarbeiten, sondern auch die politischen Strukturen der Sowjetunion für Ägypten zu adaptieren. Innerhalb der Staatspartei hatte er eine «geheime Organisation» gebildet, die als Leitstelle der Staatspartei dienen sollte. Die Staatspartei selbst sollte mit der Zeit zum Hauptpfeiler und Motor des Regimes werden, wie es die KP in der Sowjetunion war. Als Nasser starb, lag diese Entwicklung erst im Entwurf vor. Es gab jedoch eine Reihe von Mitarbeitern des Staatschefs, die begonnen hatten, diese neuen, «sozialistischen» Strukturen aufzubauen. Sie, und Nasser selbst, sprachen nun nicht mehr vom arabischen Sozialismus, sondern von Sozialismus schlechthin oder sogar vom wissenschaftlichen Sozialismus. Eine Gruppe, die man als die Erben des Nasserschen Sozialismus bezeichnen kann, bestand aus Ali Sabri, Scharawai Goma, Sami Scharaf. Sie versuchte Sadat eine kollektive Führung aufzuzwingen. Formaljuristisch wäre dies möglich gewesen, weil die Verfassung der obersten Führung der Staatspartei die entscheidende Macht im Staat zusprach, nicht dem Präsidenten. Doch Sadat hielt sich an die Tradition Nassers. Dieser hatte de facto regiert, gleich, was die Verfassung bestimmte. Um die Rivalen loszuwerden, die Sadat später als das «Machtzentrum» bezeichnen sollte, versicherte er sich der Loyalität der Armee, indem er den Kommandanten der Präsidialgarde, General Laithy Nasif, und General Sadek, den Oberkommandanten der Armee, auf seine Seite brachte. Der Kriegsminister, General Fawzi, hielt zum «Machtzentrum». Mit dieser Rückendeckung entschloss sich Sadat, Ali Sabri als Vorsitzenden der Staatspartei zu entlassen. Darauf traten dessen Verbündete kollektiv zurück. Sadat liess sie einkerkern. General

Fawzi versuchte, die Armee zum Einschreiten zu bewegen, doch Oberkommandant Sadek verhinderte dies. Auch Fawzi wanderte ins Gefängnis. Den Leuten des «Machtzentrums» wurde später vorgeworfen, sie hätten sich gegen den Präsidenten «verschworen». Bevor Sadat seinen «Staatsstreich von oben» durchführte, hatte er den sowjetischen Botschafter informiert und ihm mitgeteilt, wie er in seinen Memoiren ausführt, er könne Meinungsverschiedenheiten zulassen, doch ein Machtkampf sei etwas anderes. Vom Mai 1971 an war Sadat der alleinige Herrscher Ägyptens.

Die Sowjetunion fuhr fort, Ägypten mit Waffen aufzurüsten und diplomatisch zu unterstützen, obgleich ihre Botschafter längst erkannt hatten, dass Sadat nicht ihr Mann war. Ägypten bereitete sich damals auf den Revanchekrieg gegen Israel vor. Sadat sprach in seinen Reden immer offen von der bevorstehenden «Schlacht». Er setzte sogar Termine an, ohne sie einhalten zu können. Dies führte am 24. Januar 1972 zu wilden Studentenprotesten gegen sein Regime. Hinter den Kulissen fand ein zähes Seilziehen mit der Sowjetunion über die modernen Waffen statt, die Ägypten für seinen Krieg mit Israel zu benötigen glaubte. Die Russen zögerten, weil sie annahmen, Ägypten könne einen Krieg gegen Israel noch auf Jahre hinaus nicht gewinnen, und weil ihnen die bestehende Lage politisch bequem war. Sie erlaubte der Sowjetunion, sich in ihrer Eigenschaft als Schutz- und Freundesmacht im Niltal und am ägyptischen Mittelmeerufer einzunisten. Ein Krieg mit Israel hätte diese Stellung gefährden können, sowohl wenn er erfolgreich ausging, als auch wenn er in einer Niederlage geendet hätte. Es gab damals etwa 15 000 sowjetische Berater in Ägypten. Den Russen standen Flugplätze zu Verfügung, die sogar für die ägyptischen Offiziere gesperrt waren. Alexandria diente ihnen als Flottenstützpunkt.

Ägyptische Minister, höchste Offiziere und Sadat selbst machten der Waffen wegen zahlreiche Besuche in Moskau, offizielle und inoffizielle. Die Sowjetunion lieferte jedesmal die versprochenen Waffen, jedoch viel langsamer und in geringeren Mengen, als sie zugesagt hatte, und oft nicht die allermodernsten Modelle. Dies und die Haltung der sowjetischen Berater, die es sich oft nur zu deutlich anmerken liessen, dass sie das ägyptische Militär für unfähig hielten, verursachte Reibungen zwischen den sowjetischen und ägyptischen Offizieren. Sadat nützte dies aus, um plötzlich die Rückkehr aller 15 000 sowjetischen Berater nach der Sowjetunion zu fordern. Die Russen hatten keine andere Wahl und begannen im September 1972 ihre Mannschaften nach Hause zu fliegen.

Wenn Ägypten, wie Afghanistan, direkt an die Sowjetunion angegrenzt hätte, wäre die Situation vielleicht eine andere gewesen.

Trotz dieses Rückschlages fuhr die Sowjetunion fort, weiterhin Waffen zu liefern und Ägypten diplomatisch zu unterstützen, bis die ägyptische Armee ein Jahr später überraschend den Suezkanal überquerte, die Israeli zurückschlug und die befestigte Bar-Lev-Linie rasch durchstiess. Es gelang den Ägyptern auch, den ersten Gegenangriff der Israeli mit bedeutenden Verlusten für die Israeli zurückzuschlagen.

Im Krieg von 1973 gab es zwei Luftbrücken für die Waffenlieferung: eine amerikanische zugunsten der Israeli direkt nach al-Arisch (im Sinai), wo die Waffen dann sofort eingesetzt wurden; eine zweite sowjetische nach Kairo. Der Umstand, dass beide Supermächte als Waffenlieferanten unentbehrlich waren, erlaubte es ihnen gemeinsam, einen Waffenstillstand zu diktieren, in dem es keinen Sieger und keinen Besiegten gab. Dies geschah, obgleich die Israeli in der Endphase dieses Krieges einen erfolgreichen Vorstoss über den Kanal hinweg unternommen hatten und im Rücken der ägyptischen Sinai-Armeen operierten. Kissinger hatte sich aber mit der Sowjetunion verständigt.

Nach dem Krieg liess Sadat rasch erkennen, dass er die Vereinigten Staaten und nicht die Sowjetunion als bevorzugten Partner Ägyptens ansah. Er war auch bereit, Frieden mit Israel zu schliessen, falls die Israeli dafür die im Krieg von 1967 besetzten arabischen Gebiete herausgeben würden. Die Israeli wollten ihm jedoch nur den Sinai zurückgeben, nicht aber die besetzten Gebiete Westjordanien und Gaza, oder dann allerhöchstens teilweise. Dies bewirkte, dass die Friedensbemühungen von 1973 bis 1977 stagnierten. Kissinger konnte erreichen, dass die Truppen zurückgenommen wurden, was die Lage entschärfte. Doch die Verhandlungen über einen wirklichen Frieden kamen nicht voran. Am Ende entschloss sich Sadat überraschend, persönlich nach Jerusalem zu fliegen, in der Hoffnung, einen psychologischen Schock auszulösen und Israel zu einer grosszügigeren Haltung zu zwingen. Ein psychologischer Schock entstand zwar, doch ohne die von Sadat gewünschte Wirkung. Die Blockierung aller Friedensversuche dauerte auch nach der Jerusalemreise an, bis 1978 Präsident Carter sich einschaltete. Er lud Ministerpräsident Begin und Präsident Sadat nach Camp David ein und setzte Sadat unter Druck. Dieser, nachdem er beinahe abgereist wäre und sein Aussenminister zurückgetreten war, stimmte einem Lösungsvorschlag für das Problem der besetzten Gebiete Palästinas zu, welcher es Begin ermöglichte, den Sinai zurückzuerstatten, die anderen arabischen Gebiete jedoch weiter besetzt zu halten. Die besetzten Gebiete Palästinas galten Begin und seinen Anhängern als legitimer israelischer Besitz, obgleich 1 300 000 Araber dort wohnten und die Ansiedlung von Israeli dem internationalen Recht und den ausdrücklichen Uno-Beschlüssen widersprach, wie dies sogar die Amerikaner bestätigten.

Die Ölwaffe Saudiarabiens

Die anderen arabischen Staaten hatten Sadat in der Vorkriegsperiode kräftig unterstützt. Syrien koordinierte seine Kriegsaktionen mit Ägypten, und Saudiarabien unterstützte Ägypten vor und nach dem Krieg von 1973 finanziell. Während des Krieges setzte König Faisal nach vorausgegangenen Besprechungen mit Sadat die «Ölwaffe» ein. Sie war über Erwarten erfolgreich. Nur wenige Tage eines vollen Förderstopps und der Lieferungssperre gegen Staaten, die als besonders israelfreundlich eingestuft wurden, trieben den Erdölpreis gewaltig in die Höhe. Er vervielfachte sich während des Krieges, nachdem er schon in den Jahren davor leicht angestiegen war. Dies wirkte sich auf die gesamte Weltwirtschaft aus. Es wurde ein wichtiger Grund dafür, dass die Supermächte ernsthafter auf eine Beendigung des Israelkonfliktes drängten. Doch als Sadat seine Jerusalemfahrt unternahm, trennten sich seine arabischen Freunde von ihm. Saudiarabien, das bereit war, einem Frieden mit Israel gegen Rückgabe der besetzten Gebiete zuzustimmen, schien es, Sadat gebe seine Karten vorzeitig aus der Hand, indem er nach Jerusalem reise und dadurch die Stadt de facto als Hauptstadt Israels anerkenne. Die radikalen Staaten wie Syrien, Libyen, Südjemen und der Irak sowie die Palästinenser übten scharfe Kritik an Ägypten. Sadat antwortete mit scharfen Gegenkampagnen. Als dann am 26. März 1979 der Frieden unterschrieben wurde, den die Araber als einen Separatfrieden Ägyptens mit Israel ansahen, brachen fast alle arabischen Staaten einschliesslich Saudiarabiens ihre diplomatischen Beziehungen mit Ägypten ab und veranlassten die Arabische Liga, ihren Sitz von Kairo nach Tunis zu verlegen. Zweieinhalb Jahre später, am 6. Oktober 1981, wurde Sadat von einem fundamentalistischen Offizier seiner eigenen Armee auf einer Truppenparade vor Kairo erschossen. «Ich habe Pharao getötet», war der Kommentar des Mörders.

Die wirtschaftlichen Gründe des Friedens

Die Wirtschaftslage in Ägypten hat viel zu den politischen Entscheidungen Sadats beigetragen. Bis zum Krieg von 1973 hatte Ägypten alles den Kriegsanstrengungen geopfert. Nicht nur hatte die Bevölkerung gedarbt, man hatte auch viele Infrastrukturarbeiten zurückgestellt, die notwendig gewesen wären – besonders angesichts der immer ansteigenden Bevölkerungszahl. Der Staudamm von Assuan, mit sowjetischer Hilfe erbaut, hatte es erlaubt, neue Gebiete zu bewässern und in vielen älteren Bewässerungsgebieten mehr Wasser zu verwenden. Dadurch konnte der Anbau vor allem an Reis gesteigert werden. Doch in den Plänen für den Staudamm war vorgesehen, dass die bewässerten Ländereien auch entwässert würden. Dies war notwendig, um die Böden ertragreich zu erhalten und vor Versalzung zu schützen. Die Entwässerung unterblieb wegen des Krieges. Ähnlich stand es um andere wichtige Vorhaben und Anliegen. Man konnte zwar eine gewisse Elastizität ausnützen, die dank der Genügsamkeit und Opferbereitschaft der Ägypter vorhanden war: Noch mehr Familien wohnten in einem einzigen Zimmer, mehr Reisende drängten sich in einen Autobus; mehr Schüler mussten das gleiche Schulgebäude benützen, Klassen mussten im doppelten Turnus geführt werden; es gab noch mehr überfüllte Kliniken und Spitäler, die sich weigerten, noch mehr Kranke aufzunehmen. Aus jener Periode stammte der grimmige Witz, das staatliche Spital von Kairo habe beschlossen: «Am Montag und Dienstag operieren wir Blinddärme; am Mittwoch und Donnerstag befassen wir uns mit Geburten. Die übrigen Krankheiten sind für den Rest der Woche!» Die Bevölkerung musste sich mit Brot und Makkaroni begnügen statt wie früher mit Reis und ganz wenig Fleisch. Als Eiweissträger gab es ja noch die berühmten schwarzen Bohnen, die «Foul» heissen. Der Staat sorgte seit Nassers Zeiten dafür, dass die notwendigen Grundnahrungsmittel durch staatliche Subventionen sehr billig blieben.

Doch alle Genügsamkeit hat ihre Grenzen. Während der sogenannten «Brotunruhen» vom 18. und 19. Januar 1977 stürmten die Studenten und mit ihnen ein grosser Teil der notleidenden Bevölkerung das Stadtzentrum Kairos, um gegen Preissteigerungen zu demonstrieren. Es gab 44 Tote und 60 Verwundete, 1240 Personen wurden festgenommen. Einige Stunden lang sah es so aus, als ob die Polizei der Demonstranten nicht Herr zu werden vermöge. Im folgenden Monat liess Sadat mit Hilfe eines Plebiszits verschärfte Repressionsmassnahmen gesetzlich sanktionieren. 99,42 Prozent der Wähler stimmten anscheinend, so verkündeten es die Behörden, verschärften Strafen zu, die Zuchthaus für Ruhestörer, Streikende und Steuerhinterzieher festsetzten. Im gleichen Jahr 1977 fasste Sadat seinen einsamen Entschluss, persönlich nach Jerusalem zu fliegen.

Der Frieden mit Israel wurde den Ägyptern durch das Versprechen schmackhaft gemacht, dass nun die ägyptische Wirtschaft sich schlagartig verbessern werde. Das Land, so erklärten die Regierungssprecher Ägyptens, habe lange genug die Bürde des Krieges gegen Israel getragen. Nun müsse es wirtschaftlich wieder aufwärtsgehen. Doch diese Hoffnungen sollten enttäuscht werden. Sadat dekretierte die wirtschaftliche «Öffnung» des Landes. Dies bedeutete Liberalisierung der Wirtschaft. Sie bewirkte zunächst einmal, dass die wenigen, die sich in einer guten Ausgangslage befanden, um Geld zu verdienen, noch reicher wurden. Gleichzeitig stiegen alle Preise gewaltig an. Im Gegensatz zu Nassers Zeiten, als die Waren knapp waren, das Geld aber reichlich floss, gab es nun Waren, soviel man wollte, sogar aus dem Ausland importierte, doch der grossen Mehrheit der Ägypter, sogar den Leuten des Mittelstandes, fehlte nun das Geld. Dabei war eine volle Liberalisierung der ägyptischen Wirtschaft nicht sofort möglich. Die Kontrolle der Wechselkurse blieb bestehen; so entstand ein Schwarzmarkt für Devisen. Auch war es unmöglich, die Subventionen für die Grundnahrungsmittel auf einen Schlag zu streichen; man musste sie vorsichtig und über Jahre hinweg abbauen, wenn man neue Unruhen vermeiden wollte. Die Mieten und die Bankzinsen konnten ebenfalls nur allmählich liberalisiert werden. All dies ging nicht ohne Härten, Ungerechtigkeiten und Bereicherungsmöglichkeiten für die «fetten Katzen» (wie man die Reichen nannte) ab. Die Gehälter der Staatsangestellten reichten bei weitem nicht mehr aus, um zu leben. Sie mussten sich eine Zweitarbeit verschaffen oder sonstige Einnahmen. Von den Lehrern war beispielsweise bekannt, dass sie darauf angewiesen waren, Privatstunden zu erteilen. Viele sollen sich darauf verlegt haben, den Schülern während der offiziellen Schulstunden möglichst wenig beizubringen, um dann den Kindern aus reicher Familie Nachhilfestunden zu erteilen. Ohne dies, so machten sie den Eltern klar, würden die Kinder nie ihre Examen bestehen. Die Kinder jener Kreise, die kein Geld für Privatstunden aufbringen konnten, hatten geringe Chancen, die Universität zu erreichen. Die Unentgeltlichkeit der Schulen, bis hinauf zu den Hochschulen, gleiche Chancen also für alle, war eine der Leistungen des Nasser-Regimes gewesen. Bald

konnte man von den Ägyptern hören: «Die Regierung macht es uns
absichtlich schwer, unser Auskommen zu finden. Wir sollen den ganzen
Tag und die halbe Nacht hindurch damit beschäftigt sein, unser Brot zu
verdienen, damit wir keine Zeit haben, uns um Politik zu kümmern oder
gegen sie zu protestieren.» Dass es gleichzeitig eine neue Schicht von
Millionären gab, die ihre Millionen mehr durch Manipulationen, Speku-
lationen und Regierungsgunst zu verdienen schienen als durch wirkliche
Arbeit, trug weiter zur Verbitterung bei. So gab es zum Beispiel einen
Halbbruder Sadats, der vom Autobuschauffeur zum Multimillionär aufstieg. Sadat selbst liebte es, sich viele «Rasthäuser» in ganz Ägypten
anzulegen, meist schlossartige Residenzen in Parks, so dass er von einem
zum anderen reisen konnte. Man sah sie gelegentlich im Fernsehen. Nasser hatte in einer einfachen Villa gelebt.

Libyen, Nasserismus nach Nasser

Im zweitletzten Lebensjahr Nassers hatte eine Gruppe von libyschen
Offizieren, in bewusster Nachahmung Nassers, in Libyen einen Putsch
durchgeführt und am 1. September 1969 den greisen König Idriss von
Libyen gestürzt. Der König befand sich ausser Landes, so dass nur
einige seiner Vertrauten, Minister und militärischen Vertrauensleute ge-
fangengenommen und eingekerkert wurden. Es gab unter den ver-
schworenen Offizieren eine hervorragende Persönlichkeit, welche die
Macht an sich reissen sollte. Dies war der damals 28jährige Hauptmann
Muammar al-Ghaddafi. Seine Offiziersgeneration wurde in Libyen die
Generation von «Saut al-Arab» genannt, nach dem damals berühmten
Propagandasender, den Nasser aufgezogen hatte und von dem die Umstürzler in der ganzen arabischen Welt ihre Revolutionsparolen bezogen.
Nasser selbst hatte nichts von dem bevorstehenden Umsturz gewusst,
und er sandte seinen Vertrauensmann, Hassanein Haikal, aus, um in
Libyen zu erkunden, wer die Umstürzler seien. Da Haikal ihn zuerst
«entdeckt» hatte, bewahrte er während Jahren eine Vorliebe für den jungen Hauptmann, der sich nach dem Putsch sofort zum Obersten beför-
dert hatte. Libyen war 1969 ein Land von Bedeutung geworden, nachdem man reiche Erdölvorkommen entdeckt hatte. Die Erforschung und
Förderung hatte nach der Suezkrise begonnen. König Idriss hatte aus
den Erfahrungen der anderen Erdölstaaten gelernt. Von Beginn an hatte
er vielen kleineren Such- und später Produktionsfirmen Konzessionen
vergeben, so dass verschiedene Gesellschaften in Libyen in Konkurrenz

arbeiteten. Frühere Konzessionen in anderen Ländern hatten das ganze Land oder seine wichtigsten Erdölgebiete umfasst, so dass die Staaten sich später einer einzigen, mächtigen Erdölgesellschaft gegenüberfanden, von welcher sie für ihr staatliches Einkommen weitgehend abhängig wurden. Sie konnten nur mit grossen Schwierigkeiten mit ihr verhandeln. Vor der Erdölindustrie war die wichtigste Einnahme Libyens gewesen, zerschossene Panzer aus der Zeit der Panzerschlachten des Afrikakorps und Montgomerys als Alteisen zu exportieren. Die Erdöleinkünfte hatten zuerst den Hof und seine Günstlinge reich gemacht. Man hatte dann ein Parlament zugelassen. Dieses begann zaghaft dafür zu sorgen, dass ein Teil des Erdölsegens der Infrastruktur des Landes, den Geschäftsleuten des Mittelstandes und sogar allmählich der einfacheren Bevölkerung zugute kam. Die Amerikaner hatten sich seit dem Ende des Zweiten Weltkrieges eine grosse Luftbasis in Libyen, «Wheelus» bei Tripolis, gesichert, und die Engländer unterhielten Militärlager für Wüsten- und Luftausbildung bei Tobruk, unweit der ägyptischen Grenze. In den Nahostkrisen hatte sich Libyen deutlich mehr auf der Seite der Engländer und Amerikaner als auf jener Nassers gehalten. Der Herrscher hatte guten Grund, sich vor ägyptischen Subversionsversuchen zu fürchten. In revolutionären arabischen Kreisen warf man dem König seine «separatistische» Grundhaltung vor. Man wollte Libyen und sein Erdöl in die panarabische, revolutionäre Politik einbeziehen. Der libysche Putsch erfolgte jedoch erst nach dem Sechstagekrieg, als Nasser und seine panarabische Politik bereits einen entscheidenden Rückschlag erlitten hatten.

Innerhalb eines knappen Jahres wurden zuerst die Engländer, dann die Amerikaner gezwungen, ihre militärischen Basen aufzugeben und Libyen zu verlassen. Der Mietvertrag der «Wheelus»-Basis wäre ohnehin bald ausgelaufen gewesen. Danach setzte sofort die Verstaatlichung des ausländischen Besitzes ein. Die Italiener, welche dort aus der Periode der italienischen Kolonisation, die 1911 begonnen hatte, noch Ländereien besassen, mussten diese ohne Kompensation aufgeben. Die Banken wurden verstaatlicht, die Versicherungen mussten 60 Prozent ihres Kapitals an den Staat abtreten. Die libysche Revolution nahm sich damals die «sozialistischen» Gesetze Ägyptens zum Vorbild. Sie strebte eine rasche Veränderung der politischen Grundstrukturen des Landes an, um sie jenen Ägyptens möglichst weitgehend anzugleichen. Dadurch sollte ein Zusammenschluss Ägyptens mit Libyen erleichtert werden. Schon von den syrischen und irakischen Baathisten hatte Nasser gefordert, sie sollten ihre Sozialstrukturen jenen Ägyptens anpassen, bevor sie an eine Vereinigung dächten. Doch nun riet Nasser Libyen zur Vorsicht. Er liess sich zwar gerne von Libyen Finanzhilfe gewähren. Doch er war nicht mehr bereit, spektakuläre, aber übereilte Vereinigungsschritte durchzuführen, die mehr gewesen wären als blosse Pro-forma-Scheinzusammenschlüsse.

Im Jahr 1971 wurden 100 Vertreter der früheren Oberschicht vor ein Volksgericht in Tripolis gestellt; sie erhielten relativ milde, in vielen Fällen bedingt ausgesprochene Gefängnisstrafen; 31 von ihnen wurden freigesprochen. Im November des gleichen Jahres gab es Gerichtsverhandlungen gegen Mitglieder des früheren Herrscherhauses, von 21 Angeklagten wurden 6 freigesprochen. Der Kronprinz, Hassan Reda, erhielt drei Jahre Gefängnis. Im Januar 1972 wurde die Presse gleichgeschaltet. 29 Journalisten wurden angeklagt, die «Nation eingeschläfert zu haben»; 21 erhielten Gefängnisstrafen. Die Zeitungen erschienen einige Wochen lang nicht mehr, dann kamen neue heraus, die dem Staat unterstellt waren. Eine Arabisierungskampagne bewirkte, dass alle lateinischen Buchstaben von den Strassenschildern verschwanden. Der Staat verfasste nur noch arabische Dokumente und versuchte sogar, nur Reisende mit Pässen zuzulassen, die arabisch geschrieben waren.

In einer Beziehung ging Ghaddafi über die Revolution Nassers hinaus. Er suchte den Islam im öffentlichen Leben wieder stärker zur Geltung zu bringen. Es gab ein Alkoholverbot für alle, mit Ausnahme der Ölgesellschaften tief in der Wüste. Die Vergnügungslokale wurden geschlossen. Eine Kommission wurde 1971 eingesetzt, um die libyschen Gesetze, übernommen vom italienischen Kolonialismus, in Einvernehmen mit dem islamischen Gottesgesetz, der Scharia, zu bringen. Es gab sogar eine Kommission, welche die öffentlichen Bibliotheken (auch jene der Universitäten) von allen «Werken fremder Inspiration» reinigen sollte, dabei wurden der Kommunismus so gut wie der Imperialismus und der Existentialismus aufs Korn genommen. Die Regierung wurde während der ersten Jahre vom inneren Kreis der freien Offiziere ausgeübt. Major Jalloud pflegte als Ministerpräsident und als Hauptunterhändler der Regierung zu wirken. Ghaddafi selbst schwebte darüber als Präsident, der dem Revolutionsrat vorstand und immer neue Ideen produzierte. Die Träger der ursprünglichen Revolution arbeiteten längere Zeit recht harmonisch zusammen. Der Umstand, dass dem Staat die Erträge aus der Ölförderung zur Verfügung standen, erleichterte das Regieren.

Doch das Wüstenland Libyen mit seinen zwei Millionen Einwohnern interessierte Ghaddafi nicht wirklich. Er hatte seine Revolution nicht um Libyens willen durchgeführt, sondern um der Idee der arabischen Einheit nach dem Vorbild Nassers zu dienen. Nach Nassers Tod sah Ghaddafi sich selbst als den Vorkämpfer der arabischen revolutionären Nationalisten an. Seine Aufgabe schien ihm zu sein, die arabische Welt auf dem Weg voranzubringen, den Nasser vorgezeichnet hatte. Zuerst suchte er sein Land mit dem benachbarten Ägypten zusammenzuschliessen. Sadat nahm Ghaddafis Vorschläge freundlich auf. Sie passten gerade in seine Politik der Auseinandersetzung mit den Leuten des «Machtzentrums», weil jene Politiker, Ali Sabri und seine Freunde, von einem Zusammenschluss mit Libyen abrieten. Nach der Entmachtung des «Machtzentrums» jedoch vermied es Sadat, die geplante Einheit mit Libyen zu verwirklichen.

Der Sudan, der im Mai 1969, wenige Monate vor jenem Ghaddafis, ebenfalls einen Militärputsch durchgemacht hatte, schien sich als dritter im Bunde zur Verfügung zu stellen. Schon unter Nasser hatte man eine lockere Föderation zwischen den drei Staaten eingerichtet. Später kam Syrien hinzu, aber der Sudan musste ausscheiden, weil die südlichen Stämme nicht bereit waren, allzu enge Bindungen mit der arabischen Welt zu dulden.

Ghaddafis Bemühungen konzentrierten sich darauf, mit Ägypten zu mehr als einer blossen Föderation zu gelangen. Er strebte eine Verschmelzung Libyens und Ägyptens an. Sadat, der sich isoliert sah, nachdem er die sowjetischen Berater ausgewiesen hatte, unterschrieb am 2. August 1972 ein Projekt, das die volle Verschmelzung mit Libyen auf den 1. September 1973 vorsah. Gemischte Kommissionen tagten, um Gesetz und Verfassung beider Staaten auf einen Nenner zu bringen. Doch ihre Arbeit blieb im Mai 1973 stecken. Die Gleichschaltung der Gehälter der Staatsangestellten, der Offiziere und Soldaten erwies sich als unmöglich. Auch über Fragen des Informationswesens und der islamischen Gesetzgebung wurde keine Übereinstimmung erzielt. Was niemand offiziell erwähnte, was jedoch das entscheidende Hindernis bildete, war ganz einfach die Frage, wer den künftigen Einheitsstaat regieren werde, Sadat oder Ghaddafi. Sadat liess gelegentlich Andeutungen fallen, nach denen Ghaddafi ihm vorgeschlagen habe, Sadat könne Präsident bleiben, wenn Ghaddafi das Oberkommando der vereinigten Armeen erhalte. Sadat wusste wohl, was dies bedeuten würde. Die Beziehungen zwischen den beiden Nachbarländern verschlechterten sich. Sadat war damals im geheimen damit beschäftigt, mit Präsident Asad und König Faisal den Krieg von Oktober 1973 vorzubereiten. Doch informierte er Ghaddafi nicht über seine Pläne. Ghaddafi befasste sich seinerseits mit Plänen, um Ägypten zu zwingen, die Verschmelzung doch noch durchzuführen. Sie gipfelten am 18. Juli 1973 in einem spektakulären «grünen Marsch» von 20 000 Libyern (Grün ist die Farbe des Islams), der von Tripolis ausging und bis Kairo führen sollte. Die Ägypter hielten diesen Marsch an der Grenze auf, indem sie einen Eisenbahnzug quer über die Strasse schoben. Ghaddafi trat zurück, um gegen die Haltung der Ägypter zu protestieren. Am 23. Juli widerrief er seinen Rücktritt und griff Ägypten in einer Rede heftig an. Ägypten war nun das «Land der Korruption, des Nepotismus, der Zensur und der Bürokratie». Doch der Zusammenschluss mit Ägypten werde erfolgen, auch wenn es um den Preis eines Bürgerkrieges wäre.

Der Oktoberkrieg, den Sadat und Asad auslösten, ohne Ghaddafi ins Vertrauen gezogen zu haben, machte deutlich, dass aus der Verschmelzung Libyens und Ägyptens nichts mehr werden konnte. Ghaddafi unterstützte zwar die beiden Kriegführenden mit Geld und Waffen, doch kritisierte er die strategische Grundkonzeption Sadats, der nur einen beschränkten Krieg führen wollte. Nach Ansicht Ghaddafis hätte der Krieg fortgesetzt werden sollen, bis Israel gänzlich zerstört worden wäre, gleich, wie gross die Opfer seien. Der Friedensprozess, den Sadat nach dem Truppenabzugsabkommen einleitete, verfeindete die beiden Nachbarn endgültig. Ghaddafi versuchte später während Jahren, Ägypten durch Propaganda und durch Terrorangriffe zu destabilisieren. Kairo drohte mit seiner überlegenen Armee, wenn Libyen keine Ruhe gebe. Im Juli 1977 wurde sogar ein viertägiger Grenzkrieg zwischen den beiden Ländern geführt. Die Grenze zwischen Libyen und Ägypten ist beständig geschlossen. Wer von Kairo nach Benghazi reisen will, muss das Flugzeug nehmen und in Athen umsteigen. Dies ist der Grund dafür, dass man im Transitsaal des Flughafens von Athen fast zu jeder Tages- und Nachtzeit ägyptische Fellachen in ihren langen Gewändern antrifft, manchmal mit Frauen und Kindern. Sie warten auf das ägyptische Flugzeug, das sie nach Kairo bringt, oder auf das libysche für die Reise nach Tripolis oder Benghazi. Es gibt immer noch über 100 000 ägyptische Arbeiter in Libyen.

Nach dem endgültigen Bruch mit Kairo begann für Ghaddafi die Zeit der Frustration. Sein Traum vom Panarabismus war blockiert, mindestens für so lange, als ihm Ägypten wie ein gewaltiger Damm im Wege stand mit dem Gewicht von fünfzig Millionen Menschen gegenüber den zwei Millionen Libyern. Ghaddafi musste dieses Hindernis irgendwie überspringen oder durchbrechen, wenn er seine panarabischen Ziele noch verwirklichen wollte. Ghaddafi war zäh. Seine prophetische Sendung aufzugeben kam für ihn nicht in Frage. Vielmehr setzte er nun all sein Denken und Trachten daran, sie trotz des ägyptischen Hindernisses zu Ende zu führen. Den Ausweg erblickte er in einer arabischen «Revolution». Wenn die arabische Welt, so wie sie heute war, sich seinen Plänen entgegenstellte, musste sie revolutionär erneuert und umgestaltet werden. Die «Revolutionierung» seines eigenen Landes hatte Ghaddafi 1972 begonnen, stets mit einem Auge auf Ägypten, das er von Libyen aus «anzustecken» hoffte. Damals führte er die Volkskomitees ein. Sie wurden von ihm ins Leben gerufen und aufgefordert, die Regierung zu kritisieren.

Das Erziehungswesen, die Industrialisierungs- und Erdölpolitik, Landwirtschaft, Aussenpolitik, Bürokratie der Verwaltung wurden scharf angegriffen. Das Volk wurde aufgerufen, sich zu äussern. Ein Jahr später, im April 1973, proklamierte Ghaddafi die Volksrevolution in einer Rede, die er in Zouara hielt. Ein Fünfpunkteprogramm verkündete die Aufhebung aller Gesetze, Liquidation aller Feinde der Revolution, Bewaffnung des Volkes, Kampf gegen den Geist der Bourgeoisie und Schaffung von Volkskomitees auf allen Ebenen, die den Regierenden revolutionäre Dynamik einflössen sollten. Doch in der Praxis blieb Libyen ein ruhiges Land mit einer stillen, eher furchtsamen Bevölkerung. Der Willen zur Revolution lag allein bei Ghaddafi, keineswegs beim libyschen Volk. Von 1974 an überliess Ghaddafi seine Verantwortung als Staatschef anderen. Er blieb jedoch der Prophet und Führer seiner Revolution, und er war weiter der wirkliche Machthaber im Lande. Jallud übernahm die Leitung der Regierung. Ghaddafi stellte ein neues Gesellschaftsmodell auf. Der «Dritte Weg», den er ausarbeitete, sollte am Kapitalismus und am Kommunismus vorbeiführen. Drei «Grüne Bücher», die nacheinander erschienen, legten seine neue Ideologie nieder. Ihr oberstes Prinzip war, das Volk habe sich selbst zu regieren. Jede Repräsentation, daher auch eine jede Wahl, führe zu Machtmissbrauch. In der Theorie sollte die Selbstregierung durch Volkskomitees erfolgen, die stufenweise übereinander lagen. In der Praxis jedoch gab es eine entscheidende Institution, von der in den drei Grünen

Büchern nirgends die Rede ist, auf der jedoch das Machtgefüge in Libyen beruht: die Revolutionskomitees. Dies sind Bewaffnete, die von Ghaddafi selbst ausgewählt und von seinen Vertrauten indoktriniert werden. Man sendet sie ins Land, um den Volkskomitees klarzumachen, was sie zu wollen haben und was sie nicht wollen dürfen. Die «Revolution» muss vorläufig die Volkskomitees steuern, damit sie die richtigen Entschlüsse fassen. Die Revolutionskomitees werden damit zum tatsächlichen Machtapparat, auf denen die Staatsgewalt ruht. Man kann sie als Volkskommissare bezeichnen, die für Ordnung und Orientierung im Sinne Ghaddafis sorgen. Solange sie allmächtig sind, bleibt die schöne Theorie der drei Grünen Bücher, auf die Ghaddafi sehr stolz ist, blosse Fiktion. Dem Volk wird befohlen. Feinde der Revolution werden liquidiert, gelegentlich durch öffentliches Erhängen. Das Volk lernt schnell, sich in den Volksversammlungen zusammenzufinden und das zu beschliessen, was ihm die Revolutionskomitees diktieren. Am interessantesten bei alledem ist die Frage, durchschaut Ghaddafi selbst, dass er sein eigenes System durchbricht und dass dieses dadurch auf eine blosse Rechtfertigungsideologie reduziert wird? Oder will er es nicht einsehen und macht er sich selbst vor, die Sache funktioniere, wie sie in den Grünen Büchern beschrieben wird? Vielleicht rechtfertigt er seine Zuwiderhandlung gegen die von ihm selbst aufgestellten Grundpinzipien dadurch, dass er sich vorsagt, sie sei nur vorübergehend, bis zur vollen Verwirklichung der neuen Gesellschaft des Dritten Weges, notwendig. Denn er erweckt den Anschein eines Mannes, der an seine eigenen Erfindungen und Grundsätze glaubt. Er hat es sogar nicht unterlassen, sie auf seinen Besuchen in Moskau den Machthabern im Kreml zu predigen, um sie von ihrer falschen Ideologie des Kommunismus abzubringen.

In der aussenpolitischen Praxis hat Ghaddafi immer krampfhafter versucht, die grosse ägyptische Barriere zu überspielen. Ein Weg schien ihm zu sein, sich Nordafrika und der Sahara zuzuwenden mit dem Ziel, eine breitere Basis für seine Revolution zu gewinnen und von dieser aus den Expansionsprozess Richtung Osten in Bewegung zu setzen. Er brachte es fertig, am 12. Januar 1974 überraschend eine Vereinigung mit Tunesien zu proklamieren. Präsident Bourguiba scheint ein Dokument unterschrieben zu haben, das den Zusammenschluss festlegt. Doch am Tage darauf wurde der damalige tunesische Aussenminister Masmoudi entlassen. Er hatte den Besuch Ghaddafis und die Einheitsverhandlungen eingeleitet. Nun verlautete, er habe das Vertrauen Bourguibas missbraucht. Das war das Ende dieser «Vereinigung». Es gab auch «Zusammenschlüsse» mit Algerien, mit Marokko, mit Tschad, mit Syrien und dem Sudan. Freundschaften mit dem Uganda Idi Amins, mit der sudanesischen Opposition gegen Numeiri und mit Malta. Als einen anderen Aspekt der wachsenden Frustrationen Ghaddafis darüber, dass er seine wahren Ziele nicht zu erreichen vermochte, kann man seine wachsende Zusammenarbeit mit «revolutionären Gruppen» verstehen, die in aller Welt terroristische Aktionen durchführten. Ghaddafi sieht sie als Revolutionäre an, denen er helfen will, ihre Ziele zu erreichen. Sie entsprechen seinen Ideen und Zielsetzungen, nach denen die Welt «anders» werden müsse.

Dies war auch der Grund, warum er stets den gewalttätigsten dieser Gruppen zu Hilfe kam. Nur jene interessieren ihn, welche die Welt wirklich umstürzen wollen; nicht aber jene, die Verbesserungen oder begrenzte Fortschritte anstreben. So unterstützt er nicht die PLO Arafats, die sich nur dafür interessiert, für die Palästinenser wieder eine Heimat zu finden, sondern vielmehr Leute wie Habasch und Hawatmé, die der Ansicht sind, die ganze arabische Welt müsse revolutioniert werden, bevor es möglich sei, etwas Wirksames für die Palästinenser zu erreichen. Er bevorzugt solche Gruppen, weil er von ihnen erwartet, dass sie die allgemeine Umwälzung der heutigen Welt voranbringen, an der er zu arbeiten glaubt. Wem das phantastisch vorkommt, der sollte sich den Grünen Büchern zuwenden; sie beweisen klar, dass Ghaddafi sich selbst als den Mittelpunkt einer Weltrevolution verstehen will. Die radikalsten «Revolutionsgruppen» sind meist auch die gewalttätigsten. Ghaddafi unterstützte ein weltweites Netz von «Befreiungsbewegungen». Allerdings war er dabei selten konsequent. Oft stritt er sich mit ihnen und wandte sich dann Rivalengruppen oder einfach anderen Interessen zu. Von der Moro-Revolution auf den Philippinen bis zur IRA in Nordirland über die ETA in Spanien gibt es kaum Terrorgruppen, die nicht über kürzere oder längere Zeit die Gunst Ghaddafis genossen haben. Unter den Palästinensern zeigte er ebenfalls eine Vorliebe für radikale Randgruppen, wie die Volksfront, die Jibril-Gruppe, die Leute Abu Nidals. Ghaddafi richtete auch seine eigenen Terrorgruppen ein. Er beschloss, dass alle Libyer im Exil, die sich kritisch über sein Regime äusserten, ermordet werden müssten. Er sandte Meuchelmörder gegen sie aus, die sich meist der libyschen diplomatischen Vertretungen im Ausland (genannt «Volksbüros») bedienten, um Waffen in die betreffenden Länder zu schmuggeln und ihnen als Operationsbasen zu dienen.

Viele Libyer der Opposition in Italien, England, Frankreich, Deutschland und in den Vereinigten Staaten fielen solchen Mordanschlägen zum Opfer. Es waren Aktivitäten dieser Art, die zuerst zu Zusammenstössen zwischen Libyen und den Vereinigten Staaten führten.

Ein anderer Aspekt der gleichen Entwicklung war die Annäherung Libyens an die Sowjetunion. Das reiche Libyen arbeitete seit Beginn des Regimes Ghaddafis mit den kleineren Ostblockstaaten und mit Jugoslawien zusammen, um seine sozialen und Entwicklungsprogramme zu fördern. Die osteuropäischen Länder entsandten Ärzte, Ingenieure, Fachleute mit ihren Exportprodukten, die Libyen gebrauchen konnte. Die Sowjetunion lieferte Waffen. Ghaddafi kaufte über die Jahre mehr Waffen ein, als Libyen nach Ansicht militärischer Experten gebrauchen konnte. Er musste Fachleute aus den Ostblockstaaten kommen lassen, nur um die komplizierten Waffensysteme, die er gekauft hatte, richtig zu lagern. Ghaddafi deutete gelegentlich in Reden an, dass diese Waffenlager der ägyptischen Armee zur Verfügung stünden, wenn sie sich gegen Präsident Sadat erheben und ihn stürzen wolle. Vielleicht stellte er sich ganz vor, dass seine Waffen früher oder später Leute anziehen würden, die bereit wären, sie einzusetzen.

Ghaddafi versuchte, eine «islamische Legion» aufzuziehen, die zur Hauptsache aus Saharabewohnern undefinierbarer Nationalität bestand. Er setzte diese Söldnertruppe für seine Saharapolitik ein. Durch diese Politik versuchte er, die verschiedenen an die Sahara nördlich und südlich angrenzenden Völker zu beeinflussen, ihre Regierungen unter Druck zu setzen, damit sie sich der «libyschen Revolution» anschlössen. Dabei war am meisten in Tschad auszurichten, weil sich jenes Land seit 1968 im Bürgerkrieg befand. Doch die aktivistische Saharapolitik des Libyers führte auch zu Spannungen mit der neben Libyen zweiten grossen Saharamacht, Algerien. Ghaddafi wusste, dass er eine Konfrontation mit Algerien nicht wagen könne.

Es gab eine verwandte libysche Sudan-Politik. Ghaddafi unterstützte die Opposition gegen Numeiri, der den Sudan bis 1985 beherrschte. Die Oppositionsparteien unterhielten militärische Ausbildungslager in Libyen und versuchten von dort aus nach dem Sudan zu infiltrieren, um Numeiri zu Fall zu bringen. Im Sommer 1976 wäre dies beinahe gelungen. Numeiri entging einem von der Opposition vorbereiteten Hinterhalt nur, weil sein Flugzeug zu spät in Khartum eintraf. Kämpfe brachen damals in der sudanesischen Hauptstadt aus, und die Gefährlichkeit der Opposition wurde Numeiri genügend klar. Er entschloss sich, eine Versöhnungspolitik zu beginnen, um die Oppositionellen aus Libyen nach Khartum heimzuholen. Dies gelang ihm auch, doch ohne definitive Resultate, weil die Opposition zwar heimkehren, aber nicht wirklich mitreden durfte. Es sind heute die beiden damaligen Oppositionsparteien, jene des Mirghani und jene des Mahdi, die gemeinsam als Regierungskoalition das Ruder führen. Sie haben ein gutes Verhältnis zu Libyen zu bewahren vermocht. Ghaddafi jedoch erreichte sein weitgestecktes Ziel nicht. Das Ziel war wohl gewesen, über Einfluss im Sudan auch wieder zu Einfluss in Ägypten zu kommen, indem er Ägypten, das er vom Westen her nicht hatte für sich «einnehmen» können, nun vom Süden her in den Griff nehmen wollte.

Es ist klar, dass all diese politischen und terroristischen Aktivitäten, die hier nur kurz angedeutet sind, ohne das grosse Erdöleinkommen Libyens undenkbar gewesen wären. Ghaddafi war eine der Kräfte gewesen, der Schah von Persien eine andere, denen es gelang, die Erdölgesellschaften, schon vor dem Einsatz der «Ölwaffe» im Krieg von 1973, unter Druck zu setzen und zu zwingen, dem Staat wachsende Anteile an den nationalen Ölgesellschaften abzutreten, bis der Staat die Aktienmehrheit erlangte, und andrerseits die Preise des Rohöls anzuheben.

Doch die grosse Preissteigerung kam 1973 mit dem Oktoberkrieg. Sie machte Libyen wie andere Erdölstaaten mit relativ grosser Förderung und kleiner Bevölkerung unermesslich reich. Im Falle der Libyer ging ein bedeutender Teil dieses Reichtums an Waffenkäufe und politische Unterstützungsgelder. Während der Ölpreis hoch lag, konnten gleichzeitig auch grosse Industrialisierungsprojekte begonnen werden. Gelder standen ferner für die Sozialexperimente zur Verfügung, die Ghaddafi im Zeichen des Grünen Buches anordnete. Jeder Libyer sollte seine eigene Wohnung besitzen, jedoch keiner ein Mietshaus, weil dies ausbeuterisch sei. Alle Geschäfte und Basarläden wurden abgeschafft. Auch sie waren ausbeuterisch. Dafür baute der Staat riesige Supermärkte, wo die Libyer künftig einkaufen sollten. Sie waren nicht ausbeuterisch, weil der Staat sie betrieb. Universitäten wurden gebaut. Es gab Lieblingsprojekte Ghaddafis, wie jenes vom «grossen, durch Menschenhand geschaffenen Fluss», ein Projekt, das fossile Wasser tief aus dem Inneren der Sahara durch riesige Rohrleitungen bis an die Küste zu pumpen, um dort Bewässerungsprojekte zu ermöglichen. Darüber, wie lange das fossile Grundwasser vorhalten werde, stritten sich allerdings die Gelehrten. Ghaddafi schenkte jenen Glauben, die behaupteten, das Grundwasser werde sich erneuern.

166

Der Sudan Numeiris

Über Präsident Numeiri braucht man nicht so ausführlich zu sprechen. Er stellt keine lebendige politische Kraft mehr dar. Aber es gibt heute noch eine Erbschaft von ihm, die erdrückend auf seinem Land lastet. Numeiri kam am 25. Mai 1969 durch einen Armeeputsch zur Macht, drei Monate vor Ghaddafi. Er führte ein einigermassen nasseristisches Regime ein, zerschlug die Widerstände der traditionellen sudanesischen Parteien, besonders der Mahdiya (das heisst der Mahdi-Anhänger, Nachfahren der Träger der Mahdi-Erhebung gegen die Engländer und Ägypter 1870 bis 1898), die einen Aufstand versuchte, der im April 1970 blutig niedergeschlagen wurde. Dann sah sich Numeiri durch einen Linksputsch gefährdet, den Offiziere gemeinsam mit der Sudanesischen Kommunistischen Partei gegen ihn am 19. Juli 1971 auslösten. Damals hätte Numeiri beinahe seine Macht verloren. Die linke Verschwörung war drei Tage lang erfolgreich, doch die Ägypter und Libyer retteten Numeiri in gemeinsamem Vorgehen. In der nach dem Putsch erfolgenden Repression liess Numeiri den Generalsekretär der Sudanesischen KP, Abdel Khalek Mahjub, erhängen sowie einige der Putschoffiziere erschiessen. Seither war er ein Gegner des Kommunismus, obgleich sein eigener Putsch unter linken Vorzeichen begonnen hatte. Eine politische Leistung Numeiris und seines Regimes war, dass er am 27. Februar 1972 nach langen Verhandlungen den Bürgerkrieg des Sudans beendete. Dieser innere Krieg hatte zwischen den schwarzafrikanischen Bevölkerungsteilen des Südens und den arabisch sprechenden Nordsudanesen seit 1955 geschwelt. Die drei südlichen Provinzen erhielten als der südliche Landesteil Autonomie, ihre eigene Hauptstadt, Juba, ihr eigenes Parlament und ihre Lokalregierung. Der bisherige Guerillakommandant, Oberst Joseph Lagu, wurde später Präsident des Südens.

Im August 1976 versuchten die exilierten Politiker durch einen Putsch an die Macht zurückzukehren. Die beiden grossen Parteien des Nordsudans, die Numeiri aufgelöst hatte, die Anhänger des Khatmiya-Ordens und die Gefolgsleute des Mahdi, wirkten mit. Ghaddafi hatte ihnen mit Geld, Waffen und Ausbildungslagern in Libyen geholfen. Der Aufstandsversuch schlug fehl, unter anderem, weil die Ägypter Numeiri halfen. Im folgenden Jahr schritt Numeiri zu einer Versöhnung mit den grossen Oppositionsparteien, die beide tiefe historische und soziologische Wurzeln im Lande haben. Die Leute der Khatmiya haben ihr Zentrum im Westsudan, und sie waren stets ägyptenfreundlich. Die Khatmiya ist einer der religiösen Orden, die bis ins vergangene Jahrhundert überall in der islamischen Welt mächtig waren. Die Mahdisten sind die Stämme und Nachfahren jener Gruppen, die den berühmten Mahdi, Ahmed Abdullah al-Mahdi, von 1870 an zur Macht brachten, indem sie die ägyptischen und englischen Eroberer schrittweise aus dem Land vertrieben und einen «Gottesstaat» nach dem Vorbild des Propheten Muhammed gründeten. Sie wurden 1898 von Kitchner besiegt, doch die Nachkommen des Mahdi blieben im Land und spielten eine bedeutende Rolle unter dem englischen Kolonialismus und später bis heute. Sadik al-Mahdi, der heutige Ministerpräsident, ist ein Enkel des ursprünglichen Mahdi. Die verbannten Politiker kehrten nach dem Sudan zurück, doch kam es nur über kurze Zeit zu einer echten Versöhnung, dann brach neuer Streit aus, weil Numeiri ihnen keinerlei Mitspracherecht zugestehen wollte. Sadik al-Mahdi wurde eingekerkert.

Ghaddafi wurde zum Hauptfeind des Regimes und versuchte immer wieder Unruhe im Sudan zu stiften. Numeiri stützte sich auf die Ägypter, die seine Sicherheit in Khartum einigermassen garantieren konnten. Doch wirtschaftlich ging es immer bergab. In erster Linie deshalb, weil Numeiri immer mehr durch Günstlinge regierte und die regulären Verwaltungsstrukturen des Landes überging. Die Günstlinge versuchten, auf Kosten des Landes Geschäfte zu machen, und die meisten Sudanesen sind überzeugt davon, dass sie den Präsidenten daran beteiligt haben.

Der Regierungsstil des Präsidenten wurde immer absoluter. Seine besten Minister und Fachleute setzten sich ins Ausland ab. Viele Sudanesen, stets die bestqualifizierten, gingen nach Saudiarabien, weil sie dort genügend verdienen konnten, um ihre Familien, die oft in Khartum zurückblieben, zu erhalten. 1981 beschloss Numeiri, die Staatspartei aufzulösen und das Parlament «wegen Unfähigkeit» zu entlassen. Später setzte er selbst ein neues, kleineres ein. 1983 zerstörte er die Autonomieordnung des Südens, die er selbst 1972 eingeführt und in der Verfassung verankert hatte. Er ordnete an, der Süden solle künftig wieder in drei Provinzen unterteilt werden. Er beschloss auch, die im Süden, jedoch nah an der Grenze zum Norden entdeckten Erdölvorkommen sollten von der Zentralregierung ausgebeutet werden. Dies hing mit undurchsichtigen Manipulationen zusammen, in die der berüchtigte Waffenhändler und Millionär Adnan Kaschoggi Numeiri verwickelte. Kaschoggi gehörte zum inneren Kreis der Präsidentschaft Numeiris. Er scheint versucht zu haben, eine Erdölkonzession für den Sudan zu erhalten, obgleich er selbst keine Erdölgesellschaft besass.

Ein Bürgerkrieg brach neu aus. Als neuer Guerillachef des Südens trat der Offizier John Garang auf den Plan. Er besass ein Doktorat einer amerikanischen Universität, doch seine politischen Thesen waren stark links orientiert. Er erhielt von Äthiopien aus Unterstützung. Er forderte nicht mehr wie seine Vorgänger Autonomie für den Süden, sondern ein «Volksregime» für den ganzen Sudan. Seine Partei heisst denn auch SPLP für «Sudanese Peoples Liberation Party», Befreiungspartei des sudanesischen Volkes. Der neue Bürgerkrieg war für das Land besonders verderblich, weil er zur Einstellung der beiden Grossprojekte führte, mit deren Hilfe die Wirtschaft des Sudans vielleicht zu retten gewesen wäre: Erdölförderung bei Malakal mit einer Rohrleitung zum Export nach Port Sudan und der Bau eines grossen Nilkanals zur Durchstechung der Nilsümpfe im Südsudan, die Sudd genannt werden. Dieses Projekt des Jongoleikanals sollte vor allem der Wassergewinnung dienen, indem es die Verdunstung verringert hätte. Die Aufstände der südlichen Guerilla zwangen die französischen Firmen, die sich mit beiden Grossprojekten befassten, zur Einstellung ihrer Arbeit.

Als Numeiri selbst mehr oder minder zu erkennen begann, dass seine Herrschaft geschwächt sei, führte er im September 1983 seine eigene Version eines Scharia-Regimes ein. Er zählte darauf, dass der Begriff «Scharia» beim Volk ein positives Echo finde. Er liess Wein und Whisky in den Nil leeren und die sogenannten Hudud-Strafen in Kraft setzen. Dies sind die Vorschriften des Korans, Hände und Füsse abzuhacken für Diebstahl und ähnliches, auch theoretisch Steinigung für Ehebruch. Die traditionellen Scharia-Juristen handhaben diese Vorschrift mit grosser Vorsicht und schränken ihren Gebrauch, dem Vorbild des Propheten folgend, stark ein. Für Numeiri bedeuteten gerade diese Strafen das Wesen der Scharia, wenn nicht gar des Islams. Er ernannte Sondergerichte, die rasch mit Fuss- und Handabschlagen dabei waren, in manchen Fällen anscheinend einfach, um «islamische» Exempel zu statuieren. Die Muslimbrüder, bisher im Sudan eine Oppositionsgruppe, unterstützten Numeiri in dieser letzten «islamischen» Phase. Der islamische Reformer Mahmud Taha, ein Konkurrent und Rivale der Muslimbrüder, wurde am 18. Januar 1985 erhängt, obgleich er über 75 Jahre alt war und die Verfassung die Todesstrafe für über 70jährige verbot. Seine Ankläger warfen ihm vor, vom Islam abgefallen zu sein, weil er ihn anders auslegte als sie.

Die Wirtschaftslage hatte sich inzwischen noch weiter verschlechtert. Das Benzin fehlte, was alle Transporte in dem riesigen Land, das nur eine Eisenbahnlinie kennt, stillzulegen drohte. Elektrizität wurde knapp, Tumulte und Brotunruhen brachen aus. Die Ärzte, die Ingenieure, die Juristen traten in Streik und wurden teilweise eingekerkert. Ihre Fachgenossen zogen durch die Strassen von Khartum, die Studenten und die Gewerkschaften schlossen sich an. Die Offiziere der unteren und der mittleren Ränge sympathisierten mit der streikenden Mittelklasse. Schliesslich zwangen sie ihre von Numeiri persönlich eingesetzten Kommandanten dazu, sich gegen den Präsidenten zu erheben. Sie drohten, sie würden sonst selbst einen Putsch durchführen. Numeiri, der sich gerade in Washington auf Staatsbesuch befand – er war dort ein geehrter Gast Präsident Reagans – erfuhr von seiner Absetzung, als er auf dem Flugplatz von Kairo am 6. April 1985 Zwischenhalt machte, und blieb als politischer Flüchtling dort. Im Sudan wurde nach einem Jahr provisorischer Militärregierung ein demokratisches Regime wiedereingeführt, und die beiden grossen Parteien, jene der Mahdi-Anhänger («Umma») und jene der Anhänger der Mirghani-Familie («Nationale Demokratische Partei»), bildeten nach den Wahlen eine Koalition und versuchten zu regieren. Der Bürgerkrieg im Süden dauerte an, und die Wirtschaftslage war so schlecht, dass die Lage des Landes hoffnungslos wirkte. Als eine der Rechtfertigungen des ursprünglichen Putsches Numeiris hatte der Umstand gedient, dass der Sudan vor Numeiri «durch die Misswirtschaft der Parteien» 900 Millionen Dollar Schulden aufgehäuft hatte. Als Numeiri 16 Jahre später endlich von der Herrschaft vertrieben wurde, hatten sich die Schulden auf 9000 Millionen Dollar verzehnfacht.

Gemeinsamkeiten?

Kann man diese sehr verschiedenen arabischen Führer der zweiten Generation nach der Unabhängigkeit auf einen gemeinsamen Nenner bringen? Soweit das überhaupt möglich scheint, muss man ihr Verhältnis zur Realität betrachten. Es lässt sich sagen, dass alle die politische Realität nicht zu meistern vermochten. Sie regierten alle an der politischen Realität vorbei. Bei einigen ist dies offensichtlich und bedarf keiner besonderen Erläuterungen: Numeiri und Ghaddafi. Der eine war seinem Traum von der arabischen Einheit erlegen, der andere einem klassischen Cäsarenwahn, vermutlich gemischt mit ebenso klassischer Geldgier. Für beide wurde verhängnisvoll, dass sie keine klugen und politisch geschulten Ratgeber besassen. Sie selbst hatten dafür gesorgt, indem sie alle kritischen Stimmen eliminierten.

Präsident Sadat dagegen hat viele Bewunderer, besonders in Israel und im Westen. In Ägypten sind diese viel seltener, falls überhaupt. Die Ägypter mussten am eigenen Leib erfahren, dass Sadat ihnen mehr Elend und soziale Ungerechtigkeiten gebracht hat als versprochenen Wohlstand. Seine Friedenspolitik hatte er ja damit begründet, dass es den Ägyptern in Zukunft besser gehen müsse. Der Fehlschlag seiner Wirtschaftspolitik, der sich in Inflation und immer weniger ausreichenden Löhnen ausdrückte, stimmt die Ägypter skeptisch gegenüber den angeblichen Errungenschaften seiner Friedenspolitik. Sie sagen nicht ohne Grund, dass ihr ermordeter Präsident nach einem «gewaltigen Theater», dem Fernsehdrama seiner Reise nach Jerusalem und den hochdramatischen Verhandlungen in Camp David, nicht mehr erhalten habe, als Begin ihm schon kurz nach dem Krieg von 1973 angeboten hatte: den Sinai gegen einen ägyptisch-israelischen Separatfrieden. Dies hätte er in der Tat schon 1977 erhalten können. Man muss die Memoirenwerke der beiden zurückgetretenen ägyptischen Aussenminister Ismail Fahmy und Murad Ibrahim Kamel lesen. (Das Werk von Fahmy heisst: *Negociating for Peace in the Middle East, Beckenham Kent 1983,* ägyptische Ausgabe: American University of Cairo 1983. Jenes von Kamel liegt nur in arabischer Sprache vor: *Der in Camp David verlorene Frieden,* Kairo 1987.) Fahmy war unmittelbar vor dem Besuch Sadats in Jerusalem zurückgetreten, wie er in seinem Buch deutlich macht, weil Sadat die mühsam erarbeiteten Chancen, auf einer damals bevorstehenden Nahostkonferenz mehr als den Sinai zurückzuerhalten, aus der Hand gab, um seine «Public-Relations-Idee» (wie Fahmy sich ausdrückt, S. 257) zur Ausführung zu bringen. Kamel trat in den letzten Tagen der Camp-David-Verhandlungen zurück, weil er erkannte, dass Sadat bereit war, unter dem Druck Carters und Begins so weit nachzugeben, dass nur ein Separatfrieden unter Aufopferung der Interessen und Ansprüche der Palästinenser, der Syrer und der Jordanier zustande kommen konnte.

Was immer man von Sadat denken mag, es ist eine gut belegte Tatsache, dass er zwar mit klaren Grundvorstellungen nach Camp David ging, als er diese aber nicht durchsetzen konnte (weil Begin Widerstand leistete), die Verhandlungen abbrach und heimkehren wollte. Dann liess er sich von Präsident Carter umstimmen und nahm gegen den ausdrücklichen Rat seiner diplomatischen Berater eine Lösung für die besetzten Gebiete an, die ein blosses Feigenblatt darstellte, ohne praktische Wirkung für die Palästinenser und die anderen übergangenen Araber. Das Resultat von Camp David diente der oberflächlichen Übertünchung der

Tatsache, dass Sadat in der Tat einen Separatfrieden mit Israel abgeschlossen hatte. Das Feigenblatt, welches nie praktische Bedeutung erlangen sollte, war der erste Teil des Übereinkommens mit seinen Bestim-
mungen der auf fünf Jahre festgelegten «Autonomie» der Palästinenser
in den besetzten Gebieten. Begin legte das Wort «Autonomie» als «Autonomie der Personen», nicht als «Autonomie der Territorien» aus.
Ägypten hielt daran fest, dass Autonomie, nach dem normalen Gebrauch dieses Wortes, notgedrungen auch ein Territorium umfassen
müsse; doch Israel liess nicht locker. An dieser Differenz scheiterte der
gesamte 1. Teil des Camp-David-Abkommens, so dass er ohne praktische Wirkung blieb. Die besetzten Gebiete sind nach wie vor besetzt,
und die dortigen Palästinenser besitzen keinerlei Autonomie. Sadat hat
nie eingestanden, dass er von den Israeli überspielt worden war. Vielleicht hat er es selbst nie eingesehen. Wenn Sadat den Israeli und vielen
Europäern als ein bedeutender Politiker und grosser Mann gilt, so
scheint dies nur deswegen der Fall zu sein, weil er schliesslich das getan
hat, was die Israeli und viele mit ihnen sympathisierende Europäer gerne
sehen wollten. Das Abkommen gab Israel die Möglichkeit, die besetzten
Gebiete auf unbestimmte Zeit hinaus weiter besetzt zu halten. Vom arabischen Standpunkt aus hat Sadat die Chancen, einen Frieden auszuhandeln, der als endgültig hätte gelten können, vertan. Der beste Beweis
dafür, dass dies so ist, liegt drin, dass man heute wieder von der Notwendigkeit einer internationalen Nahostkonferenz zu reden beginnt,
weil die internationale Diplomatie in jahrelangen und zeitraubenden
Verhandlungen keine andere Möglichkeit entdeckt hat, um das verblei-
bende Hauptproblem zwischen Arabern und Israeli, jenes der besetzten
Gebiete, zu lösen. Eine internationale Konferenz über diese Probleme
war vor zehn Jahren bereits angesetzt und hätte «nach dem 10. Oktober
1977» (vgl. Fahmy, S. 223) beginnen sollen, als Sadat sich entschloss,
seiner «Public-Relations-Eingebung» zu folgen. Er hat damit eine Lösung des Konflikts um zehn Jahre hinausgeschoben und den Israeli
Gelegenheit geboten, einen Krieg gegen Libanon zu führen, in dem
ungefähr 15 000 Menschen ihr Leben verloren. Der Frieden ist auch
zehn Jahre später noch lange nicht in Sicht. Vielleicht ist damals die
Gelegenheit, ihn zu erreichen, definitiv verlorengegangen.

Die heutigen Machtverhältnisse: Hafez al-Asad

Von Präsident Asad wird oft gesagt, dass er ein grosser Pragmatiker sei. Man hat ihn sogar den «Bismarck der arabischen Welt» genannt. Ähnliches liesse sich auch von seinem Erzfeind, Präsident Saddam Hussein, sagen. Beide sind Herrscher, die in erster Linie darauf bedacht sind, an der Macht zu bleiben, nachdem sie diese auf harten und blutigen Wegen erobert haben. Asad muss man in dieser Hinsicht als ausserordentlich erfolgreich gelten lassen. Kein Machthaber vor ihm vermochte Syrien seit seiner Unabhängigkeit auch nur annähernd so viele Jahre lang zu beherrschen wie er. Es sind bisher 17 Jahre. Adib Schischakli, der ihm am nächsten kommt, beherrschte Syrien vom Dezember 1949 bis zum 27. Februar 1954, also knapp über vier Jahre lang.

Asad hat in diesen langen Jahren seine Herrschaft so sehr gefestigt, dass er vielleicht bis zu seinem Tod an der Macht bleiben wird. Syrien und die Syrer haben sich an ihn gewöhnt. Der Nachfolgekampf, der nach ihm auszubrechen droht, könnte dermassen gefährlich und blutig werden, dass die grosse Mehrheit der Syrer es vorziehen dürfte, ihn an der Macht zu belassen – es sei denn, die heute sehr labile Gesamtlage im Nahen Osten verändere sich noch zu Lebzeiten des Präsidenten und Generals grundlegend, etwa durch einen Ausgang des gegenwärtigen irakisch-iranischen Krieges, aus dem die eine der beiden Kampfparteien als klarer Sieger hervorginge. Doch wozu hat die Stabilität Asads gedient? Bisher, so muss man sagen, nicht dazu, dass es dem syrischen Volk besser ginge oder dass ihre nationalen oder nationalistischen Ziele verwirklicht worden wären. Grosse Vorsicht in der Aussenpolitik ist einer der Gründe der Langlebigkeit des Regimes. Sie ist gepaart mit grosser Heftigkeit der Propaganda und mit einer Abschreckungsbrutalität von beträchtlichen Ausmassen in der Innenpolitik. Um seine heftige Propaganda mit seiner Vorsicht in der Aussenpolitik in Einklang zu bringen, hat Asad ein Argument gefunden, das er in allen Grundsatzreden immer wieder ins Feld führt: Syrien muss zuerst das «strategische Gleichgewicht» gegenüber Israel erreichen, bevor es sich entschliesst, mit Israel entweder aus einer Position der Stärke (oder mindestens Gleichwertigkeit) zu verhandeln oder einen Waffengang zu wagen. In der Zwischenzeit, so lautet die Asad-Doktrin, müsste einerseits die gesamte Gesellschaft Syriens entwickelt und vorangebracht werden, während man andererseits die syrische Armee bereithalten müsse, um den stets drohenden israelischen Angriffen entgegenzutreten. Asad weiss, dass die heute bestehende Ungleichheit gegenüber Israel nicht nur militärisch ist, sondern eine Frage der Tüchtigkeit und Durchschlagskraft, der Effizienz der gesamten Gesellschaft. Er unterlässt es nicht, dies gelegentlich deutlich auszusprechen, zum Beispiel tat er es ausführlich vor einer Delegation von syrischen Lehrern. Doch Asad ist auch der Meinung, dass die Armee, so schwer sie wirtschaftlich auf dem Lande lastet, immer modernere Waffen und Waffensysteme benötige. Offiziell, weil die Bedrohung durch Israel zunehme; in Tat und Wahrheit sind die Dinge komplizierter. Die Gefahr israelischer Invasionen kann kein Syrer übersehen, wie der israelische Angriff auf Libanon von 1982 gezeigt hat. Doch die Armee muss auch bei Laune gehalten, Richtung Israel orientiert, immer besser bewaffnet und ausgerüstet werden, weil sie ein gewaltiges institutionelles und politisches Gewicht besitzt. Wer die Armee beherrscht, beherrscht Syrien. Wer Syrien beherrscht, ohne die Armee zu beherrschen, wird Syrien nicht lange beherrschen. Die Armee kann jederzeit einen neuen Mann an die Herrschaft bringen, wenn man sie nicht mit politischer Umsicht davon abhält.

In diesem Zusammenhang ist es notwendig, ein Feindbild zu besitzen und es zu pflegen. Solange die Armee sich darauf vorbereitet, gegen Israel zu kämpfen, denken ihre Befehlshaber weniger an Umstürze, als wenn sie zu Hause in den Kasernen sitzen. Besonders nicht, wenn sie wirklich daran glauben, dass «der Kampf» gegen Israel wirklich ausbrechen könnte. Die Armee hat natürlich noch andere Funktionen als die Wache an der syrisch-israelischen Waffenstillstandslinie. Sie sichert das Regime ab; sie hält einigermassen Ruhe in Libanon; soweit sie es vermag; sie garantiert die Wüstengrenze nach dem Irak, über die immer wieder Bombenleger und Saboteure eingeschleust werden. Die letzten haben im April 1986 Bomben in Autobussen gelegt, die gegen 400 Personen verletzt und getötet haben sollen. Fünf angebliche Täter wurden dafür am 24. August 1987 hingerichtet. Sie kamen nicht aus Israel, wie es anfänglich geheissen hatte, sondern aus dem Irak, wie die syrischen Informationsdienste später zugaben. Syrien pflegt sich gegenüber seinem irakischen Nachbarn dadurch schadlos zu halten, dass es seinerseits die irakischen Exilgruppen unterstützt, kurdische sowie linksgerichtete, die versuchen, das Regime Saddam Husseins aus den Angeln zu heben. Die Sicherung der eigenen Machtstellung bildet offensichtlich die erste Priorität der Regierung Syriens; alles andere wird ihr untergeordnet. Dies geht so weit, dass oft der Eindruck entsteht, alles andere sei nur ein Hilfsmittel zur Sicherung des Regimes, nicht allein die antiisraelische

Propaganda, sondern vielleicht auch die Wachstums- und Entwicklungs-parolen. Möglicherweise auch die nationalistischen und panarabischen Schlagworte so gut wie die ganze, etwas abgestandene Rhetorik der staatlichen Baath-Partei mit ihrem als Sozialismus ausgegebenen Staats-kapitalismus. Es stellt sich ernsthaft die Frage: Glauben die syrischen Machthaber an ihre eigenen Propagandaparolen? Inwieweit gebrauchen sie diese nur als Herrschaftsinstrumente in Ergänzung der Geheimpoli-zeiapparate und der vielen anderen innenpolitischen Kontrollorganisa-tionen?

Die Syrer selbst sind die grössten Zyniker bei der Beurteilung ihrer Herrscher. Viele von ihnen glauben, dass die Machthaber in erster Linie für sich selbst und für ihre Familienclans «Geld machen» wollen. Alles andere sei Propaganda, die zur Erhaltung des Regimes diene. Ob die Machthaber selbst gleich zynisch denken, bleibt unklar. Die Erfahrung lehrt, dass viele Politiker an ihre eigene Propaganda glauben, weil dies ihnen ein gutes Gewissen und das Gefühl verleiht, eine Sendung zu besitzen. Wie gross oder klein die politische Aufrichtigkeit der jeweili-gen Machthaber sein mag, tut letztlich auch wenig zur Sache, solange sie auf ihre Untertanen wenig überzeugend wirken. Diese gehorchen ohne Zweifel mehr unter Druck und Gewalt denn aus Überzeugung oder im Glauben an den Wahrheitsgehalt der Regierungspropaganda.

Es gibt Ausnahmen. Diese Ausnahmen bilden Personen, die vom Regime profitieren. Die alawitische Solidarität spielt eine bedeutende Rolle als Zement des Regimes. Man vertraut Alawiten, die oft engere oder entferntere Verwandte sind, heikle Kontrollpositionen in der Ar-mee wie in den verschiedenen Geheimdiensten an. Man entlöhnt sie gut und weiss: Man kann sich auf sie verlassen, weil sie gezwungen sind, das Regime zu verteidigen. Sie sind bei der Bevölkerung genügend verhasst, um ihren Kopf zu riskieren, wenn das Regime zu Fall käme. Die gesamte alawitische Gemeinschaft in ihren Bergen und an der Küste bei Latakia geniesst eine gewisse Vorzugsbehandlung vor den anderen Sy-rern. Man kann dies damit rechtfertigen, dass sie eine in vergangenen Jahren und Generationen stiefmütterlich behandelte Minorität waren. Heute schätzen ihre Angehörigen das Regime, welches sie weitgehend als «unser» Regime empfinden, um so mehr.

Wenn man hinter die Kulissen der staatlichen Propaganda blickt, ent-steht das Bild einer «Machtfestung», das heisst einer zentralen Gruppe, die sich an der Macht befindet, die sich mit Prätorianereinheiten umgibt und diese «Eliten» an den Vorteilen der Macht teilhaben lässt. Die Normalbürger Syriens befinden sich ausserhalb dieser «Machtfestung» und sind dem Zugriff ihrer Herren im wirtschaftlichen und politischen Bereich ziemlich wehrlos ausgesetzt. Die Herren in der Machtfestung stehen in Fehde mit benachbarten Festungen und deren Machthabern. Zwei benachbarte Machtfestungen geraten leicht in Streit miteinander und ringen dann um die Loyalität ihrer Untertanen. Dies kommt daher, dass es für die Nachbarn eher schwierig ist, in die benachbarte Festung einzubrechen. Sie wird von den Prätorianern fanatisch verteidigt. Doch die Gruppen ausserhalb der verteidigten Machtbereiche, das gewöhnliche, nicht an den Privilegien der Macht beteiligte Volk, sind von einem benachbarten Zentrum aus relativ leicht zu beeinflussen. Sie hegen keine besondere Liebe für ihre Herren innerhalb der Machtfestung. Es gibt zwar eine Grenze, die zwischen den beiden benachbarten Territorien gezogen ist, welche jeweilen von ihrer Machtburg aus beherrscht werden, doch je mehr Soldaten und Mittel zur Bewachung und Verteidigung der Macht eingesetzt werden, desto weniger leicht sind die im Aussenbereich gelegenen Grenzen abzusichern. Die in ihren Untertanen angegriffene Machtburg kann sich am leichtesten dadurch revanchieren, dass sie ihre Gegenaktionen gegen die Untertanen der Gegenseite richtet. Es entsteht so eine Konstellation, in der eine jede Seite auf die von der Macht ausgeschlossenen Untertanen der anderen Einfluss auszuüben versucht. Je gefährlicher solche Unternehmen und Gegenunternehmen für die betreffenden Regime werden, desto mehr, ja ausschliesslicher pflegen sie die Aufmerksamkeit der Machthaber zu beanspruchen. Dies stellt sie in Gegensatz der propagandistisch proklamierten Lage, in der stets von der Solidarität zwischen Volk und Machthaber geredet wird.

Auch in der Aussenpolitik kann man das Bedürfnis nach Sicherheit übertreiben, und dies geschah sowohl in Syrien wie besonders in Bagdad. Das Syrien Hafez al-Asads sah sich veranlasst, in Libanon einzugreifen, weil es seine eigene Sicherheit als mit jener des Nachbarlandes so eng verbunden ansah, dass Syrien Libanon unmöglich seinem eigenen Schicksal überlassen zu können glaubte. Die Intervention der syrischen Armee in Libanon von 1976 erfolgte zuerst auf seiten der christlichen Milizen, der natürlichen Feinde und Widersacher Syriens, und gegen die sunnitischen und Linksgruppen, obgleich diese muslimischen und linken Gruppen, zu denen auch die Palästinenser gehörten, Syrien ideologisch und politisch näherstanden als die prowestlichen, libanesischen Christen. Asad entschloss sich zu dieser Intervention, übrigens sehr gegen den Rat der Sowjetunion, weil er einen Sieg der Linkskräfte fürchtete. Diese seiner eigenen Politik nahestehenden Kräfte erschienen ihm als eine potentielle Gefahr. Ein links und nationalistisch ausgerichtetes Libanon unter der Führung von Kamal Jumblat, einem persönlichen Feind Asads, hätte jederzeit einen Krieg mit Israel auslösen können, gleichgültig ob der Zeitpunkt Asad gelegen kam oder nicht. Freilich schon drei Jahre später, nachdem Ägypten seinen Sonderfrieden mit Israel abgeschlossen hatte, hielt Asad es für vorteilhafter, wieder mit den nationalistischen Kräften in Libanon zusammenzuarbeiten und gegen die Christen vorzugehen, weil diese begonnen hatten, sich mit den Israeli zu verbünden, und weil überhaupt die Gesamtlage in der Levante mit dem Ausscheiden Ägyptens aus der Konfrontation mit Israel sich plötzlich zugunsten des Westens und Israels verschoben zu haben schien, so dass Syrien sich nun auch belagert vorkam. Asad verteidigte von dann ab in Libanon sein strategisches Vorfeld gegenüber Israel, nämlich die Bekaa-Ebene, die in der Tat einen potentiellen Tankkorridor darstellt, durch den hindurch die Israeli Damaskus umfahren und die Stadt Homs in Mittelsyrien erreichen könnten. In dieser neuen Lage war es für Asad von Vorteil, den Israel feindlich gestimmten Teil der libanesischen Bevölkerung hinter sich zu wissen und seine früheren Verbündeten, die libanesischen Christen, die inzwischen eine enge militärische und politische Zusammenarbeit mit Israel entwickelt hatten, unter Druck zu setzen. Diese neue Politik dauerte bis zur Intervention der Israeli von 1978, die sich 1982 verschärft wiederholte. Als diese Gefahr heraufzog, entschlossen die Syrer sich rasch, jedoch nicht bevor sie 85 Kampfflugzeuge und ihre sämtlichen in Libanon aufgestellten Raketenbatterien verloren hatten, die Kämpfe gegen Israel einzustellen, Beirut mit ihren Truppen zu räumen und die libanesische Linke ihrem Geschick zu überlassen. So wollte es die Sicherheit Syriens.

Was die Palästinenser anging, so tat Asad noch einen weiteren Schritt, er sorgte dafür, dass eine Spaltung unter ihnen entstand, und er unterstützte die Arafat und seinen Anhängern feindlichen Gruppen militärisch und politisch so lange, bis die Kritiker Arafats dessen Anhänger mit Waffengewalt und syrischer Artilleriedeckung aus der Bekaa und aus Nordlibanon vertrieben hatten. Asad tat dies, weil Arafat ihm ohnehin unsympathisch war, weil Arafat behauptet hatte, die Syrer hätten ihn ermorden wollen, was Asad als eine Beleidigung auffasste; jedoch auch aus politischen Gründen. Asad ging darauf aus, alle potentiellen Rivalen, die ihn in seiner gegen Israel gerichteten Politik oder Rhetorik hätten übertrumpfen können, auszuschalten. Arafat hätte möglicherweise Aktionen gegen Israel unternehmen können, die Asad in seiner politischen Grundlinie, vor allen kriegerischen oder politischen Aktionen ein strategisches Gleichgewicht mit Israel zu erreichen, hätten stören können. Die Palästinenser mussten deshalb der syrischen Kontrolle unterstellt werden. Arafat behauptete, vor dem syrischen Spaltungsmanöver hätten die Syrer versucht, ihn zu ermorden, und er sei nur durch einen Zufall entkommen. Ein Automobil mit seinen Leibwächtern geriet in der Tat auf syrischem Gebiet in einen Hinterhalt und wurde zusammengeschossen.

All diese und viele verwandte Manöver haben es Asad erlaubt, seine Macht in Syrien aufrechtzuerhalten. Je mehr Einzelheiten man davon kennt, und die Syrer wissen die meisten davon, desto weiter sinken die offiziellen politischen Absichten, Schlagwörter, Grundausrichtungen und angebliche Ziele des Regimes zurück in den Bereich der blossen Rhetorik und der nach aussen und innen gerichteten Selbstrechtfertigung. Mit den Realitäten, zwischen denen das Regime sich bewegt, scheinen sie wenig zu tun zu haben. Natürlich ist es kein Zufall, dass eine derartige Herrschaft strengste Pressezensur übt. Kritische Darstellungen und Fragen sind unerwünscht.

Eine einigermassen ausführliche Darstellung der Art, wie das syrische Regime unter Präsident Asad operiert, war notwendig, um die besondere Spielart von Realitätsverlust aufzuzeigen, die einer solchen Herrschaft anhaftet. Sie ist dermassen «pragmatisch» nämlich auf ihre eigene Sicherheit und ihr eigenes Überdauern bedacht, dass dies zum Selbstzweck wird. Man regiert nicht, um etwas zu bewirken, sondern nur um an der Macht zu bleiben. Die Realitäten, mit denen man zu tun hat, werden schrittweise auf blosse Sicherheitsfragen reduziert. Es geht mehr und mehr nur noch darum, auf Gefahren zu reagieren, denen man wirklich ausgesetzt ist oder die man vorauszusehen glaubt. Der Staat wird zur Sicherheitsagentur; er ist immer ausschliesslicher dazu da, das Regime zu verteidigen, welches sich mit dem Staat gleichsetzt. Dieser Weg führt zur wachsenden Entfernung von der Realität. Alleinherrscher wie Numeiri und Sadat verfallen einem «Optimismus», der ihnen nicht mehr erlaubt, die Tatsachen und Gegebenheiten, so wie sie sind, zu erfassen und in Rechnung zu stellen. Alleinherrscher wie Asad und Saddam Hussein können dagegen als «Pessimisten» beschrieben werden, welche die Notwendigkeit, die Sicherheit ihres Regimes zu garantieren, so sehr in Anspruch nimmt, dass sie kaum mehr über diese Frage hinaussehen und handeln können. Sie gelangen in den Bann ihres eigenen Sicherheitsdenkens, das stets eine Komponente von Grausamkeit in sich schliesst, weil die Sicherheitsapparate, kurzfristig, durch Grausamkeit, etwa systematischen Gebrauch von Foltermethoden gegenüber allen vermuteten Gegnern des Regimes, ihre grössten, freilich manchmal nur scheinbaren Sicherheitserfolge erzielen.

Während dies geschrieben wird, hat Amnesty International erneut einen ausführlichen Bericht über die Methoden der Sicherheitsdienste in Syrien veröffentlicht (26. Oktober 1987). In dem Bericht ist von Tausenden von politischen Gefangenen die Rede, die in den letzten Jahren gefoltert worden seien, vor allem Leute, die der Opposition gegen das Regime verdächtigt würden. Sie würden manchmal jahrelang ohne Gerichtsverfahren gefangengehalten und immer wieder gefoltert. (Solche Verfahren dürften mehr der Abschreckung von anderen dienen als der «Wahrheitsfindung» im Sinne eines Verhörs.) Die Fälle von 10 Personen, die unter der Folter gestorben seien, werden dokumentiert. 38 verschiedene Foltermethoden werden aufgezählt. Zu den Opfern gehörten, neben den syrischen Oppositionellen, Palästinenser, die der Fatah Arafats zuneigten, sowie Libanesen, die aus den syrisch beherrschten Teilen Libanons entführt worden seien. Die Darstellungen der Amnesty International muss man sehr ernst nehmen. Die Organisation pflegt sehr genau zu wissen, wovon sie spricht, und ihre Berichte pflegen aus Vorsichtsgründen die Grausamkeiten eher zu unterschätzen als zu übertreiben.

Saddam Hussein at-Tikriti

Über Saddam Hussein braucht man nicht viel hinzuzufügen. Auch sein Regime ist ein «Sicherheitsregime» in einem ähnlichen Sinn. Es ist eisern darauf bedacht, allen denkbaren Umstürzen und Umsturzrisiken zuvorzukommen. Zu den Vorbeugungsmassnahmen gegen mögliche Umstürze gehörte auch anfänglich, dass Saddam Hussein seinen Parteigängern immer wieder klarmachte, sie hätten dafür zu sorgen, dass die Bevölkerung vom Erdölreichtum des Landes profitiere, wenn sie gewiss sein wollten, dass die Herrschaft der Partei andauern werde. Die Verteilung auf möglichst breite Kreise fand auch tatsächlich statt. Allerdings sollte der Krieg mit Iran, der 1980 begann, immer grössere Teile der Erdölrente verschlingen, und das Erdöleinkommen selbst nahm auch ab, weil der Irak durch die iranische Flotte (er selbst besass keine) vom Golf ausgeschlossen blieb und sein Erdöl nur noch auf dem Landweg exportieren konnte. Die Rohrleitung durch Syrien wurde 1982 geschlossen, weil Syrien mit Iran gegen Bagdad zusammenarbeitete, und nur die Leitung durch die Türkei blieb offen. Im Laufe des Krieges hat man ihre Kapazität von 750 000 Barrel im Tag auf 1,5 Millionen erhöht, und der Irak hat 1986 mit Hilfe der arabischen Golfstaaten eine Umgehungsölleitung fertiggestellt, die von Basra um Kuwait herum nach Saudiarabien führt und dort auf die arabische Ölleitung stösst, welche die Halbinsel von Jubail (am Golf) bis nach Yanbo (am Roten Meer) durchquert. Sie erlaubt, eine weitere Menge von rund einer halben Million Barrel pro Tag ans Rote Meer zu transportieren. Vor dem Krieg hatte der Irak 3,2 Millionen Barrel Erdöl pro Tag exportiert, der grösste Teil des Transportes war über den Golf in Tankern erfolgt. Der Preis war damals bis auf 35 Dollar pro Barrel gestiegen. Er ist inzwischen auf 18 Dollar und noch weniger gesunken, nachdem er 1985/86 vorübergehend sogar bis auf 10 Dollar pro Barrel gefallen war.

Der Irak begann den Krieg 1980 mit einer Devisenreserve von 40 Milliarden Dollar; doch diese Reserve wurde in den ersten zwei Jahren des Krieges aufgebraucht. Man rechnet mit Kriegskosten von einer Milliarde Dollar pro Monat. Das Land ist heute hochverschuldet, gegenüber den arabischen Golfstaaten wohl in erster Linie, aber auch gegenüber der Sowjetunion und europäischen Ländern, vor allem Frankreich. Zahlen kann man nicht nennen; im Falle der arabischen Staaten besteht ein Teil der Schuld aus Erdöl, das von jenen Staaten gefördert und für den Irak an seine traditionellen Kunden verkauft worden ist; daneben muss es auch Bargeldschulden geben. Im Falle der Sowjetunion sprechen Schätzungen auf 4 Milliarden Dollar für Waffenverkäufe. Gegenüber Frankreich dürften die Schulden mindestens 6 Milliarden ausmachen, sie betreffen Waffen und zivile Projekte. Schulden wurden auch gegenüber praktisch allen anderen Industriestaaten der Welt eingegangen: Deutschland, Grossbritannien, Italien, den USA sowie gegenüber einer Reihe von Schwellenländern wie Brasilien, der Türkei, Jordanien und Ägypten.

Den Krieg begonnen zu haben ist ohne Zweifel der grosse Fehler in der politischen Karriere Saddam Husseins gewesen. Heute lautet die irakische offizielle Version, er habe es gar nicht getan. Es seien vielmehr die Iraner gewesen, die ihn schon am 14. September 1980 angefangen hätten, als es in der Tat Grenzkämpfe zwischen den beiden Nachbarstaaten gab. Die Spannungen zwischen den beiden Ländern waren schon im Frühsommer jenes Jahres akut geworden, als die Da'wa, eine Untergrundpartei der Schiiten im Irak, die Khomeiny nahestanden, gegen das

Regime der irakischen Baath-Partei zu agitieren begann, welches fast nur von sunnitischen Arabern gelenkt wurde. Ein Anschlag auf den damaligen Informations- und späteren Aussenminister Tarek Aziz im Universitätsgelände von Bagdad führte im April zu einer leichten Verletzung des Ministers und zum Tod eines Studenten. Der Irak begann damals, Schiiten, irakische Familien mit iranischer Verwandtschaft, Iraner, die im Irak lebten, Leute, die als iranfreundlich galten, auszuweisen. Sehr verschiedene Zahlen wurden angegeben, die Iraker sprachen von 40 000 Ausgewiesenen. Die meisten wurden auf Lastwagen geladen, in die Grenzregionen gefahren und dort ausgesetzt. Die Iraner gaben Zahlen bis zu 120 000. Es kam zu Gefechten an den Grenzen. Der Irak beanspruchte gewisse Grenzgebiete, über welche aufgrund des Vertrages von 1975 Verhandlungen hätten geführt werden sollen. Die Iraner fanden sich jedoch nicht zu diesen Verhandlungen ein. Nach dem gleichen Vertrag hätten die Iraker allerdings ein Schiedsgericht anrufen sollen. Statt dessen suchten sie die umstrittenen Grenzgebiete mit Gewalt zu besetzen. Eine weitere heikle Konfliktsituation bestand in Khusistan, der iranischen Erdölprovinz. Die ursprüngliche Bevölkerung jener Region spricht arabisch; mit der Erdölindustrie sind freilich in diesem Jahrhundert viele persische Neusiedler zugezogen.

Nach dem Ausbruch der iranischen Revolution (1979) hatten die arabischen Bewohner von Khusistan «Autonomie» gefordert. Ihre Autonomiebewegung ging parallel zu vielen anderen, die sich im gleichen Jahr manifestierten: Kurden, Turkmenen, Azeri, Belutschen. Im Falle von Khusistan wurde die Autonomiebewegung niedergeschlagen. Admiral Madani, einer der hohen Offiziere des Schahs, der zur Revolution übergetreten war, wurde Provinzgouverneur in Khusistan und liess auf die Autonomiedemonstranten schiessen. Madani musste später ins Exil fliehen. Die persische Presse warf den Irakern vor, dass sie die Agitation in Khusistan unterstützten. In der Tat gab es in Bagdad schon seit vielen Jahren mehr oder minder offizielle Komitees zur Befreiung des arabischen Khusistan entsprechend der panarabischen Doktrin der Baath-Partei. Ihre Agitation wuchs nun an, und es bestand wenig Zweifel, dass sie von der irakischen Regierung gefördert wurde. Die Iraner warfen den Irakern vor, sie schmuggelten Waffen nach Khusistan, um die dortigen «Aufständischen» zu bewaffnen.

All diese Unruhe gab es in der Tat schon vor dem vollen Ausbruch des Krieges. Doch es war ohne Zweifel Saddam Hussein, der diesen Grenzkonflikt zu einem Krieg steigerte. Er hielt am 17. September eine

Rede vor dem irakischen Parlament, in der er den Vertrag von 1975 einseitig aufkündigte. Am 22. September schickte er neun Divisionen über die Grenze, während seine Luftwaffe die iranischen Flughäfen bombardierte, ohne diese allerdings entscheidend zu beschädigen. Es gab damals viele Anzeichen dafür, dass die irakische Führung glaubte, der Krieg lasse sich in wenigen Wochen siegreich beenden. Es genügt, die staatlichen Zeitungen jener Tage zu lesen, um dies zu erkennen. Gewisse iranische Generäle aus der Schah-Zeit, die sich damals in Bagdad im Exil aufhielten, scheinen Saddam Hussein in der Meinung bestärkt zu haben, die iranische Armee befände sich in voller Auflösung und müsse nicht gefürchtet werden. Unter ihnen befand sich Gholam Ali Oveissi, der seinerseits über gute Verbindungen zur CIA verfügte. Doch Saddam Hussein gab die Befehle; er muss die Verantwortung für diesen Krieg tragen, gleichgültig welchen Beratern er sein Ohr geliehen haben mag.

Für Saddam Hussein gab es noch einen weiteren Grund, den grossen Krieg auszulösen. Er hatte 1975, als er noch offiziell der zweite Mann des Iraks hinter General Hassan al-Bakr gewesen war, dem Schah nachgeben müssen. Ein geradezu historischer Streit bestand zwischen den beiden Staaten über die Grenzziehung in der Wasserstrasse des Schatt al-Arab (für das die Iraner natürlich ihren eigenen Namen haben, «Arwande Rud»). Die Grenze war traditionell auf dem iranischen Ufer verlaufen, hatte also den ganzen Wasserweg dem Irak zugeteilt. Dies war insofern logisch, als das Schatt die Zufahrt zur grössten Hafenstadt des Iraks und zur historisch wichtigsten Handelsstadt des ganzen Persischen Golfes bildete, nämlich nach Basra. Iran hatte aber nach dem Ersten Weltkrieg seine wichtigste Hafenstadt, Khorramschahr, auch am Schatt angelegt und sie durch einen kostspieligen Eisenbahnbau mit Teheran verbunden. Auch hatte Iran eine riesige Raffinerie, jene von Abadan, auf einer Insel am Schatt angelegt. Deshalb hatte Iran seit Jahrzehnten gefordert, die Grenze solle nun in die Mitte des Wasserlaufes verlegt werden, wie dies bei internationalen Wasserstrassen die Regel ist. Zwischen den beiden Staaten war es zu wiederholten Spannungsperioden über diese Frage und zu Zwischenfällen gekommen. In den siebziger Jahren begann der Schah, nachdem er andere Mittel vergeblich versucht hatte, die aufständischen Kurden Barzanis, die im Nordirak gegen Bagdad kämpften, mit Waffen zu unterstützen. 1975 war die Guerilla Barzanis so mächtig geworden, dass der Irak sich ihrer kaum mehr erwehren konnte. Die Baath-Regierung sah sich gezwungen, einen Vertrag mit dem Schah abzuschliessen, nach welchem die Grenze in die Mitte des Wasserweges verlegt werden sollte; über weitere Korrekturen des Grenzverlaufes, die der Irak anstrebte, wollte man noch verhandeln. Als Gegenleistung stellte Iran in Aussicht, dass es seine Unterstützung der Kurden aufgeben werde. Beide Seiten versprachen, sich in Zukunft nicht mehr in die inneren Angelegenheiten des Nachbarstaates einzumischen. Saddam Hussein hat diesen Vertrag persönlich in Algier 1975 unterschrieben. Die Kurden wurden fallengelassen und sogar aufgefordert, die von Iran gelieferten Waffen an Teheran zurückzuerstatten. Barzani und seine engsten Mitarbeiter zogen nach Iran ins Exil.

Doch Saddam Hussein muss es zutiefst irritiert haben, dass man ihn, den grossen panarabischen Nationalisten, gezwungen hatte, ein Stück arabischen Gebietes, und wenn es nur ein Stück Wasserlauf war, preiszugeben. Nun glaubte er, es sei an der Zeit, dieses erlittene Unrecht zu korrigieren.

Gleichzeitig machte er sich auch zum Anwalt der Föderation der arabischen Emirate. Iran hatte 1970, kurz vor dem Abzug der Engländer aus dem Golf, drei kleine Inselchen, die von der Vertragsküste aus (dies war der frühere Namen der Emirate) verwaltet worden waren, mit Gewalt besetzen lassen: Abu Mussa, die Kleine und die Grosse Tomb. Diese müssten, so forderte Saddam Hussein nach dem Ausbruch der iranischen Revolution, an die arabischen Emirate zurückgegeben werden. Dass der Irak diesen Wiedergutmachungsantrag stellte und nicht die betroffene Föderation der Emirate, zeigte, wie sehr in jener Periode Bagdad sich selbst als eine künftige Ordnungsmacht am «Arabischen Golf» (wie alle Araber den Persischen Golf nennen) sehen wollte.

Doch die Kriegsaktionen ergaben nicht das Resultat, das Saddam Hussein erwartet hatte. Es gelang den Irakern zwar nach bitteren Kämpfen, die einen vollen Monat dauerten, die iranische Hafenstadt am Schatt, Khorramschahr, zu besetzen, nachdem sie Haus um Haus hatten erobern müssen und die ganze Stadt völlig zerstört war. Die Bewohner, über 200 000, waren von den Iranern ins Hinterland evakuiert worden. Die irakischen Heere stiessen etwas über die Stadt hinaus nach Norden und kamen bis auf einige Kilometer an Ahwaz und an Dezful heran. Sie überquerten den Karun-Fluss, umzingelten die Stadt Abadan zu drei Vierteln, ohne sie einnehmen zu können. Die Raffinerie wurde zerstört, die benachbarte Stadt teilweise. Doch dann blieben die irakischen Armeen stecken. Möglicherweise, weil die Führung erkannte, dass weiteres Eindringen in das viel grössere und über dreimal volkreichere Nachbarland für den Irak Gefahren mit sich bringen würde und eine Besitznahme und militärische Besetzung unmöglich war.

Der Angriff der Iraker bewirkte, dass sich die iranische Revolution konsolidierte. Der Nationalismus und Patriotismus aller Iraner verschmolz mit dem religiösen Eifer der islamischen Revolutionäre. Die Armee führte nun den Befreiungskrieg gegen den fremden Eindringling im Namen Irans, die Miliz der Revolutionswächter zog im Namen des Islams in den Kampf. Eine grosse Masse von Freiwilligen aller Altersgruppen zwischen 15 und 60 wurden ebenfalls im Namen des Islams, im Willen, für die Sache Gottes zu Märtyrern zu werden und dem Wort Khomeinys zu folgen, mobilisiert und motiviert. Der damalige iranische Präsident ermöglichte es sogar den wegen angeblicher Umsturzversuche eingekerkerten Piloten, die Gefängnisse zu verlassen und Kriegsdienst zu leisten. Sie trugen entscheidend mit dazu bei, dass der Vorstoss der Iraker zuerst zum Stehen kam und diese später zurückweichen mussten.

In den Jahren 1981 und 1982 wurden die Iraker in einer Reihe von blutigen Schlachten zuerst über den Karun-Fluss zurückgedrängt, dann nach Westen an die Grenze geschoben und zum Schluss durch einen Vorstoss nach Süden überrumpelt. Dies zwang die Iraker, sich fluchtartig über die Grenze zurückzuziehen. 25 000 Mann gerieten dabei in iranische Gefangenschaft. Saddam Hussein liess die Kommandanten hinrichten, die er für die Niederlage verantwortlich machte. Er bot den Iranern Frieden auf der Grundlage an, dass beide Seiten künftig die internationale Grenze respektieren und in Frieden zusammenleben sollten.

Doch Khomeiny forderte viel mehr. Der «ungläubige» irakische Staatschef, so erklärte er, müsse für seine Aggression bestraft werden. Der Irak müsse ferner Reparaturen von 200 Milliarden Dollar bezahlen. Dieses Geld, so wurde später hinzugefügt, könnte Iran den Irakern erlassen, wenn sie sich gegen Saddam Hussein erhöben und ihn mit seinem Baath-Regime zu Fall brächten. Die iranischen Diplomaten erklärten ihre Forderung nach Bestrafung des gegnerischen Staatschefs damit, dass Iran dem Worte Saddam Husseins nicht trauen könne. Er habe ja auch den Vertrag von 1975 einseitig gebrochen. Es könne keinen dauernden Frieden geben, wenn er nicht bestraft und abgesetzt werde.

Doch der wahre Grund dafür, dass Teheran den Krieg fortsetzte und ihn nun seinerseits über die irakische Grenze hinauszutragen suchte, war religiöser und politischer Natur. Es ging Khomeiny, wie er immer wieder öffentlich betonte, um «den Islam», womit er den fundamentalistischen und revolutionären Islam meinte, wie er ihn predigte und in Iran zur Macht gebracht hatte. Khomeiny erklärte seinem Volk immer wieder, wenn es den Krieg fortsetze und am Ende siege, sei dies ein Sieg für «den Islam»; wenn es den Krieg ohne Sieg aufgäbe, wäre dies «schlecht für den Islam». Aus solchen und ähnlichen Aussagen geht deutlich hervor, was Khomeiny wollte und noch will: seine islamische Revolution auch ausserhalb Irans auszubreiten. In den ersten Jahren der iranischen Revolution sprach man offen vom «Revolutionsexport». Man hoffte und erwartete zuversichtlich, die islamische Revolution über die ganze islamische Welt ausbreiten zu können. Künftige islamische Revolutionäre aus allen muslimischen Ländern wurden nach Teheran eingeladen und dort in den Doktrinen und Methoden der islamischen Revolution geschult.

Die irakische Armee des «ungläubigen Saddam Hussein» stand diesem Revolutionsexport im Wege. Sie bildete einen Damm, den die iranische Revolution durchbrechen musste, wenn sie sich Richtung Golf in die reichen, aber wehrlosen Erdölstaaten der arabischen Halbinsel ausdehnen wollte. Diese Staaten sind aber ihrer Erdölreserven wegen von weltstrategischer Wichtigkeit. Durch den Irak würde auch der «Weg nach Jerusalem» führen, dessen «Befreiung» ebenfalls auf den Fahnen der iranischen Revolution geschrieben stand.

Israel wird vom iranischen Radio stets nur als das «Regime» bezeichnet, «das die Heilige Stadt widerrechtlich besetzt hält»; was aber die iranischen Geistlichen nicht daran hindert, Waffenlieferungen aus Israel in Empfang zu nehmen, wahrscheinlich in der Hoffnung, dass sich der Grundsatz Lenins verwirklichen lasse, nach welchem man seinen Feinden Geld geben muss, damit sie den Strick kaufen, an dem sie sich selbst erhängen.

Die Versuche Khomeinys, auf der jährlichen Pilgerfahrt nach Mekka für seine islamische Revolution unter allen versammelten Pilgern zu werben, sprechen auch eine deutliche Sprache. Diese Agitation wurde jedes Jahr wiederholt, bis sie im Sommer 1987 zu grossen Unruhen, Schiessereien und zum Tod von über 400 Personen führte. Auch bemühte sich Teheran, in Südlibanon unter den dortigen Schiiten eine Partei Gottes (Hizbollah) nach iranischem Vorbild ins Leben zu rufen, diese mit Hilfe eines Expeditionskorps iranischer Revolutionswächter anzuspornen, eine islamische Republik Libanon anzustreben und den Kampf um die Befreiung Jerusalems zu beginnen. All dies kann ebenfalls als ein Indiz des bestehenden Willens der iranischen Führung gelten, ihre Revolution über Iran hinaus auszubreiten. Jedermann im Nahen Osten weiss: Wenn einmal die irakische Armee zusammenbrechen sollte, gäbe es in der Region keine Armee mehr, die den Iranern den Vormarsch nach Arabien verlegen könnte, bis auf jene Ägyptens, die recht weit entfernt ist. Die syrische Armee steht in einem Bündnisverhältnis zu Iran, und selbst dann, wenn dies sich noch ändern sollte, wäre sie durch Israel gebunden.

Doch vom Krieg zurück zu dem Herrschaftssystem, das ihn mitverschuldet hat. Saddam Hussein regiert mit Hilfe seines Clans, der aus eigenen Verwandten und eingeheirateten Familienmitgliedern besteht. Er selbst hatte seinen ursprünglichen Familiennamen, Takriti, fallenlassen, damit weniger auffalle, dass lauter «Takriti», Leute aus dem Städtchen Takrit am Tigris oberhalb Bagdads, an der Regierung beteiligt sind. Er flösst diesen und all seinen anderen Mitarbeitern grosse Furcht ein. Niemand in Bagdad wagt, seinen Namen auszusprechen. Man erwähnt ihn als «Er», wenn es gar nicht anders geht. «Er» ist in Bildern überall, er selbst in Person aus Sicherheitsgründen nirgends zu sehen. Araber aus dem Ausland, die zu Audienzen vorgelassen worden sind, schildern die Leibesvisitationen – auch für Frauen –, die einem solchen Anlass vorausgehen, als etwas noch nie Erlebtes. Es herrsche dabei eine Atmosphäre der Spannung und Schroffheit, die an ein Gefängnis erinnere. «Er» selbst schaue seinen Gästen nicht ins Gesicht, drücke ihre Hände mit betonter Nachlässigkeit und beginne sofort eine Rede, die von vielen als ein rhetorisches Meisterstück geschildert wird. Dann erhebe «Er» sich und man könne wieder gehen. Die Kommunikation sei gleich einseitig, wie wenn «Er» auf der Mattscheibe eines Fernsehschirmes erschienen wäre.

Die Autofahrer in Bagdad zittern oft am Steuerrad, wenn sie der Aussenmauer seines Palastes entlangfahren und daran denken, was ihnen geschehen könnte, wenn ihr Fahrzeug gerade an dieser Stelle eine Panne erlitte. Sie glauben, man würde sie nicht nur erschiessen, sondern wahrscheinlich langsam zu Tode foltern, um ein Geständnis aus ihnen zu pressen, dass sie einen Anschlag hätten versuchen wollen. Jedermann hat gerade genug von den Grausamkeiten des Regimes gehört, dass er darüber lieber nicht sprechen will. Nur ganz selten wagt es ein mutiger Mann, der einen Einblick in die Welt der Gefängnisse und Verliese getan hat und aus irgendeinem Grunde aus ihnen zurückgekehrt ist, von seinen Erfahrungen zu sprechen. Wer solche Berichte gehört hat, schläft nachher nicht gut.

Zwischen dieser Regierungsmethode und dem grossen Fehler des Machthabers von Bagdad, nämlich den Krieg gegen die iranische Revolution ausgelöst zu haben, besteht ein Zusammenhang. Er liegt darin, dass «Er» seinen Ressentiments und seinem mehr oder weniger berechtigten Zorn gegenüber Khomeiny und den Iranern (die irakischen Staatszeitungen pflegten sie in den ersten Jahren des Krieges gerne als «Ungeziefer» zu bezeichnen) nachgegeben hat und sich auf die Ratschläge von iranischen Exilierten und anderen interessierten Kreisen verliess, weil sie seinen Wünschen entsprachen. Dass «Er» nicht in der Lage war, sich ein einigermassen objektives Bild über die Lage im Nachbarlande zurechtzulegen, das ungefähr den Tatsachen entsprach, dies muss «Er» sich selbst vorwerfen. Die Umstände, auf denen seine Macht beruhte, verstand der Alleinherrscher des Iraks erfolgreich einzuschätzen, doch die Realitäten und Gegebenheiten im Nachbarlande vermochte er weder selbst zu erkennen noch verlässlich in Erfahrung zu bringen, so dass er einen unabsehbaren Krieg auslöste, den er nicht mehr zu beendigen vermochte. Es wäre gewiss besser für ihn und sein Land gewesen, hätte er die iranische Revolution sich austoben und leerlaufen lassen, ohne sie durch einen Krieg von aussen zu stimulieren und zu festigen. Dies wäre möglich gewesen, wenn er die iranischen Infiltrationsversuche an der Grenze, soweit es solche gab, mit Mitteln zurückgewiesen hätte, die jenen einigermassen angemessen gewesen wären. Wahrscheinlich ist es die Verachtung des arabischen Nationalisten gegenüber den nichtarabischen Persern gewesen, die an der Wurzel der Handlungsweise Saddam Husseins lag. Diese Vermutung liegt nahe, wenn man die Propagandasprache kennt, deren sich die irakischen Medien gegenüber den Iranern bedienen. Sie werden durchwegs zu Untermenschen, wenn nicht zu Tieren abgewertet.

Wie der heute über sieben Jahre wütende Krieg ausgehen wird, steht offen. Doch schon heute ist klar, dass er sich verheerend ausgewirkt hat. Im Irak und in Iran hat er Hunderttausenden von Menschen das Leben gekostet und die gesamten Infrastrukturen zerstört, die in beiden Nachbarländern während der vergangenen 30 Jahren mit bedeutenden Opfern aufgebaut worden waren. Der Schaden erstreckt sich darüber hinaus auf die ganze arabische Welt, zu deren «Renaissance» die Baath-Partei soviel hatte beitragen wollen. Der alte Zwiespalt zwischen dem Irak und Syrien wurde durch ihn auf die Spitze getrieben. Die so entstandene Schwächung der Einheit unter den Arabern hat mit dazu beigetragen, dass die verschiedenen arabischen Machthaber und Einflussreichen sich durch die Kämpfe erschöpften, die sie gegeneinander führten. Ihre Untergebenen zweifelten immer mehr an den grossen politischen Zielen. Ihr Streben war nur noch darauf ausgerichtet, persönlich und mit ihrer Familie einigermassen heil davonzukommen und nebenbei Geld zu verdienen, um ihr Leben in möglichst grosser Bequemlichkeit zu Ende zu bringen. Wem dies nicht genügte oder wer weder Geld noch ein Minimum an Bequemlichkeit sein eigen nannte, der konnte notgedrungen in die andere Richtung schauen, nach dem Iran Khomeinys, dem Libyen Ghaddafis, der PLO Arafats, nach Syrien, das mit den «Revolutionären» verbündet scheint. Er konnte sich immerhin fragen: Stand eine neue Revolution bevor? Konnte, durfte man hoffen, dass diese eine Neuverteilung der Karten im Nahen Osten bewirken werde, bei der man selbst vielleicht besser davonkäme? Eine Revolution, welche die ganze Region ins Zentrum der Weltpolitik rücken und die grosse Zeit Abdel Nassers wiedererwecken werde? Das Gefühl, kurz vor einem Umbruch zu leben, breitete sich bei vielen Arabern aus. Sie nehmen an, dass die Dinge in der arabischen Welt nicht mehr lange so fortdauern können wie bisher. Das «Volk», so versichern sie, werde sich demnächst erheben und seine Herrscher und Machthaber fortfegen.

Die Tragödie Libanons

In Libanon freilich war «das Volk» 1975 aufgestanden, mit verheerenden Ergebnissen. Das Libanon vor 1975, dem Jahr des Ausbruchs des Bürgerkrieges, war eine Notwendigkeit für die arabische Welt gewesen, der einzige Ort, an dem frei geredet, geschrieben, gedruckt, gedacht und gelebt werden konnte. Man hatte auch Geschäfte gemacht, doch dies war für die arabische Welt von geringerer Bedeutung. Libanon war so zusammengesetzt, dass das Land nur in Freiheit funktionieren konnte. Verschiedene Gruppen mit ganz unterschiedlichen Ausrichtungen und Grundoptionen lebten eng beieinander. Oft waren die Gruppen geographisch ineinander verschachtelt. Nur indem sie einander tolerierten, konnten sie nebeneinander leben. Sobald die eine die andere zu beherrschen trachtete, brach das System zusammen. Die gegenseitige Toleranz war organisiert in der Form eines Parlamentes, in das alle Gruppen ihre Abgeordneten entsandten, jede in einer festen Anzahl, die theoretisch ihrer Grösse in Libanon entsprach. Die Gruppen sprachen alle arabisch, mit der einen Ausnahme der erst seit dem Ersten Weltkrieg zugewanderten Armenier. Doch sie waren alle durch ihre Religionszugehörigkeit von den andern getrennt. Die schärfste Grenze verlief zwischen Muslimen und Christen. Jede dieser beiden Hauptgruppen unterteilte sich wieder in verschiedene Untergemeinschaften. Unter den Christen gab es Maroniten, Griechisch-Orthodoxe, Anhänger verschiedener kleinerer orientalischer Kirchen, wie die Assyrer und die Syrisch-Orthodoxen. Die Maroniten unterstehen Rom seit alter Zeit. Alle anderen orientalischen Kirchen haben katholische Seitenzweige, was die Zahl der orientalischen christlichen Kirchen verdoppelt. Neben den Griechisch-Orthodoxen gibt es die Griechischen Katholiken; neben den Assyrern die Chaldäer; neben den Syrisch-Orthodoxen die Syrischen Katholiken usw. Dies sind jeweilen Zweige, die im 18. Jahrhundert, oder in einzelnen Fällen noch früher, meist durch die Tätigkeit der Jesuiten, von den alten orientalischen Stämmen abgezweigt sind und sich Rom unterstellten, jedoch ihre alten Sprachen und Riten behielten. Die Armenier haben auch ihre eigene Kirche, die Gregorianische, mit einem katholischen und auch einem protestantischen Nebenzweig. Auch Protestanten haben kleine Gemeinschaften gegründet.

Auf der muslimischen Seite findet man eine Dreiteilung in Sunniten, Drusen und Schiiten. Mehr und mehr kommen heute auch Alawiten dazu, die vom Norden her, aus ihren syrischen Bergen, nach der Hafenstadt Tripolis einwandern. Für die politische Praxis und die internationale Orientierung Libanons war jedoch vor allem die Zweiteilung in Christen und Muslime wichtig. Die Christen schauten im wesentlichen nach Westen, während die Muslime sich nach Osten orientierten. Sie sahen in den Syrern sowie in allen andern arabischen Muslimvölkern ihre engsten Brüder. Diese Zweiteilung ist schon alt. In den Kreuzzügen halfen die Maroniten den Kreuzfahrern. Später haben die wichtigsten libanesischen Feudalherren Verbindungen mit Europa aufgenommen: Fakhr ad-Din (ein Druse) mit dem Grossherzog der Toscana im 17. Jahrhundert; Chéhab II. mit den Engländern und Franzosen und mit dem Feldherren und Sohn Muhammed Alis, Ibrahim Pascha, im frühen 19. Jahrhundert. Die maronitische Gemeinschaft unter ihren Patriarchen und ihren feudalen Oberherren arbeitete von 1860 an eng mit den Franzosen zusammen, als Napoleon ein Expeditionskorps entsandte. Diese Verbindung blieb bis heute lebendig. Die Muslime fühlten sich der arabischen Welt zugehörig, besonders die Sunniten, die nach Damaskus, als ihrer eigentlichen Hauptstadt, blickten. Die Drusen hatten Verwandte in Syrien und in Palästina; die Schiiten ihre Religionsgenossen und Pilgerzentren im südlichen Irak, Najaf und Kerbela, und in Iran.

Das heutige Libanon war nach dem Ersten Weltkrieg dadurch entstanden, dass die Franzosen gerade genügend Provinzen von Syrien abgetrennt und Libanon zugeteilt hatten, dass die Christen eine knappe Mehrheit behielten (51 Prozent), während die Muslime knapp in der Minderheit blieben (49 Prozent). Dies war unter dem Einfluss geschehen, den der damalige maronitische Patriarch Elias Hoyek auf Clemenceau ausübte. Es gibt eine berühmte Anekdote, nach welcher der französische Politiker bereit gewesen wäre, die Stadt Damaskus zum christlichen Libanon zu schlagen. Doch der Patriarch musste ihm klarmachen, dass die grosse sunnitische Stadt für ein christliches Libanon «unverdaulich» gewesen wäre. Clemenceau soll es dann dem Patriarchen überlassen haben, die für Libanon richtigen Grenzen selbst zu ziehen. Baalbek und Tripolis waren zuvor immer syrische Städte gewesen, die von Damaskus aus regiert worden waren.

Wenn man von der internationalen Politik absah, für welche die Zweiteilung die entscheidende Rolle spielte, gab es in der libanesischen Innenpolitik ein viel nuancierteres Spiel mit feineren Graduierungen. Die Maroniten unterschieden sich deutlich von den Griechisch-Orthodoxen und den anderen orientalischen Konfessionen, weil sie ein relativ geschlossenes Siedlungsgebiet besassen sowie ihre alten Beziehungen zu Rom und Paris. Die orientalischen Gemeinden hatten ihre Brudergemeinschaften im Orient, vor allem in Syrien, im Irak, in Jordanien, in Palästina. Ihre ganze Geschichte hatte sich immer im Osten abgespielt. Sie standen den Muslimen näher als die Maroniten.

Die Drusen hingegen wiesen verwandte Züge mit den Maroniten auf. Auch sie hatten seit alter Zeit die Bergtäler Libanons zu ihrem Zufluchtsgebiet und zu ihrer Hauptresidenz gemacht. Sie waren in diesem Sinn alteingesessene Bergbewohner. Die Maroniten waren mehr im Norden zu Hause, die Drusen südlich der Achse Beirut–Damaskus im Chouf, einer Bergregion, in die auch die Maroniten in den letzten Jahrhunderten schrittweise eingewandert waren.

Die Schiiten bildeten lange Zeit den ärmsten und am meisten vernachlässigten Bevölkerungsteil des Landes. Auch sie hatten in den Hügeln Libanons Zuflucht gesucht. Sie standen unter einigen grossen Feudalfamilien, die sie im Parlament «vertraten», ohne sonst allzuviel für ihre Bauern zu tun. Der Umstand, dass sie zu grossen Teilen im Südzipfel des Landes lebten, dessen Grenze nach Israel hin seit 1948 geschlossen blieb, während die Armee das Land kontrollierte, trug nicht zur Entwicklung ihres Landesteiles bei. Eine andere grössere Gruppe von Schiiten lebt im

Nordosten Libanons gegen die syrische Grenze hin, auch in einer Randsituation.

Dieses Gemisch von Religionen musste zusammenleben, was lange Zeit auch gelang und den grossen Vorteil von viel Freiheit für alle mit sich brachte. Das parlamentarische Regime mit seinem strikten «Religionsproporz» war von den Franzosen eingeführt worden, und es hielt sich bis 1975, also beinahe eine Generation lang, bis fast 30 Jahre nach der Unabhängigkeit. Freilich nicht ohne Krisen. Die schwerste davon war 1958, nachdem Syrien und Ägypten sich unter Nasser vereinigt hatten. Der muslimische Teil Libanons spürte damals den Sog der Vereinigten Arabischen Republik und zeigte Neigung, sich ihr anzuschliessen. Die Christen hingegen wollten «ihr» Libanon behalten. Die Gegensätze entzündeten sich daran, dass die Muslime argwöhnten, der damalige Präsident, Camille Chamoun, wolle sein Amt verlängern und sich ein zweites Mal zum Präsidenten wählen lassen. Chamoun war ein Gegner Nassers und beklagte sich über allerhand Übergriffe, wie Bomben, die in Beirut hochgingen, durch Nasser-Anhänger und ihre Agenten gelegt. Die Gegensätze, die im wesentlichen auf der muslimisch-christlichen Trennungslinie verliefen, hatten schon damals eine soziale Komponente. Die Maroniten hatten sich bereichern können; viele der kleinen Leute ihrer Gemeinschaft zählten zum Mittelstand. Die grosse Masse der Sunniten und der Schiiten sowie der Drusen war eher arm geblieben.

Die Maroniten hatten ihren Wohlstand durch ihr kommerzielles Geschick erreicht. Sie verstanden es, eine Brücke zwischen Europa und den damals aufstrebenden arabischen Erdölstaaten sowie dem Rest der arabischen Welt zu bilden. Die Banken begannen zum sichtbarsten Ausdruck ihres Erfolgs zu werden. Auch in der Emigration (mehr als die Hälfte aller Libanesen lebt und arbeitet im Ausland) hatten sie mehr verdient als ihre muslimischen Mitbürger.

Die Maroniten waren stets darauf bedacht, ihren Kindern eine Erziehung zu verschaffen, die ihnen die bestmöglichen Chancen in der modernen Welt gewähren sollte. Sie war «westlich» ausgerichtet. Ihre Grundsprachen waren Französisch und manchmal Englisch. Das Clan-System, nach dem das ganze Land funktionierte, bewirkte, dass eine gewisse Zusammenarbeit und Solidarität innerhalb der Religionsgemeinschaften und der Grossfamilien bestand. Die Grossfamilien blieben stets innerhalb der konfessionellen Grenzen, Heiraten über die Grenzlinie hinweg waren selten. Reiche Maroniten konnten daher ärmeren Maroniten helfen und ihnen geschäftliche Vertrauenspositionen gewähren, doch selten taten sie das gleiche für arme Drusen, Sunniten, Schiiten oder gar Alawiten. Die Direktion einer «christlichen» Bank, und die meisten Banken befanden sich in der Hand von Christen, pflegte ausnahmslos aus Christen zu bestehen, mehr oder weniger aus engen Verwandten und Landsleuten. Hinter den Schaltern, als kleine Beamte, konnte man vielleicht einige Sunniten oder Drusen finden. Die Banken vergaben natürlich auch leichter Kredite an Christen als an muslimische Landsleute. Die Vertrauensbasis war stärker.

So kam es, dass die rechte, die liberale politische Richtung den Christen näherstand, die «linke» sozialistische den Muslimen. Dies passte auch zu dem Umstand, dass die VAR (Ägypten und Syrien unter Nasser) sich selbst als einen sozialistischen Staat sehen wollte, der relativ eng mit der Sowjetunion zusammenarbeitete, während Chamoun und seine überwiegend maronitischen Anhänger den Vereinigten Staaten zuneigten und die damalige Eisenhower-Doktrin unterschrieben hatten. Diese Doktrin besagte, dass Nahoststaaten, die vom Weltkommunismus oder von seinen Mitläufern angegriffen würden, amerikanische Hilfe erhalten könnten. Als die Spannungen in Libanon in einen offenen Bürgerkrieg ausarteten, suchte Präsident Chamoun amerikanische Hilfe, weil, wie er sagte, die Syrer und Ägypter Libanon «massiv infiltriert» hätten. Doch die Vereinigten Staaten vertrauten die Sache zuerst den Vereinten Nationen an. Hammarskjöld, der erste Generalsekretär der Uno, entsandte Beobachter nach Libanon und pendelte zwischen Kairo, Damaskus und Beirut hin und her. Er scheint ein geheimes Abkommen mit Nasser getroffen zu haben, nach dem die Uno-Beobachter keine Infiltrationen nach Libanon feststellen sollten, Nasser dafür seine Leute zurückziehen werde. Jedenfalls berichteten die Beobachter, sie hätten keine Infiltration festgestellt. Sie fügten allerdings hinzu, dass sie in der Nacht keine Beobachtungen durchgeführt hätten. Später teilten sie in einem Abschlussbericht mit, sie hätten Bewegungen aus Libanon Richtung Syrien beobachtet.

Der Kampf unter Libanesen wurde dadurch in engen Grenzen gehalten. General Fouad Chéhab, der Oberkommandant der regulären libanesischen Armee, weigerte sich, in den Bürgerkrieg einzugreifen. Er erklärte, seine Truppen würden sich spalten, wenn sie gegen eine ihrer eigenen Gemeinschaften eingesetzt würden. Die Offiziere der libanesischen Armee waren damals mehrheitlich Maroniten (wie Chéhab selbst), doch die Mannschaften bestanden mehrheitlich aus Drusen, Schiiten und Sunniten, den ärmeren Bevölkerungsteilen.

Der Bürgerkrieg von 1958 zeigte sich vor allem darin, dass die Milizen und anderen Freiwilligen der verschiedenen Gemeinschaften ihre Landesteile, Dörfer und Stadtviertel besetzt hielten und sie gegen die Gegenseite verteidigten. Beirut spaltete sich in zwei Hälften. Die Armee und die Gendarmerie sorgten im wesentlichen dafür, dass die verschiedenen Milizen nicht auf die Gebiete ihrer Feinde übergriffen. Nachdem die Unruhen im Mai 1958 begonnen hatten, landeten die Amerikaner am 15. Juli mehrere Bataillone an den Stränden südlich von Beirut. Sie kamen, weil einen Tag zuvor im Irak die Revolution ausgebrochen war und das dortige Königshaus sowie den prowestlich gesinnten Politiker und starken Mann, Nuri as-Said, hinweggefegt hatte. Die Engländer entsandten damals gleichzeitig Luftlandetruppen von Zypern nach Jordanien, um die dortige Dynastie und König Hussein abzusichern.

Robert Murphy, ein erfahrener amerikanischer Diplomat, der während des Weltkrieges in Algier gewirkt hatte, kam nach Libanon, besuchte Bagdad und urteilte zutreffend, dass der neue Herr des Iraks, General Abdul Karim Kassem, nicht daran dächte, sich Nasser unterzuordnen und sich an die Vereinigte Arabische Republik anzuschliessen. Die amerikanische Präsenz in Libanon wurde dadurch unnötig. Sie war primär wegen des Umsturzes im Irak erfolgt, weil im ersten Augenblick deswegen die ganze arabische Welt unter den Einfluss Nassers zu gelangen drohte. Das libanesische Parlament wählte General Chéhab, den Armeekommandanten, der seine Armee von den Kämpfen ferngehalten hatte, am 31. Juli 1958 zum neuen Präsidenten Libanons. Kurz nachdem er am 23. September sein Amt angetreten hatte, wurden die Barrikaden von den Strassen entfernt, und der Bürgerkrieg war zu Ende.

Libanon gab sich in der Folge noch viel intensiver den Geschäften hin als vorher. Das Land wurde jedes Jahr reicher, wobei allerdings der Reichtum ungleich und immer einseitiger verteilt war. General Chéhab versuchte in seiner Regierungszeit (1958–64), dieses Ungleichgewicht mit Hilfe des Staates zu mildern. Doch seine Bemühungen, einen Staat mit einer nationalen und sozialen Sendung aufzubauen, misslangen. Die Bürokratie wurde stark aufgebläht, blieb aber unwirksam. Chéhab sah sich veranlasst, weitgehend mit Milfe des «2ᵉ Bureau», das heisst seiner militärischen Geheimdienste, zu regieren. Dies bewirkte Missstimmung nicht nur bei den Maroniten, sondern auch bei den Drusen und einigen Sunniten und Schiiten, so dass die Versuche Chéhabs, den Staat auf Kosten der Religionsgemeinschaften zu stärken und ihm eine Aufgabe des sozialen Ausgleiches zu erteilen, unter seinen Nachfolgern wieder aufgegeben wurden.

Dieser erste Bürgerkrieg trug viele Züge des späteren zweiten, obgleich er natürlich viel harmloser gewesen war. Er spaltete, wie der zweite, die Libanesen entlang den religionsgemeinschaftlichen Trennungslinien. Syrien spielte dabei eine wichtige Rolle. Die Christen erhofften und erhielten Hilfe «aus dem Westen». Dies geschah freilich nicht wegen Libanons, sondern als Reaktion auf die neue Lage, die im Irak entstanden war. Die linken Gruppen (KP und verwandte Parteien) kämpften auf seiten der Muslime, die rechten Gruppen auf seiten der Christen. Es gab jedoch auch wichtige Unterschiede: Die Armee erwies sich am Ende als der Retter in der Not, weil sie dank der Voraussicht Chéhabs nicht auseinandergebrochen war. Im zweiten Bürgerkrieg sollte sie zweimal zerbrechen. Israel griff in den ersten Bürgerkrieg nicht ein, war jedoch im zweiten, schon vor den eigentlichen Invasionen von 1978 und 1982, darin stark verwickelt, indem es heimlich die maronitische Seite unterstützte. Die Palästinenser waren 1958 noch nicht bewaffnet. Der israelische und der palästinensische Einfluss war im zweiten Bürgerkrieg so entscheidend und blieb es bis heute, dass er besondere Beachtung verdient. 1958 sahen die Israeli Libanon als einen ungefährlichen Nachbarn an. Die Grenze war ruhig. Seit 1948 hatte Libanon nichts gegen Israel unternommen, und sogar damals, im sogenannten Unabhängigkeitskrieg Israels, war die libanesische Armee kein gefährlicher Gegner gewesen. Die Israeli pflegten sogar hervorzuheben, dass die libanesische die einzige internationale Grenze sei, die ihr Land besitze. Sie sprachen oft den Wunsch aus, die anderen Waffenstillstandslinien möchten so ruhig und so sicher sein wie die Grenzen ihres nördlichen Nachbarn. Doch dies änderte sich mit der Gründung der Fatah-Bewegung, die ab 1965 die Palästinenser zu bewaffnen begann.

In Libanon gab es seit 1948 Palästinaflüchtlinge. Man hatte sie nie besonders zuvorkommend behandelt. Einige von ihnen waren dennoch Millionäre geworden. Nur die recht kleine Zahl der christlichen Palästinenser hatte eine Chance, sich in Libanon einzubürgern, weil die christliche Bevölkerungshälfte stets darüber besorgt war, dass sie ihre offiziell festgelegte, jedoch faktisch immer fragwürdigere Mehrheit verlieren könnte. Die Mehrheit der Palästinenser waren aber Sunniten. Ursprünglich dürften etwa 200 000 Flüchtlinge nach Libanon gekommen sein, mit der Zeit wurden es aber durch natürlichen Zuwachs und durch Zuwanderung aus den Nachbarländern gegen 400 000. Offiziell durften die

Palästinenser in Libanon nur arbeiten, wenn sie eine Arbeitserlaubnis besassen. Da diese schwer zu erhalten war, arbeiteten viele schwarz. Dabei mussten sie in Kauf nehmen, weniger zu verdienen als ihre libanesischen Arbeitsgefährten. Knapp die Hälfte der Flüchtlinge lebte in Lagern. Die Ärmeren unter ihnen erhielten Lebensmittel, ärztliche Betreuung und Schulung für ihre Kinder vom Internationalen Hilfswerk der Uno für Palästinaflüchtlinge, UNRWA (United Nations Relief and Works Agency), das seinen Hauptsitz in Beirut hatte, jedoch auch in Syrien, Jordanien und Ghaza wirkte und heute noch wirkt. Die Palästinaflüchtlinge in Libanon konnten keinen libanesischen Reisepass erhalten. Sie besassen nur ein Flüchtlingsdokument und hatten oft grosse Schwierigkeiten, Visen für Länder zu erhalten, die sie besuchen wollten.

Als die PLO begann, Flüchtlinge zu bewaffnen und sie in den Lagern politisch zu organisieren, kam es zu einer Reihe von Zusammenstössen mit der libanesischen Armee, die das Waffenmonopol in Libanon für sich beanspruchte. Bei solchen Auseinandersetzungen konnten die Palästinenser stets auf die Sympathie der muslimischen Bevölkerungsteile zählen. Diese gründete auf der mehrheitlich gemeinsamen Religion, aber auch auf einer gemeinsamen politischen Orientierung, wie den arabischen Nationalismus, den «Sozialismus» oder gar die «Arabische Revolution», politische Richtungen, die sich gegen den Westen stellten, der als ein Beschützer Israels angesehen wurde, wie auch gegen den «Imperialismus» der Amerikaner. Die libanesischen Christen standen überwiegend auf der politischen Gegenseite. Mit den Jahren, als immer deutlicher wurde, dass die libanesische Armee nicht in der Lage war, den Palästinensern Zügel anzulegen, begannen die muslimischen Libanesen sogar, die Palästinenser als Verbündete im politischen Ringen mit den Maroniten anzusehen. Den radikal Ausgerichteten unter ihnen wurde klar, dass die neue militärische Macht ihrer Gesinnungsfreunde die Machtverhältnisse Libanons zu ihren Gunsten verschieben könne. Die Palästinenser waren nicht daran interessiert, die bestehenden Verhältnisse in Libanon zu verändern. Sie wollten das Land nur als Ausgangspunkt für ihre Infiltrationen nach Israel benützen. In der Praxis jedoch sahen sie sich durch der Armee in ihrer Aktionsfreiheit eingeengt. Die Armee wusste, dass energische Gegenschläge aus Israel zu erwarten seien, wenn sie die PLO-Leute von Libanon aus nach Israel eindringen liess. Gegenüber dem Druck der Armee sahen die Palästinenser sich veranlasst, sich auf ihre Brüder, die libanesische Bevölkerung, vor allem die sunnitischen und linksgerichteten Teile darunter, abzustützen. Die Lage wurde dadurch kompliziert, dass die Soldaten der libanesischen Streitkräfte meist Muslime waren, Sunniten, Drusen, Schiiten, nur ihre Offiziere Christen. Die Gefahr eines Auseinanderbrechens der Armee bestand, wenn die Kämpfe gegen die Palästinenser und die mit ihnen verbündeten libanesischen Muslimgruppen allzulang andauerten. Die PLO-Kämpfer waren bei den Muslimen volkstümlich und die grosse Hoffnung aller Araber. Der libanesische Ministerpräsident musste regelmässig zurücktreten, wenn es zu Kämpfen zwischen ihnen und der Armee kam. Der Ministerpräsident repräsentierte im libanesischen System die sunnitische Gemeinschaft, so wie der Präsident die maronitische. Ein neuer Ministerpräsident, der auch ein Sunnite sein musste, liess sich unter solchen Umständen kaum finden, was bedeutete, dass das Land so lange keine Regierung besass, bis die jeweiligen Kämpfe zu Ende gingen.

Man versuchte eine Regelung zu finden, die eine Koexistenz der Armee und der bewaffneten Palästinenser erlauben würde. Der Oberkommandant der Armee, General Boustani, begab sich im November 1969 nach Kairo, um mit Nassers Hilfe einen Kompromiss auszuhandeln. Ein «Vertrag von Kairo» wurde unterzeichnet, jedoch sein Wortlaut lange Zeit geheimgehalten. Er sah vor, dass die Palästinenser in ihren Lagern und in bestimmten Gebieten des Südostens (Arkoub, was Israel bald das Fatah-Land nennen sollte) frei sein sollten, sich selbst zu organisieren und zu bewaffnen. Ihre Raids nach Israel sollten sie «in Koordination mit der Armee» durchführen. In der Praxis sollte es dieser Vertrag den Palästinensern erlauben, einen «Staat im Staate» Libanon einzurichten. Die Sunniten beobachteten dies mit Sympathie, die Maroniten mit schweren Bedenken. Die grössten Leidtragenden jedoch waren die Schiiten des Südens. Sie kamen unter doppelten Druck, einerseits durch die bewaffneten Palästinenser, anderseits durch die israelischen Gegenschläge. Diese richteten sich meist gegen ihre Dörfer, gleichgültig ob sich die PLO-Leute längst verzogen hatten oder nicht. Die Israeli waren der Ansicht, die Schiiten verdienten jedenfalls harte Vergeltungsschläge, weil sie den Palästinensern halfen. Da die PLO-Leute Waffen besassen, die schiitischen Bauern jedoch nicht, blieb diesen in der Tat gar nichts anderes übrig. Dies führte dazu, dass immer mehr Schiiten ihre Dörfer verliessen. Sie liessen sich in den sogenannten «Lagern» im Elendsgürtel rund um die schwerreiche Hauptstadt Beirut nieder. Die Lage verschärfte sich weiter, als die bewaffneten Einheiten der Palästinenser zwischen 1970 und 1971 aus Jordanien vertrieben wurden. Die

PLO richtete nun ihr Hauptquartier in Beirut ein. Zahlreiche Aktivisten und Kämpfer wurden über Syrien aus Jordanien eingeschleust. Die PLO besass damals eigene, von ihren Milizen kontrollierte Grenzübergänge zwischen Syrien und Libanon, eine eigene Strasse, die von der Grenze aus direkt nach Süden ins «Fatah-Land» führte.

Syrien hatte seine Grenzen nach Israel hin für alle Palästinenser geschlossen. Seit den siebziger Jahren gab es sogar eine internationale Beobachtergruppe, die alle Palästinenser, die bei Infiltrationsversuchen nach Israel festgenommen wurden, der syrischen Regierung auslieferte. Diese Beobachtergruppe besteht aus Uno-Offizieren und waltet heute noch ihres Amtes. Die Palästinenser kamen dann in die syrischen Gefängnisse. Jordanien war gleichermassen entschlossen, alle Palästinenser von seinen Grenzen mit Israel fernzuhalten. Beide Staaten taten dies, weil sie die brutalen israelischen Gegenschläge fürchteten. Auch Ägypten liess keine Kleinaktionen über den Suezkanal hinweg zu, der 1967 bis 1973 die israelische Waffenstillstands- und Frontlinie bildete. Libanon blieb das einzige Land, von dem aus die Palästinenser ihre Infiltrationen nach Israel fortsetzen konnten. In Beirut planten auch Aktivistengruppen Flugzeugentführungen und Terrorakte, vor allem die «Volksfront» unter Georges Habasch sowie die Gruppe «Schwarzer September», die für die Vertreibung aus Jordanien Rache üben wollten. Beirut und die Lager um die Hauptstadt sowie jene bei Sidon und Tyros wurden damit zur bevorzugten Zielscheibe israelischer Gegenaktionen, beginnend mit der Zerstörung von 13 Verkehrsflugzeugen im Wert von 11 Millionen im Flughafen von Beirut durch israelische Truppen am 28. Dezember 1968. Dies war ein Racheakt für den Maschinenpistolenangriff auf eine israelische Boeing im Flughafen von Athen, den ein Palästinenser durchführte, der in Beirut wohnte. Dazu gehörte auch die Ermordung von drei Palästinenserführern in Beirut durch israelische Agenten in der Nacht vom 9. zum 10. April 1973. Die Palästinenserlager wurden immer wieder bombardiert. Im Laufe der Jahre haben israelische Bomben in ihnen Tausende von Menschen getötet.

Von 1969 an begannen die inneren Spannungen in Libanon anzuwachsen. Die Maroniten bewaffneten sich; ihre Milizen rüsteten sich mit immer schwereren Waffen aus. Die wichtigsten Gruppen waren jene der Phalange-Partei, die der Apotheker Pierre Gemayel schon zur französischen Mandatsperiode gegründet hatte, und die «Tiger» des Altpräsidenten Chamoun.

Auf der Gegenseite sahen die bisherigen Minderheiten (die nicht ihrer

Zahl, jedoch ihrer Macht nach Minoritäten geblieben waren) in den Palästinensern einen mächtigen Verbündeten, der sich der regulären Armee gewachsen zeigte. Dies ermutigte sie, die Maroniten herauszufordern. Wirtschaftlich war es eine Epoche immer wachsenden Wohlstandes im ganzen Lande, der jedoch vor allem den bereits Reichen und Wohlhabenden Vorteile brachte. Gleichzeitig wuchs aber auch der Elendsgürtel, weitgehend als indirekte Folge der Aktionen der Palästinenser, die sich gegen die Israeli richteten, und der israelischen Gegenschläge immer brutalerer Art, welche die südlichen Landesteile entvölkerten. Alle Flüchtlinge strömten in die Aussenquartiere Beiruts.

Es war in einem solchen Aussenquartier, wo sich der blutige Zwischenfall zutrug, der offiziell als der Beginn des Bürgerkrieges angesehen wird. Im Vorort von Ain Roummana wurde am 13. April ein Autobus zusammengeschossen, in dem sich unbewaffnete Palästinenser befanden. 27 von ihnen wurden getötet. Die Täter waren Phalangisten. Diese waren durch einen Feuerüberfall auf einige maronitische Würdenträger dazu gereizt worden. Ein anderer auslösender Vorfall, der sich schon am 26. Februar abgespielt hatte, war ebenso von grosser Tragweite. Fischer von Sidon, meist arme Sunniten, demonstrierten gegen den Plan einer industriell arbeitenden Fischereigesellschaft, hinter dem, neben anderen maronitischen Geschäftsleuten, Altpräsident Chamoun stand. Bei der Demonstration wurde Maarouf Saad, der lokale Chef der Sunniten seit den Unruhen von 1958, erschossen, wahrscheinlich durch Soldaten der Armee. Dies führte im ganzen Land zu Demonstrationen für und gegen die Armee.

Der daraufhin ausgebrochene Bürgerkrieg ist ein knappes Jahr lang ein Krieg unter Libanesen geblieben. Im Sommer 1976 erfolgte eine erste Intervention durch syrische Truppen, und seither haben sich die Machtverhältnisse so geändert, dass die Libanesen immer mehr aus Kriegsführenden, die um ihre künftige, innere Ordnung kämpften, zu Werkzeugen des Krieges geworden sind, ohne dies selbst zu erkennen. Der syrischen folgte 1978 die erste israelische Intervention, wobei Israeli bis an den Litani in Südlibanon vorstiessen. Dieser Intervention waren jedoch schon 1976 Kontaktnahmen und eine heimliche Zusammenarbeit zwischen den Israeli und den Maroniten vorausgegangen. Nach der ersten israelischen Invasion folgte von 1978 bis 1982 eine Periode des sich gegenseitigen Abtastens zwischen Israeli und Syrern, begleitet von guten Diensten der Amerikaner und einem von ihnen vermittelten zeitweiligen Waffenstillstand zwischen Israeli und Palästinensern. Dieser dauerte vom 24. Juli 1981 bis zum April 1982 und wurde dann von den Israeli gebrochen.

Darauf folgte die israelische Invasion vom 6. Juni 1982, die das israelische Heer bis nach Beirut führte. Die darauffolgende israelische Besetzung Südlibanons dauerte zwei Jahre, begleitet von dem Versuch der Israeli, mit Hilfe der Amerikaner Libanon einen Vertrag zu diktieren, der Israel die politische und militärische Hegemonie über Libanon garantiert hätte. Syrien stellte sich dagegen und unterstützte die muslimischen und progressiven Gruppierungen, die sich diesem Vertragsziel widersetzten. Bis schliesslich die amerikanischen Truppen im Februar 1984 abzogen. Die Israeli sahen sich gezwungen, ihrerseits schrittweise das Land bis Sommer 1985 zu räumen, weil die Schiiten ihnen zu grosse Verluste an Mannschaften beibrachten. Israel fuhr jedoch fort, einen Streifen libanesischen Gebietes der Grenze entlang besetzt zu halten. Der Vertrag mit Libanon kam nicht zustande.

Seither besteht ein mehr oder weniger «blutiges Gleichgewicht»: Die Christen halten sich in einem sehr kleinen Teil der Hauptstadt und nördlich von ihr, der Küste entlang bis gegen Batroun. Syrisches Militär und syrischer Einfluss herrschen im Norden, Nordosten und Osten Libanons. Die Drusen halten ihre Heimat, den Chouf, besetzt, die Schiiten mehr oder weniger die südlichen Landesteile. Seit Februar 1987 sind die Syrer auch wieder Ordnungsmacht in Westbeirut. Sie haben sich jedoch geweigert, ihre Truppen in den südlichen Vorstädten zu stationieren, so dass dort ein Machtvakuum andauerte. Den Schiitenmilizen von Amal und den Palästinensern der dortigen Lager von Sabra, Schatila und Bourj al-Barajneh dient dieser Teil als Kriegsschauplatz, ohne dass Amal, die Miliz der Schiiten, trotz Hilfe der Syrer, der Palästinenser bisher Herr werden konnte. Dort herrscht der sogenannte «Lagerkrieg», weil die Palästinenser in ihren Lagern von Amal belagert sind.

Gleichzeitig wurden der Süden Beiruts und die anderen schiitischen Landesteile, Süden, Osten, Nordosten Libanons, zum Tummelplatz der von Iran unterstützen «Partei Gottes» (Hizbollah). In den südlichen Vororten werden auch gegen 25 amerikanische, französische, englische und andere ausländische Geiseln gefangengehalten, einige schon seit Jahren. Sie dienen Iran dazu, seine politischen Interessen zu fördern.

Die bisherige Chronologie des libanesischen Bürgerkrieges lässt sich also folgendermassen unterteilen:

1975–76: libanesische Kämpfe mit wachsender Einbeziehung der Palästinenser und später der Syrer;

1976 Sommer:	syrisches Eingreifen und teilweise Befriedung durch die syrischen Truppen;
1978:	israelische Intervention bis zum Litani und Geheimbündnis mit den Maroniten;
1978–81:	syrisch-israelische Koexistenz in Libanon;
1982–85:	israelische Intervention in Libanon bis nach Beirut;
1985:	de facto Kantonalisierung, mit syrischer Oberaufsicht in den Nord- und Ostgebieten und Westbeirut (seit 1987). Machtvakuum mit Kämpfen verschiedener Milizen im Süden des Landes und in den südlichen Vorstädten vor Beirut.

Bei alledem besteht eine Regierung und Verwaltung theoretisch weiter fort. Es gibt sogar ein seit 1970 nicht wiedergewähltes Parlament, einen Präsidenten, eine libanesische Armee und Polizei. Jedoch sind diese alle weitgehend entmachtet, weil die wirkliche Macht immer mehr bei den Milizen und ihren Befehlshabern liegt. Hinter den Milizen stehen ausländische Mächte wie Syrien und Israel, die sie mit Geld und Waffen versorgen. Auch Libyen, Iran und die USA unterstützen die ihrer Politik nützlichen Kräfte. Die Phasen und Entwicklungen dieses zähen und verwickelten Krieges zu beschreiben, ist Veröffentlichungen vorbehalten, die sich mit dem Libanonkonflikt monographisch befassen (z. B. David Gilmour: Lebanon, The fractured Country. London 1984, oder das Libanonkapitel des Verfassers in: Sechsmal Naher Osten. München 1988). Hier sei nur kurz auf die besonderen Umstände einer jeder dieser Kampfesrunden hingewiesen. Im ersten Kriegsjahr standen die Phalangisten tief in Westbeirut. Sie benützten die grossen Hotels, wie Holiday Inn, Phoenicia, St. Georges, als Festungen, in denen sie sich seit dem Oktober 1975 gegen die anstürmenden Milizen der Muslime und der Linksparteien verteidigten. Westbeirut gehört zum Heimatgebiet der Muslime und Drusen. Die Kämpfer der Maroniten mussten weichen, als die Muslime, Drusen, Linksparteien und Palästinenser anfingen, Artillerie einzusetzen. Die libanesische Armee spaltete sich zum ersten Mal Anfang 1976. Etwa die Hälfte ihrer 18 000 Mann desertierten, und ein sunnitischer Leutnant, Ahmed al-Khatib, schloss einen Teil der muslimischen Soldaten zur «Arabischen Befreiungsarmee» zusammen. Die christlichen Soldaten schlossen sich zum Teil den christlichen Milizen an. An der Südgrenze bildete eine Gruppe von griechisch-orthodoxen Soldaten eine eigene Einheit unter Oberst Saad Haddad. Sie sollte später mit den Israeli zusammenarbeiten.

Die Phalangisten versuchten, die Lager der Palästinenser zu erobern und zu zerstören, die in dem von ihnen beherrschten Teil östlich und nördlich der Stadt Beirut lagen. Diese Lager bildeten feindliche Enklaven, die ihre Verbindungswege nach dem christlichen Hinterlande nördlich von Beirut bedrohten. Doch die Palästinenser und ihre Verbündeten nahmen Rache für solche Angriffe und belagerten isolierte maronitische Ortschaften südlich von Beirut. Der Zerstörung der Lager von Debaye und Quarantaine am 14. und 18. Januar und die teilweise Massakrierung ihrer palästinensischen und anderen Bewohner durch die Phalangisten folgte die Zerstörung des christlichen Fleckens Damour, südlich von Beirut. Drusen und Palästinenser eroberten gemeinsam die Stadt und ermordeten etwa 400 ihrer Bewohner; die anderen flohen. Die Phalangisten nahmen das Lager von Jisr al-Bascha ein (1. Juli) und nach langer Belagerung am 11. August 1976 Tell Zaater. Damit hatten sie die Verbindungswege zwischen Ostbeirut und dem christlichen Hinterland an der Nordküste freigelegt. Doch sie hatten nun auch die Palästinenser gegen sich ins Spiel gebracht. Diese bedrohten die Phalange und ihre Verbündeten.

Die PLO-Leute waren damals ihren christlichen Gegnern in Mannschaften, Ausbildung und Waffen überlegen. Doch Syrien kam den Christen zu Hilfe, als eine Niederlage sich abzuzeichnen begann. Die Syrer entsandten zuerst im Januar 1976 die in Syrien stationierten Einheiten der regulären palästinensischen Armee, PLA genannt. Als diese sich weigerten, ihre Brüder, die palästinensischen Milizen, zu bekämpfen und zu ihnen überliefen, sandte Damaskus die prosyrische Palästinensergruppe Saiqa den Christen zu Hilfe. Doch diese wurde von den Palästinensern zurückgeschlagen, so dass Damaskus schliesslich am 1. Juni 1976 syrische Truppen nach Libanon entsenden musste. In jener Kriegsphase fürchtete Syrien eine libanesische Volksrepublik aus Linkskräften und Palästinensern, etwa unter der Leitung des Drusenchefs, Kamal Jumblat, der die Oberleitung der sogenannten Nationalen Kräfte (linke und muslimische Kräfte, verbündet mit der PLO) inne hatte. Die Syrer argwöhnten, eine solche «Volksbewegung» könnte von sich aus einen Krieg gegen Israel auslösen, ohne sich mit Syrien darüber zu verständigen. Sie würde dann Syrien zwingen, eventuell zur Unzeit in den Krieg einzutreten. Die Gefahr einer völligen Niederlage der Maroniten hätte möglicherweise bereits genügt, um eine israelische Intervention auszulösen, was Syrien ebenfalls unerwünscht gewesen wäre.

Der Einmarsch der Syrer in alle Gebiete Libanons, die nicht von den

Maroniten und ihren Milizen oder von den Israeli und ihren Verbündeten gehalten wurden, konnte im Oktober 1976 legalisiert werden. Die
Arabische Liga erklärte die syrischen Truppen zur Arabischen Befrie-
dungstruppe. Ihre Aufgabe sei es, in Libanon für Ruhe und Ordnung zu
sorgen. Kleine, mehr symbolische Einheiten anderer arabischer Staaten
wie Saudiarabien, Sudan usw. sollten ihnen bei dieser Aufgabe helfen.
Saudiarabien und die Golfstaaten gewährten Syrien auch eine finanzielle
Unterstützung, um die Kosten der Operation tragen zu helfen. Diese
Befriedung führte zu einigen Jahren prekärer Ruhe. Sie wurde jedoch
durch Zwischenfälle unterbrochen, wie durch den ersten israelischen
Angriff auf Libanon vom März 1978 und die syrische Beschiessung der
christlichen Stadtteile von Beirut vom Juli und September 1978. Die
Syrer gerieten mit ihren Schützlingen, den Christenmilizen, in Streit,
weil diese immer enger mit den Israeli zusammenarbeiteten. Sie erhielten
seit 1976 Geld und Waffen aus Israel. Auch hatte sich die gesamte arabische Lage geändert. Syrien fühlte sich gegenüber Israel isoliert, als Sadat
1977 seine Reise nach Jerusalem unternahm und begann, Ägypten auf
den Weg eines Separatfriedens mit Israel zu steuern. Die Israeli unterstützten ihrerseits die Maroniten. Sie trugen so dazu bei, dass diese keinem politischen Kompromiss über die Zukunft Libanons zustimmen
wollten, der für ihre Gegner noch annehmbar gewesen wäre.

Die Phalangisten wurden sogar offensiv. Sie erbauten eine Strasse von
ihrem Kerngebiet aus über die Libanonberge nach Zahlé, auf der östlichen Seite des Gebirges, und entsandten ihre Milizen in die Stadt, um sie
mit ihrem Gebiet zu verbinden. Zahlé ist eine überwiegend griechisch-
katholische Stadt, von der aus man die Bekaa-Ebene beherrschen kann.
Die Syrer schritten nun gegen die Phalange ein, weil sie keine christliche
Miliz in ihrem Rücken in der Bekaa stehen haben wollten. Die Israeli
halfen den Christen, indem ihre Flugzeuge zwei syrische Kampfhelikop-
ter abschossen, woraufhin die Syrer Raketen nach Libanon brachten,
um sich gegen die israelischen Flugzeuge zu verteidigen. Die Israeli
drohten, sie würden diese Raketenstellungen vernichten.

Dies war die Raketenkrise vom April 1981, welche die Amerikaner
nach langen Verhandlungen schlichten konnten. Die Israeli griffen nun
mit besonders heftigen Bombardierungen die Palästinenserlager an,
nachdem Ministerpräsident Begin am 30. Juni die Wahlen gewonnen
hatte. Doch die Amerikaner konnten am 24. Juli 1981 einen Waffenstillstand zwischen den Israeli und den Palästinensern vermitteln. Die Palästinenser hielten sich daran, bis die Israeli ihn im Frühling 1982 unpro-

voziert brachen. Sie begannen im April die Palästinenserlager zu bombardieren. Zu jenem Zeitpunkt war die Invasion Libanons durch die israelische Armee bereits eine beschlossene Sache. (Für die Hintergründe der Invasion siehe das Buch von Zeev Schiff und Ehud Ya'ari: Israels Lebanon War, London 1986.) Den Israeli ging es nicht nur darum, die Macht der Palästinenser in Libanon möglichst weitgehend zu brechen, sie wollten auch dafür sorgen, dass ihr Mann in Libanon, Baschir Gemayel, der damalige Kommandant der christlichen Milizen, der nächste Präsident Libanons werde.

Die israelische Invasion Libanons kostete mindestens 15 000 Menschenleben, die vielleicht 4000 palästinensischen Kämpfer, die dabei auch umkamen, nicht miteingerechnet. Auch nicht die gegen 4000 Opfer der Massaker von Sabra und Schatila, die von Phalange-Milizen unter den Augen und dem Kommando der israelischen Armee durchgeführt wurden. Die meisten der Opfer sind den israelitischen Flächenbombardierungen der Lager, Städte und Ortschaften Südlibanons und der westlichen Teile Beiruts anzulasten. Die Israeli verloren ihrerseits etwa 500 Mann. (Andere Schätzungen der Verluste liegen höher: 18 000 Tote und 30 000 Verwundete, 90 Prozent davon Zivilisten. Nach Regierungsquellen, in «Orient-Le Jour» und «An-Nahar», Beirut, vom 2. Sept. 1982.)

Israel erreichte seine Ziele nur teilweise. Es erzwang den Abzug der ungefähr 15 000 Palästina-Kämpfer und der verbliebenen syrischen Truppen aus Westbeirut (21. August 1982). Total 7000 Palästinenser und Libanesen wurden von den Israeli in einem Lager in Südlibanon gefangengehalten. Das libanesische Parlament wurde gezwungen, Baschir Gemayel zum Präsidenten Libanons zu wählen (23. August), doch der gewählte Präsident wurde Opfer einer Bombe (14. September), bevor er sein Amt antreten konnte. Die Israeli versuchten, einen ihren Interessen günstigen Friedensvertrag auszuhandeln. Sie setzten nach vielen Monaten der Verhandlung, der auch eine amerikanische Delegation beiwohnte, einen Text durch, der ihnen Sicherheitskontrollen innerhalb Libanons garantiert hätte. Doch dieser Text wurde nie angewandt. Die Syrer mobilisierten den ihnen zuneigenden Teil der libanesischen Bevölkerung gegen den «Kapitulationsvertrag», wie sie ihn nannten. Selbstmordkommandos der Khomeiny zuneigenden Schiiten forderten das Leben von 273 amerikanischen und 54 französischen Soldaten der sogenannten internationalen Truppen in Beirut am 23. Oktober 1983 sowie am 4. November von rund 30 israelischen Soldaten und 30 ihrer libanesischen Gefangenen im israelischen Hauptquartier von Tyros.

Nach dem Abzug der Amerikaner eroberten die Drusen und die Schiiten von Amal am 6. Februar 1984 Westbeirut zurück. Die libanesische Armee, neu aufgerüstet von den Amerikanern, spaltete sich zum zweitenmal in proschiitische und prochristliche Einheiten. Die israelische Armee, die sich schrittweise nach Süden zurückzog, kam in immer wachsendem Masse unter Druck eines «nationalen libanesischen Widerstandes», der vor allem von den Schiiten des Südens getragen wurde. Sie zog es schliesslich vor, das Land bis auf eine enge, sogenannte Sicherheitszone der Grenze entlang wieder zu räumen. Diese Zone hielten die Israeli mit Hilfe ihrer Söldner, der Miliz des Obersten Haddad, die nach dessen Tod von General Antoine Lahad kommandiert wurde. Von dieser Sicherheitszone aus trugen die Israeli beständige Angriffe weiter nach Norden vor, als Gegenschlag für die Angriffe auf die Sicherheitszone und auf israelisches Gebiet.

In Westbeirut begannen die verschiedenen Milizen gegeneinander zu kämpfen. Amal belagerte die Palästinenserlager südlich von Beirut, die Drusen und die Sunniten von Sidon vertrieben die verbleibenden Christen aus dem Chouf und aus dem Süden, nachdem diese sie provoziert hatten. Drusen kämpften gegen Amal und beide zusammen gegen die «Mourabitoun», die sunnitische Miliz von Beirut. Die Partei Khomeinys entwickelte sich rasch unter den libanesischen Schiiten dank des iranischen Vorbildes, iranischer Gelder und dem Einfluss proiranischer schiitischer Gelehrter wie des Scheichs Muhammed Hussein Fadlallah. Auch die nördliche Stadt Tripolis wurde Schauplatz von Kämpfen: Sie stand eine Zeitlang unter der Herrschaft sunnitischer Fundamentalisten, bis die Syrer deren Macht im Oktober 1985 brachen.

Auf der christlichen Seite, in Ostbeirut, entstand ein Ringen um die Führung der Phalange-Milizen, welche die Enklave der Maroniten, nördlich von Beirut, beherrschten. Der Milizchef, Elias Hobeika, suchte mit syrischer Hilfe zu einem Ausgleich mit den anderen Milizen der Amal und der Drusen zu gelangen. Doch als dieser «Vertrag der drei Milizen» nach langem Seilziehen im Dezember 1985 endlich ausgehandelt und unterschrieben war, setzte Stabschef Samir Geagea seinen Kommandanten Elias Hobeika am 15. Januar durch einen blutigen Handstreich ab. Er fand, die Syrer hätten sich durch den Vertrag eine allzugrosse Rolle in Libanon sichern wollen. Seither hat sich Hobeika mit seinen überlebenden Anhängern auf die syrische Seite geschlagen, und Geagea beherrscht die christlichen Milizen und über sie die Enklave der Maroniten nördlich von Beirut.

Damaskus sah sich am 22. Februar 1987 erneut veranlasst, syrische Truppen nach Westbeirut zu entsenden, um die blutigen Kämpfe unter den dortigen Milizen zu beenden. Die Drusen, die Sunniten und die Palästinenser hatten sich gemeinsam gegen die Schiiten von Amal gewendet und drohten diese Miliz, die mit Syrien zusammenarbeitete, zu zerschlagen. Die syrischen Truppen, die Kontrollsperren errichteten, machten die Strassen von Westbeirut etwas sicherer. Doch sie vermieden es, in die südlichen Vorstädte einzudringen, wo die rivalisierenden Schiitenmilizen von Amal und Hizbollah die Kontrolle ausübten und im Interesse Irans europäische und amerikanische Geiseln festhielten. Damaskus verzichtete darauf, dort seine Herrschaft durchzusetzen, vielleicht um allzugrosse Verluste für seine Armee zu vermeiden, gewiss auch, um die Iraner nicht vor den Kopf zu stossen, deren Verbündete die Syrer waren. Für die Iraner waren die Kämpfer der Partei Gottes und der von Amal abgesplitterten Miliz «Amal Islami» Verbündete und Vorhut einer Revolution mit dem Ziel Jerusalem.

Die heutigen Probleme Libanons

Die alte Grundeinteilung Libanons in prowestliche Maroniten und proarabische Muslime hat die Wirrnisse all dieser Kämpfe und Spaltungen überdauert. Sie schloss allerdings nicht aus, dass es gelegentlich zu Kämpfen unter den Christen und noch mehr unter den Muslimen kam. Solche «sekundäre» Kriege drehten sich meist um die Macht in den verschiedenen Herrschaftsbereichen oder um deren Abgrenzung. Im Krieg «der Lager» zwischen Amal und den Palästinensern geht es darum, ob die Palästinenser bewaffnet bleiben oder ihre Waffen abliefern müssen. Waffen sind für die Palästinenser eine letzte Garantie ihrer persönlichen Sicherheit wie auch der Möglichkeit, ihre eigentlichen Ziele im Kampf gegen Israel verfolgen zu können. Sie wollen diese um keinen Preis aus der Hand geben. Amal hingegen will die schiitischen Gebiete Südlibanons kontrollieren und eine Rückkehr zur früheren Lage, als noch die Palästinenser ihre Gebiete beherrschten, unter allen Umständen vermeiden.

Zu den Widersprüchen gehört auch die bittere Feindschaft zwischen Präsident Asad und dem PLO-Chef Yasir Arafat. Sie dürfte auf ähnlichen Gründen beruhen. Asad will nur «zahme» Palästinenser dulden, die sich syrischer Kontrolle unterwerfen, keine «autonomen», die Syrien jederzeit in einen Krieg mit Israel verwickeln könnten. Er unterstützt deshalb die Feinde und Rivalen Arafats innerhalb der Palästinensergruppen, die sogenannte «Rettungsfront», deren Anführer Arafat absetzen möchten.

Die rationale Lösung für Libanon wäre heute eine «Kantonalisierung», weil die Wohngebiete der vielen Gemeinschaften durch den Bürgerkrieg weitgehend entflochten worden sind. Die Christen wohnen auf der einen, die Muslime auf der anderen Seite der Hauptkampfesfront und Trennungslinie, die Beirut in der Mitte durchschneidet. Alle Gruppen haben klargemacht, dass sie als Gemeinschaften zusammenleben möchten. Sogar jene Individualisten, die sich dieser Entwicklung nicht fügen wollten, sahen sich am Ende fast alle gezwungen, ihr nachzugeben, weil ihre persönliche Sicherheit und die ihrer Familien auf dem Spiel stand. Die Gemeinschaften wollen mindestens sich selbst regieren, wenn schon keine von ihnen eine Hegemonie über ganz Libanon erlangen kann.

Doch ein solcher kantonaler Lösungsansatz scheitert an den syrischen Interessen. Die Syrer haben die Erfahrung einer Allianz der Maroniten mit den Israeli gemacht. Dieses heimliche Bündnis war zustande gekommen, kurz nachdem die syrische Armee unter eigenen Opfern die Maroniten Libanons vor einer Niederlage durch die vereinigten Palästinenser, Drusen, Sunniten und Linkskräfte gerettet hatte. Dies musste den Syrern als Hinweis auf die verräterische Mentalität der Maroniten erscheinen.

Die Maroniten freilich sahen die Sache umgekehrt. Sie mussten sich auf die Israeli abstützen, argumentierten sie, weil sie auf Dauer für ihr Überleben nicht von ihrem «natürlichen Feind», Damaskus, abhängig bleiben konnten. Sie führten die schwere Beschiessung ihrer Wohnquartiere in Ostbeirut durch die syrische Artillerie im Verlaufe des Jahres 1978 als Beweis an. Was freilich die Frage offenlässt, inwieweit die damals offen ausgebrochene Feindschaft nicht auch schon als eine Folge der längst bestehenden Zusammenarbeit der Maroniten mit den Israeli zu erklären wäre. Die Syrer nahmen nicht ohne Grund an, dass die Maroniten bei eingeräumtem Selbstbestimmungsrecht in ihrem Kanton stets potentielle oder tatsächliche Verbündete der Israeli sein würden. Der israelische Einfluss, auch militärisch, würde dann weit nach Norden vorgeschoben, über Beirut hinaus der Mittelmeerküste nach bis Batroun hinauf reichen. Ein «zweites Israel» im Norden der Mittelmeerküste würde entstehen, wie die syrische Formel vereinfachend lautet, und die strategische Lage Syriens wäre damit gefährdet.

Aus diesem Hauptgrund hält Damaskus eisern an einem Einheitsstaat Libanon (das heisst keine Föderation aus Kantonen) fest. Die libanesischen Bürgerkriegsgegner müssen sich auf einen Staat Libanon mit einem Präsidenten und mit einer Regierung einigen. Solange dies nicht geschieht, wird die Krise andauern. De facto besteht heute allerdings eine Teilung des Landes in maronitische, drusische, schiitische Herrschaftsgebiete. Dabei ist jenes der Maroniten in zwei Hälften aufgeteilt, jene nördlich von Beirut mit der «Hauptstadt» Jounié, welche die Phalangemilizen (Forces Libanaises, FL) beherrschen, und jene weiter nördlich, die unter dem Einfluss der mit den Phalangisten bitter verfeindeten Frangié-Familie steht. Gerade weil das Land so in verschiedene Machtbereiche aufgeteilt ist, sehen die Syrer sich gezwungen, es militärisch besetzt zu halten. Sie stehen in der Bekaa-Ebene, um einen Durchmarsch der Israeli durch jenen Korridor Richtung Zentralsyrien zu verhindern. Sie stehen in Tripolis, um dort einer Machtergreifung der Fundamentalisten zuvorzukommen, welche die Stadt von 1984 bis März 1985 regierten. Sie stehen seit 1987 wieder in Westbeirut, um ein Abgleiten jener Stadtteile in völliges Chaos zu verhindern. Doch sie vermeiden es, ihre Truppen so weit nach dem Süden vorzuschieben, dass sie in Tuchfühlung mit den dort operierenden Israeli und ihren Hilfsvölkern von der südlibanesischen Armee gelangen könnten. So gibt es eine Art von Niemandsland in Libanon, das mit den südlichen Vorstädten von Beirut beginnt und erst an der israelischen Sicherheitszone, rund 20 km nördlich der libanesischen Grenze, endet.

Man könnte es auch als den Machtbereich von vielerlei Kräften beschreiben, denn die Zurückhaltung der beiden Vormächte Syrien und Israel erlaubt es den kleineren Milizeinheiten, den Leerraum zu füllen. Die folgenden Kräfte sind präsent und überschneiden und bekämpfen sich dort mehr oder minder blutig: Amal, Hizbollah und Palästinenser in den südlichen Vorstädten Beiruts, Drusen in Khaldé; Amal, Nasseristen von Sidon («Nasseristische Volkskräfte») unter der Führung der Saad-Familie; weiter südlich, der Küste entlang, wieder Amal und Hizbollah. Östlich von Sidon, bei Kfar Falous, verläuft eine Front, an der die südlibanesische Armee steht, die von Israel bezahlt, ausgerüstet und eingesetzt ist. Sie hält den Flecken Jezzine, weit nördlich von der israelischen «Sicherheitszone». Südlich von Jezzine liegt wiederum schiitisches Gebiet mit dem Hauptflecken der Schiiten, Nabatiya, und ist somit ein Herrschaftsbereich der Amal und Hizbollah-Milizen.

Im Süden stehen auch Uno-Truppen. Sie wurden 1978 nach Libanon

gesandt, nachdem die Israeli ihre erste Invasion bis zum Litani vorge-
stossen hatten. Sie sind seither im Land geblieben, obgleich die Israeli es
nie zugelassen haben, dass sie ihr Mandat erfüllten. Dieses lautet noch
heute, sie sollten den Grenzraum zwischen Israel und Libanon besetzen
und gegen Infiltratoren absichern. Israel liess dies nie zu, weil es den
Grenzraum auf der libanesischen Seite der Grenze mit Hilfe der südlibanesischen Armee (SLA) selbst kontrollieren will. Die SLA schiesst auf
die Uno-Truppen, wenn diese sich in den von ihr gehaltenen Bereich an
der Grenze vorwagen sollten. Hinter der SLA stehen die Israeli, politisch, finanziell, waffenmässig und militärisch. Der israelische Geheimdienst operiert in dem von der SLA gehaltenen Raum. Die Bevölkerung
kann ohne irgendwelche Behinderung durch rechtliche Rücksichten, je
nach Gutdünken der Besetzungsmacht und ihrer Söldner, vertrieben,
eingekerkert, gefoltert oder auch massakriert werden. Um den Raum
zwischen ihrer «Sicherheitszone» und Jezzine zu kontrollieren, halten die
Israeli und ihre Hilfsarmee Strassen nach Norden hin offen. Der sogenannte «Nationale Libanesische Widerstand», dem wohl in erster Linie
Schiiten angehören, versucht Handstreiche gegen die Israeli und die
SLA durchzuführen. Wenn sie erfolgreich verlaufen, pflegen sich die
Israeli durch Beschiessung der umliegenden Dörfer zu rächen. Sie unternehmen auch Raids in diese Dörfer, manchmal mit Panzern und Helikoptern, zerstören Häuser und nehmen Menschen gefangen. Dieser Kleinkrieg wird wenig beachtet. Der Zugang in die Kampfgebiete ist von
Beirut aus lebensgefährlich, von Israel aus ist er leichter. Doch die Israeli
haben kein Interesse daran, dass zuviel über den blutigen Schlachthof
bekannt wird, den sie jenseits ihrer Grenze in Südlibanon eingerichtet
haben.

In Sidon herrscht eine besondere Lage. Die dortigen «nasseristischen»
Milizen (Sunniten) sind mit den Palästinensern der beiden Lager vor der
Stadt, Ain Helwe und Miye Miye, verbündet. Deshalb wurden diese
Lager nicht wie jene vor Beirut und vor Tyros von Amal umzingelt und
belagert. Doch im November 1986 griffen die Palästinenser von Sidon
Dörfer in Höhenlagen über ihren eigenen Hüttensiedlungen an und
eroberten sie. Amal hatte dort Posten eingerichtet. Die wichtigste Position war jene von Maghdousche. Dies verschärfte die Kämpfe zwischen
Amal und den Palästinensern nicht nur lokal, sondern auch in Südbeirut
und vor Tyros. Da sie die Palästinenserlager nicht zu stürmen vermochten, schlossen die Amal-Kämpfer sie ein, beschossen sie und versuchten
ihre Insassen auszuhungern. Die Palästinenser hielten jedoch den An-

griffen stand. Gegenwärtig sind die Belagerungsringe um die Lager vor Beirut und vor Tyros wieder soweit geöffnet, dass palästinensische Frauen und Kinder sie verlassen können, um einzukaufen. Die Männer jedoch müssen im Lager bleiben, wenn sie nicht erschossen werden wollen.

Neben den Kämpfen gibt es beständig Verhandlungen zwischen den Milizen, den Palästinensern, den Syrern und den libanesischen Behörden. Die Palästinenser selbst sind in zwei Lager gespalten, jene, die zu Arafat halten, und die sogenannte Rettungsfront, die von den Syrern gegen Arafat unterstützt wird. In den umstellten Lagern jedoch kämpfen beide, sonst bitter verfeindet, gemeinsam gegen die Amal-Milizen. Hizbollah, die «Partei Gottes», die wichtigste proiranische Gruppierung unter den Schiiten, existiert in allen schiitischen Landesteilen neben Amal und steht in einem Rivalitätsverhältnis zu ihr. Dennoch kam es erst im Frühling 1988 zu grösseren Kämpfen zwischen den beiden Schiitenorganisationen. In der libanesischen Politik tritt Amal für einen «demokratischen Libanon» ein, in dem die Schiiten ein ihnen gebührendes Mitspracherecht erhalten sollen. Hizbollah und die ebenfalls proiranische Abspaltung von Amal, die sich «Islamische Amal» nennt, fordern eine Islamische Republik Libanon entsprechend der Islamischen Republik Iran. Da Syrien mit Iran zusammenarbeitet und Amal von Damaskus unterstützt und teilweise gesteuert wird, ist es geraume Zeit bei der Koexistenz der beiden Rivalen geblieben. Sollte Syrien sich je von Iran lossagen, wäre mit verschärften Feindseligkeiten zwischen den beiden schiitischen Milizen in Libanon zu rechnen.

Die Drusen leben im benachbarten Chouf, einer Berglandschaft über der Küstenebene, doch sie besitzen ihren eigenen Hafen in Khaldé. Sie leben so in einem eigenen, in sich geschlossenen Gebiet, seitdem sie im September 1983 die Maroniten aus den Dörfern des Choufs vertrieben haben. Zur Zeit der israelischen Besetzung und in den ersten Wochen danach hatten die Phalange-Milizen von den maronitischen Dörfern aus einen Kleinkrieg gegen die Drusen geführt. Die Israeli hatten sie in den Chouf eingelassen.

Heute sind die Probleme der Drusen weitgehend wirtschaftlicher Art. Ihre Bergtäler sind recht arm. Ihr heutiger Führer, Walid Jumblat, hat – wahrscheinlich aus wirtschaftlichen Gründen – im September 1987 eine Rekrutierung von 1050 Drusenkämpfern durch Ghaddafi erlaubt. Sie erhalten einen für libanesische Verhältnisse recht hohen Sold, 600 Dollar im Monat; Offiziere und Fachleute das Doppelte. Jumblat selbst erhält ebenfalls Geld aus Libyen. Seine Drusen sollen in Ghaddafis Krieg in Tschad eingesetzt werden, «in der zweiten Linie hinter den Libyern», versprachen die Libyer, wohl nicht sehr glaubwürdig. Die drusische Miliz verfügt über eine direkte Verbindung nach Moskau, ohne über Damaskus gehen zu müssen. Die Drusenkämpfer wurden zum grösseren Teil in der Sowjetunion ausgebildet.

Heute sind es die entgegengesetzten syrischen und israelischen Interessen, die Libanon wie in einen Schraubstock eingespannt halten. Die Libanesen haben die Fähigkeit, ihr eigenes Geschick selbst zu bestimmen, weitgehend verloren. Die Milizkommandanten entscheiden für sie; dabei müssen sie in ihren Entschlüssen die Wünsche ihrer politischen Patrone und Geldgeber berücksichtigen, die sich in Syrien, in Israel, in Iran, in Libyen, im Irak und in den Vereinigten Staaten befinden. Die auf dem Papier noch immer fortbestehenden legalen Behörden, Präsident, Parlament, Regierung, Bürokratie sind machtlos. Die libanesische Armee ist gespalten, zählt daher nur als eine Art Hilfskraft der verschiedenen Milizen. Bei den Maroniten stehen die maronitischen, bei den Schiiten die schiitischen Truppenteile, bei den Drusen die Drusensoldaten.

Bei all diesem Chaos gibt es aber auch heute noch die alte, entscheidende Trennungslinie zwischen Muslimen und Christen, die dadurch zustande kommt, dass die Christen im Grunde für ihr Land eine «europäische» oder auch «europäisch-mediterrane» Zukunft anstreben, die Muslime jedoch eine «arabische», so verschieden auch die «arabischen» Ziele aussehen mögen. Die Christen bejahen grundsätzlich jeden Schritt der «Verwestlichung» ihres Landes. Die Muslime jedoch wollen das Geschick ihrer Brüder im Osten teilen, wie immer es sich in der Zukunft gestalten wird.

Alle Ausrichtungen und Meinungsströmungen, die gegeneinander im arabischen Raum ringen, finden im Mikrokosmos des muslimischen Libanons ihren Widerhall. Doch ihr Unglück ist, dass sie in allem von aussen abhängig sind. Alle haben ihr «Bündnis mit dem Teufel» geschlossen, um ihrem vermeintlichen inneren Feind zu entkommen. Als sie einsahen, dass ihr angeblicher Feind und Rivale im Innern des Landes eigentlich weniger schlimm sei als der «Teufel» (falls sie es überhaupt je realisierten), war es zu spät. Sie konnten den Weg zurück nicht mehr finden. Heute ist zu befürchten, dass Libanon kaum noch befriedet werden kann, solange die syrisch-israelischen Gegensätze fortbestehen. Eine Lösung jener Gegensätze scheint in weiter Ferne zu liegen.

Die Libanesen sind heute die Ersten, die einräumen, dass man im früheren Libanon bei all seinen Schönheitsfehlern viel besser gelebt hat. Sie trauern einstimmig der guten, alten Zeit nach, als man drei libanesische Pfund für einen Dollar bezahlen musste; heute ist der Dollar gegen 370 Pfund wert. Die Dinge haben sich für alle Beteiligten in fataler Art und Weise entwickelt. Auch die Libanesen sind mit dem Grundproblem aller Muslime und aller Araber nicht wirklich fertig geworden, nämlich, wie ihre Gesellschaft die Herausforderung bewältigen sollte, die ihr durch die «Verwestlichung» der letzten Jahrzehnte gestellt wurde. Gewiss, der einen Hälfte der Libanesen, der christlichen, bereitete es wenig Schwierigkeiten, sich zu verwestlichen. Die christlichen Libanesen kamen sich auch ausserordentlich «verwestlicht» vor. Bei der anderen Hälfte der Bevölkerung jedoch gab es die in der ganzen muslimischen Welt vorhandenen Vorbehalte und Bedenken gegenüber dem Westen, seinen Methoden, seinen Idealen und Lebensformen. Die Formel dieser Bedenken hiess: Man wolle die eigene «Authentizität», die «Asala», bewahren. Doch sogar die «Verwestlichung» jener libanesischen Gemeinschaften, die dem Westen und seiner Lebensart ohne Einschränkungen zugetan waren und nach Paris hin blickten, zeigt sich bei näherem Zusehen als problematisch. Die Moden wurden am leichtesten übernommen. Man vermochte auch im Geschäftsleben seinen Mann zu stellen und sich erfolgreich gegen alle östliche und westliche Konkurrenz durchzusetzen. Doch bestimmte, tiefer liegende Aspekte der westlichen Lebensformen vermochten sich in dem Land, das man einst gerne als die Schweiz des Mittleren Ostens bezeichnete, doch nicht voll durchzusetzen. Der libanesische Staat, «la patrie libanaise», erwies sich als eine Fiktion, sobald er Erschütterungen ausgesetzt war. Im Augenblick der Gefahr reagierte jede Gemeinschaft als geschlossene Gruppe, die der Ansicht war, sie müsse sich gegen die anderen Gemeinschaften zur Wehr setzen, um von ihnen nicht übermannt zu werden.

Der Gemeinschaft der Maroniten, die das Staatswesen während der dreissig Jahre seit der Unabhängigkeit angeführt hatte, war es nicht gelungen, ein echtes Zusammengehörigkeitsgefühl der Libanesen zu schaffen. Hatten sie es überhaupt versucht? Oder hatten sie sich damit begnügt, darauf zu pochen, dass sie, die Maroniten, als die führende Kraft in Libanon anzusehen seien? Einzig General Chéhab kann man das Zeugnis ausstellen, tatsächlich versucht zu haben, über die engen Grenzen der maronitischen Gemeinschaft hinaus zu wirken. Doch seine Bemühungen um einen Staat aller Libanesen blieben ohne Erfolg. Auch die soziale Verantwortung der Reichen und «ihres» Staates wurde nicht wahrgenommen. Die Maroniten sahen dem beständigen Anwachsen des Elendsgürtels rund um Beirut passiv zu. Im Grunde wohl weitgehend, weil das Gefühl vorherrschte, das Elend der anderen, der Schiiten, der Palästinenser, sogar der Armenier, gehe sie als Maroniten nichts an. Als sich dann nach Jahrzehnten der Passivität die Bewohner des Elendsgürtels mit Hilfe der Palästinenser zu bewaffnen begannen, begnügten die Reichen sich damit, in ihren Villen Waffenlager und Schiessstände anzulegen. Das Bündnis der Maroniten mit Israel stellte den Höhepunkt ihres unsolidarischen Verhaltens dar. Gewiss gingen sie es erst unter der Bedrohung des Bürgerkrieges ein. Doch sogar in einer solchen Lage hätten sie sich fragen müssen, welche Folgen ein derartiges Bündnis «mit dem Feinde aller Araber» für das ganze Land und besonders für sein künftiges Verhältnis zu dem grossen Nachbarn Syrien haben werde. Statt solche Fragen auch nur zu stellen, meinten sie, dass die Zusammenarbeit mit Israel im geheimen geschehe und im Notfall immer abgestritten werden könne. Doch die Israeli kümmerten sich nicht um die «Heimlichkeit» der Zusammenarbeit. Ihre Armee drang bis Beirut vor und tat sich offen mit den Maronitenmilizen von Ostbeirut zusammen. Dann verliessen die Israeli das Land wieder und liessen eine böse Erbschaft bitteren Misstrauens zurück.

Die Libanesen der guten, alten Zeit sprachen gerne von ihrem Land als einem «Garten des Friedens», in dem die Religionen nebeneinander lebten und sogar «Dialoge» miteinander führten. Doch der westliche Toleranzbegriff war im besten Falle sehr unvollkommen übernommen worden. Das Land hatte sich nie wirklich von dem muslimischen Schema der blossen Duldung getrennt, nach welchem eine Religion die herrschende Staatsreligion darstellt, die anderen bloss toleriert werden. Die Maroniten haben sich diese im Grunde islamische Ordnung zu ihren Gunsten angeeignet. Die «tolerierten Minderheiten» wurden so nie den heimlichen Groll los, dass sie nur als Bürger zweiter oder dritter Klasse leben sollten.

Die Gefahren im arabischen Osten

Der irakisch-iranische Krieg ist heute, nachdem er schon sieben Jahre andauert, zum gefährlicheren Krisenherd geworden als der alte Kampfplatz der Levante, trotz der Einbeziehung des Libanonkonfliktes in die Levante-Auseinandersetzung zwischen Arabern und Israeli. Der israelisch-arabische Konfliktherd besteht seit 70 Jahren, wenn man ihn von der Balfour-Erklärung an rechnet. Er geht jedenfalls weit vor die Gründung des Staates Israel zurück. Bis heute hat er zu zahlreichen Kriegen geführt. Ein Frieden ist noch nicht in Aussicht, obgleich die Ägypter einen Separatfrieden geschlossen haben. Dieser Separatfrieden droht sogar den Konflikt zu verschärfen, weil er die Israeli zur Hoffnung verführt, sie könnten die von ihnen 1967 besetzten Gebiete «auf immer» behalten. In der Tat wird die arabische Seite ohne Ägypten auf lange Jahre hinaus kaum in der Lage sein, diese Gebiete den Israeli mit Gewalt zu entreissen, besonders nicht angesichts der engen politischen, finanziellen und militärischen Zusammenarbeit, die zwischen Israel und den Vereinigten Staaten besteht. Doch die fortdauernde Besetzung der arabischen Gebiete und die in ihrem Zeichen fortdauernde Notwendigkeit, die Bewohner mit Gewalt niederzuhalten, werden sich auf die Natur der israelischen Gesellschaft auswirken, und die israelische Blutarbeit wird wahrscheinlich immer mehr Brutalität und Grausamkeit fordern, je stärker die Zahl der von Israel niedergehaltenen Araber wächst und je geringer ihre Hoffnungen darauf werden, dass doch noch eine friedliche Lösung erreicht werden könnte. Das Verhalten der Araber aber wird durch die Repressionsmassnahmen ihrer Feinde und Besetzer schwerlich gemildert werden. Vielmehr steht zu erwarten, dass über die kommenden Jahre und Jahrzehnte hinaus der Zirkel von Repression und Aufstandsversuchen immer andauern und sich verschärfen wird. Man kann den Beginn dieses Prozesses schon heute erkennen.

Die Aufstände im Gazastreifen und in der Westbank vom Dezember 1987 und dem folgenden Januar, welche die Israeli geraume Zeit vergeblich niederzuhalten suchten (es gab fast jeden Tag Tote und Hunderte von Verletzten), haben den Prozess von Repression, Verzweiflungsaufstand und sich steigernder Repression für alle Welt sichtbar gemacht, der sich zu wiederholen droht, wenn keine politische Lösung für die Probleme der besetzten Gebiete gefunden wird.

Doch diese düsteren Zukunftsperspektiven können vielleicht heute noch durch eine weitblickende und grosszügige Politik abgewendet werden. Die Gefahren von seiten des irakisch-iranischen Krieges sind viel unmittelbarer und grösser. Die beiden Nachbarstaaten haben einander, nach einem Ringen von sieben Jahren, gewaltig geschwächt. Iran hat die grössere Zahl von Menschenleben verloren und sieht sich der Gefahr ausgesetzt, in den kommenden Jahren immer weniger Erdöl zur See exportieren zu können, falls der Irak seine Beschiessung der iranischen

Tanker mit Exocet-Raketen weiter fortsetzen kann. Der Irak scheint jedoch eher mehr gefährdet. Er besitzt nur ein Drittel der Einwohner Irans; seine Bürger sind des Krieges mehr müde als die Iraner, die von einer religiös gestützten Martyriumsbereitschaft getragen werden. Während der vergangenen Jahre ist es dem Irak gelungen, die grossen iranischen Offensiven zurückzuschlagen, zum grossen Teil dank überlegener Waffen. Die Iraker besitzen die Luftherrschaft über den Schlachtfeldern, weil ihre Luftwaffe der iranischen heute mindestens zehnfach überlegen sein dürfte. Sie besitzen auch mehr Panzer und mehr Artillerie als die Iraner. Sie verteidigen sich in vorbereiteten und befestigten Stellungen. Irakische Versuche, über die Grenzen nach Iran vorzustossen, wie dies in den ersten zwei Kriegsjahren unternommen worden war und im Frühjahr 1982 zu einer klaren irakischen Niederlage geführt hatte, wurden seither aufgegeben.

Doch die Iraker haben Schulden. Der Staat hat seine Devisenreserven aufgebraucht und muss sich seit Jahren von den arabischen Erdölstaaten am Golf unterstützen lassen. Auch verschuldet sich der Irak bei der Sowjetunion, bei Frankreich und bei allen anderen Industriestaaten, die ihm auf Kredit Waffen verkaufen, immer höher.

Die Iraner leben ihrerseits «von der Hand in den Mund». Sie kaufen so viele schwere Waffen, wie sie mit ihren einlaufenden Erdölgeldern (von denen ein Teil auch für die Ernährung des Landes ausgegeben werden muss) einkaufen können. Sie setzen erst dann zu einer neuen Grossoffensive an, wenn sie genügend Waffen und ausgebildete Soldaten bereitgestellt haben. Die Häufigkeit ihrer Offensiven hat mit den Jahren auch deutlich abgenommen. Im zweiten Halbjahr von 1982 waren es drei Offensiven, 1983 vier und ein Ablenkungsangriff, 1984 zwei kleinere Ablenkungsoffensiven im Norden im Februar und anschliessend eine Grossoffensive Richtung Amara vom 22. Februar bis zum 30. März. Im Verlauf dieser Angriffe wurden die sogenannten Majnun-Inseln besetzt. Dies sind teilweise künstliche Inseln in den Sümpfen des Grenzgebietes auf der Höhe von Qurna. Diese Inseln sind von grosser Bedeutung, weil unter ihnen reiche Ölvorkommen vermutet werden. Bagdad vermochte sie trotz zahlreicher Gegenangriffe und späterer Offensivversuche nie mehr vollständig zurückzuerobern.

Im Jahr 1985 gab es drei sogenannte «Faustschläge» im Juni und dann noch einmal vier kleinere Offensiven, die jeweils nur einen oder zwei Tage dauerten. 1986 begann mit einer grossen und erfolgreichen Überraschungsoffensive, die es den Iranern erlaubte, über das Schatt al-Arab hinweg vorzudringen und den verlassenen irakischen Hafen von Fao, an der Spitze der Halbinsel mit dem gleichen Namen, zu besetzen. Die irakischen Gegenangriffe schlugen fehl und wurden eingestellt. Doch im April 1988 gelang es den Irakern, durch einen wohlvorbereiteten Überraschungsschlag die Fao-Halbinsel zurückzuerobern.

Seit Februar 1986 gab es wenig Bewegung mit Ausnahme kleinerer Aktionen in Kurdistan, bis zum Dezember 1986, als die Iraner zu einem Grossangriff auf Basra ansetzten. Sie konnten die irakische Grenze überqueren und die Grenzbefestigungen stürmen, welche die Iraker errichtet hatten. Doch erreichten sie Basra nicht. Das ganze Jahr 1987 hindurch geschah an den Fronten nichts von Bedeutung. Gegen Ende des Jahres fanden grosse Truppenkonzentrationen im südlichen Frontteil statt. Bagdad erwartete einen neuen Angriff. Doch trat in wachsendem Masse der Kleinkrieg an die Stelle der Grossoffensiven. Auch er kann dazu dienen, den Feind zu zermürben. Die irakischen Kurden stehen den Iranern dabei als Guerilla zur Verfügung. Sie lassen sich von Iran bewaffnen und kämpfen unter ihren Führern Masud Barzani und Jalal Talabani um so verzweifelter gegen die Iraker, je brutaler, sogar mit Giftgas, diese gegen die kurdische Zivilbevölkerung vorgehen.

Eingegliederte Minoritäten

Die irakischen Schiiten liessen sich zur Überraschung vieler Beobachter loyal in die irakische Armee eingliedern und kämpfen gegen ihre iranischen Glaubensbrüder. Manche Beobachter schlossen daraus, dass die Loyalität gegenüber dem Staat doch stärker zu sein scheint als die gegenüber der religiösen Zugehörigkeit im Falle der irakischen Schiiten und auch stärker als die ethnische im Fall der iranischen Araber Khusistans, die ihrerseits als loyale Perser auf seiten Irans kämpfen. Wahrscheinlich ist dies jedoch eine allzu einfache Erklärung. Beide Minoritäten haben noch vor Beginn des Krieges ihre eigenen Ober- und Führungsschichten weitgehend verloren. Die irakischen Schiiten durch Hinrichtung ihrer einflussreichsten und aktivsten Geistlichen und durch die Ausweisungen von mindestens 40 000 als proiranisch geltenden Irakern nach Iran kurz vor dem Ausbruch des Krieges. Die arabischen Bewohner Khusistans wurden zur Zeit des langsam vorstossenden irakischen Vormarsches in ihre Provinz evakuiert und mit Hunderttausenden von anderen Bewohnern der Erdölprovinz in Lager verbracht. Dort empfahl es sich für sie nicht, ihre arabische Abstammung zu unterstreichen oder etwa arabisch statt persisch reden zu wollen! Eine scharfe Repression der Araber Khusistans hatte bereits vor dem Krieg begonnen, nachdem die arabischen Bevölkerungsteile zu Beginn des Khomeiny-Regimes Autonomie gefordert hatten und ihre Bewegung von Admiral Madani, dem damaligen Provinzgouverneur Khomeinys, blutig zerschlagen worden war (Frühling 1979).

Berichte über irakische Deserteure

Heute jedoch scheint mit der um sich greifenden Kriegsmüdigkeit die Zahl der schiitischen Deserteure, welche die irakische Armee verlassen und mit ihren Gewehren in den Schilfwäldern der südlichen Sümpfe Zuflucht suchen, rasch zuzunehmen. Man weiss nicht sehr viel über sie, weil die streng gesteuerte Berichterstattung von Bagdad sich darüber ausschweigt. Doch ist bekannt, dass der Verkehr auf der grossen Überlandstrasse von Bagdad über Nasira nach Süden im Sommer 1987 in Konvois geführt wurde, weil «bewaffnete Räuber» in den Sümpfen steckten und Einzelfahrzeuge überfielen. Auch gab es Berichte, nach denen die Polizei in eine der grossen Vorstädte Bagdads, die nordwestlich in Richtung Kazimain liegt, nicht mehr eindringen könne, weil auch dort bewaffnete Deserteure Unterschlupf gefunden hätten. Es soll sich meist um Kurden oder um Schiiten handeln.

Auch in Iran gibt es heute bewaffnete Regimegegner. Die linksmuslimische Gruppe der Mujahedin-e-Khalq, die ihr Hauptquartier in Irak hat, versucht ihre «Befreiungsarmee» über die Grenze zu schicken und dort die Revolutionswächter zu bekämpfen. Doch ist das wahre Ausmass ihrer angeblichen Taten nicht überprüfbar. Die iranischen Kurden unter Abdurrahman Qassemlu, die in den ersten Jahren der Revolution den Revolutionswächtern scharfe Kämpfe lieferten, scheinen sich heute eher zurückzuhalten. Wahrscheinlich wollen sie die kurdische Zivilbevölkerung nicht der Rache der Revolutionswächter aussetzen, solange sie nicht in der Lage sind, die kurdischen Ortschaften an den Strassen und in den Ebenen gegen die überlegenen militärischen Mittel der Revolutionswächter zu halten. Vielleicht warten sie auf für sie günstigere Zeiten.

Auf beiden Seiten, im Irak und in Iran, ist öffentliche Kritik an der politischen Führung unmöglich. Die Iraner dulden vereinzelte kritische Stimmen nur, um die Stimmung in der Bevölkerung zu kennen. Die Geistlichen pflegen ihre Untergebenen in drei Gruppen einzuteilen, in die gläubigen und begeisterten Mitläufer und Anhänger, in die Skeptiker und Unzufriedenen, die jedoch für die Sache der islamischen Revolution gewonnen werden können, und in die absoluten Gegner, die vom «grossen Teufel Amerika» korrumpiert sind. Wie gross diese Gruppierungen sind, weiss niemand mit Sicherheit zu sagen, auch die herrschenden Geistlichen nicht. Wahrscheinlich ist die schwankende und unentschiedene Mittelgruppe die weitaus grösste. Um die Lage im Innern abschätzen zu können, müssen die Geistlichen ein Minimum an Diskussion zulassen. So konnte der erste Ministerpräsident Khomeinys, Mehdi Bazargan, der im November 1979 aus Protest gegen die Geiselnahme in der amerikanischen Botschaft zurückgetreten war, 1985 ein kritisches Buch veröffentlichen, das sofort ein Bestseller wurde. Er legte darin seine Ansicht dar, nach welcher der Krieg gegen den Irak vom Augenblick an, in dem die Iraker Iran nicht mehr angriffen und sich zum Frieden bereit erklärten, also ab 1982, kein gerechter Krieg mehr sei. Dieser Krieg durfte deshalb von da an von einem muslimischen Staat nicht mehr geführt werden. Im Sommer 1987 hat ein im iranischen Nordosten, in Khorasan, angesehener Ayatollah die theologischen Folgerungen aus dieser These gezogen. Er warnte seine Anhänger, sie könnten nicht damit rechnen, als Märtyrer ins Paradies einzugehen, wenn sie in diesem Krieg an der Front fielen. Mit dem Paradies können nämlich nur die in einem gerechten Kriege Gefallenen mit Sicherheit rechnen. Dies soll dazu geführt haben, dass der Zustrom von Freiwilligen aus der Nordostprovinz abnahm. Damit waren allerdings die Grenzen der Diskussionsfreiheit überschritten. Der Ayatollah wurde von den Revolutionswächtern gefangengesetzt und nach Qom verbracht, wo man ihn zum Stillschweigen zwang.

Im Irak wären derartige Diskussionen undenkbar. Das Regime regiert weitgehend mit dem Mittel der Angst und sucht bewusst Angst zu verbreiten, um unbedingten Gehorsam zu finden. Nur regimetreue Propagandisten werden zur Meinungsäusserung zugelassen. Ihren Aussagen und Kommentaren liegt Angst zugrunde. Sie wissen, was ihnen geschehen könnte, wenn ihre Berichte oder Aussagen missfallen sollten. Sowohl in Iran wie im Irak gibt es Kerker und Folterkammern für alle Missliebigen. In beiden Ländern kann ein junger Mann nur vorankommen, wenn er sich dem Regime verschreibt. Im Irak muss er in die Baath-Partei eintreten, wenn er in seinen Universitätsexamen bestehen oder in der Armee Offizier werden will. In Iran muss er ein theologisches Examen ablegen, das einer Glaubensprüfung gleichkommt, bevor er an der Hochschule zugelassen wird. Er muss auch Militärdienst geleistet haben.

Krieg um «des Islams» willen

Iran hat den Vorteil, mit der revolutionären und islamischen Begeisterung eines grossen Teiles der Bevölkerung rechnen zu können. Die Geistlichen haben dafür gesorgt, dass diese Begeisterung seit der Revolution gegen den Schah nie erloschen ist. Einzig unter den Randvölkern Irans regte sich allerhand Unzufriedenheit. So vor allem in Kurdistan, in Aserbaidschan und unter den Turkmenen östlich des Kaspischen Meeres, bei den Belutschen des Südostens und bei den Arabern Khusistans, weil sie gehofft hatten, Autonomie zu erlangen. Die lang andauernde Agitation um die amerikanischen Geiseln diente vor allem dazu, das revolutionäre Klima in Iran aufrechtzuerhalten und die zentrifugalen Kräfte der nichtpersischen Gruppen zu bremsen. Darauf folgte der Krieg gegen den Irak mit der Notwendigkeit, die islamische Revolution und auch das nationale Territorium Irans vor dem Feind zu retten. Der Krieg erlaubte es, sowohl an die iranischen Nationalisten wie auch an die muslimischen Gläubigen zu appellieren. Nach 1982 wurde der Krieg nicht ohne anfängliche Diskussionen weitergeführt, und man stellte die Notwendigkeit, «Saddam Hussein zu bestrafen» sowie «Schadenersatz» für alle Verluste zu erlangen, neben die rein religiöse Begründung, die darauf ausgeht, «dem Islam», wie ihn Khomeiny versteht, zum Sieg zu verhelfen.

Die Iraker stützen sich ihrerseits auf den irakischen Nationalismus. Sie verteidigen ihr Territorium. Doch steht zu befürchten, dass diese Motivation erlahmen könnte. Beide Staaten sind in den letzten Jahren durch den Krieg in «Kriegsgesellschaften» umgewandelt worden. Für beide Herrschaftssysteme dürfte eine Rückkehr zum Frieden gefährlich werden. Für Iran vor allem, wenn Frieden ohne Sieg vereinbart werden müsste. Der Bevölkerung sind während Jahren für diesen Sieg Opfer abgefordert worden. Die Verluste an Menschenleben sind bisher gewaltig gewesen. Man hat auch alle verheissenen «Früchte der Revolution» aufgeschoben und um des Krieges willen zurückgestellt. Die grossen sozialen Grundfragen, zu deren «Lösung» die Revolution angetreten ist, wurden nicht einmal angepackt, weil der Krieg Vorrang hatte; so die Landreform, die Entlastung der Grossstädte, menschenwürdiges Leben in den Dörfern, die Durchsetzung eines islamischen Wirtschaftssystems und vieles mehr. Die Revolution hat weiter ein grosses Freiwilligen-korps der Revolutionswächter ausgehoben, es mit schweren Waffen aus-gerüstet, um ein Gegengewicht zur regulären Armee zu schaffen. Was soll mit den vielen Hunderttausenden von Revolutionswächtern nach dem Krieg geschehen? Besonders wenn dieser nicht mit einem Sieg endet? Wie will man die Hunderttausenden von Kriegswitwen und -waisen versorgen, die Zehntausenden von Amputierten? Gewiss, Iran hat sein Erdöl, und ohne diese ökonomische Grundlage hätte die irani-sche Revolution kaum durchhalten und gewiss keinen Krieg führen können. Doch die Befriedigung der verschiedenen Ansprüche auf An-teile aus der Erdölrente nach dem Krieg, besonders wenn dieser nicht zu einem Sieg führt, wird politisch schwierig werden.

Der Irak kann den Krieg nicht gewinnen. Bagdad hat bereits seit 1982 auf diesen Ehrgeiz verzichtet. Das riesige Land Iran zu besetzen kam für den Irak ohnehin nie ernsthaft in Frage. Bagdad wird schon von einem «gewonnenen Krieg» sprechen können, wenn es ihn ohne Zusammen-bruch seiner Regierung beenden würde. Der Irak stünde dann mit der grössten und kampferprobtesten Armee des Nahen Ostens da. Die Frage stellte sich dann sofort, was man im Frieden mit ihr tun wolle. Nur Teile dürften demobilisierbar sein, wenn man das innere Gleichgewicht des Staates nicht gefährden will. Politische Fragen werden sich nach dem Krieg schwer unterdrücken lassen, vor allem die Frage: Wer hat uns eigentlich in diesen Krieg getrieben? Wäre er nicht vermeidbar gewesen? Doch ist es keineswegs sicher, dass der Irak mit einem Patt in diesem Krieg davonkommen wird. Vielleicht wird Iran das erbitterte Ringen so lange fortführen können, bis der Irak wirklich zermürbt ist. Ein Um-sturz könnte wie so oft im Nahen Osten das Ende bringen. In diesem Fall wäre im ganzen Nahen Osten mit seiner Neugruppierung der Kräfte zu rechnen. Das gesamte politische Gleichgewicht würde sich verän-dern, die Staaten am Golf schwer erschüttern. Was dann aus dem Irak, was aus Syrien würde, wäre kaum abzusehen. In Libanon würde ver-mutlich die heutige Vorhut der iranischen Revolution, «Hizbollah», akti-ver werden und glaubte die Errichtung eines islamischen Staates Libanon und die Befreiung Jerusalems in Reichweite gerückt. Der sunnitische Fundamentalismus, der in der ganzen islamischen Welt als Oppositionsströmung vorhanden ist und sich gegen die herrschenden Regime wendet, erhielte ohne Zweifel grossen Auftrieb. Wie sich dann die Supermächte verhalten würden, ist kaum vorauszusagen. Sowohl die USA als auch die Sowjetunion haben deutlich gemacht, dass sie einer derartig grundlegenden Umwälzung aller politischen Gegebenheiten im nahöstlichen Raum nicht zustimmen. Es könnte jedoch geschehen, dass diese Umwälzung dennoch einträte, besonders wenn es zu einem plötzlichen politischen Erdrutsch im Irak käme. Sowohl Moskau wie Washington müssten dann neue Beschlüsse fassen. Würde Washington versuchen, Saudiarabien und die anderen Golfstaaten zu verteidigen? Auch Kuwait, das dann sehr exponiert läge? Würde Moskau sich gegen derartige amerikanische Versuche stellen und wie intensiv? Würde Moskau nur propagandistisch oder auch mit politischen und militärischen Massnahmen reagieren? Etwa in Zusammenarbeit mit Damaskus und mit Iran? Sogar die Türkei könnte sich möglicherweise veranlasst sehen, im Kurdengebiet (und in der Provinz Mosul?) einzugreifen. Europa wäre direkt betroffen, weil die Erdölgebiete am Golf mit den grössten bekannten Erdölreserven der Welt zum Spielball der dann beginnenden weltpolitischen Auseinandersetzung würden. Japan ist ebenfalls auf die gleichen Ölquellen für seine Energieversorgung angewiesen. Eine Verschiebung der Machtverhältnisse in jenem Bereich wäre von solch gewaltiger weltwirtschaftlicher Bedeutung, dass sie das Machtgleichgewicht zwischen den beiden Supermächten, ja der Welt, verändern könnte.

Vorsicht der Supermächte

Weil der irakisch-iranische Krieg derartige Umwälzungen in der ohnehin explosiven nahöstlichen Politik mit sich bringen könnte, gehen die Supermächte gegenwärtig beide darauf aus, den Konflikt zu beschwichtigen. Sie wollen vermeiden, dass die eine oder die andere Seite den Krieg «gewinnt». Am liebsten sähen sie es wohl, wenn dieser Krieg langsam abklänge und schliesslich ganz von der Bildfläche verschwände. Dass der Krieg am Ende aus blosser Erschöpfung gewissermassen ergebnislos verliefe, ist eigentlich nicht sehr wahrscheinlich. Khomeiny ist eisern gewillt, ihn bis zum «Sieg des Islams» weiterzuführen. Höchstens bei seinem Tod sind in Iran Entwicklungen denkbar, die eine Beendigung des Krieges erlauben könnten. Gegenwärtig wirkt Khomeiny noch als der Schiedsrichter unter den geistlichen Politikern, die ihre oft auftretenden Gegensätze, darunter auch Fragen von Krieg und Frieden, vor ihn bringen. Solange er lebt, wird er jedoch immer im Sinne einer Fortführung des Krieges «bis zum Sieg» entscheiden. Denn er ist offensichtlich überzeugt davon, dass es seine Aufgabe und Bestimmung sei, «dem Islam» zum Sieg und zum endgültigen Durchbruch zu verhelfen.

Khomeinys Sendungsbewusstsein

Khomeiny ist, wie er das selbst auffassen muss, durch ein Wunder Gottes vom einfachen, einst verachteten Mullah zum Herrn über Persien aufgestiegen. Gott hat ihm die Gnade gewährt, den allmächtigen Schah zu verjagen. Dies war der grosse Schritt «zur Rettung des Islams», den er mit Gottes Hilfe und dank der Opferbereitschaft des iranischen Volkes bereits getan hat. Nun fehlt nur noch ein relativ kleiner Schritt bis zur Beseitigung der «illegitimen», «nichtislamischen» Herrscher, wie Saddam Hussein und König Fahd es in seinen Augen sind. Wenn dies Zähigkeit und Opfer erfordert, so dürfte Khomeiny sie als Probe ansehen, die Gott ihm selbst und den Iranern auferlege, um sie zu prüfen und ihrer grossen Aufgabe würdig zu machen. Solange Khomeiny lebt und das Geschick der islamischen Revolution bestimmt, wird er wahrscheinlich den Krieg immer weiterführen, in der nicht unberechtigten Annahme, dass die Zeit für ihn arbeite. Dies schliesst freilich nicht aus, dass er und seine Gefolgsleute auch diplomatische Mittel einsetzen, um den Krieg zu gewinnen. So fordert er gegenwärtig eine internationale Kommission, die Saddam Hussein als den Angreifer in diesem Krieg brandmarke. Der nächste logische Schritt würde dann seine Bestrafung fordern, das hiesse wohl zum mindesten seinen Rücktritt und Reparationsgelder, die den Zerstörungen des Krieges in Iran entsprächen. Schon seit Jahren fordern die Iraner mindestens 150 Milliarden Dollar Reparationen. Dass dies zu einem Zusammenbruch des irakischen Regimes führen müsste, ist eine stillschweigende Annahme der Iraner, wenn sie von einer Bestrafung des irakischen Staatschefs sprechen. Vertreter Irans erklären oft in vertraulichen Gesprächen, nach dem Abgang Saddam Husseins sollten ihrer Ansicht nach Wahlen im Irak durchgeführt werden. Eine Art von Exilregierung für einen schiitisch-revolutionären Irak steht schon in Teheran bereit. Dort wurde 1982 das «Hohe Komitee für eine islamische Revolution im Irak» gebildet. Seine wichtigsten Mitglieder sind irakische schiitische Geistliche, die der Linie Khomeinys folgen. Unter ihnen befinden sich solche, die aus den grossen geistlichen Familien des Iraks stammen wie Ayatollah Bakr al-Hakim und ein Sohn des am 8. April 1980 im Irak hingerichteten (in Teheran sagt man: zu Tode gefolterten) Muhammed Bakr as-Sadr, der die bisher wichtigsten Werke über eine islamische Wirtschaftstheorie verfasst hat. Dieses Hohe Komitee soll allerdings gespalten sein; eine Richtung wäre bereit, mit den im Irak bestehenden politischen Parteien und Gruppierungen zusammenzuarbeiten, eine andere will dem iranischen Vorbild folgen.

Weil die Zeit zugunsten Irans läuft, sind die Iraker seit Jahren bemüht, Iran zu einem Frieden zu zwingen. Sie machen von ihrer überlegenen Luftwaffe Gebrauch. Dabei gibt es zwei strategische Ziele: Das eine ist Iran mit seinen Städten und Produktionszentren, das andere sind die Erdölexporte Irans mit den Verladehäfen, der Insel Kharg am nördlichen Ende des Golfes und anderen, improvisierten bei Sirri und in der Enge von Hormuz sowie den Tankern, die diese Häfen anlaufen.

Städtebombardierungen

Vom 5. März 1985 an setzten die Iraker ihre Luftwaffe systematisch dafür ein, ihrem Feind möglichst grossen Schaden zuzufügen, um ihn zu zwingen, Frieden zu schliessen. Bombardierungen der Städte im Zentrum Irans wie Isfahan und besonders der Zentren der westlichen Provinzen sowie auch Teherans selbst führten zu Gegenaktionen der Iraner. Sie feuerten Scud-B-Raketen auf Bagdad. 13 trafen Bagdad im Jahr 1985, 6 im folgenden Jahr und 17 im Jahr 1987. Sie brachten 350 Menschen den Tod. Iran nahm auch Kirkuk mit seinen Erdöleinrichtungen unter Raketenbeschuss, und die iranische Artillerie beschoss immer wieder Basra, die zweite Stadt des Iraks. Die Raketen bezog Iran wahrscheinlich aus Libyen, vielleicht auch aus Syrien. Im Mai 1985 brachte die Uno ein Übereinkommen zustande, nach dem beide Seiten darauf verzichten wollten, «rein zivile Ziele» anzugreifen. Die Bombardierungen der Städte nahmen dann ab. Doch Bagdad war der Ansicht, dass dieses Abkommen Angriffe auf «wirtschaftliche Ziele» nicht ausschliesse und versuchte immer wieder Produktionszentren anzugreifen: Erdölinstallationen, Kraftwerke, Raffinerien, grosse Fabriken. Wenn dies zu zivilen Opfern führte, erklärte Iran, «Zivilisten» seien angegriffen worden und nahm seine Beschiessung von Basra wieder auf. Es kam auch zu Raketenangriffen gegen Bagdad. Diese ungewisse Lage dauerte an.

Der Irak liess seinerseits von den Angriffen auf Teheran ab. Diese hatten bedeutende Unruhe in der iranischen Hauptstadt hervorgerufen. Viele Iraner verliessen die Hauptstadt am Abend, um in ihren Autos zu übernachten, und kehrten erst am Morgen wieder nach Teheran zurück. Es ist unwahrscheinlich, dass Bagdad diese Angriffe aus humanitären Gründen aufgab. Vielleicht haben Demarchen der Sowjetunion eine Rolle gespielt oder die Drohung, falls Teheran weiterhin bombardiert würde, könnte die Sowjetunion den Iranern Luftabwehrraketen oder Boden-Boden-Raketen, wie sie gegen Bagdad eingesetzt worden waren, in grösserer Menge liefern. Die Sowjetunion zog während der heissen Phase des Luftkrieges ihre Fachleute aus Iran ab. Doch später kehrten sie wieder zurück. Im Frühjahr 1988 brach der Raketenkrieg mit neuer Heftigkeit aus. Die Iraker waren in Besitz von Raketen gelangt, mit denen sie Teheran erreichen konnten. Sie schossen über hundert auf die iranischen Städte ab, in erster Linie auf Teheran. Iran rächte sich mit etwas weniger Raketen auf Bagdad und Beschiessungen der Grenzorte. Im April erklärte sich Bagdad bereit, die Raketenangriffe einzustellen; vielleicht geschah dies unter sowjetischem Druck. Jedenfalls ist deutlich, dass die Sowjetunion keine Unruhe an ihrer Südgrenze wünscht. Ihre erste Priorität ist und bleibt, jede Lage zu vermeiden, die zu einer Belebung des amerikanischen Einflusses in Teheran führen könnte, wie er zur Zeit des Schahs bestand.

Der Tankerkrieg

Seit April 1984 unternahmen die Iraker Versuche, die Ölverladeinsel Kharg zu bombardieren und möglichst viele Tanker zu beschädigen, die dort vor Anker lagen. Man hoffte, dass die Ölexporte Irans dadurch soweit gedrosselt würden, dass Teheran den Krieg nicht mehr zu finanzieren vermöchte. Dies war realistisch gedacht, da Iran kaum grosse Anleihen erhalten konnte. Für seine Waffenkäufe auf dem internationalen schwarzen und grauen Markt benötigt Iran aber Devisen, da die Waffenhändler in Dollars und bar bezahlt werden wollen. Doch es gelang den Irakern lange Zeit nicht, den Ölexport Irans bedeutend zu unterbinden. Der Grund dafür war die teilweise geringe Treffsicherheit der irakischen Piloten. Der Eindruck herrschte vor, dass das Kommando der Luftwaffe den Zorn Saddam Husseins über Verluste vermeiden wollte und ihren Piloten befahl, aus grosser Höhe zu bombardieren oder ihre Exocets aus maximaler Distanz abzufeuern. In den Communiqués liess sich dann immer behaupten, die Ziele seien «genau und vernichtend» getroffen worden. Der Satz: «All unsere Adler kehrten unversehrt auf die Basen zurück, Gott sei gepriesen!» gehörte zu den in allen Communiqués immer wieder gebrauchten Formeln. Nie gaben die Iraker Verluste von Flugzeugen zu.

Die Iraner erwiesen sich ihrerseits als geschickt im raschen Reparieren der entstandenen Schäden und in der Improvisation von neuen Lade- und Umlademöglichkeiten. Sie charterten Grosstanker, die zuerst bei der Insel Sirri, am südlichen Ende des Golfes, ankerten. Ein Pendelverkehr von «Kamikaze-Tankern» fuhr zwischen Sirri und Kharg hin und her. Die stilliegenden Supertanker wurden gefüllt und verkauften das Rohöl weiter an die internationalen Kunden, von denen die Japaner die wichtigsten waren. Die «Kamikaze-Tanker» wurden meistens von griechischen Kapitänen und Steuerleuten gelenkt. Die Mannschaften kamen aus aller Welt, angezogen durch die um ein Mehrfaches erhöhten Löhne und Gewinne ihrer gefährlichen Fahrten. Tanker sind leicht zu finden, da ein Überangebot besteht. Als auch Sirri in den Aktionsradius der irakischen Flugzeuge kam, verlegten die Iraner einen Teil ihrer Öldepot-Tanker zur Insel Larak, ins Innere der Enge von Hormuz.

Die Iraner ergriffen noch andere Gegenmassnahmen, gegen die irakischen Angriffe. Sie waren nicht in der Lage, die überlegene irakische Luftwaffe herauszufordern. Doch ihre wenigen Kampfflugzeuge begannen im Gegenschlag Tanker oder Frachter anzugreifen, die in den arabischen Häfen des Golfes verkehrten. Der Absicht war, die Araber spüren zu lassen, dass es in der Golfregion «für niemand Sicherheit geben könne, wenn Iran für seine Schiffahrt keine Sicherheit» geniesse, wie dies die Iraner wiederholt verkündeten. Die Angriffe mit Flugzeugen innerhalb der territorialen Gewässer Saudiarabiens wurden eingestellt, nachdem die Saudis am 5. Juni 1984 einen der damals auf nur noch 15 Stück geschätzten iranischen F-4 abgeschossen hatten. Die Saudis verfügten dabei über amerikanische Hilfe. Ihre von amerikanischen Fachleuten bedienten AWACS-Aufklärungsflugzeuge überwachten den ganzen Golf.

Doch die Iraner unternahmen noch andere Aktionen. Sie kauften in Schweden eine grosse Zahl von Motorbooten ein, die sie mit Maschinengewehren und leichten Granatwerfern ausrüsteten, und sie verwendeten diese gegen die zivile Schiffahrt im Golf, um sich für die Angriffe der Iraker auf die iranischen Tanker zu revanchieren. Ihre politische Rechnung scheint lange Zeit aufgegangen zu sein. Die Araber des Golfes übten Druck auf die Iraker aus, die Angriffe auf iranische Tanker zu unterlassen. Bagdad konnte diese Wünsche nicht überhören, weil die Araber des Golfes inzwischen zu den wichtigsten Geldgebern des Iraks geworden waren. Bagdad wollte jedoch nicht gänzlich auf diese Angriffe verzichten. So griffen sie iranische Schiffe nur noch periodisch an, mit Wochen oder Monaten weitgehender Ruhe auf dem Golf. Neben dem Druck aus den arabischen Golfstaaten spielte wohl auch der Mangel an Exocet-Raketen, die Frankreich lieferte, eine Rolle.

Neben den Verlusten, die ihnen die irakischen Flugzeuge verursachten, mussten die Iraner durch das Absinken der Erdölpreise Einbussen an ihren Erdöleinkommen hinnehmen. Der Weltmarktpreis sank 1985/ 86 auf beinahe 10 Dollar pro Barrel ab. Dank dem neuen saudischen Erdölminister Hischam Nazer und durch saudisch-iranische Zusammenarbeit in der Opec konnte später der Ölpreis wieder bei 18 Dollar pro Barrel stabilisiert werden. Zuvor hatten die Iraner angenommen, die Saudis drückten durch Überproduktion die Preise absichtlich nach unten, um ihre Kriegsanstrengungen zu behindern. Doch der wahre Grund der saudischen Ölpolitik unter Scheich Zaki Yamani war die Disziplinierung der Opec-Staaten. Immerhin scheint es, dass der niedere Ölpreis weniger iranische Grossoffensiven zuliess.

Die Einbeziehung der Amerikaner

Kuwait wurde mit den Jahren zu einem besonderen Ziel der Iraner. Von Iran gesteuerte Terroristen führten dort mehrere Anschläge durch. Die ersten fanden am 18. Dezember 1983 statt und waren gegen die französische und die amerikanische Botschaft gerichtet. Ein weiterer richtete sich gegen den Herrscher, der knapp entkam, während sein Chauffeur getötet wurde (Mai 1985). Die Iraner durchsuchten auch kuwaitische Schiffe und hielten sie in iranischen Häfen fest. Iran warf Kuwait vor, dass es den Irakern seine Häfen zur Verfügung stelle. Der einzige Handelshafen des Iraks, Basra, war ja seit Kriegsbeginn gesperrt. Auch sowjetische Frachtschiffe durchquerten in regelmässigen Abständen die Meerenge von Hormuz. Manche waren mit Waffen und Munition für den Irak beladen. Im September 1986 hatten die Iraner eines dieser waffenbeladenen Schiffe aufgehalten. Doch ein heftiger Protest der Sowjetunion bewirkte, dass es wieder freigelassen wurde. Seither werden solche Transporte von sowjetischen Kriegsschiffen eskortiert. (Vgl. Department of Defense: Soviet Military Power, 1987, S. 141f.) Sowjetische

Waffen werden in Kuwait ausgeladen und über den Strassenweg nach dem Irak weitertransportiert. Wenn die Iraner es nicht wagten, auf die Sowjetunion Druck auszüben, taten sie es um so energischer gegenüber Kuwait.

Im Verlauf des Jahres 1986 wurden die kuwaitischen Schiffe sogar zu bevorzugten Zielen der Iraner. Kuwait sah sich veranlasst, einen Beschützer zu suchen. Erste Anfragen bei den Vereinigten Staaten um Geleitschutz fruchteten nichts. Deshalb beschlossen die Kuwaiter Diplomaten, sich gleichzeitig an die Sowjetunion und an die USA zu wenden. Moskau schlug ihnen vor, einige sowjetische Tanker zu chartern, um so in den Schutz der sowjetischen Flagge zu gelangen. Drei sowjetische Tanker wurden in der Tat von Kuwait gechartert. Sobald Washington davon erfuhr, zeigte es sich plötzlich bereit, kuwaitische Tanker unter amerikanischer Flagge zu registrieren. Präsident Reagan erklärte öffentlich, er sehe es als eine Aufgabe der USA an, «die Sicherheit der internationalen Schiffahrt» im Golf zu gewährleisten. Zwei Wünsche der amerikanischen Diplomatie scheinen damals ausschlaggebend gewesen zu sein. Washington wollte seine Zuverlässigkeit als Freund und Verbündeter erhärten, weil die amerikanische Glaubwürdigkeit kurz zuvor durch den sogenannten Irangate-Skandal angeschlagen war. Die USA hatten damals heimlich Waffen an Iran verkauft, während sie gleichzeitig die Welt aufforderten, Terroristen keinerlei Konzessionen zu machen. Dann wollten die Amerikaner den Russen nach Möglichkeit keinen Zugang zum Golf gewähren. So erlaubten sie, dass elf kuwaitische Tanker unter amerikanischer Flagge registriert wurden. Ein Zufall kam noch dazu: Am 17. Mai 1987 schoss ein irakisches Kampfflugzeug eine Exocet-Rakete auf die amerikanische Fregatte «Stark» ab und tötete 37 amerikanische Seeleute. Die Iraker erklärten, dies sei irrtümlicherweise geschehen. Die Amerikaner nahmen ihre Entschuldigungen und Kompensationsversprechen an. Der Zwischenfall, der in Washington viel Staub aufwirbelte, beschleunigte die Beschlussfassung der Amerikaner. Eine grosse amerikanische Kriegsflotte lief in den Golf aus und begann die kuwaitischen Tanker, die unter amerikanischer Flage segelten, zu eskortieren.

Iran drohte den Amerikanern mit Gegenmassnahmen; aber seine Aktionen hielten sich in bescheidenen Grenzen. Teheran legte Minen, die anfänglich einigen Schaden anrichteten, bis die Amerikaner und einige ihrer europäischen Verbündeten Minensuchboote in den Golf gebracht hatten. Es kam auch zu Konfrontationen zwischen amerikanischen

Schlachtschiffen und iranischen Fregatten, wie auch zwischen den Amerikanern und iranischen «Seidenraupen»-Raketen chinesischer Fabrikation, die an den Ufern der Enge von Hormuz aufgestellt waren, jedoch ohne dass geschossen und getroffen wurde. Amerikanische Helikopter überraschten, beschossen und enterten am 21. September ein iranisches Boot, das beim Minenlegen überrascht wurde. Iran bestritt, dass dieses Boot Minen gelegt habe. Bilder der Minen wurden von den Amerikanern veröffentlicht. Am 9. Oktober 1987 kam es zu einem Zusammenstoss zwischen drei iranischen Schnellbooten und amerikanischen Helikoptern. Offenbar hatten die Iraner mit «Stinger»-Raketen auf Helikopter geschossen und waren selbst unter Beschuss geraten. Dass Iran diese amerikanischen Raketen besass, war eine Überraschung. Die Iraner hatten sie wohl aus Afghanistan beschafft.

Sechs Tage später, am 15. Oktober, griffen iranische Seidenraupen-Raketen chinesischer Herkunft einen Supertanker an, der sich in den Territorialgewässern von Kuwait befand. Die Raketen müssen von Fao, an der Spitze der irakischen Halbinsel gleichen Namens, abgefeuert worden sein. Am nächsten Tag erfolgte ein neuer Beschuss, diesmal auf einen Tanker in den Kuwaiter Territorialgewässern, der die amerikanische Flagge trug. Die Amerikaner wollten diese Herausforderung nicht unbeantwortet lassen. Drei Tage später, am 19. Oktober, beschossen vier amerikanische Fregatten die iranische Erdölplattform «Rostam», die in der Mitte des Golfes liegt. Die Besatzung, alles Revolutionswächter, musste fliehen. Sachschaden von einer Viertelmilliarde Dollar entstand. Eine Landung wurde auch auf der benachbarten Erdölplattform «Sassan» vorgenommen. Drei Tage später, am 22. Oktober, revanchierten sich die Iraner, indem sie das Kuwaiter Ladeterminal «Sea Island» mit einer Seidenraupe in Brand schossen. Die Amerikaner beschlossen, keine Vergeltung zu üben. Danach setzte Waffenruhe zwischen Amerikanern und Iranern ein. Doch der bisher übliche Schlagabtausch am Golf ging weiter. Die Iraker beschossen iranische Tanker mit Exocet-Raketen, sooft sie es vermochten. Die Iraner beschossen ihrerseits Frachter und Tanker, die in den Häfen der Golfstaaten verkehrten. Die Amerikaner aber konnten ihre Geleitzüge mit Tankern unter amerikanischer Flagge ungestört nach Kuwait durchbringen. Doch kann man nicht behaupten, dass ihre Flottenpräsenz wirklich «die Sicherheit der internationalen Schiffahrt auf dem Golf» gewährleistet hätte.

Am 18. April 1988 kam es zu einer Seeschlacht zwischen den Iranern und den Amerikanern. Eine amerikanische Fregatte war am 14. auf eine

Mine aufgelaufen, und die Amerikaner stellten fest, dass das Minenfeld von den Iranern gelegt worden war. Sie griffen darauf am 18. April die iranischen Erdölplattformen Sassan und Sirri an und zerstörten sie. Iranische Kanonenboote und Fregatten versuchten gegen die amerikanischen Schiffe vorzugehen. Dies führte zur Versenkung einer iranischen Fregatte und mehrerer Schnellboote sowie zu schweren Schäden auf zwei Fregatten der iranischen Flotte. Iran büsste so einen wichtigen Teil seiner Kriegsflotte ein.

Die Iraner wussten sehr wohl, dass es nicht in ihrem Interesse liegen könne, die Amerikaner in einen Krieg mit Iran zu verwickeln. Es ging ihnen in erster Linie darum, den Krieg gegen den Irak zu gewinnen. Sich gleichzeitig mit den Amerikanern als aktive Feinde anzulegen hätte ihre Chancen, den Krieg gegen Bagdad zu gewinnen, aussichtslos gemacht. Teheran begnügte sich mit lauter Propaganda gegen Washington. Seine Angriffe jedoch richtete Iran in erster Linie auf jene Ziele, die nicht von den Amerikanern verteidigt wurden. Doch konnte Iran ganz ohne Angriffe nicht auskommen, weil der Irak die iranischen Tanker immer wieder beschoss. Teheran sah sich deshalb gezwungen, die Schifffahrt auf dem Golf zu verunsichern, um deutlich zu machen, dass den Angriffen der Iraker iranische Gegenaktionen folgten. So ergab sich nach einer Periode heftiger Drohungen und mehr oder minder gefährlicher Konfrontationen eine übliche Kriegsroutine im Golf.

Die Versuche der Vereinten Nationen, einen Waffenstillstand oder Frieden zu erreichen, stockten. Zwar hatte am 21. Juni 1987 der Sicherheitsrat einstimmig, das heisst mit Zustimmung der Vereinigten Staaten, der Sowjetunion und Chinas, eine Resolution gefasst mit der Forderung, beide Kriegführenden sollen einen Waffenstillstand erklären, sich auf die international akzeptierte Grenze zurückziehen und über einen endgültigen Frieden verhandeln. Der Irak hatte diese Resolution angenommen. Doch Iran erklärte, es könne ihr nicht zustimmen, wenn nicht zuerst eine internationale Kommission die Kriegsschuld des Iraks festlege. Daran scheiterten die Bemühungen des Generalsekretärs der Uno.

Die Schatten des Krieges

Der irakisch-iranische Krieg wirkte sich auf die ganze arabische, ja auf die ganze islamische Welt aus. Für alle Muslime war es eine Schande, dass zwei erdölreiche, muslimische Staaten ihre Kräfte in einem sinnlosen Krieg vergeudeten. Je länger die Iraner darauf bestanden, Saddam

Hussein als «den Angreifer» anzuprangern, während Bagdad bereit war, Frieden zu schliessen, desto unglaubwürdiger wurde Iran. Gewiss war Iran tatsächlich der angegriffene Staat gewesen (obleich der Irak nicht ohne Grund entgegnete, er sei von Iran provoziert worden). Doch nun erschien der Staat Khomeinys mehr und mehr als Angreifer oder mindestens als der Kriegstreiber. Die arabischen Nachbarn waren nun davon überzeugt, dass Iran den Krieg aus innenpolitischen Gründen fortsetze und er dazu dienen sollte, die Revolution vor inneren Auseinandersetzungen zu bewahren, sowie auch, dass Iran seine Revolution mit Gewalt in die arabischen Nachbarländer zu exportieren trachte. Syrien, Libyen und Südjemen, sowie am Rande Algerien, hielten als einzige muslimische Staaten zu Iran. Hauptsächlich wohl aus Feindschaft gegen Bagdad und auch, weil diese «revolutionär» und «radikal» ausgerichteten Staaten sich von der iranischen Revolution neue Anstösse erhofften, die sich gegen eine von den Amerikanern und den Israeli dominierte Nahostpolitik richten sollten. Die Radikalen waren der Ansicht, die iranische «Revolution» könne mithelfen, eine politische Lage zu ändern, in welcher der «Weltimperialismus» die Vorherrschaft erlangt hatte. Iran, so hofften sie, werde dieses Ungleichgewicht zugunsten der arabischen «Revolution» verschieben.

Die iranische Revolution und der iranisch-irakische Krieg rissen eine tiefe Kluft zwischen den arabischen Staaten auf. Es hatte natürlich schon immer Gegensätze zwischen den sogenannten radikalen und gemässigten arabischen Regimen gegeben. Die gemässigten oder konservativen Regime wollten aussenpolitisch mit Grossbritannien und später mit den Vereinigten Staaten zusammenarbeiten. Sie sahen sich mit den radikalen Regimen konfrontiert, die «Revolution» auf ihre Fahnen geschrieben hatten und die sich, wenn nötig, auf die Sowjetunion abstützen wollten. Vor allem wenn es galt, den Nahen Osten aus seiner westlichen Bevormundung, oder der «westlichen Hegemonie», wie man auch sagte, zu befreien. Doch diese Gegensätze waren eher ein «arabischer kalter Krieg» gewesen als ein Kampf auf Leben und Tod. Nun war daraus ein heisser Krieg entstanden. Die eigene Religion, der Islam, war an die Stelle der früher miteinander ringenden ausländischen, westlichen Ideologien, wie Liberalismus und Sozialismus, getreten. Die revolutionären Kräfte, die das bestehende System umstossen wollten, traten nun im Namen des Islams auf den Plan. Man musste ihnen, so gut es ging, einen nichtrevolutionären Islam entgegenstellen. Dies war der Grund, weshalb die Regime des Nahen Ostens alle merklich orthodoxer und islamischer wurden, von Ägypten bis zum Irak. Nur die Syrer, die durch ihr Bündnis mit Iran vor der Gefahr islamisch-revolutionärer Subversion geschützt waren, konnten es sich paradoxerweise erlauben, ihr recht laizistisches, baathistisch-alawitisches Regime beizubehalten. In Libanon allerdings, wo Syrien in Widerspruch zu den proiranischen Kräften geriet, in der Auseinandersetzung mit der muslimischen Einheitsbewegung in Tripolis, der islamischen Amal-Fraktion in Ostlibanon und der «Partei Gottes» im Süden, mussten die Syrer jeweils mit ihren iranischen Bundesgenossen aushandeln, wie weit sie gegen die Islamisten vorgehen konnten. Das ideologische Ringen um die verschiedenen Konzepte des Islams, im Sinne Khomeinys etwa und den gegensätzlich dazu stehenden in Ägypten, Saudiarabien oder Marokko u. a., unterscheidet sich von den bisher üblichen Auseinandersetzungen, die im Namen des Islams stattgefunden haben. Früher war ein mehr oder minder modernes, reformierendes Islamverständnis einem eher konservativen und traditionellem gegenübergetreten. Das ideologische Ringen im Islam ist heute aber ein politisches. Khomeiny erhebt den Anspruch, dass ein islamischer Staat von den Geistlichen regiert werden müsse. Die «Revolution», die er vertritt und in Iran durchgesetzt hat, war eine Umwälzung der politischen Machtverhältnisse. Es waren die iranischen Geistlichen unter Khomeinys Führung als Wali Faqih (herrschender Gottesgelehrter), welche nun anstelle des Schahs die politische Herrschaft ausübten. Die Geistlichkeit sollte nach der Ansicht Khomeinys und seiner Anhänger auch in allen anderen muslimischen Staaten, in den sunnitischen so gut wie in den schiitischen, herrschen. Gegen die Ansprüche eines solchen islamischen Gottesstaates setzten sich die meisten islamischen Staaten zur Wehr. Die Versuche iranischer Pilger, am 31. Juli 1987 in Mekka für solche Ziele zu demonstrieren, wurden von den Saudis niedergeschlagen, wobei 402 Menschen ihr Leben verloren. Dieser Zwischenfall löste in Saudiarabien und anderen muslimischen Ländern einen Schock aus. Der revolutionäre Iran Khomeinys wurde als ein Land angesehen, mit dem es keine Verständigung mehr geben könne.

Islam und Moderne in Iran

Iranische Islamisten sind der Ansicht, dass es keine Probleme zwischen dem Islam und der Moderne gäbe. Doch kam ihnen der Krieg gegen den Irak gelegen, um die Lösung aller praktischen Fragen hinauszuschieben, die ihnen die heutige Zeit stellt. Wie steht es um eine Landreform in einem islamischen Staat? Wie würde ein islamisches Wirtschaftssystem aussehen? Kann es Gewerkschaften geben? Politische Parteien? Pressefreiheit, Wahlen, in denen verschiedene Programme und Gruppen gegeneinander auftreten? Wie sieht ein modernes islamisches Sozial- und Gesundheitswesen aus? Auf anderer Ebene: Wie ist das islamische Dogma mit wissenschaftlichem Denken vereinbar? In der Forschung zum Beispiel auf den staatlich-islamischen Universitäten? Solche und viele andere grundlegende Fragen sind in Iran unter dem Vorwand, der Krieg gegen den Irak müsse zuerst gewonnen werden, zurückgestellt worden. Denn verschiedene Persönlichkeiten und Gruppen unter den Geistlichen wollen viele entscheidende Fragen auf verschiedene Arten beantworten. Um Streit zu vermeiden, hat Khomeiny entschieden: Zuerst muss der Sieg über den Irak errungen werden.

Auch für die Gegenspieler Irans gibt es «keine Probleme». Man besitzt in Ägypten Institutionen, drei Viertel westlicher und ein Viertel islamischer Art, in Saudiarabien ist die Mischung vielleicht eher umgekehrt, und man erklärt, alles funktioniere vorzüglich. Falls die Sprecher des Staates einräumen, dass es Probleme gäbe, so sieht man sie in Ägypten nur gerade im finanziellen und wirtschaftlichen Bereich; in Saudiarabien gibt man höchstens zu, dass einige äussere Sicherheitsprobleme bestünden, weil Feinde des Königreiches, etwa die Atheisten der Sowjetunion oder die Israeli, neuerdings werden auch die Iraner dazugezählt, eine andere Staats- und Gesellschaftsform wünschten. Islam und Moderne verstünden sich im Königreich sehr gut. So werden allseits die Grundprobleme überdeckt. Man führt im Namen des Islams einen politischen Kampf, bei dem es um die Machtfrage geht: Wer soll in einem islamischen Staat regieren? Die Geistlichen unter der Führung eines Gottesgelehrten? Oder staatliche Herrscher, Präsidenten, Könige, Militärdiktatoren, die sich mit ihren Gottesgelehrten so weit arrangieren, dass die Bevölkerung unter dem Eindruck steht, sie lebe in einem islamischen Staat?

Im Kampf um die Macht in allen «islamischen» Staaten läuft man Gefahr, die Grundfrage aus den Augen zu verlieren: Wie muss ein islamischer Staat (gleich, ob ihn ein geistlicher oder ein weltlicher Herrscher regiert) *in der heutigen Zeit* organisiert sein? Diese Frage blieb bis heute unbeantwortet; sie läuft Gefahr, weder gestellt noch beantwortet zu werden, je heftiger die weltlichen Herrscher islamischer Staaten und die islamische Revolution iranischer Prägung sich bekämpfen. Angesichts dieses bestehenden Ringens betrachten es beide Seiten als gefährlich, die wirklichen Probleme und Fragen zur Diskussion zu bringen. Was Iran betrifft, so haben wir schon darauf hingewiesen. Doch auch in Ägypten herrscht seit der Ermordung Sadats im Jahr 1981 der Ausnahmezustand. Er wird alle sechs Monate erneuert, weil die Sicherheitsbehörden die Lage als zu unsicher beurteilen. Sie wollen im Augenblick die starken Einschränkungen der individuellen Freiheitsrechte nicht rückgängig machen. Darunter befindet sich auch das Recht, Grundfragen des Staates und seiner Ordnung frei zu diskutieren. Zeitungen und Verlage gehören ausserdem seit Nasser in ihrer erdrückenden Mehrzahl dem ägyptischen Staat.

Auch Syrien lebt im Ausnahmezustand, der seit der Machtergreifung Präsident Asads von 1971 andauert. Im Irak und in Libanon wird Krieg geführt. Dies bedeutet strenge Überwachung und strengste Zensur im Irak; in Libanon aber Selbstzensur, weil man sonst erschossen oder entführt werden könnte. In Libyen herrscht ein Mann und versucht seinen Untertanen zu diktieren, was sie denken sollen. Andersdenkende Oppositionelle werden sogar ausserhalb des Landes ermordet. Algerien ist ein Einparteienstaat mit staatlichem Monopol des Druckgewerbes und des Verlagswesens. Der König von Marokko spielt mit der Gedankenfreiheit nach eigenem Ermessen. In Tunis steht zurzeit gerade ein neues Regime in den Anfängen. Es gibt sich liberal, doch darf man nicht vergessen, dass es unter der Oberherrschaft des bisherigen Geheimdienstchefs stehen wird. In Südjemen herrscht ein Einparteiensystem, dem kommunistischen Regime nachgebildet. Nordjemen hat einen aus dem Militär stammenden Präsidenten, dessen Geheimdienstnetz vorläufig noch einigermassen weitmaschig ist.

In dem Masse, wie der Islam Gegenstand eines politischen Machtringens ist, wird ein jeder Herrscher im islamischen Raum bemüht sein, jede Diskussion über die grundsätzliche islamische Problematik auszuschalten. Jede Regierung wird sich auf den Standpunkt stellen, so, wie der Islam gerade in ihrem Lande gehandhabt werde, sei er korrekt. Jede andere Meinung wird als subversiv gelten. Der Machtkampf im Zeichen des Islams bringt unvermeidlich eine Einbeziehung der jeweils bestehenden islamischen Ordnung in die politische Sphäre der Staatsmacht mit sich. Er zwingt einen jeden Staat und ein jedes Regime, «seinen» Islam zu verteidigen und jedes andere Islamverständnis, besonders jene von rivalisierenden Staaten, zurückzuweisen.

Für das Volk fällt das Islamverständnis Khomeinys, das Umsturz verspricht, mit den revolutionären Hoffnungen zusammen, die manche

Gruppen von Unzufriedenen oder Benachteiligten in vielen arabischen Staaten hegen. Für sie ist Khomeinys Fundamentalismus eine Art Dynamit, um das System aufzusprengen, das sie einschliesst; das gilt auch für die von Israel besetzten Gebiete. Doch Angst und Befürchtungen vor dem, was dann eintreten könnte, sind auch wirksam. Gewisse Kritiker der heutigen arabischen Regime wünschen sich mehr Freiheit und andere gesellschaftliche Bedingungen. Sie ziehen aber das Regime der herrschenden Machthaber vor, wenn sich als einzige Alternative nur ein Regime im Stile Khomeinys anbietet. Dies scheint zum Beispiel der Grund dafür gewesen zu sein, dass im Februar 1982 die syrische Regierung den Aufstand der Muslimbrüder im Hama, ohne Unruhen im übrigen Syrien hervorzurufen, niederschlagen konnte. Die bürgerliche Opposition und die sunnitischen Gegner des Regimes regten sich nicht, weil sie das Regime Asads und seiner Anhänger einer islamitisch-fundamentalistischen Herrschaft im Sinne der Muslimbrüder und Khomeinys vorzogen.

Unter den islamitischen Staaten hat die Bedrohung durch den aggressiven Fundamentalismus Khomeinys zu einem Schulterschluss all jener arabischen Staaten geführt, die sich durch ihn gefährdet sehen. Diese Gefahr hat sogar bewirkt, dass Ägypten 1987 trotz seines Separatfriedens mit Israel mit der Mehrzahl der arabischen Staaten wieder diplomatische Beziehungen aufnehmen konnte.

Ägypten, ein Land von 50 Millionen Bewohnern und mit einer grossen Armee, ist das einzige arabische Land, das wirklich als Gegengewicht zu Iran gelten kann, einem Land mit ebenfalls 50 Millionen. Deshalb haben gegen Ende des Jahres 1987 die Saudis, die Iraker, die Kleinstaaten am Golf sowie Marokko und Mauretanien ihre diplomatischen Beziehungen mit Ägypten wiederaufgenommen, die seit 1979, nach dem Abschluss des Friedensvertrages mit Israel, abgebrochen waren. Jordanien war auf diesem Weg schon früher vorangeschritten.

Der Islamismus als Oppositionskraft nährt sich von allen Missständen und Misserfolgen der Regime. Je weniger Hoffnung für die Bevölkerung der armen arabischen Staaten besteht, materiell, politisch, sozial voranzukommen, je weniger sie darauf zählen kann, dass ihre Staaten eine ehrenhafte Rolle spielen können (die Position gegenüber Israel ist dabei das wichtigste Kriterium), desto stärker wächst das Bedürfnis nach einer anderen politisch-gesellschaftlichen Ordnung, die in den Augen einfacher Muslime als die «islamische Alternative» erscheint. Das Ferment ist überall da. Es gibt wandernde Prediger und in der ganzen arabischen Welt verbreitete Kassetten, wie jene mit den Predigten des blinden ägyptischen Scheichs Kishk. Khomeiny und seine Erfolge dienen als Vorbild. Die Muslimbruderschaft, die seit den dreissiger Jahren dieses Jahrhunderts von Ägypten aus in die ganze islamische Welt eingedrungen ist, bildet überall den Grundstock, auf dem radikalere und aktivistischere islamistische Bewegungen aufgepfropft werden können. Konkurrierende Ideologien, wie zum Beispiel linksextremer, marxistischer Natur, wie sie früher in Intellektuellenkreisen verbreitet waren, scheinen eher an Einfluss zu verlieren. Die Zensur der Staaten trifft sie viel schärfer als den Islamismus, weil sie zu ihrer Ausbreitung eine Informationsstruktur brauchen. Die fundamentalistischen Ideen liegen ohnehin «in der Luft»; sie können von Moschee zu Moschee weitergegeben werden; sie sind den muslimischen Gesellschaften zugehörig.

Die Fundamentalisten beschwören letzten Endes ein Gotteswunder. Gott hat verheissen, dass Er seinen Gläubigen helfen wird. Dies geschieht, so glauben sie, wenn sie sich streng an seine Vorschriften halten. Solche Gedanken sind jedem Muslim geläufig. Dass in der Tat in Iran der Islam durch seine Geistlichkeit regiert und dass diese islamische Regierung möglicherweise den Krieg gegen den Irak gewinnen könnte, dass sie sich überhaupt gegen die übrige Welt durchzusetzen scheint, gegen westliche wie östliche «grosse und kleine Teufel», ist natürlich geeignet, solchen Erwartungen gewaltigen Auftrieb zu verleihen. Der Prophet hat den Muslimen befohlen zu kämpfen. Sie sollen «sich anstrengen auf dem Wege Gottes». Im Koran ist vom Kampf an vielen Stellen die Rede. Etienne Bruno zählt in seinem gescheiten Buch *«Islamisme radical»* (Paris 1987) im Anhang III siebzehn solcher Stellen auf. Hier nur eine davon: «Sie kämpfen auf dem Wege Gottes, töten und werden getötet. Das ist ein Bund mit ihnen in der Thora, im Evangelium und im Koran, und wer hält seinen Bund besser als Gott? Freut euch des Handels, den ihr mit ihm geschlossen habt, denn darin liegt höchster Triumph» (9/111).

Sogar wenn in dieser Welt der Erfolg ausbleiben sollte, hat ein Muslim das Richtige getan, wenn er sich in einem gerechten Krieg für den Islam opfert. Am 21. März 1985, nach einer blutigen Grossoffensive, die von den Irakern unter Verwendung von Giftgas zurückgeschlagen worden war, erklärte Khomeiny: «Gott hat uns befohlen, die Tyrannen niederzuschlagen. Wir tun es, soweit wir es vermögen. Wenn es uns nicht gelingt, haben wir dennoch unsere Pflicht getan.» (Vgl. P. Balta: *«Iran-Irak, une guerre de 5000 ans».* Paris 1987, S. 177.)

Die Kritik an solcher Argumentation hätte natürlich bei der Frage des gerechten Krieges einzusetzen, wie dies Bazargan in seinem oben erwähnten Buch getan hat. Nach muslimischen Vorstellungen gibt es gerechte Kriege, doch sind sie auf Verteidigungs- und echte Glaubenskriege beschränkt.

VI. Die Kulturkrise

Kritik am heutigen System

Wenn man die heutigen Araber fragt, was sie ihrer Regierung am meisten vorwerfen, erhält man verschiedene Antworten. Die Geschäftsleute und Händler sagen: die Korruption; die Intellektuellen: das Fehlen von Gedanken- und Redefreiheit; die Informationsleute, Filmschaffenden, Theaterleute: die Zensur und ihre unergründliche Dummheit. Wer mit dem Sozialwesen zu tun hat: die Gleichgültigkeit gegenüber dem Elend der grossen Massen der eigenen Bevölkerung. Offiziere: Kriegspropaganda bei gleichzeitiger Unfähigkeit und Unwilligkeit, einen Krieg zu gewinnen. Lehrer und Professoren: eine unmögliche Erziehungspolitik mit Eingriffen der Mächtigen zugunsten ihrer Kinder sowie Günstlings- und Intrigenwesen in der Personalpolitik. Die einfachen Leute der Städte: Wohnungsnot und immer steigende Preise. Ärzte: die Zustände in den Spitälern und Kliniken. Die Bauern: Eingreifen des Staates in die Fragen des Landbesitzes und Druck auf die landwirtschaftlichen Preise. Advokaten und Richter: der Ausnahmezustand, der die Rechtssicherheit einschränke oder gar aufhebe. Staatsangestellte: Günstlingswesen auf familiärer oder politisch-gemeinschaftlicher Grundlage; auf den unteren Stufen ungenügende Gehälter. Muslimische Aktivisten, deren Zahl immer zunimmt: Diskrimination gegen ihre Gruppierungen. Sozial bewusste Arbeiter: die Unmöglichkeit, echte Gewerkschaften zu bilden; weniger kämpferisch eingestellte: zu wenig Arbeitsplätze, geringe Löhne. Viele Konsumenten: das Fehlen von bestimmten Waren oder ihre unerschwinglichen Preise, die geringe Qualität einheimischer Produktion, besonders wenn sie aus staatlichen Fabriken stammt. Kranke: die schlechte Qualität der staatlichen Spitäler und Medikamente, ausländische Heilmittel seien oft nicht erhältlich. Eltern: die ungenügende Qualität der staatlichen Schulen, die Nachhilfestunden unentbehrlich mache. Wo es solche gibt, zieht man Privatschulen vor, die jedoch teuer sind.

Die Regierung kann es den wenigsten recht machen. Man fühlt sich auch nicht dafür verantwortlich, was sie tut, selbst wenn man von ihr angestellt ist. Dies nicht zu Unrecht, denn es handelt sich praktisch immer um Regierungen, die sich mit Gewalt dem Lande aufgedrängt haben. Ihre Legitimität ist gering. Die Anklagen und Proteste der Untertanen machen jedoch oft vor dem eigentlichen Machthaber halt. Er wisse nicht, wie ungerecht seine Beamten in seinem Namen handelten. Man tut gut daran, sich zu erinnern, dass es ähnliche Phänomene gab, als europäische Diktatoren – Hitler, Mussolini, Stalin, Salazar, Franco – weite Teile Europas beherrschten. Der Herrscher oder Diktator erschien seinen Untertanen stets in der Figur eines Landesvaters. Die Bevölkerung glaubte ihn von den Missbräuchen und Untaten seiner Beamten ausnehmen zu können, obwohl, objektiv gesehen, gerade er die Hauptschuld trug.

Wie heute in den arabischen Staaten war damals in den von ihnen beherrschten Ländern das Porträt des Herrschers überall zu sehen. Man sollte sich dabei an die Feststellung der Verhaltensforschung des Tierlebens erinnern, nach welcher in einer Herde das Leittier daran zu erkennen ist, dass es beständig von den anderen Herdentieren «angeschaut» wird. Der Rest der Herde blickt immer wieder in seine Richtung, um die eigene Verhaltensweise der seinigen anzupassen.

Es besteht kein Zweifel, dass die Propagandisten der Alleinherrscher instinktiv auf dieses Muster zurückgreifen. Der Herrschende muss vom Volk «angeschaut» werden. Sein Bild, millionenfach reproduziert, muss dabei die Stelle seiner Person einnehmen. Der Fernsehschirm wird in den Dienst des gleichen Vorgangs gestellt. Das «Anschauen» scheint eine magische Wirkung auszuüben. Es erkürt den Herrscher zum «Leitstern» seines Staates. Zweifellos sind hier uralte Instinkte am Werk. Der König mit aller Magie und Religion, die seine Figur ursprünglich umgab und sein Denken und Handeln erleuchten, gehört auch hierher. Die Leitfigur des Herrschenden ist wichtiger als seine Leistung. In Ägypten trat Abdel Nasser nach der Niederlage des Sechstagekrieges zurück. Möglicherweise war eine Claque organisiert, die nach seiner Rückkehr an die Spitze des Staates schrie, als Nasser selbst seinen Rücktritt am Radio verlas. Doch der Widerhall, den diese vielleicht zu Beginn organisierten Demonstranten beim ägyptischen Volk fanden, war ohne Zweifel spontan. Hunderttausende zogen auf die Strassen und riefen nach der Rückkehr Nassers ins Amt. Demonstrationen brachen auch in den Nachbarländern aus, sogar in solchen, deren Regierung Nasser keineswegs besonders wohlgesinnt war.

Der Grundmechanismus dabei war: Die Ägypter und viele der benachbarten Araber sahen sich in die schwarze Nacht einer schmählichen Niederlage gestossen. Alles, was sie während 15 Jahren getan und gehofft hatten, war in sechs Tagen zunichte geworden. In diesem Augenblick, in dem alles wankte, die Ideologie des arabischen Sozialismus, die panarabischen Hoffnungen, die eigene Selbsteinschätzung und Ehre, wollten sie nicht auch noch ihren Führer verlieren, den grossen Mann, das Leitbild, das sie so lange beherrscht hatte. Wenn Nasser blieb, so empfanden sie, wäre ein weiterer Waffengang möglich, eine Revanche denkbar. Wenn er gehe, wäre dies das Ende all ihrer Hoffnungen, Wünsche und politischen Träume. Nasser selbst nahm die Meinungsäusserung der Ägypter in diesem Sinne an. Selbst wenn er sie hätte auslösen lassen, war sie doch so eindeutig ausgefallen, dass er sie, wohl zu Recht, als ein neues Mandat seines Volkes auffassen konnte. Das Mandat, so wusste er, galt seiner Person, nicht seiner bisherigen Politik. Die Politik änderte er. Ihm selbst waren der arabische Sozialismus und der Panarabismus im Sinne einer Führungsrolle Ägyptens in der arabischen Welt fragwürdig geworden, den Ägyptern noch mehr.

Ghaddafi, damals ein Neuling der Revolution, der in den alten Bahnen fortfahren wollte, wurde von Nasser zur Vorsicht ermahnt. Im Juli 1970 ging Nasser auf den amerikanischen Friedensplan Aussenminister Rogers' ein. Nasser hat Sadat zu seinem Ersten Vizepräsidenten eingesetzt, womit er zum eventuellen Nachfolger wurde, wohl wissend, dass Sadat sich mit der Sowjetunion auf die Dauer nicht werde vertragen können.

Später konnte man den Aufstieg Sadats zur Spitze des Staates beobachten. Ursprünglich nahmen die Ägypter den Nachfolger Nassers überhaupt nicht ernst. Er galt mehr als eine Witzfigur. Doch er sollte zum Marschall werden, selbsternannt, der alle Plebiszite mit über 99 Prozent der Stimmen gewann ... Mubarak hat sich persönlich viel mehr zurückgehalten. Doch auch er musste die oberste Führung übernehmen. Ägypten und die Ägypter erwarteten es; jemand musste «angesehen» werden.

Parallel dazu ist auch die Stellung des Vaters in der Familie zu sehen. Dass zwischen dem Vater des Volkes und dem Vater der Familie eine Verbindung bestehe, sagt schon die Sprache, die den Begriff Paternalismus geprägt hat. Dass der Vater und in gewissen Umständen der Clan-Oberste eine Leitfunktion erfüllt, «angesehen» wird, steht ausser Zweifel. In der Grossfamilie, in der mehrere Brüder mit ihren Frauen und Kindern unter Vater und Mutter zusammenleben, wird dies besonders deutlich. Doch sogar in den Kleinfamilien westlichen Stils bleibt diese «Leitfunktion» spürbar im Verhältnis zwischen Vätern und Söhnen. Die Autorität der Väter gilt; sie wird oft zähneknirschend hingenommen, aber doch hingenommen. Man kann diese Autorität viel leichter heimlich hintergehen, als offen konfrontieren. Die Frauenwelt ist oft zur Hilfe bei solchen Hinter- und Umgehungsmanövern bereit. Sie weiss aus alter Erfahrung, dass man damit weiterkommt als mit Konfrontation. Die Konfrontation würde die Rangordnung offen in Frage stellen, während die Umgehungs- und Umstimmungsmanöver die Rangordnung intakt lassen.

Solche paternalistische Strukturen sind heute im Bereich der Gesellschaft, des Staates äusserst gefährlich. Der «Vater des Volkes» kann Fehler begehen, was um so leichter geschieht, als er mit neuen, bisher unbekannten Vorgängen, Ideen und Phänomenen zu tun hat. Doch niemand wagt es, ihn auf seine Irrtümer aufmerksam zu machen. Jedermann spendet ihm pflichtschuldig Beifall, tue er auch, was immer er wolle. Der «Vater des Volkes» braucht oft nur wenige Jahre, um gegenüber aller Kritik intolerant zu werden. Er beginnt Kritik nur als Versuch zu verstehen, seine Position zu erschüttern. Er wird stets Diener und Schmeichler finden, die ihn in diesem Eindruck bestärken. Die Versuchung für ihn ist gross, sich immer ausschliesslicher mit solchen Leuten zu umgeben.

Der Islam hat die gleichen Grundvorstellungen der Einherrschaft: Die Gemeinschaft der Gläubigen hatte *einen* Führer in der Nachfolge des Propheten, die Sunniten nannten diesen *Khalifa,* was der Titel des Kalifen ist. Bei den Schiiten ist der *Imam* ein direkter Nachfahre Alis und des Propheten (weil Muhammed, der keinen Sohn gehabt hat, Ali seine Tochter zur Frau gab). Dies war Hussein, nach dessen Schlachtentod in Kerbela (680) Ali Zain al-Abdidìn, Muhammed al-Baqir, Ja'far as-Sadiq, Isma'il, welcher 762 starb und nach Ansicht der Isma'iliten oder Siebener-Schiiten in die Okkultation einging. Während die Zwölfer-Schiiten statt Isma'il Musa al-Kazim anerkennen sowie fünf weitere Imame, Ali ar-Rida, Muhammed al-Jawad, Ali al-Hadi, Hassan al-Askari und Muhammed al-Mahdi, der 879 in die Okkultation einging und ihrer Ansicht nach am Ende der Zeit auferstehen wird. All diese Imame konnten nach Ansicht ihrer schiitischen Gefolgsleute die Lehre bindend auslegen und den inneren, verborgenen Sinn des Korans verstehen.

Ihre sunnitischen Rivalen, die Kalifen, waren bloss «Befehlshaber der Gläubigen». Um den Sinn des Korans und des Gottesgesetzes zu verstehen, mussten sie sich auf die Gelehrten stützen. Doch die Gelehrten spielten auch in der Schia eine grosse Rolle. Nachdem die letzten Imame in die Okkultation eingegangen sind, steht es ihnen zu, gemeinsam den Sinn und das richtige Verständnis der religiösen Texte sowie ihre Anwendung auf alle Zeitfragen darzulegen. Dabei gibt es unter ihnen, stets bei den Schiiten, besonders angesehene, welche die Gläubigen sich zum Vorbild nehmen, die Marja-ye-Taqlid oder «Quellen der Nachahmung». Wenn es mehrere solcher Hochgelehrter und Hochangesehener gibt, teilen sich die Gläubigen in sie, indem sich ein jeder sein Vorbild aussucht und ihm auch die Almosensteuer (Zakat) übergibt, die er sich selber auferlegen sollte. Immer gibt es nur einen Kalifen, einen Imam, eine Quelle der Nachahmung, zu denen man aufschauen, die der einzelne Gläubige «ansehen» kann.

Den Kalifen hat Atatürk 1924 abgeschafft. Er kam damals in die Schweiz, um in Ruhe zu leben. Doch seine Ankunft löste eine Debatte darüber aus, ob er mit seinen vier Frauen nicht der Vielweiberei schuldig sei und daher nicht in die Schweiz eingelassen werden könne.

Im fernen Indien entstand zur ungefähr gleichen Zeit (1919–23) die Khilafat-Bewegung, eine protürkische Revolutionsbewegung gegen die Engländer, die im Namen des Kalifen tätig wurde. Wenn das Kalifat nach 1292 Jahren seines Bestehens ziemlich sang- und klanglos verschwinden konnte, so war es, weil ein Ersatz für den Kalifen gefunden wurde, mindestens was die Türkei anging. Atatürk, der Vater der Türken, trat an seine Stelle, und seine Figur wirkt bis heute nach. In jeder Schule steht seine Büste, die von den Schulkindern «angesehen» wird. Indem die staatliche Führung das gleiche Ein-Mann-Modell übernahm, verstärkte sie es und gab ihm fast religiöse Weihe.

Doch die Frage nach der heutigen Wirksamkeit dieses uralten und geheiligten Führungssystems muss gestellt werden. Es ist mit den heutigen Erfordernissen nur dann in Einklang zu bringen, wenn die Führungsfigur Einschränkungen unterworfen wird, sei es in bezug auf ihre Macht, wie bei den englischen Monarchen, sei es in bezug auf Dauer und Art der Machtausübung, wie bei den amerikanischen Präsidenten. Absolute Macht ist heute viel absoluter als zum Beispiel zur Zeit des Absolutismus, geschweige denn früher, weil der Staat dank moderner Technologie und vielfältiger Durchdringung der Gesellschaft über ein Vielfaches der Macht verfügt, die ein früherer Staat besass.

Der absolute Machthaber hat daher die Möglichkeit, seine Gesellschaft viel unbeschränkter zu beherrschen, als dies in Zeiten der Fall war, in denen die Welt noch Freiräume aufwies, Wälder, Wüsten, Berge; in denen es keine geschlossenen Grenzen im heutigen Sinne gab. In manchem Drittweltland, wozu auch einige arabische Staaten gehören, kümmert sich die Regierung in keiner Hinsicht um ihre Bürger, auch wenn sie verhungern sollten. Sie nimmt sich aber das Recht heraus, sie in den Grenzen des eigenen Landes festzuhalten. Ohne Pass und Stempel sollen sie weder hinein- noch herauskommen! Die Bürokratie hat sich vertausendfacht. Kontrollen aller Art gelten als «entwickelt», je schikanöser, desto «moderner». Für Ausbildung, für Broterwerb, für ärztliche Hilfe, für Kommunikationen aller Art, Rechtsfindung, Regulierung seines Lebensraumes, Kontrolle seiner Nahrung, Manipulation seines Geldes, Sicherheit, theoretisch der eigenen, in der Praxis jener der Machthaber; in fast allen arabischen Staaten sogar für alles Gedruckte, das er lesen darf oder nicht, stets für das Fernseh- und Radioprogamm ist der Bürger auf die Allmacht des Staates angewiesen. Die Möglichkeiten, den eigenen Bürger absolut zu beherrschen, haben sich seit dem Absolutismus vervielfacht. In armen und «unterentwickelten» Ländern pflegt diese Übermacht des Staates gegenüber seinen einzelnen Bürgern noch viel ausgeprägter zu sein. Denn der Staat verfügt über genügend Geld, das er entweder aus seinen eigenen Bürgern erpresst oder von ausländischen Staaten erhält, um technische Hilfsmittel anzuschaffen, die ihm zur Beherrschung seiner Untertanen dienen. Seine Armee lässt der unterentwickelte Staat mit hochentwickelten Waffen aus dem Ausland ausrüsten. Sie erlauben es ihm, unbotmässige Untertanen zu unterdrücken oder umzubringen. Die Geheimdienste «befreundeter Staaten», gleich ob aus dem Osten oder aus dem Westen, pflegen einem Herrscher als ersten Liebesdienst die neuesten Abhörgeräte zu verkaufen oder zu schenken, die ihm erlauben, die Toiletten in den von den gleichen oder anderen befreundeten Staaten aufgestellten Luxushotels zu überwachen – sie gelten seltsamerweise als besonders spionagegefährdet – und natürlich auch den Telefongesprächen seiner Besucher und Untertanen zuzuhören.

Je ärmer das Land ist, desto stärker pflegt der Wunsch seiner Bewohner zu sein, es zu verlassen. Selbst jene wenigen, denen es materiell gut geht, empfinden ein Bedürfnis, sich im Ausland umzusehen. Europa, Nordamerika stellen in ihren Augen Erdteile dar, wo man etwas erleben und lernen könne, wo die Welt ihre Zentren habe, von denen man selbst direkt oder über die eigene «lokale» Regierung in mannigfaltiger Weise abhängig ist.

Im Sudan sagt man nicht ohne Grund den Ministern nach, das erste und machmal das einzige, was sie täten, nachdem sie Minister geworden seien, bestände darin, ein Flugzeug zu besteigen, um nach London zu fliegen. Jeder Vorwand dafür sei gut genug, von der eigenen Gesundheit bis zu den Staatsbesuchen. Europa ist heute für viele zum Land des Wohlstandes geworden, der Freiheiten, vor allem der Ideen. Die eigenen Länder, wenn man sie nicht von Zeit zu Zeit verlassen kann, haben etwas Gefängnishaftes an sich. Dies kommt letztlich daher, dass die alten Strukturen des Paternalismus sich fortpflanzen, jedoch heute innerhalb von «importierten» technischen und verwaltungsmässigen Rahmenbedingungen zur Anwendung kommen, die es früher nicht gab. Es ist, wie wenn man sich mit einem vielfach potenzierten «Vater» allein in der Familie befände, während die ihn relativierende, vermenschlichende Frauenwelt nicht mehr da wäre.

Eine alte Kultur gegen eine neue «Zivilisation»

Das Wesen der traditionellen muslimischen Kultur, wie sie sich im Laufe der Jahrhunderte unter den Arabern, Persern, Türken bis nach Hindustan entwickelt hatte, lässt sich am besten an ihren Kunstwerken ablesen. Die grossen Werke der Dichtung, der Architektur, der Malerei und viele vollendete Gegenstände des Kunsthandwerkes streben ein subtiles Gleichgewicht an. Sie suchen die Welt und all ihre Erscheinungen als Ausdruck einer Gesamtharmonie darzustellen, in die alles sich einfügt und die sie nachformen. Der Garten und der Teppich sind typisch für diese Kunst, der Innenhof, die Säulenwälder, das Ornament, die Kalligraphie, Irrgärten der Märchen und Geschichten, ineinander verschachtelt, zu Zyklen zusammengefasst. Die grosse Geste, die Tragödie, der Ausdruck individueller Leidenschaft (abgesehen von Liebe) kommen seltener vor als in der europäischen Literatur, und wo es sie gibt, fasst man sie in einen Rahmen, der die umgebende Welt andeutet, die weitergeht, blüht und sich rundet.

Diese Kunst steht, seitdem es den Islam gibt, immer im Zeichen einer Gesamtheit und ist Ausdruck dieses Gesamten. Sie gibt sich nicht prometheisch, sondern verweist auf die Schöpfung. Die muslimische Kunst geht in ihrer Harmonie, Fülle, Vielfältigkeit auf ein Ganzes zurück und lässt das Ganze sichtbar werden. Sie scheint stets Ausdruck der muslimischen Lehre zu sein, dass Gott selbst seine Schöpfung in jedem Augenblick wiederholt, sie beständig neu schöpft, neu belebt, und sie versucht, diese Schöpfung nachzuempfinden.

Diese Kunst ist Spiegelbild eines besonderen islamischen Lebensgefühls, ein Sichfliessenlassen, um an der Harmonie des Ganzen teilzuhaben. Die klassische islamische Kultur ist besonders reich, wenn es um Handel mit fernen Ländern und Reisen geht. Die arabischen Reisebeschreibungen sind Geographie und Kunstwerk zugleich. Die Darstellung von Ländern und Leuten, Pflanzen und Tieren, Meeren und Erdteilen, Sternen und Sternbildern gehört dazu. Die arabischen Bauern verstanden sich besonders auf Bewässerungswirtschaft, in der das Wasser die lebenspendende Funktion des Schöpfers nachahmt. Moscheen sind Abbilder der Welt, doch nach oben geöffnet; sie sind in sich geschlossene Bereiche, nach allen Seiten hin gleich ausgerichtet, nur ganz diskret durch eine Gebetsnische orientiert. Ihr Säulenwald ist ein Abbild der verwirrenden, aber doch geordneten Welt. Auch die reich ausgelegten Gärten geben die äussere Welt wieder, abgezirkelt und überschaubar gemacht. Teppiche sind bewegliche, aufrollbare Gärten. Die Ornamentik, die alle Flächen überzieht, beruht auf Vielfalt und Regelmässigkeit oder auf Vielfalt und Harmonie, wenn Schriftzeichen als Bänder verwendet werden. Auch der Basar folgt der gleichen Neigung nach fliessender Harmonie; man durchläuft ihn als Labyrinth, das die Hauptmoschee umgibt. Die Dichtung, die weitaus wichtigste Kunst der Araber, schon vor Muhammed in der Wüste gepflegt, beruht auf einer streng geregelten Sprache. Vers um Vers, in strengem Rhythmus und gleichbleibendem Reim, fliesst sie durch das ganze Gedicht hindurch immer weiter und führt Bild, Ausdruck, treffendes Wort wie Edelsteine in ihrem Strom mit sich.

Alle islamische Kunst hat mit Mystik zu tun. In der Schöpfung sucht sie den Schöpfer, den sie selbst nicht darstellen darf. Gefässe und Schalen werden zum Symbol einer dem Universum nachempfundenen Harmonie. Die islamische Literatur kennt eigentlich den Roman und das Drama nicht, bis auf moderne, von Europa beeinflusste Werke. Das Gedicht, die verschlungene Erzählung, meist auch in Versform, wenn sie gehobenen Ansprüchen nachkommt, das Epos (vor allem in Iran) bilden Welt nach. Der europäische Roman aber bildet Gesellschaft nach, das Drama Personen. Der Muslim ist mehr am Garten als an seinen Bewohnern interessiert, wenn diese auch wie bunte Blumen in ihn eingefügt sind, mitgezeigt und mitregistriert werden, weil sie schliesslich auch zur Schöpfung gehören.

Diese klassische islamische Kunst und das in ihr zum Ausdruck gelangende Lebensgefühl scheinen der Vergangenheit anzugehören. Es gibt

noch Künstler, die ihre Formen mehr oder minder vollkommen wiederholen. Sie arbeiten oft für die Touristen. Die Nomaden können noch
Teppiche knüpfen. Doch die grossen Luxusteppiche werden in mühsa-
mer Handarbeit mit der Hilfe von Schablonen, auf denen die Ranken
vorgezeichnet sind, unschöpferisch hergestellt. Moscheen werden oft
noch in klassischen, ottomanischen Formen gebaut, jedoch mit Zement-
kuppeln. Manchmal entscheidet man sich auch für «moderne» Moschee-
architektur.

Es gibt noch ältere Leute, oder es gab sie noch vor 20 Jahren, welche
die Mathnawi lesen oder teilweise den «Koran der Perser» auswendig
konnten. In Iran kann mancher Firdawsi und Hafez zitieren, auch wenn
beide Dichter heute von den Machthabern ungern gehört werden. Die
ältere Generation der Araber kennt noch ihre klassischen Dichter, teilweise trägt sie sie im Gedächtnis. Einem heutigen jungen Mann kann
man bestenfalls Schulanthologien mit erläuternden Fussnoten für seltene
Wörter zumuten.

Natürlich gibt es moderne Dichter. Manche von ihnen kennen ihre
klassischen Vorläufer gut. Doch sie versuchen etwas ganz anderes auszudrücken, nämlich ihre eigene und ihres Volkes Verlorenheit und Aus-
weglosigkeit, oder höchstens noch die versunkene Harmonie einer Welt,
die sie nicht mehr kennen. Sogar das Verständnis für die klassischen
Künste muss wieder gelernt werden. Oft geht man in Europa zu Fachleuten in die Schule, um die grossen klassischen Kunstwerke der eigenen
Vergangenheit verstehen und erforschen zu lernen.

Übrigens besitzt man auch nur wenig davon. Die Manuskripte, die
Miniaturen, die alten Kunstgegenstände, Stoffe und Teppiche findet
man eher in den europäischen Museen und im Kunsthandel zwischen
San Francisco und Rom. Kuwait hat kürzlich ein vorbildliches islamisches Museum eröffnet. Die ausgestellten Kunstwerke wurden in Europa zurückgekauft. Mit den Schätzen von Berlin, Paris oder London
können sie sich freilich nicht messen.

Historische Städte zerfallen rasch, weil sie ja nicht alle konserviert und
in Museen verwandelt werden können. Die Reichen ziehen aus ihnen aus
oder haben sie längst verlassen. Es fehlen Parkplätze für ihre Autos.
Auch wenn es möglich wäre, Wasserleitungen zu legen und Telefonan-
schlüsse herzustellen. Nur die Armen bleiben in den alten Städten, ziehen in sie hinein und zerwohnen sie buchstäblich. Von den Landeskin-
dern wird dies recht beiläufig bedauert. Doch sind die «alten Städte»
nicht mehr wirklich die ihrigen.

Dies wird auch an der Unsicherheit des Geschmackes deutlich, die heute herrscht, zum Beispiel bei der Ausstattung der Häuser und Wohnungen der Reichen oder bei den kitschigen Buntdrucken aus Europa, die als Wandbilder auf der Strasse verkauft werden. Sie sind das deutlichste Anzeichen dafür, dass die alte Formensprache unverständlich geworden ist und man keine neue gefunden hat, die sie ersetzen könnte. Für reiche Kunden auf der Arabischen Halbinsel haben sich die grossen amerikanischen und europäischen Baufirmen einen neo-orientalischen Stil zurechtgeschneidert, in dem die saudischen Universitäten etwa oder Flughafenhallen, stets Milliardenobjekte, erbaut werden. Nicht unbedingt abstossend, aber sehr prächtig und kostspielig, manchmal von der Form her sogar interessant. Doch genau besehen ist es nichts anderes als teure und grossangelegte Zuckerbäckerei aus Kunst- und Natursteinen, die Betonstrukturen verkleiden.

Dass kein moderner arabischer Geschmack oder Kunstverstand besteht, ist leicht zu verstehen. Die eigenen islamischen Kunstformen sind Vergangenheit. Neue gibt es nur in dem Mass, als arabische Künstler sich mit der modernen «westlichen», ja heute weltweiten Kunst auseinandersetzen und an ihr fortarbeiten; bisweilen auch in Richtung auf einen eigenen, modernen orientalischen Stil, was jedoch nur bei einer kleinen Elitegruppe zum Ausdruck kommt. Der Bürger, der sein neues Haus möbliert, braucht einen Teppich, um den herum er möglichst vergoldete und barock geschnitzte Polstersessel aufstellt, um seine Gäste zu empfangen. Stühle oder Sessel gehören nicht zur orientalischen Wohnkultur. Sie stammen aus Europa, und man bildet sie europäischen Formen nach.

Die klassische islamische Kunst war immer auf Fürstenhöfe als Mäzene angewiesen, was für die Dichtung wie für die bildenden Künste gilt. Doch noch bevor es keine islamischen Fürsten mehr gab, waren die Künste zugrunde gegangen. Es genügt, mit dem Dampfer am Dolma Bahçe am Bosporus vorüberzufahren, dem letzten grossen Palast der Sultane, um das zu sehen; eintreten ist nicht notwendig. Es ist auch offensichtlich, dass die Korruption des Geschmacks durch europäischen Einfluss erfolgte. Die islamische Baukunst entartete zum Schnickschnack spätbarocken Zierates, während die Gebäude der klassischen ottomanischen Epoche zu den grossen Werken der Weltarchitektur gehörten. Die Problematik der Verwestlichung, in diesem Falle wohl aus Prestigegründen, wird dem Betrachter deutlich sichtbar.

Einen weiteren Unsicherheitsfaktor bildet die Vielsprachigkeit, die besonders das Arabische trifft (nicht so sehr das Türkische und das Persische, weil der Koran das Arabische stark sakralisiert). Zweisprachig ist im arabischen Raum jedermann, der lesen und schreiben kann. Man schreibt und liest in einer vereinfachten, klassischen Sprache, die von niemandem gesprochen wird, es sei denn ganz selten beim Vortrag am Radio, vom Katheder oder von der Kanzel. Gesprochen werden immer Dialekte, verschieden in einem jeden Land. Der Unterschied zwischen Hochsprache und Dialekt ist ungefähr so gross wie jener zwischen dem Latein und dem Italienischen.

Die geschriebene Sprache musste in ihren wesentlichen Zügen erhalten bleiben, einschliesslich ihrer schönen, aber schwierigen Schrift, weil es die Sprache und Schrift des Korans ist. Die Schriftsprache darf nicht wesentlich von diesem geheiligten Modell abweichen. Doch der spontane Ausdruck gehört den Dialekten. Beim Theater und in direkter Rede im Roman wirkt die Hochsprache so gestelzt, dass viele Autoren Kompromisse eingehen. Der Umstand, dass man die kurzen Vokale nicht schreibt, erlaubt oft, eine Umgangssprache zu schreiben, die im Konsonantengerüst der Schriftsprache gleicht, aber als geglätteter Dialekt gelesen werden kann. Das Ägyptische ist besonders reich an solchen Übergangsformen, die in der Mitte zwischen dem Dialekt und der Schriftsprache stehen. Dies ist auch die Sprache des arabischen Films.

Bei den Gebildeten aber wird die Zweisprachigkeit zur Dreisprachigkeit, weil sie eine Fremdsprache, Englisch oder Französisch, in der Türkei und in Iran auch immer mehr Deutsch, oft schon in der Mittelschule gelernt und später auf der Hochschule und in ihrer beruflichen Ausbildung weiter benötigt haben. Diese Vielsprachigkeit hat ihre Vor-, aber auch ihre Nachteile. Die zweite und die dritte Sprache erschliessen Welten. Doch es ist schwer, Arabisch lesen zu lernen, weil man gleichzeitig auch eine Sprache, das Hocharabische, lernen muss. «Den Dialekt kann man nicht schreiben», versichern die Lehrer. Sie glauben auch, dass der Dialekt keine Grammatik besitze. Wenn man das Hocharabische so weit zu beherrschen gelernt hat, dass man es mindestens lesen und verstehen kann und genügend Kenntnisse besitzt, um einen Brief zu schreiben, verlässt man die enge Welt der Analphabeten, öffnet sich eine weitere neue Welt. Wenn man noch eine der europäischen Kultursprachen beherrscht, kommt eine weitere dazu. Doch viele sind in keiner der drei Sprachen ganz zu Hause, weil der Dialekt stets die Sprache bleibt, in der man redet und denkt; das Hocharabische jene, die man liest, aber selten sprechen kann, auch wenn man sie beherrscht, es sei denn, man sei ein berufsmässiger Redner, Lehrer, Vortragender oder Prediger. Nasser beherrschte die klassische Sprache nur teilweise. Die alten Eliten, welche die ausländischen Mittel- und Hochschulen besucht haben, können von sich behaupten, sie seien englischer oder französischer «Muttersprache». In dieser verzwickten Lage gibt es übrigens in arabischen Ländern ein Kriterium, das über die «Muttersprache» Klarheit verschafft: Die wirkliche «Muttersprache» ist jene, in der man rechnet! Die Naturwissenschaften werden an den meisten arabischen Universitäten englisch oder französisch gelehrt. All ihre Fachbegriffe arabisch nachzubilden, würde allzuviel Unklarheiten verursachen. Alle fremden Begriffe müssten hocharabisch «geprägt» werden, denn die klassische Sprache übernimmt keine Fremdwörter, im Gegensatz zu den Dialekten, zum Türkischen und zum Persischen, die davon strotzen.

Die sprachliche Lage kann man mit der Schichtung in den arabischen Städten vergleichen. Im offenen Land und in den alten Städten spricht man Dialekt. Die meisten Araber sind dort daheim. Es gibt jedoch auch die neuen Städte, wo jedermann arbeitet und wohnt, der aufsteigen will. Dort spricht man das heutige Schriftarabische. Schliesslich gibt es bestimmte Arbeitsplätze und Institutionen, wo man fremde Sprachen sprechen muss, wenn man mitreden will.

Für die nicht arabisch sprechenden Minoritäten, etwa die Kurden im Osten oder die Berber im Westen, wird die Lage noch schwieriger. Sie lernen oft leichter Französisch oder Englisch als das schwierige, weil vielschichtige Arabisch. Sie klagen jedoch oft darüber, dass ihre eigene Sprache sie benachteilige. Wenn sie nur eine kurzfristige oder lückenhafte Schulzeit hinter sich haben, laufen sie Gefahr, die offizielle Landessprache, in der ausschliesslich regiert wird, also das Türkische oder Arabische, nie voll zu beherrschen. Dies stempelt sie für ihr ganzes Leben zu Aussenseitern und Zweitklassbürgern ab.

Probleme der Wissenschaft

Die arabische Welt besitzt viele Universitäten, die viele, vielleicht allzu viele Diplomierte hervorbringen. Die wissenschaftliche Produktion jedoch ist gering. Hie und da wird etwas Forschung getrieben, meistens von jungen Doktoren und Professoren, die von fremden Universitäten heimkehren. Sie bringen aus dem Ausland einen gewissen Forschungsdrang mit. Doch er verliert sich bald. Es gibt zu viele Probleme, die das Aufkommen einer der Forschung günstigen Atmosphäre verhindern. Da sind die unmittelbaren Probleme des Unterrichts. Tausende von schlecht vorbereiteten Studenten sollen so weit gefördert werden, dass sie in der Praxis als Ingenieure oder Ärzte, als Advokaten oder Boden-, Pflanzen- oder Insektenfachleute, Lehrer usw. einigermassen gebraucht werden können, und zwar in kürzester Zeit. Denn theoretisch weiss jedermann, sogar die staatlichen Stellen wissen es, dass man möglichst viele, möglichst tüchtige, möglichst ausgebildete Fachleute braucht, um sich aus der «Unterentwicklung» zu lösen. In der Praxis verlaufen die Dinge anders. Die Qualität der Diplomierten ist nur sehr grob durch Examina festzustellen, durch die man verhindern will, dass gänzlich Unqualifizierte sich in die akademischen Berufe und Stellungen drängen. Die Quantität überfordert aber die meisten Universitäten. Der Andrang ist um so gewaltiger, als Fachschulen, die zu qualifizierten Berufen führen, weitgehend fehlen. Jeder junge Mann weiss, er muss eine Fakultät besuchen und ihre Examen hinter sich bringen, wenn er vorankommen will. Der politische und soziale Druck, viele möglichst rasch durch ihre Kurse zu schleusen, der auf dem Lehrkörper lastet, ist gewaltig. Eine wenig flexible Hierarchie besteht unter den Universitätslehrern. Man kommt nur voran, wenn man mit der Universitätspolitik zurechtkommt. Da niemand wirkliche Forschung treibt, ist der wissenschaftliche Rang eines Professors und angeblichen Forschers nicht feststellbar. Man redet sich seinen Rang an. Wer versuchen wollte, sich durch eigene wissenschaftliche Leistungen auszuzeichnen, würde anstossen. Er wird rasch Kollegen finden, die alles tun, um ihm seinen Ehrgeiz zu verleiden.

Forschung behindert das Fortkommen unter diesen Umständen, Politik ist im Rahmen der Universität der einzige Weg, um aufzusteigen. Aufsteigen ist aber aus materiellen Gründen unbedingt nötig. Die unteren Ränge des Lehrkörpers erhalten ungenügende Löhne. Beinahe jedermann muss sich nach einem Nebenverdienst umsehen, der mehr Energie und Zeit kostet als die Lehrtätigkeit. Der junge, begeisterte Forscher, der aus Europa oder den Vereinigten Staaten heimkehrt, resigniert rasch. Er passt sich notgedrungen dem herrschenden System an, das aus Massenunterricht und Fortkommensintrigen besteht, es sei denn, er kehre nach Nordamerika oder Europa zurück.

Der tunesische Arzt und Medizinprofessor Mouncef Marzouki hat in seinem brillanten Buch «Arabes, si vous parliez...» (Paris, 1987) ein kurzes Kapital über Wissenschaft eingefügt, in dem er die Lage deutlich macht. Er sieht vier Probleme: die Art des Lehrbetriebes, die schlechte Vorbildung, den Rang der Wissenschafter, Geld und Organisation des

Forschungsbetriebes. Er spricht von einem «Mandarinat» als einem der Haupthindernisse. «Ein Mann findet ein Arbeitsfeld für sich und erklärt: Diese Disziplin, das bin ich bis in alle Ewigkeit. All seine Energie verwendet er von nun an nur darauf, alle jene zu blockieren, die seine Führungsposition in Gefahr bringen könnten.» Warum, so fragt der Verfasser im gleichen Kapitel, soll es keine gemeinsame arabische Forschung geben? Forschungsinstitute vom Golf bis zum Ozean? Gewiss, jedoch unter der Vorbedingung, dass nicht in einem jeden ein «Mandarin» die Leitung an die Hand nimmt. Im politischen Bereich zeigt die Arabische Liga, was aus einem solchen «mandarinisierten» Institut werden kann. Panarabisch oder nicht, reich oder arm spielt keine Rolle mehr, wenn die «Mandarine» die Sache erst einmal in den Griff bekommen haben. «Mandarine» in diesem Sinn sind Leute, die Wissen bürokratisch verwalten und machtpolitisch ausnützen, um ihre Position aufzubauen und aufrechtzuerhalten. Es geht ihnen nicht um Wahrheitssuche, sondern um Positionsbewahrung. Im Westen haben wir natürlich auch unsere «Mandarine», auf den Universitäten wie anderswo. Doch unsere Universitäten verstehen sich noch als Orte der Wahrheitssuche, weil offenbar das wissenschaftliche Ethos doch überwiegt und sich durchsetzen kann. Soll man nun behaupten, dieses Ethos fehle gänzlich oder weitgehend im arabischen Raum? Man muss dazu bemerken, dass dieses Ethos in Europa seine Genese hat. Auf die lange und komplizierte Geschichte seiner Entstehung sei hier nicht eingegangen. Doch das oft gehörte Argument, das in allen arabischen und islamischen Staaten vorgebracht wird, verdient einen Kommentar. Die muslimische Welt habe doch bedeutende Wissenschafter hervorgebracht, als Europa noch im Frühmittelalter steckte. Damals habe Europa Entscheidendes von der muslimischen Wissenschaft gelernt. Dies trifft zu. Doch ist anzumerken, dass in der späteren muslimischen Gesellschaft die Wahrheitssuche als solche, neben der Theologie und vielleicht über sie hinaus oder in anderen Richtungen, verdächtig geworden war. Ibn Khaldun (starb 1406), der grosse Vorläufer der heutigen Soziologie im arabischen Raum, muss in seiner Eigenschaft als origineller Denker bereits als Spätblüte eingestuft werden. Er lebte in einer Epoche, in welcher der Raum für eigenes Denken immer enger und frostiger wurde. Schon sein grosser geistiger Ahne, Ibn Ruschd (Averroes), der 1198 starb, musste es dulden, dass die Gottesgelehrten von Córdoba seine Bücher verbrannten, während er sich selbst dank hochgestellten Bewunderern an den Hof von Marrakesch retten konnte.

Andere Zweige des Geisteslebens blühten länger, die Dichtung, die Mystik, die Geographie, die Astronomie, die Malerei in Iran und in Delhi sowie in der Türkei. Doch auch sie sollten abklingen, noch bevor europäische Vorbilder dort Geltung erlangt hatten.

Wenn man aus dem Auftreten grosser arabischer Wissenschafter, Mathematiker, Ärzte und Philosophen im Frühmittelalter schliesst, dass «die Araber» der Wissenschaft fähig seien, ist dieser Schluss berechtigt; doch besagt er wenig. Niemand, der sich von dummen und einfältigen Rassenvorurteilen einigermassen befreit hat, wird behaupten, der arabische Verstand sei «schwächer» oder «anders» als der europäische. Doch aus dem Umstand, dass es später Jahrhunderte der Lähmung und des Stillschweigens gab, muss man auch einen Schluss ziehen. Wissenschaftliche Forschung ist von einem bestimmten, in der Gesellschaft verankerten, intellektuellen Klima abhängig. Gewiss auch vom Geld; doch Geld wird immer gefunden, wenn das Klima existiert. Dieses wissenschaftsfreundliche Klima wiederum hat tiefe geistesgeschichtliche Wurzeln. Man kann sich der Wissenschaft im eigenen Umfeld bewusst geneigt zeigen und diese fördern. Es gibt solche Versuche in den Vereinigten Staaten und – spektakulärer, jedoch wie erfolgreich? – in der Sowjetunion. Doch wer sollen die Förderer sein, wenn nicht der Staat oder sehr reiche Einzelpersonen? Beide werden eine solche Aufgabe nur dann erfolgreich durchführen können, wenn sie nicht aus blossen Prestigegründen handeln oder aus kurzfristigen Rentabilitätsüberlegungen. Sie müssen in sich den Willen zur Wahrheitssuche besitzen. Wissenschaft und Forschung hängt mit Wahrheit zusammen. Das Verhältnis aller politischen Machthaber zur Wahrheit kann man als zwiespältig bezeichnen; jenes der arabischen jedoch als «gebrochen». Als Wahrheit scheinen die meisten aufzufassen, was ihnen nützt, oder besser, woraus sie glauben, Nutzen ziehen zu können. Sie handhaben meist die Wahrheit je nach Lage. Die «Mandarine», die ein wissenschaftliches Institut leiten, sind sehr wohl in der Lage, politisch mit Machthabern zusammenzuarbeiten, deren Herrschaftstechnik es ist, Wahrheit beständig zu manipulieren. Durch diese «Zusammenarbeit» rutschen sie nach oben in den «wissenschaftlichen» Institutionen. Doch bleibt dies für das wissenschaftliche Klima nicht ohne Folgen.

Um Länder wie das heutige Saudiarabien zu begreifen, muss man den früheren Zustand kennen, wobei unter «früher» die Zeit des Propheten (und lange vorher) bis 1945 gemeint ist. 1945 begann nämlich die Ölförderung im grossen Stil. Um sich in den «früheren Zustand» hineinzudenken, sollte man einmal einen Tag und eine Nacht in der Wüste zubringen, ohne Motorfahrzeug und ohne Klimagerät. Am besten während des Sommers. Erst dann weiss man, wie unerträglich das Klima in den Wüstenländern wirklich ist. Wenn Motorfahrzeuge fehlen, werden die Tiere lebensnotwendig für Nahrung und Transport. Man muss umherziehen, weil diese an einem Ort nicht genug Weide und Wasser finden. Man würde ziemlich rasch sterben, wenn man nicht einen Beduinen fände, der sich des Fremden annähme. Nur der Beduine besitzt Wissen und Fähigkeiten, die hier zum Überleben notwendig sind. Er weiss, wo es Wasser gibt oder geben könnte, wo und in welchem Zeitpunkt man Chancen hat, Gras für die Herden zu finden; wie man die Kamele, wenn man sich tief in der Wüste befindet, behandeln und ausnützen muss, um mit ihrer Hilfe zu überleben. Jahrhundertelang ist es nur darum gegangen, das Leben zu fristen und nicht zu verdursten. Alles war diesem untergeordnet. Gewiss gab es reiche Beduinen und sogar Beduinenfürsten, die sich gegen Hunger, Durst, Hitze besser absichern konnten, weil sie grosse Herren waren, die auf Abgaben ihrer Stammesleute, Kriegsbeute, auf die Arbeit ihrer Knechte und Mägde zählen konnten. Sie besassen vielleicht eine Lehmfestung in einem Palmenhain, einer Oase. Es gab einige Handelsfamilien in den Häfen von Jedda (Dschidda) und Jambu. Die Pilgerfahrt nach Mekka brachte jährlich Tausende von fremden Pilgern und ihr Geld in die Stadt der Kaaba. In ihr lebten Gelehrte und Gottesleute. Doch das Land war arm, verlassen und öde. Sein Klima war so unerträglich, dass die europäischen Kolonialisten nie versucht haben, es unter ihre Herrschaft zu bringen. Die Engländer haben sich mit einigen strategischen Häfen an den Küsten und Inseln Arabiens begnügt. Sie waren ihnen wichtig, weil sie am Weg oder in der Nähe des Weges nach Indien lagen. Den Beduinen und ihren Herrschern zahlten sie Unterstützungsgelder, damit sie ihnen freien Durchgang gewährten und sich nicht mit ihren Feinden verbündeten.

In dieses Land am Rande des Existenzminimums und am Rande der Zivilisation strömte plötzlich das Ölgeld ein. Im bisherigen Leben der Beduinen, sogar ihrer Fürsten, gab es nur wenig Gelegenheiten, viel

Geld auszugeben, wenn man überhaupt Geld hatte. Mit der Kriegsbeute baute man sich vielleicht einen Palast, in dem man viele Frauen unterbringen konnte. Man kaufte sich viele Kamele, doch ihre Zahl war durch die Futtermöglichkeiten beschränkt. Vielleicht waren Oasen mit Palmen zu kaufen. Weitere Annehmlichkeiten musste man importieren: etwa schöne Kleider, Waffen, Kaffee, Schmuck, Teppiche, Weihrauch, Parfum. Man konnte auch einen Goldschatz aufhäufen für schlechte Zeiten oder für Kriegszüge. Oder man verteilte die Gelder an Freunde und Anhänger, um sich einen Namen zu schaffen. Es war auch möglich, Bauwerke zum allgemeinen Nutzen zu errichten, die meist der Pilgerfahrt dienten, also Karawanenstrassen mit Zisternen und Brunnen, mit Gebäuden am Wege der Pilgerfahrt. Man konnte auch Brunnen graben lassen und bescheidene Bewässerungsprojekte durchführen. Doch im allgemeinen sah man sich auf Dattelhaine beschränkt.

Als die Erdölgelder zu sprudeln begannen, war es natürlich, dass die Machthaber zunächst fortfuhren, das gleiche zu tun, was sie bisher getan hatten, wenn sie zu Geld kamen. Man baute Paläste, richtete sie luxuriös ein. Klimaanlagen, die damals gerade in den Vereinigten Staaten allgemein in Gebrauch kamen, stellten den grössten Luxus dar, den man importieren konnte. Solche Geräte und Anlagen erlaubten es, punktuell das Klima zu verändern, in dem man bisher zu leben gezwungen war. Um solche Geräte zu betreiben, brauchte man Elektrizität. Eine zivilisatorische Errungenschaft war das Automobil. Als viele Automobile in das Königreich importiert wurden, benötigte man auch ein brauchbares Strassennetz. An Unternehmen, die bereit waren, Strassen zu bauen, fehlte es nicht. Man begann auch an die Bevölkerung zu denken. Es fehlte an Kliniken und Schulen. Man errichtete in den grösseren Städten Spitäler. Die Ärzte kamen aus Pakistan, Ägypten, aus Palästina mit jordanischen Pässen. Das Lehrpersonal bestand auch aus Ägyptern, Palästinensern und Sudanesen. Die Erdölgesellschaft Aramco, aus den grossen amerikanischen Erdölgesellschaften zusammengesetzt, vermittelte zu Beginn die wichtigsten Kontakte mit den Vereinigten Staaten. Als der König den Wunsch äusserte, auch eine Eisenbahnlinie zu besitzen, wandte er sich an Aramco. Die Gesellschaft sorgte dafür, dass die Strecke Riad–Damman, wo die Gesellschaft ihren Sitz hatte, erbaut wurde. Dass zuerst einmal amerikanische Firmen geschäftlich zum Zuge kamen, war natürlich.

Doch in den ersten 15 Jahren wurde das Geldausgeben unsystematisch gehandhabt. Der Gründer des Königreiches, König Abdul Aziz

Ibn Saud, starb kurze Zeit, nachdem die Ölproduktion voll eingesetzt hatte. Sein ältester Sohn, Saud Ibn Abdul Aziz, war von seinem Vater auf die Nachfolge vorbereitet worden. Der alte König hatte ihm die Pflege der Beziehungen zu den Beduinenstämmen anvertraut. Dies war vor der grossen Veränderung durch die Erdölgelder für das Fortbestehen des Reiches die wichtigste Aufgabe des Königs. Auf die Beduinen und ihre Stämme stützte sich die Dynastie. Diese Lehrzeit des Thronfolgers hatte zur Folge, dass der neue König wenig von der Aussenwelt kannte, die Welt seiner Beduinen hingegen sehr wohl. Er verhielt sich deshalb wie ein Beduinenfürst, der zu Geld gekommen ist. Freigebigkeit ist eine vielgepriesene Beduinentugend; selbst wenn man sie bis zur Verschwendung treibt, erregt dies um so mehr Bewunderung. Der neue König gab denn auch das Ölgeld mit vollen Händen aus: für sich selbst, für seine Günstlinge, seine Frauen, die Familien der Frauen und für die Beduinenstämme. Es gab zehn Paläste, zwischen denen Ibn Saud in einer grossen Autokarawane von 50 Automobilen und mit mehreren hundert Gefolgsleuten hin und her pendelte. Sein eigener Wohnwagen war für 400 000 Dollar in den Vereinigten Staaten gebaut worden; er führte auch ein riesiges Zelt als Thronraum mit sich. Der Wohnwagen enthielt einen grünen Salon, ein blaues Schlafzimmer und ein Badezimmer mit goldenen Hähnen.

Vergeudung war auch in allen anderen Bereichen die Regel. Heute werfen viele Saudis den ausländischen Firmen vor, dass sie damals die «unwissenden Herrschaften», den König und seine Familie, zu solch unsinnigen Ausgaben ermuntert und dabei riesige Gewinne eingestrichen hätten. Manchmal dient dies sogar zur Rechtfertigung: «Nun sollen sie ruhig auch mal ein paar Verluste in Kauf nehmen!» Es gibt Bände von Sensationsgeschichten über die Ausgabefreudigkeit der damals neureichen Beduinenherrscher. Die hübschesten Anekdoten verdankte man dem Herrscher des kleinen und eigentlich puritanischen Erdölstaates von Qatar. Er ging auf der Promenade am Genfersee spazieren, und wenn ihm eine Frau entgegenkam, die ihm gefiel, winkte er seinem Leibsklaven, der ihm ein grosses schwarzes Lederetui nachtrug. Es wurde aufgeschlagen, und die Beglückte durfte sich eines der Juwelen aussuchen, die darin zur Schau lagen. Weitere Folgen hatte dies nicht. Ausser dass die Familie das Vorgehen des Herrschers anstössig fand und ihn absetzte.

Was Europäern als Grossprotzerei und Verschwendungssucht erschien, war im Grunde traditionelles Verhalten, das fortgeführt wurde, nachdem die Geldmittel, die bisher stets knapp gewesen waren, ins Unabsehbare gewachsen waren.

Im Falle von König Saud wirkte das viele Geld jedoch ausgesprochen korrumpierend und hatte für ihn persönlich schlimme Folgen. Der König schädigte seinen Magen chronisch durch die süssen Liköre, von dener er abhängig wurde. Ein ehemaliger Chauffeur, der sie ihm, gegen den Rat der Ärzte, stets zu verschaffen wusste und auch etwas Zuhälterei betrieb, wurde mit den Jahren zu einer Art Oberkämmerer, der weitgehend entscheiden konnte, wer zum Empfang vorgelassen wurde und wer nicht.

Zum Reichtum gehört auch, dass man ohne weiteres Schulden machen kann, jedenfalls solange die Banken Kredit gewähren. Im Jahr 1958 war es so weit, dass das Königreich etwa 100 Millionen mehr Schulden aufwies als die Jahresrente von 400 Mio. Dollar aus dem Erdöl. Die Banken sperrten die Kredite, und eine Finanzkrise setzte ein. Dies führte dazu, dass die königliche Familie einschritt und den König im März 1958 zwang, seinen zweiten Bruder, Faisal, zum Ministerpräsidenten zu ernennen und ihm alle Exekutivmacht zu übergeben. Faisal war vom verstorbenen König Abdul Aziz Ibn Saud als aussenpolitischer Fachmann ausersehen worden. Er war weit gereist und hatte sein Land vor der Uno vertreten. Er besass eine ganz andere Kenntnis der übrigen Welt. Der neue Ministerpräsident führte eine reguläre Finanzverwaltung mit Budgetdisziplin ein. Er wurde so der Finanzkrise rasch Herr. Doch seine Einsicht ging tiefer. Er hatte erkannt, dass die Dynastie und das Königreich nur Bestand haben würden, wenn die Bevölkerung Saudiarabiens an den Erträgen aus den Erdölgeldern mitbeteiligt sein würde. Der Anstoss zu einer geplanten Entwicklungspolitik seines Landes ging von ihm aus. Faisal ist später (November 1964) König geworden. Die Familie setzte Saud endgültig ab, weil er nicht aufhörte, sich in die Politik einzumischen. Faisal hat dem Königreich sein heutiges Gesicht verliehen. Wie sieht es heute aus? Man hat unvorstellbare Summen investiert, nicht nur in den Palastbau, sondern in eine gewaltige Infrastruktur. Grossstädte wie Riad und Jidda sind praktisch abgerissen und modern aufgebaut worden; Glas, Stahl und Klimaanlagen, manchmal unter Verwendung von zuviel Beton. «Schön» im Sinne von prächtig sind diese Städte geworden. Bewohnbar sind sie nur für Leute mit Automobilen und für Grossverbraucher von Elektrizität. Frauen freilich dürfen nicht selbst Auto fahren; sie müssen sich einen Chauffeur halten oder zu Hause bleiben.

Zu den Städten kommen die Häfen, die Flughäfen, die Autobahnen, die überallhin durch die Wüste führen, die Universitäten, die Kraftwerke, die Meerwasser-Entsalzungsanlagen, die Netze für Fernkommunikationen, die eigene Luftlinie, alles ist da bis zur Eisbahn, um Schlittschuh zu laufen. Der grösste Flughafen der Welt wurde in Jidda gebaut, um den Pilgerverkehr zu bewältigen; dann beschloss man, einen noch grösseren in Riad zu bauen, weil es die Hauptstadt ist.

Es funktioniert alles. Die neuen Gebäude und Strassen sind blitzsauber. Wenn ein Zigarettenstummel zu Boden fällt, stürzt sich ein orangenrot uniformierter (damit der Verkehr ihn nicht anfährt) Strassenwärter aus Bangladesh auf ihn und fegt ihn in seine langstielige Schaufel. Er hat sonst nichts zu tun, und er langweilt sich.

Viele Hunderttausende von Fremdarbeitern sind nach Saudiarabien geflogen worden, um den grossen Aufbau möglich zu machen und die schwere und dreckige Arbeit zu leisten, für die kein Saudi zu haben ist. Die Fremdarbeiter kamen aus allen arabischen Ländern, aber auch aus dem indischen Subkontinent, Pakistan, Indien, Bangladesh, Sri Lanka. Man setzte sogar Südkoreaner ein, weil sie sich als billigere und härtere Arbeiter erwiesen; Filipinos, Thais haben sich zu ihnen gesellt.

Verlässt man die Hauptstadt auf der Autobahn, sie führt an Satellitenstationen vorbei, gelangt man in Landesteile, in denen der Weizen grünt. Fossiles Wasser wird an die Oberfläche gepumpt und durch riesige, sich im Kreis drehende Sprinkler auf gewaltige, kreisrunde Anbauflächen verteilt. Die Landarbeit wird maschinell besorgt. Die Arbeiter auf den Maschinen sind Ausländer und stammen oft aus Jemen. Doch die landwirtschaftlichen Unternehmer sind Saudis, manchmal sogar Prinzen aus den Nebenfamilien, von denen es weit über 3000 gibt. Die Erträge werden direkt vom Staat subventioniert, indem er die Ernten zu Preisen kauft, die weit über jenen des Weltmarktes liegen – nicht anders als in Europa. Indirekte Hilfe kommt noch dazu. Das Bewässerungswasser ist gratis; an die Kosten der Landwirtschaftsmaschinen zahlt der Staat zwei Drittel. Anleihen kann man zinsfrei erhalten. Die Landwirtschaft blüht in der früheren Wüste, und die Saudi sind stolz darauf.

Schwerindustrie für 200 Milliarden Dollar wurde in Jubail am Persischen Golf und ihrer Schwesterstadt Yambo auf der anderen Seite der Halbinsel, am Roten Meer, aufgestellt. Es handelt sich fast ausschliesslich um petrochemische Werke. Eine Rohrleitung quer durch die Halbinsel verbindet die beiden Industriehäfen. Erdöl und Erdgas stehen diesen Werken als Rohmaterial zu geringen Preisen zur Verfügung. Der

Staat führt sie in Zusammenarbeit mit grossen Weltfirmen. Die Städte wurden für die ferne Zukunft geplant und errichtet. Jubail sollte nach den ursprünglichen Plänen im Jahr 2010 280 000 Bewohner aufweisen, zurzeit sind es nicht mehr als 50 000. Die Planung ist in der Zwischenzeit etwas zurückgesteckt worden. Die Neubauten stehen vorläufig weitgehend leer. Der Staat hofft, dass private Industrieunternehmen sich an den neugeschaffenen Industriezentren niederlassen, um die dort überaus grosszügig angelegte Infrastruktur auszunützen. Sie besteht aus einem Hafen, einem grossen Industriekanal für Kühlwasser, aus Kraftwerken für Strom, einem gewaltigen Entsalzungswerk, das auch der Hauptstadt Riad dient. Es gibt auch einen Prachtspalast mit Marmorverkleidung, der als Hauptsitz der saudischen Industriebehörde, der sogenannten Königlichen Kommission, erbaut wurde. Der Verfasser kennt keinen anderen Sitz einer grossen Gesellschaft, so reich sie auch immer wäre, der dermassen luxuriös gebaut ist. Ein Luxushotel wirkt billig dagegen. Vorläufig steht dieses Direktionsgebäude allerdings weitgehend leer.

Die petrochemischen Werke, die schon produzieren, haben Absatzprobleme. Saudiarabien fordert, die EG solle ihre Schutzzölle abbauen, damit der Export besser in Gang käme. Wer aber wird in den heutigen und in den geplanten künftigen Fabriken arbeiten? Fremdarbeiter! Wer wird sie anleiten, wer sie kontrollieren? Saudische Fach- und Geschäftsleute? Doch vorläufig gibt es nur wenige von ihnen. Warum mussten diese überdimensionierten Anlagen errichtet werden? Als offizieller Grund wird angegeben, man müsse beginnen, für die Zeit nach dem Erdöl zu sorgen. Der wahre Grund jedoch dürfte sein, dass viele Geschäftsleute an den 200 Milliarden verdienen konnten, die der Staat dafür ausgegeben hat. Meist stehen die grössten Verdiener mit dem Staat in Verbindung; nicht selten sind es Mitglieder der Herrscherfamilie.

Doch bisher ist es auch gelungen, praktisch jedem saudischen Bürger Gelegenheit zu bieten, sich zu bereichern. Wer nichts anderes kann, muss eben ein Taxi fahren und eine der Gratiswohnungen beziehen, die der Staat seinen Bürgern zur Verfügung stellt. Doch die grosse Mehrzahl vermag sich besser zu stellen. Jeder ausländische Unternehmer oder Angestellte muss einen saudischen «Sponsor» haben, der entweder mit ihm assoziiert ist oder ihn angestellt hat. Daher gibt es unzählige stille Teilhaber in allen möglichen grossen und kleinen Geschäften und Unternehmen. Betrieben werden sie von den ausländischen Teilhabern.

Doch zwei grosse Probleme stellen sich zurzeit der saudischen Wirtschaft. Einmal ist der Erdölpreis gesunken, und er könnte vielleicht noch weiter absinken. Das Niveau der staatlichen Ausgaben kann nicht immer so hoch bleiben, wie es in den Jahren hoher Ölpreise war. Das andere Problem heisst Iran. Was wird politisch mit Saudiarabien geschehen, wenn der Irak zusammenbrechen sollte? Die Saudi ziehen es zwar vor, nicht an solche düstere Visionen zu denken. Doch gleichzeitig kaufen sie immer neue Waffen und unterstützen Bagdad mit Geld, in der Hoffnung, dass die neueste iranische Offensive erfolglos verlaufe, der grosse Krieg beendet werde.

Ist Saudiarabien ein Vorbild für die arabische Welt? Es ist verständlich, dass die Saudi auf ihren heutigen Staat und seine Einrichtungen stolz sind. Sie haben es in 40 Jahren sehr weit gebracht. Ihr Land ist nicht wiederzuerkennen, und ihr Leben ist unvergleichlich komfortabler geworden. Sie sind auch sehr befriedigt darüber, dass sie trotz der gewaltigen materiellen Veränderungen ihre Sitten und Gebräuche bewahrt hätten. Der Islam, so sagen sie, stehe nach wie vor im Mittelpunkt ihres Lebens. Dem Islam sei es auch zu verdanken, dass die gewaltige Veränderung der letzten Jahrzehnte ohne soziales Trauma, ohne politisch-gesellschaftliche Erschütterung hätte durchgeführt werden können. Der Islam gilt als «die Verfassung» des Königreiches, das keine andere kennt. Die wichtigsten Geistlichen sind heute noch Nachfahren von Muhammed Ibn Abdul Wahhab (1703–1791), dem Gründer der strengen Glaubensrichtung der Wahhabiten, die im 18. Jahrhundert entstand und mit der Herrscherfamilie der Saud zusammenarbeitete. Man nennt diese Nachkommen des Begründers der wahhabitischen Glaubensrichtung heute Âl asch-Scheich, Leute aus der Familie des Scheichs. Diese alte Zusammenarbeit des Reformators und des Herrschers sei nach wie vor der feste Grund, auf dem das Königreich ruhe. So hätten die Saudi auch keinerlei Orientierungsschwierigkeiten oder Identitätsprobleme. Dies ist nicht nur die Meinung der Regierenden, sondern auch weiter Kreise der saudischen Geschäftsleute und Intellektuellen, etwa jener, die an den verschiedenen Universitäten und religiösen Hochschulen des Königreiches wirken. «Dank unserer Treue zum Islam», sagen sie, «werden wir mit der Modernisierung ohne weiteres fertig. Sie widerspricht unserem Islam in keiner Weise. Wir wenden die modernen Errungenschaften aus der Aussenwelt so an, dass alle Vorschriften und Sitten des Islams respektiert werden.» Damit sind etwa das Alkoholverbot oder die immer strenger gehandhabten Vorschriften gemeint, alle Verkaufsläden, alle Restaurants und alle Orte des Vergnügens während der Gebetszeiten zu schliessen. Deshalb dürfen auch die Frauen im

Königreich keine Autos fahren und nicht unbedeckt («verschleiert» sagt der Ausländer) in der Öffentlichkeit erscheinen. Deshalb darf es keine Prostitution geben. Sogar das Zusammenkommen von unverheirateten Männern und Frauen in einem engen Raum, zum Beispiel in einer Liftkabine, muss vermieden werden.

Schliesslich sind in Saudiarabien die Körperstrafen, die der Koran vorschreibt, in Kraft geblieben. In all diesen und vielen anderen Einzelheiten sind die Saudi theoretisch der gleichen Meinung wie die Islamisten oder Fundamentalisten der anderen arabischen und islamischen Länder. Der Unterschied liegt einzig in der Praxis. Die Fundamentalisten werfen den Saudi vor, dass in Saudiarabien nur äusserlich ein islamisches Regime herrsche. In ihren Palästen, so sagen sie, täten die Reichen und Machthaber, was sie wollten, und kümmerten sich wenig um das Gottesgesetz. Die Saudi können solchen Vorwürfen entgegenhalten, dass das, was ein Mann im Inneren seines Hauses tue, nach alter islamischer Tradition «zwischen ihm und Gott» sei. Der Staat habe nur dafür zu sorgen, dass die Vorschriften des Islams im öffentlichen Bereich beachtet würden. Diese Regel hat übrigens sogar Khomeiny im dritten Jahr seiner Revolution seinen Gefolgsleuten in Erinnerung gerufen, als er die Revolutionswächter aufforderte, die Iraner in ihren eigenen Häusern in Ruhe zu lassen. Doch die Differenzen zwischen dem saudischen «Gottesstaat» und dem der Islamisten, die sich ihren Staat ganz anders vorstellen, bleiben bestehen. Die Fundamentalisten finden im Grunde, sie selbst seien fromme Muslime, die saudischen Herrscher jedoch nicht, deshalb sollten sie und ihre Freunde den Gottesstaat regieren, den die Scharia, das Gottesgesetz, fordere. Die Lehre Khomeinys von der politischen Herrschaft durch Gottesgelehrte, die eine Neuerung im Islam darstellt und keineswegs unangefochten ist, weder innerhalb der Schia noch in der Sunna, wird hier deutlich. Nach Khomeiny sind die Gottesgelehrten als Kenner des Gottesgesetzes befugt, auch die Gemeinschaft der Gläubigen zu leiten. Zur traditionellen Lehrmeinung gehört, dass ein Khalifa, Nachfolger des Propheten, um sein Amt ausüben zu können, fromm und theologisch qualifiziert sein müsse. Die saudischen Herrscher nehmen für sich in Anspruch, dass sie sich in theologischen Fragen auf die Gottesgelehrten stützen, und Frömmigkeit könne ihnen niemand absprechen, sogar wenn einzelne Mitglieder der Familie, wie alle fehlbaren Menschen, gelegentlich eine Sünde begehen sollten.

Ein Vorwurf politischer und sozialer Natur, den die Islamisten gegenüber den saudischen Herrschern erheben, besteht darin, dass sie das

Königreich zwar «formell» nach dem Islam ausrichten, es in Wirklichkeit jedoch einer wachsenden Amerikanisierung preisgeben. Dies sowohl militärisch wie auch machtmässig, indem sie eng mit den Amerikanern zusammenarbeiteten und sich auf sie stützten. Das gleiche gälte auch für alle Lebensformen und Ideen, die in Wirklichkeit immer amerikanischer würden, obgleich die Behörden versuchten, einen formalen, islamischen Deckmantel darüber zu breiten. Verwandt hiermit sind die Vorwürfe, dass das Königreich, ein Gebiet, in dem es seit Muhammed keine Christen oder andere Ungläubige mehr gegeben habe, nun im Zuge des Erdölbooms vielen Ungläubigen geöffnet worden sei; dass diese eine immer grössere Rolle spielten, seien es nun westliche Geschäftsleute, Techniker und Wissenschafter, seien es Fremdarbeiter aus dem Fernen Osten. Auf diese Einwände und Vorwürfe gehen die saudischen Behörden insofern ein, als sie versuchen, die kritisierten Erscheinungen und Entwicklungen möglichst zu dämpfen oder sie mindestens möglichst wenig sichtbar werden zu lassen.

Es hat zwei grosse Warnzeichen gegeben: Das erste, als muslimische Aktivisten im November 1979 die grosse Pilgermoschee von Mekka besetzten und sich dort wochenlang mit Waffen verteidigten, in der Hoffnung, Armee und Bevölkerung werde zu ihnen stossen, was eine irrige Annahme war. Die Aktivisten wurden mit Hilfe französischer Spezialisten, die man zu diesem Zweck eingeflogen hatte, besiegt, gefangengenommen und hingerichtet.

Der zweite Alarm kam von aussen: Die Pilger aus Iran suchten jedes Jahr die Pilgerfahrt dazu auszunützen, um für die «Islamische Revolution» unter der Führung Khomeinys zu demonstrieren. Dies geschah auf Khomeinys persönliche Anregung hin. Im Jahr 1987, am 31. Juli, kam es zu einer besonders heftigen Demonstration. Es kam zu Gewalttätigkeiten von seiten der iranischen Pilger und auch zu Angriffen auf sie, teils durch andere Pilger, zu grösserem Teil jedoch durch Leute, die von der saudischen Polizei organisiert worden waren. Dies führte zu Zusammenstössen unmittelbar vor der grossen Pilgermoschee. Die Polizei hatte wohl befürchtet, die Demonstranten wollten in die Moschee eindringen. Die saudischen Behörden dementierten, dass die Polizei geschossen habe. Doch die Iraner behaupten es. Andere Pilger wollen auch Schüsse gehört haben. Jedenfalls gab es nach den saudischen Angaben 402 Tote, darunter 285 Iraner, und über 600 Verletzte. Die Iraner benützten die Gelegenheit dieses «Blutbades», um zu erklären, die saudischen Herrscher seien unwürdig, als Beschützer der Heiligen Städte zu wirken. Sie forderten, ein internationales islamisches Komitee solle diese Aufgabe übernehmen. Fast alle islamischen Staaten stellten sich jedoch hinter Saudiarabien. Die Herausforderung sei von den Iranern ausgegangen. Dennoch waren die Störung der Pilgerfahrt und das angerichtete Blutbad ein schwerer Schlag gegen die saudischen Herrscher. Ein bedeutender Teil ihrer Legitimität beruht nämlich darauf, dass sie die Mekka-Pilger beschützen und ihnen behilflich sind.

Seit jenem bösen Anschlag gegen die Sicherheit und den Frieden haben die saudischen Herrscher erkannt, dass es mit Iran keine echte Versöhnung mehr geben könne. Auf die Dauer, so glauben sie seither, kann nur das eine oder das andere Regime überleben: entweder die Islamische Republik Khomeinys oder der heute recht verweltlichte «Gottesstaat» der saudischen Wahhabiten.

Kann dieser saudische Staat ein Modell für andere muslimische Länder werden? Manche Saudi sind davon überzeugt. Doch die Araber ausserhalb des Königreiches glauben nicht daran. Der Reichtum der Saudi scheint eine für dieses Land so entscheidende Rolle in der staatlichen Ordnung zu spielen, dass ein Land mit weniger Erdöleinkommen oder gar keinem Saudiarabien nicht zum Vorbild nehmen könne. Dieses Urteils kann man sich in der Tat schwer erwehren. Das grosse Geld und die einigermassen geregelte Art, es auszugeben, erlauben es den Saudi in der Tat, soziale Spannungen aufzufangen und wirtschaftliche Probleme auszuschalten. Die grosse Mehrheit der saudischen Bürger dürfte unter dem Eindruck leben, dass es ihnen recht gut gehe und in Zukunft aller Wahrscheinlichkeit nach noch viel besser gehen werde. Natürlich bestehen riesige Ungleichheiten in Einkommen und in der politischen Machtstellung. Doch selbst die Saudi auf den untersten sozialen Stufen haben in den letzten zwanzig bis dreissig Jahren eine beständige Verbesserung ihrer Lebensverhältnisse erlebt, und sie nehmen an, dass sich dies so fortsetzen werde. Noch bezahlt niemand Steuern im Königreich; vielleicht wird das einmal kommen. Und doch bestehen vorbildliche Sozial-, Gesundheits- und Schuldienste. Jedermann in Saudiarabien steht unter dem Eindruck, dass es für ihn oder jedenfalls für seine Kinder gewaltige Aufstiegsmöglichkeiten geben werde. Der Islam scheint bei diesen Vorstellungen und Erwartungen keine hervorragende Rolle zu spielen, dafür aber die reichlich fliessenden Erdölgelder. Der Islam dient in erster Linie dazu, Halt in diesem schwindelerregenden materiellen Wandel zu geben. Der einzelne Saudi besitzt in ihm etwas Festes, Gleichbleibendes, Unwandelbares in einer Welt beständiger wirtschaftlicher und techni-

scher Neuerungen, des immer wachsenden Komforts und überborden-
der Konsumwelt. Die ältere Generation hat den Übergang vom Kamel-
hirten zum modernen Industrie- oder Regierungsmanager in eigener
Person erlebt. Praktisch alle Saudi kennen diesen aus den Berichten ihrer
Vorfahren. Der psychologische Halt, den in dieser Lage der Islam
gewährt, ist bestimmt von Bedeutung. Doch der Optimismus, die
Selbstsicherheit der Saudi kommt ohne Zweifel primär durch die Geld-
ströme aus dem Ölreichtum zustande, die der ganzen saudischen Gesellschaft, mit kleinen Ausnahmen (die Hunderttausenden von Fremdarbeitern sind freilich nicht mitzurechnen), ein gesichertes, bequemes und in
Zukunft ein hoffnungsvolles Leben versprechen. Um so stärker stellt
sich die Frage, was geschehen würde, wenn der Ölreichtum versiegt.
Man weiss es nicht. Viel wird davon abhängen, wie schnell dies geschieht und in welchem Masse die saudische Gesellschaft parallel zu dieser Abnahme selbst produktiv werden und dadurch die abnehmende
Ölrente ersetzen kann. Die Erdölvorräte, die in Saudiarabien noch unter
dem Boden lagern, die grössten der Welt, sprechen dafür, dass die Saudi
Chancen haben, noch längere Zeit mit einer bedeutenden Rente zu rechnen und den Übergang zu einer wirtschaftlich produktiven Gesellschaft
über viele Jahre hin vorzubereiten. Freilich unter der Voraussetzung,
dass die politische Stabilität erhalten bleibt. Iran und sein Krieg mit dem
Irak ist heute eine ernste aussenpolitische Bedrohung für das Königreich. Deshalb blicken all seine Verantwortlichen in erster Linie voll
Sorge auf die Golfregion, den dortigen Seekrieg und auf die irakische
Front.

Die Kleinstaaten am Golf

Die fünf kleinen und kleinsten Staaten am Golf, Kuwait, Bahrain, Qatar,
Föderation der Arabischen Emirate, Oman, die heute mit Saudiarabien
zur Gemeinschaft des Kooperationsrates der arabischen Golfstaaten zusammengeschlossen sind, haben viel mit dem grossen Königreich gemeinsam. Sie besitzen alle ein Erdöleinkommen. Sie werden alle von
einer Herrscherfamilie regiert, die den beduinischen Traditionen ent-
stammt und sich weitgehend an sie hält. Doch gibt es auch Unterschiede. Alle fünf Staaten sind See- und Küstenstaaten mit Hafenstädten
als Hauptstädten, offen zum Meer. Saudiarabien ist ein Subkontinent. Er
besitzt Häfen, doch sein Zentrum liegt tief im Inneren im Najd, der
Oasenlandschaft von Riad. Die Häfen haben im letzten Jahrhundert bri-

tischen Einfluss in die fünf Staaten gebracht. Im Gegensatz zu Arabien hatten alle Kleinstaaten am Golf Protektionsverträge mit Grossbritannien, und in den Jahren vor der Unabhängigkeit sassen britische Residenten in ihren Hauptstädten. Sie erteilten den lokalen Herrschern mehr oder weniger bindende Ratschläge. Ursprünglich hingen all diese Gebiete vom India Office, also von der indischen Kolonialverwaltung, ab. Erst nach der Unabhängigkeit Indiens wurden sie von London übernommen. Sie haben alle eine halbkoloniale Vergangenheit hinter sich. Sie gehen nicht auf einen grossen Reichsgründer zurück, wie es die ausserordentliche Figur von König Abdul Aziz gewesen war. Halbkolonial kann man ihre frühere Regierungsform nennen, weil die britische Verwaltung die einheimischen Herrschaften geduldet, ja sogar konserviert hat. Sie gewährte ihnen den Schutz Grossbritanniens gegen alle fremden Eroberer. Deshalb regieren noch heute in allen Staaten die alten Herrscherfamilien. Nur in Qatar herrscht eine Familie, die auf die Zeit der Wahhabiten zurückgeht und selbst zur wahhabitischen Glaubensrichtung gehört. Die anderen Küstengebiete hatten sich alle gegen die Wahhabiten – also die frühen Vorfahren des Hauses Saud – zur Wehr gesetzt und waren von den Engländern dabei unterstützt worden. Dies alles ist heute noch spürbar. Der Islam wird weniger stark unterstrichen als in Saudiarabien. Die Häfen und Schiffe haben dazu geführt, dass hier mehr Fremde aus den Nachbarstaaten zu finden sind; vor allem Pakistaner und Inder in der Föderation, auf Bahrain und sogar in Oman. Palästinenser, Iraner sowie Iraker leben in bedeutender Zahl in Kuwait. Die Entwicklung im Sinne einer Modernisierung hat in manchen der maritimen Kleinstaaten schon viel früher begonnen als in Saudiarabien. Bahrain fördert seit 1932 Erdöl; Kuwait seit 1945, doch wurde es rascher entwickkelt und schneller reich als Saudiarabien. Die Banken, die internationalen Geschäftsleute, einige Industrieunternehmen haben ihre Aktivitäten zuerst in den Golfstaaten begonnen, die unter englischem Schutz standen. So gibt es eine gewisse Urbanität in Bahrain, die in Saudiarabien eher fehlt. Kuwait nahm früh eine grosse Zahl von Palästinensern auf, allerdings nicht als vollwertige Bürger, sondern nur als zugewanderte Arbeitskräfte. Durch die Palästinenser kam eine starke Verbindung zwischen Kuwait und den arabischen Ländern der Levante zustande; auch der Irak liegt ganz nah.

Oman ist in vieler Hinsicht ein Aussenseiter, schon geographisch, da es ausserhalb des eigentlichen Golfes liegt und von der Arabischen Halbinsel durch die grosse Wüste, die Rub-al-Khali, isoliert ist. Dies bewirkt, dass das Sultanat Arabien den Rücken kehrt, jedoch der Arabischen See mit ihren Schiffahrtswegen hinüber nach Ostafrika und nach Indien und Indonesien offensteht. Historisch hat das Sultanat auch eine besondere Entwicklung durchgemacht. Alte Verbindungen bestehen zur ostafrikanischen Küste. Die Insel Sansibar wurde einst von einem Nebenzweig des Sultanats regiert. Der frühere Sultan von Oman, Said Ibn Taimur, hatte versucht, sein Sultant völlig zu isolieren und es ausserhalb der modernen Welt zu halten. Doch ein Guerillakrieg brach aus, der von Südjemen aus gefördert wurde. Der Sultan konnte diesen Aufstand nicht meistern, weil ein Teil der jungen Generation der Omanis diesem zuneigte. Dies veranlasste die Engländer, einen Putsch durchzuführen, durch den Said Ibn Taimur abgesetzt wurde und sein Sohn Qabus zur Macht kam (23. Juli 1970). Von da an wurde Oman ein Teil der modernen Welt, Erdöl wurde gefördert, und es gelang mit Hilfe der Engländer und eines iranischen Expeditionskorps des Schahs, bis 1976 die Guerilla zu schlagen.

Auf ähnliche Art musste Abu Dhabi, heute die Hauptstadt der Föderation der arabischen Emirate, in die Gegenwart gestossen werden. Der frühere Herrscher, Scheich Schakhbut, wollte ebenfalls mit der Modernisierung seines Landes nur ganz langsam beginnen, obgleich Erdöl gefunden worden war und viel Geld zur Verfügung stand. Die englische Schutzmacht kam nach längerem Zögern zur Ansicht, nur ein Palastputsch könne die Lage retten. Schakhbut wurde am 6. August 1966 gezwungen, seinen Palast zu verlassen und nach London exiliert. Er tat dies erst, nachdem sein Palast umstellt, die Telefonverbindung abgeschnitten und Soldaten bis zu seinen innersten Gemächern vorgedrungen waren.

Ein Bruder, der sich bereits früher als Verwalter der fern gelegenen Oasenstadt al-Ain bewährt hatte, Scheich Zayed, wurde zum neuen Herrscher erhoben. Er begann noch am gleichen Tag, einen Entwicklungsplan für Abu Dhabi aufzustellen. Heute geht die Entwicklung in der Föderation so weit, dass es keine Seltenheit ist, in der Wüste einen Beduinen zu treffen, der einem seine Visitenkarte mit Telefonnummer überreicht. Ein drahtloses Telefon ist im Auto angebracht. Man kann ihn durch Direktwahl von Abu Dhabi aus erreichen, wo immer sein Automobil sich gerade befindet.

Scheich Zayed wurde später, als die Engländer 1971 abzogen, der erste Präsident der Föderation, und er ist seither politisch und finanziell die Hauptfigur und Stütze der Föderation geblieben.

Ein drittes Land, das plötzlich aus dem tiefsten Mittelalter in die Neuzeit emportauchte, war Nordjemen. Dieses stark bevölkerte Gebirgsland, das wahrscheinlich bedeutend mehr Einwohner besitzt als der Rest der Arabischen Halbinsel, hatte auch einen Herrscher, Imam Yahya, der es bewusst von der Aussenwelt abschloss. Er wollte vermeiden, dass das Land seine eigenen, stark ausgeprägten kulturellen, religiösen, politischen und sozialen Traditionen verliere. Imam Yahya wurde 1948 von einer Gruppe jemenitischer Würdenträger erschossen, die eine aufgeschlossenere und aufgeklärtere Politik anstrebten. Doch die Revolution schlug fehl. Der Sohn des Imams, Ahmed, vermochte sich mit Hilfe der wilden und kriegerischen Bergstämme des Nordens zu halten. Er eroberte die Hauptstadt Sanaa, liess die Häupter der Revolution hinrichten und erlaubte den Stämmen, Sanaa zu plündern. In der Folge setzte er das «ancien régime» seines Vaters fort. Er starb 1962 an den Folgen eines auf ihn verübten Anschlages. Sein Sohn, al-Badr, regierte nur wenige Tage. Sein neuernannter Armeekommandant, Abdullah Sallal, liess den Palast des neuen Imams umzingeln, erklärte die Republik und sich selbst zum Präsidenten. Doch der Imam entkam über die Gartenmauer seines Palastes. Er floh zu den Stämmen des Nordens und erhielt Unterstützung von ihnen sowie von Saudiarabien.

Ägypten war von Anfang an mit der Revolution Sallals verbündet und sandte Truppen, um der Republik zu helfen. Die Sowjetunion, damals ein Verbündeter Ägyptens, lieferte Waffen für die republikanische Armee. Es kam zu einem zähen Bürgerkrieg, der sechs Jahre lang dauerte. Er endete erst, nachdem Ägypten die Niederlage von 1967 im Sechstagekrieg erlitten hatte und daraufhin seine Truppen aus Jemen abzog. Kurz darauf, nachdem eine letzte Offensive der Anhänger des Imams gegen Sanaa fehlgeschlagen war, einigten sich die Jemeniten untereinander. Der Imam und seine Familie mussten dem Lande fernbleiben. Doch die bisherigen Parteigänger des Imams durften zurückkehren und wurden in die Regierung miteinbezogen. Zuerst versuchte man ein demokratisches Regime unter Qadi al-Iriani, so gut es sich ohne Wahlen improvisieren liess. Dann kam es zu einer Reihe von Militärumstürzen und Militärmachthabern. Präsident al-Iriani wurde 1974 verbannt. Zwei Offiziere, die als Präsidenten nachfolgten, al-Hamdi und al-Ghashmi, wurden kurz nacheinander ermordet. Am Ende wurde eine gewisse Stabilität erreicht; der heutige Präsident, Oberst Ali Abdullah

Saleh, der 1974 an die Macht kam, stammt aus einem kleineren Stamm des Nordens, der stets zwischen den beiden grossen Stammesföderationen zu überleben verstand. So versteht er sich gewissermassen von Haus aus auf die Stammespolitik der Jemeniten. Wenn man diese beherrscht, ist es ein leichtes, auch die Supermächte und die regionalen Vormächte Arabiens gegeneinander auszuspielen. Jemen konnte gleichzeitig von dem grossen Ölreichtum Saudiarabiens profitieren, weil Hunderttausende von Jemeniten dort Arbeit fanden und Geld nach Hause schickten. Auch Erdöl wurde gefunden, und die ersten Exporte begannen Ende des Jahres 1987, nachdem eine Rohrleitung aus dem Inneren nach Hodeida gelegt worden war.

Überraschenderweise verlief die gewissermassen auf einen Schlag angekurbelte Modernisierung in diesen drei Ländern verhältnismässig reibungslos. Jemen musste sie allerdings mit einem Bürgerkrieg bezahlen. Der Übergang dürfte einerseits dank dem Erdöl relativ leicht vollziehbar gewesen sein. In Jemen war es das Erdöl der Saudis, das zuerst aushalf. Andererseits hängt seine relativ reibungslose Abwicklung gewiss auch damit zusammen, dass traditionelle Regierungssysteme bewahrt werden konnten. In Jemen erst nach einigen Wirren, in den anderen beiden Herrschaftsgebieten durch den Übergang zu einem neuen, qualifizierteren Herrscher aus der gleichen Familie. Es war eine Rochade, wie sie ja auch in Saudiarabien durchgeführt wurde, als Faisal den Thron übernahm. Die Beibehaltung des traditionellen Regierungsstils erlaubte die nötige Mischung von Stabilität und Flexibilität, die Fehlentwicklungen verhindern konnte.

Die Offiziersregime in der Levante hingegen verwickelten sich in Spannungen und Kriege, die ihre Herrschaften eher als Fehlschläge erscheinen lassen. In ihrem Falle fehlte das Öl in grösseren Mengen (ausser im Irak). Die Gesellschaft in ihren Ländern war durch die koloniale Herrschaftsperiode viel tiefer umgekrempelt und «verwestlicht» worden. Die alten Herrschaftsformen wurden durch sie zerbrochen. Die westlichen parlamentarischen Modelle erwiesen sich als unbrauchbar. Man verfiel auf «moderne» Militärdiktaturen, die ihren Ländern mehr Unglück als Glück bringen sollten. Der Reizstoff Israel war ohne Zweifel ein wichtiger Faktor, der diese Regime auf ihren Weg ins Unglück zu treiben half.

Im Schatten der Arabischen Halbinsel hingegen, konserviert durch die englische Schutzmacht, dann durch Palastrevolutionen oder Umstürze modifiziert, jedoch ohne eine gänzlich fremde Regierungsform zu versuchen, teilweise durch die Erdölrente getragen, scheinen sich in den beschriebenen Fällen traditionelle und doch modernisierte Regime ergeben zu haben. In Südjemen verliefen die Dinge weniger glücklich. Die Stadt Aden war seit 1839 eine englische Kolonie, und sie hatte sich unter der englischen Herrschaft zu einer «modernen» Industrie- und Hafenstadt entwickelt. Ihre Entkolonisierung schlug fehl. Es gibt wahrscheinlich eine Vielfalt von Gründen dafür. Einer der wichtigsten war wohl, dass die britischen Kolonialbehörden die eher gemässigte Widerstandsgruppe FLOSY (Front for the Liberation of South Yemen), die sich von Nasser unterstützen liess, als ihren Hauptfeind ansahen und bekämpften. Dies gab der radikalen Konkurrenz von der Nationalen Befreiungsfront (NLF) Gelegenheit, beim Abzug der Engländer die Macht zu übernehmen.

Die britischen Behörden hatten eine Föderation geplant, der die feudalen Staaten des Hinterlandes, Protektorate, nicht eine Kronkolonie, und die moderne Stadt Aden gleichzeitig angehören sollten. Nach den britischen Plänen hätten die Sultane des Hinterlandes in dieser Föderation das Hauptgewicht erhalten sollen. Doch diese Konstruktion brach zusammen, noch bevor die Engländer das Land geräumt hatten. Das künftige Regime der Sultane erschien ihren eigenen Soldaten und Offizieren in der von Grossbritannien ausgerüsteten und ausgebildeten föderalen Armee wenig glaubwürdig. Die Offiziere und ihre Soldaten gingen zur NLF über. Die Stadt Aden war längst so weit entwickelt, dass eine Feudalherrschaft des «ancien régime», der politisch erstarrten Protektoratsherrscher aus dem Hinterland, von Beginn an wenig aussichtsreich erschien. Die Engländer übergaben ihre Herrschaft am Ende übereilt der Guerilla der NLF. Die Sultane flohen nach Saudiarabien, und die Front entwickelte sich nach links hin, indem sie zuerst mit den Chinesen, später mit der Sowjetunion zusammenarbeitete und Südjemen in den einzigen arabischen Staat verwandelte, der heute Moskau weitgehend untersteht und nicht nur mit Moskau zusammenarbeitet.

Besonders glücklich dürften die Russen mit Südjemen allerdings auch nicht geworden sein. Im Januar 1986 kam es zu blutigen Stammeskämpfen innerhalb der Volksrepublik. Regierung und Armee spalteten sich in zwei ungefähr gleich starke Gruppen. In der Führung standen ideologische und politische Meinungsverschiedenheiten gegeneinander. Doch an der Basis wirkten sich die Stammesloyalitäten aus. Als die Kämpfe ausbrachen, standen praktisch zwei Stammesföderationen einander gegenüber. Die Sowjetunion zog ihre Fachleute und Berater ab. Sie unterstützte am Ende jene Seite, die das Ringen gewann, weil der grössere Teil der Armee zu ihr hielt. Die Gegenfaktion, die der bisherige Präsident, Ali Nasser Muhammed, anführte, musste nach Nordjemen fliehen und bedroht von dort aus die heute regierende Gruppe, deren meiste Führungsfiguren in den Kämpfen getötet wurden, mit Rückkehr und Revanche. Die Sowjetunion sieht sich vor die Aufgabe gestellt, als Garant von Ruhe und Sicherheit zu wirken.

Entscheidend dürfte bei dieser Entwicklung gewesen sein, dass die Stadt Aden schon zur Zeit der Unabhängigkeit recht weit auf dem Weg der Modernisierung und Verwestlichung fortgeschritten war, so dass Lösungen nach dem Modell von Saudiarabien, Oman, Abu Dhabi und sogar Sanaa nicht mehr möglich waren. Ein «ancien régime», besonders wenn es über Erdöl verfügt, kann sich selbst und sein Land auf den Ebenen der Technologie und des Konsums «modernisieren» und gleichzeitig seine traditionelle Herrschaftsstruktur bewahren. Es kann so eine beträchtliche Stabilität erreichen. Doch eine bereits «modernisierte» Stadt ohne Erdölrente, die den harten Umwandlungsprozess in eine Industriegesellschaft schon teilweise hinter sich hat, kann, sogar wenn diese Industriegesellschaft kolonialen Charakter aufweist, schwerlich zu einem «ancien régime» zurückkehren. Die Lehre aus dem Beispiel Aden scheint zu sein: Wenn man versucht, ihr das aufzuzwingen, läuft man Gefahr, sie statt dessen weit nach links, in die Arme der Sowjetunion, zu treiben.

Schlusswort

Das Labyrinth, in dem die heutigen Araber sich befinden, ist heute dermassen eng und unübersichtlich, dass der Begriff des Fortschritts durch seine Einschränkungen und erzwungenen Irrwege fraglich geworden ist. In welcher Richtung geht es eigentlich voran? Der Begriff Fortschritt stammt nicht aus dem Orient, sondern aus Europa. Er war vor knapp 200 Jahren in den Osten eingedrungen und hatte seither als Leitstern der Reformen und der Verwestlichungstendenzen gedient. Er hatte, wie früher schon beschrieben, mit dem militärischen Fortschritt begonnen. Der militärische Fortschritt zog im Orient den administrativen, erzieherischen, wirtschaftlichen, wissenschaftlichen Fortschritt nach sich, und der Fortschritt selbst wurde teils Selbstzweck, teils politische Notwendigkeit, weil er versprach, die fremde Vor- und Oberherrschaft der «fortgeschrittenen» Europäer zu überwinden.

Allmählich machten sich die orientalischen Gesellschaften den Begriff zu eigen. Sie selbst begannen ihn nun als etwas Wünschenswertes zu sehen, und sie tut es noch immer – vor allem wenn es um materiellen Fortschritt ging. Man übernimmt und vereinnahmt gerne den neuesten Komfort, die neuesten Produkte und Herstellungsmethoden, technische Verfahrensweisen und Methoden aus dem Westen. Theoretisch ist man sogar gewillt, einen eigenen Fortschritt zu bewirken, etwa im politischen, im sozialen, im erzieherischen, medizinischen, sozialmedizinischen, architektonischen, technischen Bereich, wobei freilich die originalen, das heisst aus eigener Einsicht und Zielsetzung unternommenen Schritte, Lösungsversuche und Unternehmen immer noch gewaltig zurückstehen hinter den nachahmenden, meist von der westlichen Welt übernommenen.

Doch die Nachahmungen haben in vielem enttäuscht. Eine doppelte Schwäche war ihnen eigen: Sie passten nicht in die sie übernehmende Gesellschaft hinein und stiessen daher in ihr an. Es fehlte ihnen das Potential, sich in ihrer neuen Umgebung fortzuentwickeln. Man muss dies erläutern. Einmal wurde und wird noch das «Anstossen» überall dort sichtbar, wo die erste Neuerung eine zweite, diese eine dritte und vierte und immer weiter und mehr fordert. Nachdem die Saudi das Automobil eingeführt hatten, mussten sie auch Strassen bauen; als sie die Strassen besassen, wurde es notwendig, die Verkehrsunfälle zu bekämpfen, die sich anfänglich häuften, und die Strassen zu pflegen sowie sie zu reinigen (wozu man im Falle der Saudi Koreaner und Bangalen ins Land flog). Denn: Jede Verwestlichung von Gewicht frass um sich, sobald sie eingeführt war, und machte weitere Umformungen der Gesellschaft und ihrer Umwelt im Sinne einer weiteren Verwestlichung notwendig. Solange die Lösung der durch die Einführung westlicher Gegenstände und Ideen aufgeworfenen neuen Probleme dadurch erreicht wird, dass man die neuen Lösungen ebenfalls aus dem Westen übernimmt, statt seine eigenen zu entwickeln, steigt die Verwestlichung potential. Grenzen sind ihr nur dadurch gesetzt, dass auch dem Reichsten schliesslich das Geld fehlen wird, um sie immer weiter voranzutreiben, sowie durch den Umstand, dass der Import von Dingen und Ideen und für ihre «Inbetriebnahme» innerhalb der sie aufnehmenden Gesellschaft Zeit beansprucht.

Gleichzeitig bringt die Übernahme von aussen anstelle des eigenen Hervorbringens stets eine Unterlegenheit mit sich. Man übernimmt und bezahlt zwar das Neueste. Doch der Westen ist bereits im Begriff, das Allerneueste zu entwickeln, während die importierende Gesellschaft noch damit beschäftigt ist, das schon etwas Veraltete bei sich einzuführen und zum Funktionieren zu bringen. Auf der Ebene der Waffentechnologie ist dies besonders deutlich. Natürlich lassen sich die Besitzer neuer Technologien oder Ideen in dieser oder jener Form dafür bezahlen, dass sie ihren Besitz exportieren. Imitation führt also zu verschiedenen Formen der Abhängigkeit oder Knechtschaft, wenn es nicht gelingt, die imitierten Dinge und Ideen innerhalb der eigenen Gesellschaft fruchtbar zu machen. Fruchtbar nicht nur in dem Sinne, dass sie dem Importeur Geld einbringen, sondern vielmehr indem sie als Grundstock einer eigenständigen Fortentwicklung dienen (was viel schwieriger und viel seltener ist). Hierbei wirkt Reichtum paradoxerweise verarmend. Je leichter es ist, mit Erdölgeldern zum Beispiel immer neue «Modelle» und Vorbilder sowie Problemlösungspatente aus dem Ausland zu importieren, desto geringer wird der Ansporn, eigene Lösungen zu suchen und zu entwickeln.

Dieser Ansporn ist angesichts der beständig verbesserten Angebote von aussen ohnehin gering. Unmittelbar und für den Geldbeutel des individuellen Unternehmers sowie für den sofortigen Machtzuwachs eines Staates, etwa im Fall von Waffenkäufen, geht es fast immer rascher, billiger und reibungsloser, das Neueste und zurzeit Wirksamste aus dem Ausland zu importieren und darauf zu verzichten, es selbst herzustellen. Die Japaner sind lange Zeit mit amerikanischen Autos gefahren, weil sie schnell vom Fleck kommen wollten, bis sie sich schliesslich entschlossen, ihre eigenen Automobilwerke aufzustellen und ihrerseits die Vereinigten Staaten mit billigeren und relativ leistungsfähigen Automobilen zu überschwemmen.

Erfinden ist natürlich auch schwierig. Ein geistiges und wirtschaftliches Klima muss geschaffen werden, in dem das Erfinden gefördert wird. Das umgekehrte Klima der Nachahmung und der Übernahme bereits erfundener Dinge ist wahrscheinlich gerade jenes, das die eigene Schaffenskraft am meisten lähmt. Dies vor allem deswegen, weil der Importeur fremder Ideen und Güter Geld, Macht und Einfluss auf seine Gesellschaft gewinnt. Er hat wenig Interesse daran, aus seiner lokalen Privilegsituation dadurch verdrängt zu werden, dass man im eigenen Lande beginnt, solch importierte Güter selbst herzustellen.

All diese Überlegungen machen deutlich, dass der «Fortschritt», so wie man ihn in den letzten 200 Jahren im Nahen Osten verstanden hat, als *imitativer* Fortschritt bezeichnet werden muss, nicht als *kreativer*. Es gehört ferner auch zur Problematik des heutigen Fortschritts, dass er viele technologische und wissenschaftliche Voraussetzungen erfordert. Das war nicht immer der Fall; als James Watt 1765 die Dampfmaschine erfand, konnten die Schmiede und Schlosser der Epoche sich in Kesselschmiede und Ingenieure verwandeln, wenn sie einige Intelligenz und Initiative besassen. Wenn sie einmal die Grundprinzipien der neuen Maschinen beherrschten, konnten sie relativ leicht zahlreiche Verbesserungen erfinden und anbringen – sie haben es auch getan. Um ein Atomkraftwerk aufzustellen, braucht man viele Fachleute. Die Wahrscheinlichkeit, dass einer von ihnen im Einzelgang und ausserhalb der grossen Forschungszentren eine wirkliche Verbesserung «der Maschine» erfinden könnte, ist recht gering.

Der nicht kreative, imitative Fortschritt hat seine Grenzen nicht nur im finanziellen Bereich. Er wirkt auch stärker entfremdend als der selbst erreichte. Imitativer Fortschritt ist eben Können und Wissen der anderen, das von der eigenen Gesellschaft übernommen wird. Auch kreativer Fortschritt, technischer, wirtschaftlicher, wissenschaftlich-sozialer Natur, kann Brüche mit der Tradition in der ihn hervorbringenden Gesellschaft verursachen, er muss es sogar. Doch der Unterschied, ob es sich um einen von der eigenen Gesellschaft erzeugten Fortschritt oder um einen übernommenen handelt, ist entscheidend. Es geht dabei wie bei eigener und fremder Herrschaft. Die erste wird leichter bejaht, auch wenn sie schlechter sein sollte, die zweite abgelehnt, auch wenn sie Vorteile aufweist.

Die sich ausbreitende Modernisierung auf Importgrundlage scheint im Augenblick auf eine kritische Schwelle zu stossen. Man beginnt die Hoffnung zu verlieren, dass man mit Hilfe der nur übernommenen Modernisierung entscheidend vorankommen kann. Dies ist jedenfalls die Erfahrung der arabischen Welt. Für die Araber ist der Vergleich mit Israel immer wieder von entscheidener Wichtigkeit gewesen. Solange Hoffnung bestand, dass sie mit den Israeli gleichziehen könnten, um diese so in die Schranken zu weisen oder überhaupt aus der Region zu entfernen, war man auch bereit, immer mehr Fortschritt von aussen bei sich aufzunehmen. Als jedoch die Israeli 1967 die arabische Umklammerung durchbrachen und sich als die Stärkeren erwiesen, trat eine tiefe Enttäuschung ein. «Wozu dann all die Nachahmung des Westens, all dieser Import im ideologischen, organisatorischen, geistigen und technologischen Bereich?» fragten viele. Dies sollte Ausgangspunkt der islamistischen Kritik werden.

Bei den Iranern wirkte ebenfalls die Enttäuschung über die innere Entwicklung des stark im westlichen Sinne «modernisierten» Regimes des Schahs. Als nach dem fast unerträglichen Boom von 1974 und 1975 in den folgenden Jahren eine Wachstumskrise eintrat, waren die Grundlagen der iranischen Gesellschaft bereits erschüttert und zerrüttet durch Korruption, Willkürherrschaft mit Hilfe der Geheimpolizei, Monopolisierung aller Macht und aller politischen Prozesse durch den Schah. Dazu kam noch die Polarisierung der Gesellschaft in eine sinnlos reiche und hochmütige Geldelite und ein elendes, aus den Dörfern in die Slumquartiere der Grossstädte verpflanztes Proletariat. Der Aufruf Khomeinys: «Zurück zum Islam!», der 1963 ohne bleibendes Echo verhallt war, wirkte 1978 und brachte Millionen von Iranern trotz der Schüsse der Militärs auf die Strassen.

Die Gegenprobe sah man fast gleichzeitig in der Türkei. Auch dort gab es genügend sozialen Zündstoff, der durch die weitgehend imitative Modernisierung entstanden war, so dass Teile der Jugendlichen, besonders an den Universitäten, die Hoffnung auf eine moderne Türkei «europäischen Zuschnitts» verloren. Sie verschrieben sich drei «utopischen» Tendenzen: der islamischen, fundamentalistischen Ideologie, dem Nationalismus faschistischer Ausprägung oder schliesslich den Kleingruppen der extremen Linken. Die extreme Linke und die extreme Rechte wurden gewalttätig. Ein Bürgerkrieg drohte von dem Augenblick an, in dem sich die Linksextremen mit den Minderheitsvölkern und -gruppen der Kurden und Alevis verbündeten, die Rechtsextremen und die Islamisten mit den Türken. Die «Normaltürken» lebten in Anatolien als Nachbarn der Minderheiten oder waren aus Anatolien in die Hüttenviertel der Grossstädte gezogen. Sie hatten dort Siedlungen gebildet, die bald von den Rechtsextremen und ihren Bewaffneten dominiert wurden. Waffen erhielten beide extremen Flügel durch Schmuggel aus dem Ausland, teilweise gewiss mit Hilfe der Ostblockstaaten. Ein Kleinkrieg brach aus, der auf seinem Höhepunkt in der gesamten Türkei bis zu 20 Todesopfer im Tag kostete.

Doch die Türkei besitzt eine relativ breite Mittelschicht und eine Offiziersklasse, die von den Idealen Atatürks, das heisst einer Reform im westlichen Stil, nicht ablassen wollten. Offiziere der Spitze der Armee übernahmen zeitweilig die Regierung, vom 12. September 1980 bis zum 6. November 1983. Die Herrschaft der Offiziere ging nicht ohne Härten und Verletzungen der Menschenrechte ab. Doch am Ende fand eine schrittweise Rückkehr zu einem parlamentarischen Regime statt. In der Türkei war die Hoffnung auf eine Entwicklung im westlichen Stil soweit erhalten geblieben, dass die endgültige Auflösung des Regimes in einem Bürgerkrieg bisher vermieden werden konnte. Dem Land kam dabei zustatten, dass es relativ arm war und keine grosse Erdölrente besass. Es konnte sich nicht in den gleichen Wirbel von Korruption, übertriebenen Entwicklungsausgaben und Prestigeprojekten stürzen, wie der Schah ihn von 1974 an begonnen hatte. Im Gegensatz zur Arabischen Welt gab es in der Türkei auch kein Bedürfnis nach politischer Wiedergutmachung wie in Palästina-Israel, an dessen Erfolg oder Misserfolg die Zweckmässigkeit einer Verwestlichung gemessen werden konnte. Zypern drohte am Rande eine ähnliche Rolle für die Türkei zu spielen, bis zur erfolgreichen Invasion vom Jahr 1974. Doch die Zypernfrage, so wichtig sie für die Türken war, ist nie gleich zentral für sie gewesen wie die Palästinafrage für die Araber.

In diesem Zusammenhang entpuppt sich die libanesische Tragödie ebenfalls als Folge einer imitativen, jedoch nicht genügend kreativen Verwestlichung. Das Fehlen an Kreativität lag im Bereich der Sozialpolitik und der staatlichen Führung. Im Geschäftsbereich, am typischsten im Bankwesen, gelang den Libanesen eine eigenständige, schöpferische

Übernahme europäisch-amerikanischer Techniken, die im eigenen Bereich und unter den besonderen Umständen Libanons und seiner Umwelt zum Erfolg führte. Doch im staatlich-sozialen Bereich begnügten sie sich mit der Pro-forma-Übernahme des von den Franzosen eingerichteten Proporzsystems und liessen sogar zu, dass dieses zugunsten der Maroniten immer mehr verfälscht wurde (keine Zählung mehr seit 1932). Dahinter verbarg sich die «orientalische» Realität einer Hegemonie durch das Staatsvolk der Maroniten. Das Land kreativ zu einem solidarischen, modernen und funktionierenden Staatswesen zu vereinigen, misslang ihnen. Die Belastung durch die Palästinenser, Israeli und Syrer, welcher der Libanon ausgesetzt war, sollte schliesslich genügen, um das politische System zusammenbrechen zu lassen.

Man kann so in jedem arabischen Land, das starker Verwestlichung ausgesetzt war, die Probleme, die es besonders belasten, auf die vollzogene, teilweise steckengebliebene oder misslungene Verwestlichung zurückführen. In Syrien ist es die Armee gewesen, die mit ihrer Führung den Staat zu erdrücken pflegte. Die Nachbarschaft Israels und der Krieg von 1948 haben von Beginn der syrischen Unabhängigkeit an dazu geführt, dass die Militärs den ersten Rang im Staate für sich beanspruchten. So hatte mit den Jahren die Armee immer mehr Züge eines Mamlukenheeres angenommen. Der Staat war um des Heeres willen da und das Heer ein Machtinstrument des Staatschefs. Diese politische Grundstruktur hat es dem Land nicht erlaubt, sein bedeutendes Potential an Intelligenz und Kreativität auszuschöpfen.

Ähnlich wurde der Irak immer wieder von oben her blockiert. Orientalische Einmannherrschaften sind dem Staat aufgepfropft worden und machen es ihm schwer, sich zu erneuern – ausser auf dem Wege der importierten Modernisierung – obgleich der Irak mit seinem Erdöl die Mittel besässe, um sich zu entwickeln. So laufen die Gewaltherrscher an der Spitze Gefahr, unbehindert schwere Fehler zu begehen, wie zum Beispiel den Grossangriff auf Iran vom 22. September 1980, für den der Irak bis heute einen schrecklichen Blutzoll entrichten muss. Die Verwestlichung hat Halt gemacht vor einem autoritären staatlichen System, das in Syrien wie im Irak eine Entfaltung der schöpferischen, politischen Kräfte verhinderte und es nie erlaubte, den Gewaltherrschern ein Minimum an kollektiver Kontrolle aufzuerlegen.

Genau besehen sind die betroffenen Staaten, neben Syrien und dem Irak bis zu einem gewissen Grad auch Ägypten, vor den Ansätzen eines freiheitlicheren Systems zurückgewichen und in die Einmannherrschaft

zurückgefallen. Alle drei Länder besassen nach dem Abzug der Kolonialmächte Parlamente westlichen Stils. Man konnte ihnen allerdings vorwerfen, sie hätten nie wirklich funktioniert. In allen dominierten die
Grossgrundbesitzer. Weitere Reformen des politischen Systems wären
nötig gewesen, um es den heutigen Bedürfnissen anzupassen. Statt dessen wurden die Parlamente entmachtet und ihnen eine reine Zustim-
mungsrolle zugeschoben. Wobei heute in Ägypten Unterschiede gegenüber den beiden anderen Ländern bestehen; möglicherweise wird das
Nilland mit der Zeit wieder ein echtes Parlament erhalten.

Der absolute Paternalismus scheint einen Rückfall darzustellen, der
auch in Nordafrika die Regel ist. Starke Männer, die manchmal von
Beginn der Unabhängigkeit an existierten, sind immer stärker geworden
und haben ihre Parlamente und Staatparteien immer mehr geknechtet. In
Libyen wurde sogar an Stelle des Parlaments ein zwitterhaftes Gebilde
eigener Art geschaffen, durch welches das Volk sich selbst regieren soll,
das jedoch in Wirklichkeit durch die Revolutionskomitees beherrscht
wird. Diese bewaffneten Komitees stellen das wirkliche Machtinstrument Ghaddafis dar. Die Enttäuschungen, welche die Fehler und Irrwege dieser starken Männer, der «Landesväter», über die Jahre hervorgerufen haben, führten dann dazu, dass manche Bevölkerungsschichten
noch weiter zurückgreifen wollten, nämlich auf einen Ur-Islam funda-
mentalistischer Lesart, von dem sie sich jene Erfolge versprechen, welche die Verwestlichung ihnen bisher vorenthalten hatte.

Die Erfolge der Islamisten können persönlicher Natur sein, wie es die
iranischen Geistlichen gegenwärtig vorexerzieren, die zur staatlichen
Macht geworden sind. Doch für die meisten Islamisten dürfte die kollektive Führung ihrer Gemeinschaft das eigentliche Ziel sein. Die Gemeinschaft der Gläubigen soll, so wünschten sie sich, wieder zu Macht und
Ansehen kommen, wie sie ihr gebühren und wie sie sie einst genoss, als
sie die damals bekannte Welt weitgehend beherrschte. Man kann sich
verschiedene Gründe zurechtlegen, warum dies zu erwarten sei, wenn
man nur dem reinen und ursprünglichen Glauben wieder zu seinem
Recht verhälfe. Die Muslime würden dann solidarisch zusammenleben.
Sie wären bereit, sich für einander aufzuopfern; sie würden in einer
Gesellschaft leben, die nach einer bekannten Schriftstelle im Koran (Sure
3, Vers 111) die beste aller denkbaren Gesellschaften wäre, und wie
könnte diese nicht über die anderen, schlechteren siegen? Die wichtigste
Verheissung künftigen Erfolges für alle Muslime findet sich für die Islamisten stets im Koran in jenen Schriftstellen, die den Muslimen verheis-

sen, dass Gott ihnen helfen werde, wenn sie glauben und sich seinen Geboten fügen. Die Islamisten bestreiten, dass eine Verwirklichung des von ihnen angestrebten Gottesstaates mit der Formel «zurück ins Mittelalter» charakterisiert werden könne. Der Verfasser erinnert sich an einen Zusammenstoss mit einem der Botschafter der Islamischen Republik Iran, der ihn recht aggressiv fragte: «Was erlaubt Ihnen zu behaupten, dass eine Islamische Republik mit dem technologischen Fortschritt unvereinbar sei?», und er fügte hinzu: «Im Gegenteil, der Islam ist jene Religion, die am meisten von allen an Rationalität, Wissenschaft und Fortschritt glaubt.» Damals fehlten Zeit und Ruhe, um ein Gespräch über diese schwierigen Fragen zu beginnen. Dazu wäre anzumerken, dass in der Tat die Muslime der islamischen Frühzeit bedeutende wissenschaftliche Leistungen vollbracht haben. Doch wird man feststellen, dass die meisten und wichtigsten vor das Jahr 1100 (unserer Zeitrechnung) zu datieren sind, von einigen Ausnahmen abgesehen, besonders in Andalusien oder Marokko, wo wissenschaftliche Kreativität etwas länger, bis rund 1200, andauerte. Ibn Ruschd, Averroes, ist 1198 gestorben; Ibn Khaldun, ein später Nachfahre, sogar erst 1406.

Andererseits wäre zu erwähnen, dass die traditionellen islamischen Universitäten vom Stile der Azhar in Kairo und der Zeitouniya in Tunis sowie auch die in der schiitischen Welt funktionierenden theologischen Hochschulen Kerbela, Najaf, Qom, Meschhed u.a. bisher keine wissenschaftlichen Leistungen im Sinne des heutigen Wissenschaftsbegriffes hervorgebracht haben. Auch die neuen Strömungen in der Theologie, Abduh, Afghani, sind eher an ihrem Rande entstanden als aus ihnen hervorgegangen. Das gilt sogar vom islamischen Fundamentalismus, der weitgehend auf die Muslimbrüder und auf deren Begründer, Hassan al-Banna, einen ägyptischen Mittelschullehrer, zurückgeht. Ein anderer seiner frühen Erneuerer war der aus Indien nach Pakistan eingewanderte Journalist Abul A'la Maudoodi.

Zurzeit sind die Iraner im Begriff, die modernen Universitäten ihres Landes, allen voran jene von Teheran, die Hochschulen westlichen Stiles gewesen waren, zu «islamisieren». Man schreibt neue Lehrbücher; neue Lehrkräfte werden eingestellt. Die Studenten müssen vor ihrer Zulassung eine Glaubensprüfung über sich ergehen lassen. Wenn sie diese nicht bestehen, bleiben sie ausgeschlossen, gleich wie gut ihre Leistungen in den wissenschaftlichen Fächern sein mögen. Das Hauptbedenken gegenüber einer «Islamisierung» des intellektuellen und wissenschaftlichen Lebens ist eben dieses: dass die Islamisierung, so wie sie in Iran verstanden und durchgeführt wird, die Gedankenfreiheit ausschliesst. Das intellektuelle und wissenschaftliche Leben soll sich «im Rahmen» des Islams abspielen. Dieser Rahmen wird eng umschrieben und von den Theologen aufgestellt. Ihn zu überschreiten, hat Strafen zur Folge, die übrigens bis zur Todesstrafe gehen können. Auch die Druck- und Pressefreiheit wird soweit eingeschränkt, dass nur erscheinen kann, was die herrschenden Geistlichen billigen. Man kann vermuten, dass es so in einer «islamisierten» Universität ein Mittel gibt, um einen unbequemen Rivalen auszuschalten: Man klagt ihn mangelnder Frömmigkeit oder der falschen Art von Frömmigkeit (Ketzerei) an.

Auf der individuellen Ebene ist es möglich, ein Gleichgewicht von religiösem Glauben und wissenschaftlicher oder technischer Kompetenz zu finden. Man kann in diesem Zusammenhang an Mehdi Bazargan erinnern, den ersten Ministerpräsidenten Khomeinys. Er ist gleichzeitig ein frommer Muslim und ein hochqualifizierter und angesehener Ingenieur der Hydraulik. Allerdings ist er wegen der Geiselnahme in der amerikanischen Botschaft vom November 1979 durch Fanatiker zurückgetreten und hat sich seither zu einem scharfen Kritiker des Regimes entwickelt, dem er den Charakter «islamisch» abspricht. Dabei führt er unter anderem ins Feld, dass «der Islam keinen Zwang» dulde, womit gemeint ist, keine erzwungene «Bekehrung» zum Islam oder zur Frömmigkeit. Womit gleichzeitig auch das Problem der Meinungsfreiheit angesprochen ist.

Auch auf der Ebene des Staates oder anderer Institutionen kollektiven Charakters kann es ohne Zweifel ebenfalls ein harmonisches Zusammenleben zwischen «Islam» und «Rationalität» geben und damit auch einen auf Rationalität beruhenden Fortschritt. Dies ist jedoch nur unter der Voraussetzung möglich, dass der Islam sich liberal verhält. Sobald er den Anspruch erhebt, absolut und einzig gültig zu sein, und diesen Anspruch mit Gewalt durchsetzen will, kann man nicht mehr von Koexistenz sprechen, dann gibt es nur noch Unterordnung. *Scienta ancilla Theologiae* hiess das in unserem Hochmittelalter. Als Magd der Theologie hat die Wissenschaft es, wenigstens in der abendländischen Erfahrung, nicht besonders weit gebracht. Ihr Aufblühen kam, nachdem sie sich von der Theologie freigemacht hatte. Die bisherige muslimische Erfahrung ist keine andere; bisher ist keine wissenschaftliche Blüte in der islamischen Welt festzustellen gewesen. Soviel etwa wäre dem Botschafter der Islamischen Republik entgegenzuhalten gewesen.

Den meisten Iranern, die in der heutigen Islamischen Republik leben, sind derartige Fragen allerdings eher gleichgültig. Sie sind zu abstrakt, um sich auf ihr Leben auszuwirken. Jedoch besteht keine Frage, dass sie an ihrem fliessenden Wasser, ihrem Automobil, elektrischen Licht, Kühlgerät, Eisschrank und Fernsehgerät und auch an der iranischen Ölindustrie, dem Stolz des ganzen Landes, festhalten wollen. Öffentliche Kinos gibt es in der Islamischen Republik nicht mehr, wohl aber Videofilme in den Privathäusern. Auf diese und ähnliche Errungenschaften des westlichen Fortschritts wollen die Iraner nicht verzichten, und sie sehen auch keineswegs ein, warum sie mit ihrem Islam unvereinbar sein sollten. Sie sind es auch nicht. Sie werden nach Iran importiert und teilweise in Iran erfolgreich nachgebaut, und das Erdöl wird es Iran, so gut wie Saudiarabien, auf absehbare Zeit erlauben, derartige Dinge und Dienstleistungen zu importieren, soweit man nicht lernt, sie im Lande selbst herzustellen.

Die Frage ist nur, ob die Iraner ihren eigenen, vielleicht islamisch gefärbten Fortschritt werden entwickeln können, wie es die Japaner tun, oder ob sie nur Abnehmer, Käufer des Fortschritts des Westens und anderer Länder bleiben werden. Bis heute hat sich bei ihnen kein «islamischer Fortschritt» bemerkbar gemacht. Der Krieg, so heisst es in Iran, konzentriere alle Anstrengungen auf sich und verhindere alles andere.

Doch auch die Gegenthese wird unter den Kritikern des Regimes laut, die besagt, Iran führe den Krieg in erster Linie darum fort, weil sich die Islamische Republik ohne diesen Krieg den Grundfragen stellen müsste, denen sie unter dem Vorwand des Krieges ausweiche. Darunter befände sich ohne Zweifel das Problem von Islam und Gedankenfreiheit, das eng zusammenhängt mit dem Problem von Islam und Fortschritt, womit diesmal eigenständiger von der eigenen Gesellschaft erarbeiteter Fortschritt (nicht bloss importierter) gemeint wäre.

Im Grunde ist es wohl ungerecht, den Islamisten vorzuwerfen, sie wollten zurück ins Mittelalter marschieren, denn offensichtlich möchten sie beides zugleich, den Fortschritt, den Komfort, die Technologie und den potentiellen Reichtum der heutigen Zeit zusammen mit dem Islam, der seinerseits möglichst genau so aussehen soll, wie er von den Rechtsgelehrten des Frühmittelalters definiert und kodifiziert worden ist. Also zurück und voran; ähnlich wie es die Saudis tun, nur möglicherweise ehrlicher und ernsthafter. Im Falle der Saudis lässt sich dies nur machen, solange man über eine Ölrente verfügt. Man kauft dann mit ihrer Hilfe «die Moderne», während man selbst geistig im Frühmittelalter verharrt.

Die Alternative zu «zurück» wäre «voran». Es ist wohl im Verlauf dieser Darlegungen immer deutlicher geworden, dass ein solches «Voran» keineswegs auf die materiellen und technologischen Errungenschaften des Westens beschränkt bleiben kann, wenn eine nahöstliche Gemeinschaft als Staat oder Staatengruppe funktionieren soll. Je komplexer die Gegebenheiten und Aufgaben werden, die es für diesen Staat zu beherrschen und zu lösen gilt, je tiefer er in das Leben all seiner Bürger eingreift, desto weniger kann er es sich leisten, Fehlentscheidungen zu treffen oder aufgrund von falschen Lageeinschätzungen zu handeln. Einzelindividuen, die von Personenkult umgeben und überflutet sind, erweisen sich, wie die Erfahrung zeigt, als höchst ungeeignet, um zweckmässige Entscheide zu treffen. Ihre Fehler jedoch können nachträglich nur schwer korrigiert werden. Weil es sich um Fehlgriffe des Ersten im Staate handelt, und weil der Erste im Staate nach den Behauptungen seiner Propagandisten immer recht hat und keine Fehler begehen kann, sind Korrekturen zumindest schwierig. Die Behauptungen seiner Propagandisten pflegt der Erste im Staate erfahrungsgemäss sehr oft selbst zu glauben. Dies führt dann dazu, dass dieser die Folgen seiner Fehlentscheidungen gemeinsam mit seinem Volk auf sich nehmen muss; meist findet er sogar Wege, um sie nur seinem Volke anzulasten.

Bei vielen westlichen Beobachtern stösst man auf ein mehr oder minder herablassendes Lächeln, wenn man von der Notwendigkeit demokratischer Regime und von der Wichtigkeit von Meinungsfreiheit in der arabischen Welt spricht. Das sei nichts «für diese Völker», kann man vernehmen. Ob man wirklich so naiv sei, zu glauben, demokratische Regierungsformen, freies Denken und Publizieren seien in islamischen Ländern möglich?

Tatsächlich hat es dort viele missglückte Demokratieversuche gegeben. Übrigens auch in der westlichen Welt. Doch eine allgemeine Regel aufstellen zu wollen, dass bestimmte Völker für Demokratie ungeeignet seien, ist abwegig. Zugegeben, in der islamischen Welt bestehen keine demokratischen Traditionen oder doch nur sehr geringfügige wie Stammes- und Dorfversammlungen auf dem Lande und beratende Gottesgelehrte in den Städten. Doch man muss auch erkennen, dass eine Überwindung der Einmannregime durch Gewaltentrennung, durch zeitlich begrenzten Turnus der Macht, Formen von breiterem Mitspracherecht zur Kontrolle der Machthaber und ihrer Entschlüsse in der heutigen Welt Vorbedingungen des Fortschrittes darstellen, die viel wichtiger sind als Automobile, Fernsprecher, elektrisches Licht, Papiergeld oder

der Aufbau industrieller Betriebe. Wenn die riesige Sowjetunion beginnt, von der Notwendigkeit einer Demokratisierung, einer «Öffnung» zu sprechen, wird es für die Dritte Welt Zeit, zu erkennen, dass die Übernahme von westlichen Modellen und Organisationsformen auch einen gesellschaftlichen Rahmen voraussetzt, der ihnen erlaubt, sich in ihm vorwärtszuentwickeln.

Dieser Rahmen darf nicht autokratisch sein, wenn er innere Entwicklung zulassen soll. Er muss Kritik, Eigeninitiative, selbständiges Denken und dessen Ausstrahlung über Publikationen aller Art erlauben. Was voraussetzt, dass es ein Machtgleichgewicht gibt, nicht nur einen einzigen Machtpol. Wie ein Machtmonopol zu vermeiden und ein Machtgleichgewicht zu erreichen wäre, dafür gibt es keine allgemeingültigen Rezepte. Es ist jedoch deutlich, dass Machttraditionen eine grosse Rolle spielen. Eine Gesellschaft, die an ein Einmannregime gewöhnt ist, wird sich schwer von ihm trennen und läuft Gefahr, bei Rückschlägen wieder in es zurückzufallen. Wir haben darauf hingewiesen, dass die paternalistischen Familienstrukturen wahrscheinlich im Zusammenhang mit den absolutistischen Staatsstrukturen stehen. Auch die Armut eines Volkes hat damit zu tun, dass sich leicht autoritäre Strukturen bilden. Die Menschen unterhalb einer bestimmten Schwelle von Sicherheit und Auskommen lassen sich leichter manipulieren, schon weil ihnen die Übersicht über ihre eigene Lage fehlt und sie die Mittel nicht haben, sich über komplexere Zusammenhänge, die über ihre eingeschränkte Lebenserfahrung hinausgehen, ein Urteil zu bilden. Als Beispiel kann man an den abhängigen und oft verschuldeten Kleinbauern denken, der für seinen Landbesitzer zu stimmen pflegt, nicht bloss weil er dazu gezwungen würde, sondern weil er ihn allein kennt, weil alternative Kandidaten ausgeschaltet werden und weil ihm der Zusammenhang zwischen seiner Armut und der politischen Macht des Landbesitzers undeutlich ist.

Doch wäre es ein verhängnisvoller Irrtum, annehmen zu wollen, man könne zuerst die wirtschaftliche Lage eines Volkes verbessern und nachher Fortschritte auf ein demokratisches Regime hin unternehmen. Jeder kleinste Fortschritt im wirtschaftlichen Bereich läuft beständig Gefahr, durch willkürliches Handeln der Alleinherrscher wieder zunichte gemacht zu werden. Unter Alleinherrschern braucht ein Land mehrfache Glücksfälle, wenn es echte Fortschritte machen soll. Der erste Glücksfall wäre, dass es sich um einen ausserordentlichen Alleinherrscher handelt, der die Schmeicheleien seiner Parteigänger durchschaut.

Der zweite Glücksfall müsste sein, dass auch die Nachfolge des starken Mannes so geregelt werden könnte, dass wiederum ein fähiger Mann an die Macht gelangte. Von einer endgültigen (soweit in der Politik irgend etwas endgültig sein kann) Absicherung einer glücklichen Regierungsepoche kann erst die Rede sein, wenn ein weiterer Glücksfall hinzukommt: der erfolgreiche Übergang zu einem pluralistischen System. Nur ein solches bietet heute Gewähr dafür, dass ein Land dem politischen Zufall entzogen wird oder dem Rückfall in paternalistische Herrschaftsstrukturen. Womit nicht gesagt sein soll, dass pluralistische und demokratische Regierungssysteme nie zusammenbrechen. Libanon und seine Tragödie machen dies deutlich. In solchen Fällen wird man, wie wir es für Libanon getan haben, nach den tiefer liegenden Ursachen forschen müssen.

Auch andere misslungene Versuche einer demokratischen Regierungsform in der arabischen Welt sind ihnen innewohnenden Fehlern erlegen. Weit verbreitet war der Umstand, dass die Landbesitzer in den Parlamenten sassen und eine Landreform verunmöglichten (Ägypten, Syrien, Irak, auch Iran). Die arabischen Parlamente waren alle in den Augen ihrer Völker durch die erste Niederlage durch Israel in üblen Ruf geraten. Dies führte in allen drei grösseren Staaten zur Machtübernahme durch Offiziere. Im Falle des Iraks geschah dies 1958 relativ spät (zehn Jahre nach der Niederlage von 1948/49), weil das dortige Königshaus und probritische Politiker wie Nuri Said sich mit englischer Hilfe, Erdöleinkommen und Polizeibrutalität gegenüber den Unterschichten relativ lang an der Macht halten konnten. Die geographische Distanz des Iraks von Israel/Palästina mag auch eine Rolle gespielt haben. Die arabisch-traditionellen Regime, die nie westliche Parlamente gekannt haben, vermochten sich ein eigenes System von einigermassen eingeschränkter Macht zu erhalten. Wie wir auch gesehen haben, Familienmitglieder, Berater aus der Stammes- und der Gelehrtenwelt spielen in ihm eine Rolle, welche die Machtinstinkte des eigentlichen Herrschers einigermassen in Schach zu halten pflegt. Das Volk selbst, weniger desorientiert als in den verwestlichten Ländern und daher weniger anfällig gegenüber Propaganda und Ideologie, hat mitgeholfen, dass die Machtfülle der traditionellen Machthaber nicht überbordet. Auch die Erdölrenten wirken dämpfend und beschwichtigend auf die gesamte Gesellschaft.

Jordanien ist bei alledem als ein Sonderfall anzusehen. Zu den speziellen Existenzbedingungen des Königreiches gehört, dass Israel einen weltpolitischen Schutzschirm über dieses Land hält. Einfach deshalb, weil die internationale Welt weiss, dass die Lage in der Levante unhaltbar würde, wenn Jordanien von der Bildfläche verschwinden sollte, indem es durch Syrien oder den Irak oder auch durch Israel geschluckt würde. Diese weltpolitische Notwendigkeit des Königreiches hat ihm stets Schutz und Unterstützungsgelder eingetragen. Von den Engländern war Jordanien genau zu dem Zweck gegründet worden, dem es heute noch dient, dem eines Pufferstaates. Der König führt auch ein traditionelles Regime, insofern er sich auf ihm ergebene Gruppen im Lande stützt und deren Rat anhören muss. Seine Familie gehört ebenfalls zu seinen Stützen und Ratgebern. Ausserdem gibt es einen bescheidenen Pluralismus und ein in seinen Vollmachten eingeschränktes, aber doch vorhandenes Parlament. Schliesslich ist es dem Königreich (vergleichbar in dieser Hinsicht mit Nordjemen) gelungen, indirekt vom Erdölgeld der Halbinsel und der Golfstaaten zu profitieren. Dass all diese Vorteile politisch genutzt werden konnten, verdankt Jordanien einer erfahrenen und über alle Manipulation durch Schmeichler erhabenen Führung durch den König und seinen Bruder, Kronprinz Hassan.

Der Sudan ist das einzige Land, in dem es der Bevölkerung gelungen ist, ein Militärregime, das die Macht errungen und sie eine Zeitlang ausgeübt hatte, zu Fall zu bringen. Dies gelang einmal 1964 durch Demonstrationen der Studenten und Gebildeten in Khartum gegen Marschall Abboud (der das Land seit seinem Putsch von 1958 beherrscht hatte) und zum zweitenmal 1985, ebenfalls durch Volksdemonstrationen und solche der freien Berufe in der Hauptstadt, gegen Marschall Numeiri, der seit 1969 immer absoluter regiert hatte. Die Armee wurde so gezwungen, Numeiri abzusetzen und nach einem Jahr Übergangsfrist ein gewähltes Parlament zuzulassen.

Dass solche Restaurationsmöglichkeiten im Sudan bestanden, hängt ohne Zweifel mit der ganz besonderen Natur und Lage des Landes zusammen. Beide Militärmachthaber waren durch den Krieg mit den südlichen Sudanesen geschwächt, als sie zu Fall gebracht wurden. Khartum besitzt noch Vertreter der freien Berufe, die von der englischen politischen Tradition geprägt sind. Das Land hat das Glück, so arm zu sein, dass es sich keine grosse Armee leisten kann. Diese sieht sich, wenn sie ohnehin durch den Bürgerkrieg geschwächt ist, nicht in der Lage, das Land erfolgreich zu beherrschen, und zeigt daher periodisch Bereitschaft, den zivilen Politikern Platz zu machen. Die Armut des Landes und sein beständiger Bürgerkrieg wirken sich dann natürlich auch immer wieder zuungunsten der parlamentarischen Regime aus. Nur allzuleicht kann diesen vorgeworfen werden, sie seien nicht in der Lage, den Sudan erfolgreich zu regieren.

So schwierig es sein mag, stabile pluralistische Regime in armen, durch alle Probleme des Kulturwandels belasteten Staaten einzuführen und durchzuhalten, müssen doch immer wieder neue Ansätze unternommen werden, um dies zu erreichen. Es scheint gar keine andere Wahl zu geben. Die schwierigste und entscheidende Aufgabe, die allen arabischen Staaten, ja allen Ländern der muslimischen Dritten Welt heute gestellt ist, kann nur bewältigt werden, wenn für das Volk selbst die Möglichkeit besteht, seine Grundprobleme zu diskutieren, diese zu erkennen und dann womöglich einer Lösung entgegenzuführen.

Die Grundprobleme bestehen ohne Zweifel darin, dass man mit zwei Notwendigkeiten zurechtkommen muss, einerseits mit einer kreativen Beteiligung an der modernen Welt und anderseits mit der Erhaltung des eigenen kulturellen Wesens und Erbes. Über die Art, wie diese beiden Aufgaben bewältigt und in Harmonie gebracht werden sollen, kann man den Betroffenen kaum raten oder Rezepte anbieten. Die Völker können die genauen Umstände und Proportionen nur allein finden, in denen dies für sie möglich wird. Von aussen her kann man nur immer wieder darauf hinweisen, dass diesen Völkern die Möglichkeit geboten werden muss, ihre eigenen Grundprobleme zu erkennen wie auch zu diskutieren. Dies ist gegenwärtig nicht oder nur in einem höchst ungenügenden Masse der Fall, und der Grund dafür ist, dass die meisten Regime selbst Zwang und Zensur dazu verwenden, um alle echte Diskussion abzuwürgen. Die Ursache ihrer Haltung ist praktisch immer die gleiche: Sie fürchten eine jede den Dingen auf den Grund gehende Diskussion, weil diese, wie sie glauben, ihre eigene Herrschaft zu destabilisieren droht. Sie vermuten dies nicht zu Unrecht. Ihre Machtposition entbehrt in vielen Fällen in den Augen der eigenen Bevölkerung jeder Legitimität. Alles Fragen nach den Hauptproblemen und den Grundlagen des politischen Lebens in den betreffenden Staaten kann ihre politische Herrschaft allzuleicht erschüttern oder stürzen.